Individuelle Selbstbelastungsfreiheit versus parlamentarisches Aufklärungsinteresse

Europäische Hochschulschriften
Publications Universitaires Européennes
European University Studies

Reihe II
Rechtswissenschaft

Série II Series II
Droit
Law

Bd./Vol. 3931

PETER LANG
Frankfurt am Main · Berlin · Bern · Bruxelles · New York · Oxford · Wien

Björn Kerbein

Individuelle Selbstbelastungsfreiheit versus parlamentarisches Aufklärungsinteresse

PETER LANG
Europäischer Verlag der Wissenschaften

Bibliografische Information Der Deutschen Bibliothek
Die Deutsche Bibliothek verzeichnet diese Publikation in der Deutschen Nationalbibliografie; detaillierte bibliografische Daten sind im Internet über <http://dnb.ddb.de> abrufbar.

Zugl.: Bielefeld, Univ., Diss., 2003

D 361
ISSN 0531-7312
ISBN 3-631-52284-3

www.peterlang.de

Für Viviane

Vorwort

Die vorliegende Untersuchung wurde von der Rechtswissenschaftlichen Fakultät der Universität Bielefeld im Wintersemester 2003/2004 als Dissertation angenommen. Die Arbeit wurde Ende Februar 2003 abgeschlossen. Die Dissertation von Wiefelspütz zum neuen Untersuchungsausschußgesetz des Bundes wurde, soweit erforderlich, nachträglich berücksichtigt.

Ganz besonders bedanken möchte ich mich bei meinem Doktorvater, Herrn Prof. Dr. Armin Hatje, sowie bei meinem Zweitgutachter, Herrn Prof. Dr. Stephan Barton. Beide haben auf sehr kooperative Weise dieses Werk wohlwollend gefördert. Bedanken möchte ich mich vor allem für die gewährte Freiheit der Themenwahl und Bearbeitung der Arbeit.

Danken möchte ich ferner zahlreichen Mitgliedern des Parteispenden-Untersuchungsausschusses und nicht zuletzt deren Mitarbeitern für die große Gesprächs- und Diskussionsbereitschaft sowie der FDP-Fraktion in Berlin, die es mir über einen längeren Zeitraum ermöglichte, das parlamentarische Innenleben kennenzulernen. Insbesondere gilt mein Dank den Berichterstattern des Geschäftsordnungsausschusses van Essen (FDP), Ströbele (Bündnis90/Die Grünen), Schmidt (CDU/CSU), Kenzler (PDS) sowie dem Bielefelder Bundestagsabgeordneten Rainer Wend (SPD).

Mein ganz besonderer Dank gilt dem ehemaligen Bundestagsabgeordneten (FDP) und Bielefelder Anwalt, Herrn Burkhard Zurheide, für seine vielen Ratschläge, die auch und gerade über das Dissertationsthema hinaus sehr wertvoll für mein Fortkommen waren.

Schließlich danke ich vor allem meinen Eltern, die mir Studium und Promotion ermöglichten und die mir in vielfältiger Weise den nötigen Freiraum schafften, den ich für die Fertigung dieser Arbeit benötigte. Leider hat mein Vater wenige Tage nach der Überreichung der Promotionsurkunde und zugleich an meinem Hochzeitstag ein Augenlicht verloren. Dieses tragische Ereignis hat die Freude über die Verleihung eines akademischen Titels überschattet und mir gezeigt, dass für mich und meine Familie persönliches Glück, Gesundheit und vor allem Zeit füreinander die herausragende Rolle spielen.

Inhaltsverzeichnis

Literaturverzeichnis

Alvarez Ligabue, Ricardo
Der Grundsatz "nemo tenetur se ipsum accusare" und die Vertraulichkeit der Korrespondenz zwischen Anwalt und Mandant im Bußgeldrecht des Europäischen Kartellverfahrens
Bonn, Dissertation, 2000.

Arloth, Frank
Grundlagen und Grenzen des Untersuchungsrechts parlamentarischer Untersuchungsausschüsse
NJW 1987, S. 808 ff.

Arntzen, Friedrich
Vernehmungspsychologie
Psychologie der Zeugenvernehmung
2. Auflage, München, 1989.

Arzt, Gunther
Zum Verhältnis von Strengbeweis und freier Beweiswürdigung
Festschrift für Peters, Tübingen, 1974, S. 223 ff.

Bachmaier, Hermann
Der Ermittlungsbeauftragte im Spannungsfeld zwischen gerichtsähnlicher Aufklärungsarbeit und parlamentarischer Auseinandersetzung
NJW 2002, S. 348 f.

ders.
Plädoyer für ein besseres Untersuchungsausschußrecht
Recht und Politik 2000, S. 197 ff.

Bachmann, Ulrich
Schneider, Hans-Peter
Zwischen Aufklärung und politischem Kampf
– Aktuelle Probleme des parlamentarischen Untersuchungsrechts –
Baden-Baden, 1988.

Badura, Peter
Das Recht der Minderheit auf Einsetzung eines parlamentarischen Untersuchungsausschusses
Festschrift für Helmrich, München, 1994, S. 191 ff.

Barton, Stephan
Redlich aber falsch: die Fragwürdigkeit des Zeugenbeweises
1. Auflage, Baden-Baden, 1995.

ders. Fragwürdigkeiten des Zeugenbeweises – Aussagepsychologische Erkenntnisse und strafverfahrensrechtliche Konsequenzen – in: Redlich aber falsch (Hrsg. Barton), 1995, S. 23 ff.

Baum, Karl Berthold Reform der parlamentarischen Untersuchungsausschüsse durch Einschaltung parlamentsfremder Personen ZParl 1974, S. 530 ff.

Baumann, Jürgen Sperrkraft der mit unzulässigen Mitteln herbeigeführten Aussage GA 1959, S. 33 ff.

Beckedorf, Ingo Die Rechtsstellung des Betroffenen im parlamentarischen Untersuchungsverfahren ZParl 1989, S. 35 ff.

Behrendt, Hans-Joachim Überlegungen zur Figur des Kronzeugen im Umweltstrafrecht GA 1991, S. 337 ff.

Benda, Ernst Persönlichkeitsschutz und Stasiakten www.kas.de/publikationen/2000/staat/zp_nr9.pdf.

Bender, Rolf
Nack, Armin Tatsachenfeststellung vor Gericht Band I, Glaubwürdigkeits- und Beweislehre 2. Auflage, 1995.

Bernarding, Bernard Das Schweigen der Männer Trierischer Volksfreund vom 17.03.2000 www.intrinet.de/20000317/p3253749.htm.

Beucker, Pascal Der rote Bankboss schweigt www.beucker.de/artikel/taz00-02-05.htm.

Beulke, Werner Strafprozeßrecht 5. Auflage, Heidelberg, 2001.

ders. Hypothetische Kausalverläufe im Strafverfahren bei rechtswidrigem Vorgehen von Ermittlungsorganen ZStW 103 (1991), S. 657 ff.

Blau, Günter Beweisverbote als rechtsstaatliche Begrenzung der Aufklärungspflicht im Strafprozeß Jura 1993, S. 513 ff.

Bleckmann, Albert Allgemeine Grundrechtslehren
2. Auflage, Köln, 1979.

Böckenförde, Ernst-Wolfgang Parlamentarische Untersuchungsausschüsse und kommunale Selbstverwaltung
AöR 103 (1978), S. 1 ff.

Bocker, Uwe Der Kronzeuge
Genese und Funktion der Kronzeugenregelung in der politischen Auseinandersetzung mit dem Terrorismus in der Bundesrepublik Deutschland
Pfaffenweiler, 1991.

Bosch, Nikolaus Aspekte des nemo-tenetur-Prinzips aus verfassungsrechtlicher und strafprozessualer Sicht
Augsburg, Dissertation, 1997.

Böse, Martin Der Nemo-tenetur-Grundsatz als Gebot zur Aussetzung des Zivilprozesses nach § 149 ZPO?
wistra 1999, S. 451 ff.

Bötsch, Wolfgang Das Recht parlamentarischer Untersuchungsausschüsse – Überlegungen zu der Diskussion um eine Reform –
Festschrift für Schnellknecht, Heidelberg 1984, S. 9 ff.

Bradley, Craig M. Beweisverbote in den USA und in Deutschland
GA 1985, S. 99 ff.

Bresser, Klaus Geschichte der westdeutschen Skandale und ihrer Behandlung in den Medien
http://www.djv.de/Montepulciano/redebresser.pdf

Brocker, Lars Parlamentarisches Untersuchungsverfahren und Zurückhaltungsgebot
ZParl 1999, S. 739 ff.

Brugger, Winfried Konkretisierung des Rechts und Auslegung der Gesetze
AöR 119 (1994), S. 1 ff.

ders. Verfassungsgerichtspolitik a'la USA
ZRP 1987, S. 52 ff.

Buchholz, Bernd Klaus Der Betroffene im parlamentarischen Untersuchungsausschuß: eine verfahrensrechtliche und grundrechtsdogmatische Untersuchung, insbesondere zur strafrechtlichen Behandlung von Falschaussagen
Kiel, Dissertation, 1989.

Busse, Volker Der Kernbereich exekutiver Eigenverantwortung im Spannungsfeld der staatlichen Gewalten
DÖV 1989, S. 45 ff.

Claus, Roland Weyrauch belastet sich schweigend
Pressemitteilung Nr. 1363 vom 16.03.2000; www2.pds-online.de/bt/presse/2000/03/20000316-007.htm.

Dadalos Skandale sprechen nicht gegen Demokratie
www.dadalos.org/deutsch/Demokratie/Demokratie/Grundkurs4/skandale.htm.

Damkowski, Wulf Der parlamentarische Untersuchungsausschuß: ein Handbuch für Wissenschaft und Praxis
Frankfurt a.M., 1987.

ders. Für eine gesetzliche Neuordnung der Rechte und Pflichten parlamentarischer Untersuchungsausschüsse
ZRP 1988, S. 340 ff.

Danckert, Peter Aussagezwang im parlamentarischen Untersuchungsausschuss
ZRP 2000, S. 476 ff.

Degenhart, Christoph Staatsorganisationsrecht
15. Auflage, Heidelberg, 1999.

Delfs, Arne Das Schweigen der Lämmer
Berliner Morgenpost vom 17.03.2000
http://212.172.17.10/archiv2000/000317/blickpunkt/story42987.html.

ders. Bricht heute das Kartell des Schweigens?
Berliner Morgenpost vom 23.03.2000
http://212.172.17.10/archiv2000/000323/politik/story44992.html.

Dencker, Friedrich Verwertungsverbote im Strafprozeß
Bonn, Habilitationsschrift, 1974.

Denny, Mark
Der Kronzeuge unter besonderer Berücksichtigung der Erfahrungen mit Kronzeugen in Nordirland
ZStW 103 (1991), S. 269 ff.

Depenheuer, Otto
Winands, Günter
Der parlamentarische Untersuchungsauftrag: inhaltliche Bestimmtheit und thematische Reichweite
ZRP 1988, S. 258 ff.

Der Bundestag
1. Untersuchungsausschuss – Weyrauch und Terlinden mit Ordnungsgeld belegt –
Blickpunkt Bundestag 03/2000
http://www.bundestag.de/ns-search/aktuell/bp/00/.../aaa1KH3aab255fc&NS-doc-offset=5.

Di Fabio, Udo
Rechtsschutz im parlamentarischen Untersuchungsverfahren, Berlin, 1988.

Dingeldey, Thomas
Das Prinzip der Aussagefreiheit im Strafprozeßrecht
JA 1984, S. 407 ff.

ders.
Der Schutz der strafprozessualen Aussagefreiheit durch Verwertungsverbote bei außerstrafrechtlichen Aussage- und Mitwirkungspflichten
NStZ 1984, S. 529 ff.

Dreier, Horst
Grundgesetz - Kommentar
Band 2, Art. 20-82 GG
Tübingen, 1998.
zit.: Dreier/[*Bearbeiter*].

Ehmke, Horst
Parlamentarische Untersuchungsausschüsse und Verfassungsschutzämter
DÖV 1956, S. 417 ff.

Eickmann, Dieter
Heidelberger Kommentar zur Insolvenzordnung
Heidelberg, 1999.
zit.: Eickmann/[*Bearbeiter*].

Eisenberg, Ulrich
Beweisrecht der StPO: Spezialkommentar
3. Auflage, München, 1999.

Engels, Dieter
Parlamentarische Untersuchungsausschüsse: Grundlagen und Praxis im Deutschen Bundestag /
Heidelberg, 1989.

ders. Parlamentarisches Untersuchungsrecht und der Kernbereich exekutiver Eigenverantwortung
Jura 1990, S. 71 ff.

Fahl, Christian Beweisverbote im Strafprozeß
– Policeman Donovan und die Früchte des vergifteten Baumes –
JuS 1996, S. 1013 ff.

Fehn, Karsten Grundrecht versus Grundrecht – Die Problematik von Grundrechtskollisionen anhand von Fällen
VR 1994, S. 413 ff.

Flöhr, Andreas Zur Berücksichtigung hypothetischer Kausalverläufe im Strafprozeßrecht
– OLG Zweibrücken – Urt. vom 14.5.1993 – 1 Ss 58/93 –
Jura 1995, S. 131 ff.

Frankfurter Rundschau Zwangsgeld oder Beugehaft
Frankfurter Rundschau vom 19.01.2000
http://www.gruene-fraktion.de/archiv/pm/2000/00%D0020.htm.

Frankfurter Rundschau Terlinden räuspert sich
Frankfurter Rundschau vom 24.03.2000
www.fr-aktuell.de/fr/spezial/cdu/ot50070.htm.

Frege, Michael C.
Keller, Ulrich
Riedel, Ernst Insolvenzrecht
6. Auflage, München, 2002.

Frey, Burkhard Parlamentarische Kontrolle und Untersuchungsrecht
Hamburg, 1992.

Friedrich, Hans-Peter Pressemitteilung vom 15.05.2000
www.hp-friedrich.de/presse/20000515.html.

Füllkrug, Michael Unzulässige Vorteilszusicherung als verbotene Vernehmungsmethode – zugleich ein Beitrag zur Fernwirkung von Beweisverwertungsverboten
MDR 1989, S. 119 ff.

Germis, Carsten Parlamentarische Untersuchungsausschüsse und politischer Skandal
Frankfurt a.M., 1988.

Gern, Alfons	Güterabwägung als Auslegungsprinzip des öffentlichen Rechts DÖV 1986, S. 462 ff.
Giesen, Thomas	Hirschs Ergebnisse stehen auf tönernen Füßen FAZ vom 08.07.2000, S. 11.
Glauben, Paul	Möglichkeiten und Grenzen parlamentarischer Untersuchungsausschüsse DRiZ 1992, S. 395 ff.
ders.	Parlamentarische Untersuchungsausschüsse – Ein Spagat zwischen Recht und Politik DRiZ 2000, S. 122 ff.
Goetz, John **Neumann, Conny** **Schröm, Oliver**	Allein gegen Kohl, Kiep&Co Die Geschichte einer unerwünschten Ermittlung Berlin, 2000.
Gollwitzer, Walter	Die sinngemäße Anwendung der Strafprozeßordnung bei der Beweiserhebung parlamentarischer Untersuchungsausschüsse Festschrift für Hans Dünnebier, Berlin, 1982, S. 327 ff.
ders.	Der Betroffene im Verfahren der Untersuchungsausschüsse des Bayerischen Landtags BayVBl 1982, S. 417 ff.
Görtz-Leible, Monika	Die Beschlagnahmeverbote des § 97 I StPO im Lichte der Zeugnisverweigerungsrechte Bayreuth, Dissertation, 2000.
Groß, Rolf	Zum Verfahren parlamentarischer Untersuchungsausschüsse DVBl 1971, S. 638 ff.
Grünwald, Gerald	Das Beweisrecht der Strafprozeßordnung 1. Auflage, Baden-Baden, 1993.
ders.	Beweisverbote und Verwertungsverbote im Strafverfahren JZ 1966, S. 489 ff.
Günther, Hans-Ludwig	Die Schweigebefugnis des Tatverdächtigen im Straf- und Bußgeldverfahren aus verfassungsrechtlicher Sicht GA 1978, S. 193 ff.

Gusy, Christoph — Das parlamentarische Untersuchungsrecht in Nordrhein-Westfalen
NWVBl 1988, S. 262 ff.

Güther, Ulrich — Vereidigung von Zeugen durch parlamentarische Untersuchungsausschüsse des Deutschen Bundestages?
NStZ 1993, S. 305 ff.

Haffke, Bernhard — Schweigepflicht, Verfahrensrevision und Beweisverbot
GA 1973, S. 65 ff.

Hake, Andreas — Zur Aktenvorlagepflicht öffentlich-rechtlicher Kreditinstitute gegenüber Untersuchungsausschüssen des nordrhein-westfälischen Landtages
AöR 113 (1988), S. 424 ff.

Harris, Kenneth — Verwertungsverbot für mittelbar erlangte Beweismittel: Die Fernwirkungsdoktrin in der Rechtsprechung im deutschen und amerikanischen Recht
StV 1991, S. 313 ff.

Hefty, Georg Paul — Signal der Mäßigung
FAZ vom 05.07.2000, S. 1.

Herrmann, Joachim — Aufgaben und Grenzen der Beweisverwertungsverbote
Rechtsvergleichende Überlegungen zum deutschen und amerikanischen Recht
Festschrift für Jescheck, Berlin, 1995, S. 1291 ff.

Hesse, Konrad — Grundzüge des Verfassungsrechts der Bundesrepublik Deutschland
20. Auflage, Heidelberg, 1995.

Hesselberger, Dieter — Das Grundgesetz
Kommentar für die politische Bildung
11. Auflage, Neuwied, 1999.

Heyde, Wolfgang — Der Regelungsspielraum des Gesetzgebers bei vorbehaltlos gewährleisteten Grundrechten
Festschrift für Zeidler, Berlin, 1987, Band 2, S. 1429 ff.

v. Heydebrand, Hans-Christoph
Gruber, Franz — Tierversuche und Forschungsfreiheit
ZRP 1986, S. 115 ff.

Hilf, Meinhard
Untersuchungsausschüsse vor den Gerichten
Zur neueren Rechtsprechung zum Recht der Untersuchungsausschüsse
NVwZ 1987, S. 537 ff.

Hofmann, Frank
Terlindens Schweigen: Untersuchungsausschuss muss in die nächste Instanz
Pressemitteilung 0632 des Arbeitskreises „Parteispenden“ am 11.07.2000
www.spdfraktion.de/intranet/owa/doku_anzeige2?d_nr=22931&tabelle=gast.meldung.

ders.
Terlinden tief verstrickt in Kohls Schwarzkontensystem
Pressemitteilung 0759 vom 19.09.2000
www.spdfraktion.de/intranet/owa/doku_anzeige2?d_nr=23208&tabelle=gast.meldung.

ders.
Dem Zeugen Terlinden wird Beugehaft angedroht
Pressemitteilung vom 24.03.2000
www.spd-norden.de/aktuell/mit-240300-2.htm.

Horn, Lutz
Herbert, Alexander
Betroffene vor parlamentarischen Untersuchungsausschüssen
VR 1997, S. 163 ff.

Hubmann, Heinrich
Die Methode der Abwägung
Festschrift für Carolsfeld (1973), S. 173 ff.

ders.
Güterabwägung in der Rechtsprechung des Bundesverfassungsgerichts zum Persönlichkeitsrecht
Festschrift für Obermayer, München, 1986, S. 43 ff.

ders.
Grundsätze der Interessenabwägung
AcP 155 (1956), S. 85 ff.

Irion, Christoph
Zeugen sollen zur Aussage gezwungen werden
Berliner Morgenpost vom 19.07.2000
http://212.172.17.10/archiv2000/000719/politik/story81240.html.

ders.
Urteil zu Terlinden ein Präzedenzfall
Berliner Morgenpost vom 14.07.2000
http://212.172.17.10/archiv2000/000714/politik/story79605.html.

Isensee, Josef Zwischen Amtsethos und Parteibindung – Entscheidung des Parlaments in eigener Sache ZParl 2000, S. 402 ff.

Ismayr, Wolfgang 50 Jahre Parlamentarismus in der Bundesrepublik Deutschland Aus Politik und Zeitgeschichte 1999, 20, S. 14 ff.

Jagau, Hauke
Wessels, Hartmut Reform des Untersuchungsrechts – Anmerkung zu einer anhaltenden Debatte in: Bachmann/Schneider, Zwischen Aufklärung und politischem Kampf, Baden-Baden, 1988, S. 43 ff.

Jakobs, Günther Strafrecht, Allgemeiner Teil 2. Auflage, Berlin, New York, 1993.

Jansen, Nils Die Abwägung von Grundrechten Der Staat 36 (1997), S. 27 ff.

Jarass, Hans Dieter
Pieroth, Bodo Grundgesetz für die Bundesrepublik Deutschland, Kommentar München, 2000.

Jekewitz, Jürgen Parlamentarische Untersuchungsverfahren – sinnlos oder nur mißverstanden? Recht und Politik 2000, S. 215 ff.

ders. Der Schutz Dritter im parlamentarischen Untersuchungsverfahren Festschrift für Partsch, Berlin, 1989, S. 403 ff.

Jeßberger, Florian Kooperation und Strafzumessung Der Kronzeuge im deutschen und amerikanischen Strafrecht Köln, Dissertation, 1998/99.

Joerden, Jan C. Verbotene Vernehmungsmethoden – Grundfragen des § 136a StPO JuS 1993, S. 927 ff.

Jung, Heike Straffreiheit für den Kronzeugen? Köln, Dissertation, 1974.

dies. Der Kronzeuge – Garant der Wahrheitsfindung oder Instrument der Überführung ZRP 1986, S. 38 ff.

Karpen, Hans-Ulrich | Die Verweisung als Mittel der Gesetzgebungstechnik
Berlin, 1970.

Kästner, Karl-Hermann | Parlamentarisches Untersuchungsrecht und richterliche Kontrolle
NJW 1990, S. 2649 ff.

Keller, Rainer | Rechtliche Grenzen der Provokation von Straftaten
Hannover, Habilitationsschrift, 1988.

Kenzler, Evelyn | Verräterisch: Weyrauchs plötzliche Schweigelust; Pressemitteilung Nr. 1345 vom 10.03.2000, http://www2.pds-online.de/bt/presse/2000/03/20000310-003.htm.

dies. | Ausschuss braucht kein Dacapo
Schäuble/Baumeister
Pressemitteilung am 31.05.2000
www.2pds-online.de/bt/presse/2000/05/20000531-002.htm.

Kerbein, Björn | Privatpersonen vor dem Untersuchungsausschuss – Fischers Jugendsünden als Ablenkungsmanöver
ZRP 2001, S. 302 f.

Keßler, Uwe | Die Aktenvorlage und Beamtenaussage im parlamentarischen Untersuchungsverfahren
AöR 88 (1963), S. 313 ff.

Kimminich | Eigentum und Freiheit
Festschrift für Raschhofer, Lassleben, 1977, S. 105 ff.

Kipke, Rüdiger | Die Untersuchungsausschüsse des Deutschen Bundestages: Praxis und Reform der parlamentarischen Enquete
Siegen, Habilitationsschrift, 1985.

ders. | Untersuchungsausschüsse des Bundestages – Perspektiven einer gesetzlichen Regelung –
Recht und Politik 2000, S. 202 ff.

Klein, Hans H. | Öffentliche und private Freiheit – Zur Auslegung des Grundrechts der Meinungsfreiheit –
Der Staat 10 (1971), S. 145 ff.

Kleinknecht, Theodor — Die Beweisverbote im Strafprozeß
NJW 1966, S. 1537 ff.

Kleinknecht, Theodor
Meyer-Goßner, Lutz: — Strafprozeßordnung
Gerichtsverfassungsgesetz
Nebengesetze und ergänzende Bestimmungen
45. Auflage, München, 2001.

Klenke, Reiner — Zum Konflikt zwischen parlamentarischem Enqueterecht und dem Recht auf informationelle Selbstbestimmung des Betroffenen
NVwZ 1995, S. 644 ff.

Kohl, Claudia — Die Rechtsstellung des Betroffenen nach Art. 44 Abs. 2, S. 1 GG und den entsprechenden Regelungen in den Länderverfassungen
Frankfurt a.M., Dissertation, 2001.

Köhler, Marc — Umfang und Grenzen des parlamentarischen Untersuchungsrechts gegenüber Privaten im nichtöffentlichen Bereich
Hannover, Dissertation, 1995.

Kohlmann, Günter — Zur Rechtsstellung der Aussageperson vor parlamentarischen Untersuchungsausschüssen
JA 1984, S. 670 ff.

Kölbel, Ralf
Morlok, Martin — Geständniszwang in parlamentarischen Untersuchungen?
Grenzen des Aussageverweigerungsrechts in parlamentarischen Untersuchungsausschüssen
ZRP 2000, S. 217 ff.

Kölble, Josef — Parlamentarisches Untersuchungsrecht und Bundesstaatsprinzip
DVBl 1964, S. 701 ff.

Koch, Hans-Joachim — Die normtheoretische Basis der Abwägung
in: Abwägung im Recht,
Symposium und Verabschiedung von Werner Hoppe, Köln, 1996, S. 9 ff.

Koch, Sybille — Disziplinarverfahren als möglicher Auskunftsverweigerungsgrund eines Zeugen vor einem Untersuchungsausschuß
ZParl 1996, S. 405 ff.

Kohlhaas Die neuen wissenschaftlichen Methoden der Verbrechensaufklärung und der Schutz der Rechte des Beschuldigten
JR 1960, S. 246 ff.

Kraul, Torsten Berliner Schweigespirale
DIE WELT vom 24.03.2000
www.welt.de/daten/2000/03/24/0324fo158505.htx.

Krebs, Walter Zur verfassungsrechtlichen Verortung und Anwendung des Übermaßverbotes
Jura 2001, S. 228 ff.

Krüger, Herbert Die verfassungsgerichtliche Beurteilung wirtschaftspolitischer Entscheidungen
DÖV 1981, S. 289 ff.

Kühl, Kristian Freie Beweiswürdigung des Schweigens des Angeklagten und der Untersuchungsverweigerung eines angehörigen Zeugen – BGHSt 32, 140
JuS 1986, S. 115 ff.

Kühne, Hans-Heine Strafprozeßrecht: ein Lehrbuch zum deutschen und europäischen Strafverfahrensrecht
5. Auflage, Heidelberg, 1999.

Kunert, Karl Heinz
Bernsmann, Klaus Neue Sicherheitsgesetze – mehr Rechtssicherheit?
NStZ 1989, S. 449 ff.

Kunig, Philip Politische Kontrolle der Bundesregierung durch das Parlament
Jura 1993, S. 220 ff.

Lammer, Dirk Terrorbekämpfung durch Kronzeugen
ZRP 1989, S. 248 ff.

Larenz, Karl Methodenlehre der Rechtswissenschaft
3. Auflage, Berlin, 1995.

ders. Methodische Aspekte der „Güterabwägung“
Festschrift für Klingmüller, Karlsruhe, 1974, S. 235 ff.

Lässig, Curt Beschränkungen des Beweiserhebungsrechts parlamentarischer Untersuchungsausschüsse – insbesondere aufgrund des Bundesstaatsprinzips
DÖV 1976, S. 727 ff.

Leibholz, Gerhard
Rinck, Hans Justus
Hasselberger, Dieter
Grundgesetz - Kommentar an Hand der Rechtsprechung des Bundesverfassungsgerichts
4. Auflage, Köln-Marienburg, 1974.

Leisner, Walter
„Abwägung überall" – Gefahr für den Rechtsstaat
NJW 1997, S. 636 ff.

Leithäuser, Johannes
Ein Symbol angestrengter Erfolglosigkeit
FAZ vom 12.01.2002, S. 3.

Lepa, Manfred
Grundrechtskonflikte
DVBl 1972, S. 161 ff.

Lersch, Paul
Palmer, Hartmut
Skandale: Die gepflegte Landschaft
SPIEGEL ONLINE vom 13.02.1999
www.spiegel.de/spiegel/0,1518,56079,00.html

Lesch, Heiko Hartmut
Inquisition und rechtliches Gehör in der Beschuldigtenvernehmung
ZStW 111 (1999), S. 624 ff.

Levy, Leonard Williams
Origins of the Fifth Amendment
London, Oxford, 1971.

Leyendecker, Hans
Helmut Kohls eiskaltes Kalkül
Wie der Altkanzler mit allen juristischen Finessen den Untersuchungsausschuss des Bundestages hinhält – und damit Erfolg haben könnte
SZ vom 25.07.2000, S. 8.

Linck, Joachim
Untersuchungsausschüsse und Privatsphäre
ZRP 1987, S. 11 ff.

Lölhöffel, Helmut
„Untersuchungsausschuss – immer unübersichtlicher"
Das Parlament vom 07.07.2000, S. 13.

Lorenz, Frank Lucien
„Operative Informationserhebung" im Strafverfahren, „Unverfügbares" und Grundrechtsschutz durch „institutionelle Kontrolle"
JZ 1992, S. 1000 ff.

Maier, Jürgen
Politische Skandale – Quelle der Politikverdrossenheit?
www.phil.uni-passau.de/politik/apuk/inhalt/abstracts/abs_maier.doc.

von Mangoldt, Hermann
Klein, Friedrich
Das Bonner Grundgesetz – Kommentar
Band 2, Art. 20-78 GG
4. Auflage, München, 2000.
zit.: v.Mangoldt/[*Bearbeiter*].

Masing, Johannes
Parlamentarische Untersuchungen privater Sachverhalte: Art. 44 GG als staatsgerichtetes Kontrollrecht
Freiburg, Habilitationsschrift, 1996/97.

ders.
Parlamentarische Untersuchungen gegenüber Privaten?
Der Staat 18 (1988), S. 273 ff.

Maunz, Theodor
Dürig, Günter
Grundgesetz: Kommentar
Band 3, Art. 38 – 91 GG
39. Lieferung, München, Juli 2001
zit.: Maunz/Dürig/[*Bearbeiter*].

Maurer, Hartmut
Staatsrecht
München, 1999.

Mayntz, Gregor
Wahrheitssuche in Aktenbergen
– Hinter den Kulissen des Untersuchungsausschusses – Deutscher Bundestag
Blickpunkt Bundestag 05/2000
www.bundestag.de/aktuell/bp/00/bp0005/0005006.htm.

Memminger, Gerhard
Parlamentarische Kontrolle der Regierung durch Untersuchungsausschüsse
DÖV 1986, S. 15 ff.

Merten, Detlef
Zur verfassungsrechtlichen Herleitung des Verhältnismäßigkeitsprinzips
Festschrift für Schambeck, Berlin, 1994
S. 349 ff.

Meyer, Ferdinand
Die Untersuchungskompetenzen des Amerikanischen Kongresses
Bern, Dissertation, 1968.

Meyer, Jürgen
Brauchen wir den Kronzeugen?
ZRP 1976, S. 25 ff.

Michael, Lothar
Grundfälle zur Verhältnismäßigkeit
JuS 2001, S. 654 ff.

ders. Die drei Argumentationsstrukturen des Grundsatzes der Verhältnismäßigkeit
Zur Dogmatik des Über- und Untermaßverbotes und der Gleichheitssätze
JuS 2001, S. 148 ff.

Misera-Lang, Kathrin Dogmatische Grundlagen der Einschränkbarkeit vorbehaltloser Freiheitsgrundrechte
Freiburg (Breisgau), Dissertation, 1998.

Momsen, Carsten Verfahrensfehler und Rügeberechtigung im Strafprozeß
Göttingen, Dissertation, 1996.

Morlok, Martin Mehr Effektivität für Untersuchungsausschüsse – Einige Vorschläge –
Recht und Politik 2000, S. 208 ff.

ders. Zur Heilsamkeit politischer Skandale
MIP 1999, S. 49 ff. (Sonderbeilage)
http://www.fernuni-hagen.de/law/aktuell/MIP1999Sonderheft.PDF.

Mueller, Gerhard O.W. Beweisverbote im amerikanischen Strafprozeß
Gutachten für den 46. Deutschen Juristentag
Band I, Teil 3 A, S. 33 ff.

Müller-Boysen, Ulrike Die Rechtsstellung des Betroffenen vor dem parlamentarischen Untersuchungsausschuß
Kiel, Dissertation, 1980.

Müller-Volbehr, Jörg Das Grundrecht der Religionsfreiheit und seine Schranken
DÖV 1995, S. 301 ff.

von Münch, Ingo Grundgesetz-Kommentar
Band 2, 4. Auflage, München, 2001.
zit.: v.Münch/[*Bearbeiter*].

Neander, Joachim Anwalt: Untersuchungsausschuss bereitet eine „Lex Terlinden" vor
DIE WELT vom 10.10.2000
http://www.welt.de/daten/2000/10/10/1010de195518.htx.

Nelles, Roland
Zwangsgeld für Terlinden
DIE WELT vom 24.03.2000
www.welt.de/daten/2000/03/24/0324hb156812.htx.

Neuhaus, Ralf
Zur Notwendigkeit der qualifizierten Beschuldigtenbelehrung
NStZ 1997, S. 312 ff.

ders.
Zur Fernwirkung von Beweisverwertungsverboten
NJW 1990, S. 1221 f.

Neumann, Volker
9 Monate CDU-Parteispenden-Untersuchungsausschuss
http://www.neumann.spd-lkos.de/index.htm.

Nink, Karin
Diesmal will Kohl nicht ins Fernsehen
taz vom 22.06.2000
www.taz.de/tpl/2000/06/22/a0052.fr/text?Name=ask08705aaa.

Nothhelfer, Martin
Die Freiheit von Selbstbezichtigungszwang: verfassungsrechtliche Grundlagen und einfachgesetzliche Ausformungen
Heidelberg, Dissertation, 1987.

Nüse, Karl-Heinz
Zu den Beweisverboten im Strafprozeß
JR 1966, S. 281 ff.

Oehler, Dietrich
Kronzeugen und Erfahrungen mit Kronzeugen im Ausland
ZRP 1987, S. 41 ff.

Olschewski, Andreas
Verweigerung der Herausgabe von Akten an parlamentarische Untersuchungsausschüsse aus Gründen des Staatswohls
in: Bachmann/Schneider, Zwischen Aufklärung und politischem Kampf, Baden-Baden, 1988, S. 67 ff.

Osmer, Jan-Dierk
Der Umfang des Beweisverwertungsverbotes nach § 136a StPO
Hamburg, Dissertation, 1966.

Ossenbühl, Fritz Abwägung im Verfassungsrecht
in: Abwägung im Recht,
Symposium und Verabschiedung von Werner Hoppe, Köln, 1996, S. 25 ff.

Pabel, Katharina Verhängung von Beugehaft durch einen Untersuchungsausschuss
NJW 2000, S. 788 ff.

Park, Tido Die prozessuale Verwertbarkeit verschiedener Formen der Beschuldigteneinlassung im Strafverfahren
StV 2001, S. 589 ff.

Partsch, Karl Josef Empfiehlt es sich, Funktion, Struktur und Verfahren der parlamentarischen Untersuchungsausschüsse grundlegend zu ändern?
Gutachten für den 45. Deutschen Juristentag;
Band I, Teil 3
München, Berlin, 1964.

Peglau, Jens Überlegungen zur Schaffung neuer „Kronzeugenregelungen"
ZRP 2001, S. 103 ff.

Peters, Karl Strafprozeß
4. Auflage, Heidelberg, 1985.

ders. Beweisverbote im deutschen Strafverfahren
Gutachten für den 46. Deutschen Juristentag
Band I, Teil 3 A, S. 93 ff.

Pfeiffer, Gerd Grundzüge des Strafverfahrensrechts unter besonderer Berücksichtigung der Rechtsprechung des Bundesverfassungsgerichts und des Bundesgerichtshofes
Sonderausgabe, 3. Auflage, München, 1998.

Prantl, Heribert Das Parlament schärft seine Waffen
SZ vom 27.02.2001, S. 4.

ders. Redseliger Neumann – Der Chef des CDU-Spendenausschusses zieht voreilige Schlüsse
SZ vom 27.01.2001, S. 2.

Quaas, Michael
Zuck, Rüdiger Ausgewählte Probleme zum Recht des parlamentarischen Untersuchungsausschusses
NJW 1988, S. 1873 ff.

Quoirin, Marianne
Zwitter zwischen Politik und Recht
Kölner Stadt-Anzeiger vom 03.09.2000
http://ksta.de/politik/503834.html.

Ranft, Otfried
Bemerkungen zu den Beweisverboten im Strafprozeß
Festschrift für Günter Spendel, Berlin, 1992, S. 719 ff.

Rath, Christian
Ein Recht auf Auskunft?
taz vom 24.3.2000, S. 7
www.taz.de/tpl/2000/03/24/a0072.fr/text?Name=ask22999aaa.

Reamey, Gerald S.
The American Exclusionary Rule Experience
in: Beweisverbote in Ländern der EU und vergleichbaren Rechtsordnungen, S. 191 ff.
Europäisches Kolloquium, Wien, 1997
herausgegeben von: Höpfel, Frank u. Huber, Barbara.

Reichert-Hammer, Hansjörg
Zur Fernwirkung von Beweisverwertungsverboten, (§ 136a StPO) – BGHSt 34, 362
JuS 1989, S. 446 ff.

Reifferscheidt, H.
Die Abschaffung der Folter
JA 1980, S. 102 ff.

Richter, Hans
Auskunfts- und Mitteilungspflichten nach §§ 20, 97 Abs. 1 ff. InsO
wistra 2000, S. 1 ff.

Richter, Werner
Privatpersonen im parlamentarischen Untersuchungsausschuß
Köln, Dissertation, 1990.

Rieß, Peter
Die Vernehmung des Beschuldigten im Strafprozeß
JA 1980, S. 293 ff.

Rinck, Hans-Justus
Verfassungsrechtliche Grenzen der Beeidigungsbefugnis parlamentarischer Untersuchungsausschüsse
DVBl 1964, S. 706 ff.

Rogall, Klaus
Der Beschuldigte als Beweismittel gegen sich selbst: ein Beitrag zur Geltung des Satzes 'Nemo tenetur se ipsum prodere' im Strafprozeß
Bonn, Dissertation, 1975/76.

ders. Grundsatzfragen der Beweisverbote
in: Beweisverbote in Ländern der EU und vergleichbaren Rechtsordnungen, S. 119 ff.
Europäisches Kolloquium, Wien, 1997
herausgegeben von: Höpfel, Frank u. Huber, Barbara.

ders. Beweisverbote im System des deutschen und des amerikanischen Strafverfahrensrechts
in: Zur Theorie und Systematik des Strafprozessrechts, hrsg. von Jürgen Wolter
Neuwied, Berlin, 1995, S. 113 ff.

ders. Rezension zu: Schneider, Grund und Grenzen des strafrechtlichen Selbstbegünstigungsprinzips
StV 1996, S. 63 ff.

ders. Rezension zu: Nothhelfer, Die Freiheit von Selbstbezichtigungszwang
StV 1996, S. 68 ff.

ders. Über die Folgen der rechtswidrigen Beschaffung des Zeugenbeweises im Strafprozeß
JZ 1996, S. 944 ff.

ders. Gegenwärtiger Stand und Entwicklungstendenzen der Lehre von den strafprozessualen Beweisverboten
ZStW 91 (1979), S. 1 ff.

Rosenberg, Leo
Schwab, Karl Heinz
Gottwald, Peter Zivilprozeßrecht
15. Auflage, München, 1993.

Röhl, Klaus F. Allgemeine Rechtslehre
Bonn, München, 1995.

Roxin, Claus Strafverfahrensrecht
25. Auflage, München, 1998.

ders. Strafrecht, Allgemeiner Teil, Band I
Grundlagen, Der Aufbau der Verbrechenslehre
3. Aufl., München, 1997.

ders. Nemo tenetur: die Rechtsprechung am Scheideweg
NStZ 1995, S. 465 ff.

Rudolphi, Hans-Joachim Systematischer Kommentar zur Strafprozeßordnung und zum Gerichtsverfassungsgesetz
17. Aufbau-Lieferung, Frankfurt a.M., Dezember 1997.
zit.: SK-[*Bearbeiter*].

Rüfner, Wolfgang Grundrechtskonflikte
Festgabe Bundesverfassungsgericht, Band II
S. 453 ff.

ders. Überschneidungen und gegenseitige Ergänzungen der Grundrechte
Der Staat 7 (1968), S. 41 ff.

Sachs, Michael Grundgesetz
München, 1999.
zit.: Sachs/[*Bearbeiter*].

ders. Grundrechtsbegrenzungen außerhalb von Gesetzesvorbehalten
JuS 1995, S. 984 ff.

Salditt, Franz 25 Jahre Miranda
GA 1992, S. 51 ff.

Salger, Carsten Das Schweigerecht des Beschuldigten: Vergleich zwischen deutschem und US-amerikanischem Strafverfahrensrecht
Freiburg (Breisgau), Dissertation, 1994/95.

Schaefer, Hans Christoph Parlamentarischer Untersuchungsausschuß und Anwendung der Strafprozeßordnung – ein Widerspruch?
NJW 1998, S. 434 f.

ders. Vereidigung im parlamentarischen Untersuchungsausschuss
NJW 2002, S. 490 f.

Schäfer, Friedrich Der Untersuchungsausschuß (I): Kampfstätte oder Gericht?
ZParl 1974, S. 496 ff.

Schäffer, Heinz Untersuchungsausschüsse – Ein parlamentarisches Kontrollinstrument im Spannungsfeld von politischer Praxis und rechtlicher Neugestaltung
Wien, 1995.

Scharf , Rüdiger
Gesetz gegen das Schweigen in CDU-Affäre
Berliner Morgenpost vom 13.04.2000
http://212.172.17.10/archiv2000/000413/politik/story51457.html.

Schenke, Wolf-Rüdiger
Empfiehlt sich eine gesetzliche Neuordnung der Rechte und Pflichten parlamentarischer Untersuchungsausschüsse?
JZ 1988, S. 805 ff.

Schleich, Albrecht
Das parlamentarische Untersuchungsrecht des Bundestages
Berlin, 1985.

Schlink, Bernhard
Freiheit durch Eingriffsabwehr - Rekonstruktion der klassischen Grundrechtsfunktion
EuGRZ 1984, S. 457 ff.

Schlüchter, Ellen
Erweiterte Kronzeugenregelung?
ZRP 1997, S. 65 ff.

Schmalz, Dieter
Methodenlehre für das juristische Studium
4. Auflage, Baden-Baden, 1998.

Schmid, Niklaus
Strafverfahren und Strafrecht in den Vereinigten Staaten
2. Auflage, Heidelberg, 1993.

Schmidt, Andreas
Keine Liveübertragung aus dem U-Ausschuss
Pressemitteilung vom 04.12.2000
www.cducsu.bundestag.de/texte/schm129i.htm

Schmidt-Bleibtreu, Bruno
Klein, Franz
Kommentar zum Grundgesetz
9. Auflage, Neuwied, 1999.
zit.: Schmidt-Bleibtreu/[*Bearbeiter*].

Schmidt-Räntsch, Ruth
Insolvenzordnung mit Einführungsgesetz
1. Auflage, 1995.

Schnapp, Friedrich
Die Verhältnismäßigkeit des Grundrechtseingriffs
JuS 1983, S. 850 ff.

Schneider, Hartmut
Grund und Grenzen des strafrechtlichen Selbstbegünstigungsprinzips
Berlin, Dissertation, 1990.

Schneider, Hans-Peter
Spielregeln für den investigativen Parlamentarismus – Das neue Untersuchungsausschuss-Gesetz des Bundestages –
NJW 2001, S. 2604 ff.

ders.
Die hilflosen Aufklärer
– Macht und Ohnmacht der Untersuchungsausschüsse –
NJW 2000, S. 3332 ff.

Scholz, Rupert
Parlamentarischer Untersuchungsausschuß und Steuergeheimnis
AöR 105 (1980), S. 564 ff.

Schröder, Meinhard
Empfiehlt sich eine gesetzliche Neuordnung der Rechte und Pflichten parlamentarischer Untersuchungsausschüsse?
Gutachten für den 57. Deutschen Juristentag
Band I, Teil E, München, 1988.

ders.
Die parlamentarischen Untersuchungsausschüsse nach deutschem und europäischen Recht
in: Schäffer, Untersuchungsausschüsse – Ein parlamentarisches Kontrollinstrument im Spannungsfeld von politischer Praxis und rechtlicher Neugestaltung
Wien, 1995.

Schroth, Ulrich
Beweisverwertungsverbote im Strafverfahren – Überblick, Strukturen und Thesen zu einem umstrittenen Thema
JuS 1998, S. 969 ff.

Schulz, Winfried
Neue Medien – Chancen und Risiken – Tendenzen der Medienentwicklung und ihre Folgen
Aus Politik und Zeitgeschichte 1997, 42, S. 3 ff.

Schünemann, Bernd
Der deutsche Strafprozeß im Spannungsfeld von Zeugenschutz und materieller Wahrheit
StV 1998, S. 391 ff.

Seebode, Manfred
Über die Freiheit, die eigene Strafverfolgung zu unterstützen
JA 1980, S. 493 ff.

Seifert, Karl-Heinz — Grundgesetz für die Bundesrepublik Deutschland
6. Auflage, Baden-Baden, 1999.
zit.: Seifert/[*Bearbeiter*].

Sendler, Horst — Die Verwertung rechtswidrig erlangter Beweismittel im Strafprozess mit Berücksichtigung des anglo-amerikanischen und des französischen Rechts
Berlin, Dissertation, 1956.

Sontheimer, Kurt — Vom Unheil und Segen einer Affäre
Aus Politik und Zeitgeschichte 2000, 16, S. 3 ff.

Spendel, Günter — Beweisverbote im Strafprozeß
NJW 1966, S. 1102 ff.

ders. — Wahrheitsfindung im Strafprozeß
JuS 1964, S. 465 ff.

Stalinski, Dirk — Aussagefreiheit und Geständnisbonus
www.ulb.uni-duesseldorf.de/diss/jur/2000/stalinski.html.
Düsseldorf, Dissertation, 2001.

Standen, Jeffrey — The Exclusionary Rule and Damages: An Economic Comparison of Private Remedies for Unconstitutional Police Conduct
http://www.law2.byu.edu/lawreview/archives/2000/4sta.pdf.

Steffani, Winfried — Betroffener als „Verfahrensobjekt"?:
Der „Fall Orgaß" in Hamburg
ZParl 1989, S. 54 ff.

Stern, Klaus — Das Staatsrecht der Bundesrepublik Deutschland, Band III/2
Allgemeine Lehren der Grundrechte
München, 1994.

ders. — Das Staatsrecht der Bundesrepublik Deutschland, Band I
Grundbegriffe und Grundlagen des Staatsrechts, Strukturprinzipien der Verfassung
2. Auflage, München, 1984.

ders. Die Kompetenz der Untersuchungsausschüsse nach Artikel 44 Grundgesetz im Verhältnis zur Exekutive unter besonderer Berücksichtigung des Steuergeheimnisses
AöR 109 (1984), S. 199 ff.

Störmer, Rainer Strafprozessuale Verwertungsverbote in verschiedenen Konstellationen
Jura 1994, S. 621 ff.

Streit, Thilo Parlamentarische Untersuchungen in den Vereinigten Staaten von Amerika
Gutachten für die Berichterstatterreise nach Washington des Ausschusses für Wahlprüfung, Immunität und Geschäftsordnung
– nicht veröffentlicht.

Ströbele, Hans-Christian Grüne: Kohl muss aussagen
Pressemitteilung Nr. 0020/2000 vom 14.01.2000
http://www.gruene-fraktion.de/archiv/pm/2000/00%D0020.htm.

ders. Auskunftsklage gegen Kohl
Presseerklärung Nr. 0031/2000 vom 24.01.2000
www.gruene-fraktion.de/archiv/pm/2000/00%2D0031.htm.

ders. Auskunftsverweigerungsrecht erhalten, aber Untersuchungsausschuss stärken
Pressemitteilung Nr. 0252/2000 vom 04.05.2000
www.gruene-raktion.de/archiv/pm/2000/00%2Do252.htm.

Stürner, Rolf Die Aufklärungspflicht der Parteien des Zivilprozesses
Tübingen, Habilitationsschrift, 1976.

ders. Strafrechtliche Selbstbelastung und verfahrensförmige Wahrheitsermittlung
NJW 1981, S. 1757 ff.

taz Daumenschrauben für Helmut Kohl
taz vom 22.01.2000
www.taz.de/tpl/2000/01/22/a0050.fr/text?Name=ask07199aaa.

Thaysen, Uwe — Bedarf das Recht der parlamentarischen Untersuchungsausschüsse einer Reform? : Beitr. u. Materialien zur Seminartagung d. Dt. Vereinigung für Parlamentsfragen e.V. u. d. Niedersächs. Landtags, Hannover, 20. u. 21. November 1987 Baden-Baden, 1998.

Thieme, Hinrich — Das Verhältnis der parlamentarischen Untersuchungsausschüsse zur Exekutive Göttingen, Dissertation, 1983.

Turner, Harald
Gallandi, Volker — Kronzeuge und strafprozessualer Wahrheitsbegriff ZRP 1988, S. 117 ff.

Uhlenbruck, Wilhelm — Die Grenzen von Amtsermittlung und Offenbarungspflicht im Konkursverfahren JR 1971, S. 445 ff.

Van Cleve — Major Congressional Investigations of the Presidency http://www.ou.edu/special/albertctr/extensions/fal198/vancleve.html.

Verrel, Torsten — Nemo tenetur – Rekonstruktion eines Verfahrensgrundsatzes – 1. Teil NStZ 1997, S. 361 ff.

Vetter, Joachim — Zur Auskunftspflicht eines Beamten vor einem parlamentarischen Untersuchungsausschuß bei drohender disziplinarrechtlicher Verfolgung ZBR 1991, S. 225 ff.

ders. — Rechtsfragen der Parallelität von Strafverfahren und parlamentarischem Untersuchungsverfahren ZParl 1989, S. 345 ff.

ders. — Verfassungsrechtliche Grenzen der Beweiserhebung parlamentarischer Untersuchungsausschüsse DÖV 1987, S. 426 ff.

Vlachopoulos, Spyridon — Kunstfreiheit und Jugendschutz München, Dissertation, 1995.

Vogel, Friedrich — Der Untersuchungsausschuß (II): Fehlende Befugnisse oder Fehleinschätzung? ZParl 1974, S. 503 ff.

Vormbaum, Thomas Falsche uneidliche Aussage vor parlamentarischen Untersuchungsausschüssen
JZ 2002, S. 166 ff.

Wagner, Heinz Uneidliche Falschaussagen vor parlamentarischen Untersuchungsausschüssen
Goldhammer's Archiv für Strafrecht, 1976, S. 257 ff.

Wagner, W. Vernehmungs- und Vereidigungsrecht parlamentarischer Untersuchungsausschüsse
NJW 1960, S. 1936 ff.

Weinberger, Ota Rechtslogik
2. Auflage, Berlin, 1989.

Wendt, Rudolf Der Garantiegehalt der Grundrechte und das Übermaßverbot
AöR 104 (1979), S. 414 ff.

Wernstedt, Rolf Glaubwürdigkeitsprobleme der Politik
Überlegungen zur Spendenaffäre
Recht und Politik 2000, S. 137 ff.

Werth, Christoph Die Herausforderungen des Staates in der Informationsgesellschaft
Aus Politik und Zeitgeschichte 1998, 40, S. 22 ff.

Wessels, Johannes Schweigen und Leugnen im Strafverfahren
JuS 1966, S. 169 ff.

Wiefelspütz, Dieter Das Untersuchungsausschussgesetz
1. Auflage, Baden-Baden, 2003.

Wiefelspütz, Dieter Der Eid im Untersuchungsausschuss
ZRP 2002, S. 14 ff.

Wilke, Jürgen Multimedia – Strukturwandel durch neue Kommunikationstechnologien
Aus Politik und Zeitgeschichte, 1996, 32, S. 3 ff.

Wohlers, Wolfgang Mitwirkungsbefugnisse des Betroffenen im Beweisverfahren parlamentarischer Untersuchungsausschüsse
NVwZ 1994, S. 40 ff.

Wolf, Fritz
Alle Politik ist medienvermittelt
– Über das prekäre Verhältnis von Politik und Fernsehen –
Aus Politik und Zeitgeschichte 1996, 32, S. 26 ff.

Wolff, Heinrich Amadeus
Selbstbelastung und Verfahrenstrennung: das Verbot des Zwangs zur aktiven Mitwirkung am eigenen Strafverfahren und seine Ausstrahlungswirkung auf die gesetzlichen Mitteilungspflichten des Verwaltungsrechts
Speyer, Dissertation, 1996.

Zastrow, Volker
Demokratisches Zwitterwesen
FAZ vom 01.07.2000, S. 1.

Zeh, Wolfgang
Regelungsbedarf und Regelungschancen für das Verfahren parlamentarischer Untersuchungsausschüsse
DÖV 1988, S. 701 ff.

Abkürungsverzeichnis

aA	anderer Ansicht
Abg	Abgeordneter
AcP	Archiv für civilistische Praxis
aE	am Ende
aF	alte Fassung
AG	Amtsgericht
ALR	Allgemeines Landrecht f. d. Preuß. Staaten
Alt.	Alternative
aM	anderer Meinung
Anm.	Anmerkung
AnwBl	Anwaltsblatt
AO	Abgabenordnung
AöR	Archiv für öffentliches Recht
ArbGG	Arbeitsgerichtsgesetz
Art.	Artikel
Aufl.	Auflage
AuslG	Ausländergesetz
AVB	Allgemeine Versicherungsbedingungen
Az.	Aktenzeichen
BadWürtt	Baden-Württenberg
BAG	Bundesarbeitsgericht
BaWüUAG	Landesgesetz über die Einsetzung und Verfahren von Untersuchungsausschüssen des Landes Baden-Württenberg
BayUAG	Gesetz über die Untersuchungsausschüsse des Bayerischen Landtags
BayVBl	Bayrische Verwaltungsblätter
BB	Der Betriebs-Berater
Bd.	Band
BDO	Bundesdisziplinarordnung
Beschl.	Beschluß
BGB	Bürgerliches Gesetzbuch
BGBl	Bundesgesetzblatt
BgbVerf	Brandenburgische Verfassung
BGH	Bundesgerichtshof
BGHSt	Sammlung der Entscheidungen des BGH in Strafsachen
BGHZ	Sammlung der Entscheidungen des BGH in Zivilsachen
BR	Bundesrat
BReg	Bundesregierung
BremStGH	Bremer Staatsgerichtshof
BremUAG	Gesetz über die Einsetzung und Verfahren von Untersuchungsausschüssen der Bremischen Bürgerschaft
BT	Bundestag
BT-Drs.	Bundestagsdrucksache
BtMG	Betäubungsmittelgesetz
BVerfG	Bundesverfassungsgericht
BVerfGE	Sammlung der Entscheidungen des BVerfG
BVerwG	Bundesverwaltungsgericht
BVerwGE	Sammlung der Entscheidungen des BVerwG
CDU	Christlich-Demokratische-Union
CDU	Christlich-Soziale-Union
ders.	derselbe
dh	das heißt
dies.	dieselbe
Diss.	Dissertation
DJT	Deutscher Juristentag

DöV	Die öffentliche Verwaltung
DRiZ	Deutsche Richterzeitung
Drs.	Drucksache
DVBl	Deutsche Verwaltungsblätter
Einl.	Einleitung
EMRK	Europ. Konvention z. Schutze d. Menschenrechte u. Grundfreiheiten
EuGRZ	Europäische Grundrechte
f.	folgende (Seite)
FAZ	Frankfurter Allgemeine Zeitung
FDP	Freie Demokratische Partei
ff.	folgende (Seiten)
FGG	Gesetz über die Angelegenheiten der freiwilligen Gerichtsbarkeit
FGO	Finanzgerichtsordnung
Fn.	Fußnote
FR	Frankfurter Rundschau
FS	Festschrift
G 10	Gesetz zu Artikel 10 Grundgesetz
GA	Goldammers Archiv für Strafrecht
gem.	gemäß
GG	Grundgesetz
ggf.	gegebenenfalls
GrS	Großer Senat
HamUAG	Gesetz über die Untersuchungsausschüsse der Hamburgischen Bürgerschaft
hL	herrschende Lehre
hM	herrschende Meinung
Hs.	Halbsatz
idF	in der Fassung
idR	in der Regel
ieS	im engeren Sinn
insb.	insbesondere
InsO	Insolvenzordnung
IPA-Entwurf	Entwurf eines Gesetzes über die Einsetzung und Verfahren von Untersuchungsausschüssen des Bundestages. Ausgearbeitet von der interparlamentarischen Arbeitsgemeinschaft
iS	im Sinne
iVm	in Verbindung mit
iwS	im weiteren Sinn
JA	Juristische Arbeitsblätter
JK	Jura-Kartei
JR	Juristische Rundschau
Jura	Juristische Ausbildung
JuS	Juristische Schulung
JZ	Juristenzeitung
KG	Kammergericht
KK	Karlsruher Kommentar
KO	Konkursordnung
LG	Landgericht
lit.	litera (=Buchstabe)
MdB	Mitglied des Bundestages
MDR	Monatsschrift für Deutsches Recht
MRK	Europäische Konvention zum Schutze der Menschenrechte und der Grundfreiheiten v. 4.11.1950
mwN	mit weiteren Nachweisen
NJW	Neue Juristische Wochenschrift
Nr.	Nummer
NRW-UAG	Gesetz über die Einsetzung und Verfahren von Untersuchungsausschüssen des Landtages Nordrhein-Westfalen
NStZ	Neue Zeitschrift für Strafrecht
NVwZ	Neue Zeitschrift für Verwaltungsrecht

NVwZ-RR	Neue Zeitschrift für Verwaltungsrecht, Rechtsprechungsreport
NW	Nordrhein-Westfalen
OLG	Oberlandesgericht
OWiG	Gesetz über Ordnungswidrigkeiten
PartG	Parteiengesetz
PDS	Partei des Demokratischen Sozialismus
PUAG	Gesetz zur Regelung des Rechts der Untersuchungsausschüsse des Deutschen Bundestages
RG	Reichsgericht
Rh-PfUAG	Landesgesetz über die Einsetzung und Verfahren von Untersuchungsausschüssen des Landes Rheinland-Pfalz
RR	Rechtsprechungsreport
Rspr	Rechtsprechung
S.	Seite
Saarl-UAG	Landesgesetz über die Einsetzung und Verfahren von Untersuchungsausschüssen des Saarlandes
SGG	Sozialgerichtsbarkeit
SK	Systematischer Kommentar
sog.	sogenannte(-r,-s)
SPD	Sozialdemokratische Partei Deutschlands
StA	Staatsanwaltschaft
Sten.Prot.	Stenographisches Protokoll
StGB	Strafgesetzbuch
StGH	Staatsgerichtshof
StPO	Strafprozeßordnung
StraFo	Strafverteidiger-Forum
stRspr	ständige Rechtsprechung
StV	Strafverteidiger
taz	Die Tageszeitung
u.	und
ua	unter anderem
uU	unter Umständen
VerfGH	Verfassungsgerichtshof
VG	Verwaltungsgericht
VGH	Verwaltungsgerichtshof
vgl.	vergleiche
Vor.	Vorbemerkung
VR	Verwaltungsrundschau
VVG	Gesetz über den Versicherungsvertrag
wistra	Zeitschr. f. Wirtschaft, Steuer, Strafrecht
WP	Wahlperiode
WRV	Weimarer Reichsverfassung
zB	zum Beispiel
ZBR	Zeitschrift für Beamtenrecht
Ziff.	Ziffer
zit.	zitiert
ZParl	Zeitschrift für Parlamentsrecht
ZPO	Zivilprozeßordnung
ZRP	Zeitschrift für Rechtspolitik
ZStW	Zeitschrift für die gesamte Strafrechtswissenschaft

Einführung

Problemstellung, Erkenntnisinteresse und methodischer Aufbau der Untersuchung

Unsere Gesellschaft wird seit jeher durch Flugzeugabstürze, Zugunglücke und sonstige Katastrophen zum Teil mit grausamer Realität konfrontiert. Anschließend folgt dem Inferno stets eine genaue Untersuchung, bei der Experten die Unglücksursache eruieren und Staatsanwaltschaften, Gerichte und nicht zuletzt die Massenmedien die hierfür Verantwortlichen ermitteln.

Besonders groß ist das Interesse der Öffentlichkeit aber auch und gerade bei der Aufklärung von skandalösen Mißständen in der politischen Landschaft. Vornehmlich immer dann, wenn die Vermutung besteht, daß auf Regierungs- bzw. Verwaltungsebene gegen politische Moralvorstellungen oder gar juristische Normen im erheblichen Maße verstoßen wurde, nimmt das Parlament seine Kontrollfunktion gegenüber der Exekutive mit Hilfe seiner Aufklärungsinstrumente wahr, namentlich durch die schnelle Einsetzung eines parlamentarischen Untersuchungsausschusses gemäß Art. 44 GG[1]. Denn ausschließlich auf diese Weise erhält das Parlament – vor allem die Opposition – die Möglichkeit, völlig unabhängig von Regierung, Behörden und Gerichten selbständig die Sachverhalte zu prüfen und politisch zu bewerten, die es in Erfüllung seines Verfassungsauftrages als Vertretung des Volkes für aufklärungsbedürftig erachteDementsprechend haben die Parlamente des Bundes und der Länder seit den Gründungsjahren der Republik in nahezu 500 Untersuchungsverfahren ihre „schärfste Waffe[2]" einsetzen und die innenpolitische Szene nachhaltig prägen können. Auch wenn dabei nicht immer die zu untersuchenden Sachverhalte lückenlos aufgeklärt wurden, haben parlamentarische Untersuchungsausschüsse doch häufig zu gravierenden personellen und gesetzgeberischen Konsequenzen geführt. Derweil gab es nicht nur spektakuläre Rücktritte wie den des Bundestagspräsidenten Rainer Barzel sowie den des Bundeswirtschaftsministers Otto Graf Lambsdorff im Verlauf des Flick-Ausschusses[3] und den des Partei- und Fraktionsvorsitzenden Wolfgang Schäuble während der aktuellen Parteispendenaffäre[4].[5] Nicht selten gab es auch neue Gesetze sowie erhebliche Umstruktu-

---

[1] Bzw. der Norm der jeweiligen Landesverfassungen.

[2] *Depenheuer/Wienands* ZRP 1988, 258; *Schneider* DER SPIEGEL, Nr. 43/1985, S. 37.

[3] Beide sind 1984 von ihren Ämtern zurückgetreten. Zudem wurde der Ehrenvorsitzende der FDP 1987 zu einer Geldstrafe von DM 180.000,- wegen Steuerhinterziehung verurteilt.

[4] Schäuble ist am 16.02.2000 zurückgetreten.

[5] Auch in den Ländern gab es immer wieder Untersuchungen, deren innere Dramatik die politische Landschaft weit über das jeweilige Land hinaus prägten – wie etwa der Barschel-Ausschuß in Schleswig-Holstein.

rierungen auf sämtlichen Verwaltungsebenen. Beispielsweise hat der Gesetzgeber 1984 unter dem Eindruck der Flick-Affäre das Verfahren der Parteienfinanzierung neu geregelt[6]. Dessen Intention war es, mehr Transparenz zu schaffen, um das Vertrauen der Öffentlichkeit in das Parteiensystem wiederherzustellen, das durch die „Pflege der politischen Landschaft[7]" seitens des Flick-Konzerns zutiefst erschüttert war.

Im aktuellen Parteispenden-Untersuchungsausschuß[8] dagegen, welcher den wohl größten Polit-Skandal der Nachkriegszeit betrifft[9], ist indes eine allgemeine und wohl bekannte Problematik in einer neuen und für das parlamentarische Untersuchungswesen existentiellen Dimension höchst virulent geworden, die konkreter Anlaß und zusätzliche Motivation der vorliegenden Arbeit war. So haben sich die „Schlüsselfiguren"[10] der Spendenaffäre, Horst Weyrauch[11], Hans Terlinden[12], Walther Leisler Kiep[13] und vor allem Helmut Kohl[14] auf Aussage- bzw. Auskunftsverweigerungsrechte (§ 136 StPO und § 55 StPO) berufen, da die ihnen vorgeworfenen persönlichen Verfehlungen mit pönalisierten Sachverhalten korrelierten. Aufgrund der Parallelität von staatsanwaltlichen und parlamentarischen Ermittlungen ist eine solche Ausübung von Schweigerechten

---

[6] Zu den Nachwirkungen des Flick-Untersuchungsausschusses siehe *Jekewitz* in: Damkowski S. 141 ff.

[7] So das geflügelte Wort von v. Brauchitsch. Siehe hierzu nur: *Lersch/Palmer* SPIEGEL ONLINE vom 13. 02. 1999 „Skandale: Die gepflegte Landschaft"; www.spiegel.de/spiegel/0,1518,56079,00.html.

[8] Dieser soll prüfen, ob bei der Finanzierung der Parteien gegen das Parteiengesetz verstoßen wurde und ob auf Entscheidungen der früheren Bundesregierung durch finanzielle Zuwendungen an die CDU Einfluß genommen wurde; BT-Drs 14/2139 und BT-Drs 14/2686.

[9] So jedenfalls *Hefty* in: FAZ vom 5.7.2000, S.1. „Schwarzgeldaffäre" wurde zudem zum Wort des Jahres 2000 von der Gesellschaft für deutsche Sprache gewählt: „Anderkonten" auf Platz 7 im Jahre 1999.

[10] So *Delfs* Berliner Morgenpost vom 23.03.2000, http://212.172.17.10/archiv2000 /000323 /politik/story44992.html.

[11] Weyrauch (ehemaliger Finanzberater und Steuerberater der CDU) wurde als erster Zeuge vor dem Parteispenden-Untersuchungsausschuß in Berlin vernommen. Unter Berufung auf die Mosaiktheorie des BGH zu § 55 StPO schwieg er größtenteils bei seiner Vernehmung am 16.03.2000. Nachdem er auch bei seiner zweiten Vernehmung am 23.03.2000 geschwiegen hatte, verhängte der Untersuchungsausschuß ein Ordnungsgeld in Höhe von DM 1000,-.

[12] Da Terlinden, zweiter Zeuge und Hauptabteilungsleiter der Finanzen bei der CDU, am 23.03.2000 unter Berufung auf § 136 StPO schwieg, verhängte der Untersuchungsausschuß ein Ordnungsgeld in Höhe von DM 1000,-; am 06.04.2000 wurde sogar zum zweiten Mal in der Geschichte parlamentarischer Untersuchungsausschüsse des Bundes Beugehaft gegen Terlinden beantragt. Diese wurde jedoch durch das Amtsgericht Tiergarten (11.06.2000) und das LG Berlin (19.09.2000) abgelehnt.

[13] ZB bei seiner ersten Vernehmung am 27.04.2000.

[14] Helmut Kohl berief sich bei seinen Vernehmungen am 29.06.2000, 06.07.2000 und am 25.01.2001 auf § 136 StPO und hilfsweise auf § 55 StPO. Insbesondere offenbarte er unter zusätzlicher Berufung auf sein „Ehrenwort" die Namen der Spender nicht.

zwar seit jeher ein ganz typisches Strukturproblem von Mißstands- und Skandalenqueten, doch noch nie wurde – wie auch im kürzlich veröffentlichten Abschlußbericht des Parteispenden-Untersuchungsausschusses noch einmal moniert wurde[15] – in der Geschichte deutscher Untersuchungsausschüsse so beharrlich und umfassend geschwiegen wie in diesem Ausschuß.

Damit besteht im aktuellen Untersuchungsverfahren konkret, aber auch und namentlich im ganz allgemeinen die große Gefahr, daß im Falle des Schweigens aller wichtigen Informationsträger (bzw. des wichtigsten Zeugen) die Aufklärung erheblich verzögert, wenn nicht sogar gänzlich verhindert wird. Dies hätte letztlich unausweichlich zur Folge, daß das parlamentarische Untersuchungsrecht regelmäßig ins Leere laufen und der Untersuchungsausschuß von der „schärfsten Waffe" des Parlaments zum „zahnlosen Papiertiger" mutieren würde. Das für die Gewaltenteilung erforderliche Kontrollrecht des Parlaments wäre in diesen Fällen völlig ineffektiv.

Angesichts der drohenden Erfolglosigkeit des Parteispenden-Untersuchungsausschusses ist erstmals vor allem von politischer Seite der entsprechende und diskussionswürdige Vorschlag unterbreitet worden[16], im neuen Untersuchungsausschußgesetz[17] eine deutliche Einschränkung des Auskunftsverweigerungsrechts zu kodifizieren und eine grundsätzliche Aussagepflicht aufzunehmen. Zwar wurde sogar diese wirklich neue Empfehlung in einer öffentlichen Sachverständigenanhörung im Ausschuß für Wahlprüfung, Immunität und Geschäftsordnung am 10. Mai 2000 erwogen und beraten. Eine etwaige Einschränkung des Auskunftsverweigerungsrechts ist letztlich allerdings dann doch noch in den darauf folgenden Berichterstattergesprächen[18] dieses Ausschusses aufgegeben worden, jedenfalls vorerst(!). Grund hierfür war vornehmlich, daß die Entwürfe zum Untersuchungsausschußgesetz[19] nicht mit dieser grundsätzlichen und vielschichtigen Problematik während eines laufenden Untersuchungsverfahrens überfrachtet werden sollten[20]; namentlich weil die Schaf-

---

[15] BT-Drs. 14/9300, S. 414; Bewertung des Untersuchungsausschusses abrufbar unter: www.gruene-fraktion.de/rsvgn/rs_datei/0,,293,00.pdf; siehe hierzu die eindrucksvolle Übersicht des Abschlußberichts unter BT-Drs. 14/9300 S. 89 f.

[16] Zu den einzelnen Vorschlägen siehe namentlich 3. Teil § 1 A = S. 65 ff.

[17] Im BGBl I, 1142 am 25.06.2001 verkündet und damit gemäß Art. 3 am 26.06.2001 in Kraft getreten. Auf den aktuellen Parteispenden-Untersuchungsausschuß findet das neue Gesetz ausweislich des eindeutigen Wortlauts von Art. 3 keine Anwendung.

[18] Vor allem im Berichterstattergespräch am 13.10.2000. Teilnehmer: MdB Simm, Bachmaier, Schmidt, Ströbele, Essen, Kenzler sowie der Sekretär des 1. Ausschusses Ministerialrat Winkelmann sowie die Ministerialräte Behrens und Seiler.

[19] BT-Drs. 14/2363, der Entwurf der *FDP-Fraktion* vom 15.12.1999 (einen Tag vor der konstituierenden Sitzung des Untersuchungsausschusses) und BT-Drs. 14/2518, der gemeinsame Entwurf der *SPD-Fraktion* sowie *Bündnis90/Die Grünen* vom 18.01.2000.

[20] Berichterstattergespräch am 13.10.2000; Bachmaier (SPD) hat dies betont; Kenzler (PDS) sagte, daß eine Novellierung in der 15. WP beraten werden sollte.

fung einer „lex Terlinden[21]" bzw. „lex Kohl" politisch nicht als opportun betrachtet wurde und demzufolge damals(!) schon nicht einmal die realistische Chance einer Mehrheit innerhalb der Regierungskoalition besaß. So hat der Bundestag am 6. April 2001 zunächst einmal folgendes Gesetz (§ 22 II PUAG) beschlossen, das bis heute in Kraft ist:

> „Zeugen können die Auskunft auf Fragen verweigern, deren Beantwortung ihnen oder Personen, die im Sinne des § 52 Abs. 1 der Strafprozeßordnung ihre Angehörigen sind, die Gefahr zuziehen würde, einer Untersuchung nach einem gesetzlich geordneten Verfahren [scil. namentlich einem Strafverfahren] ausgesetzt zu werden."

Gleichwohl hoben in der Schlußdebatte am selben Tag aber auch einige Redner stellvertretend für ihre Fraktion den fragwürdigen und damit vorläufigen Charakter dieser Regelung hervor und stellten aus diesem Grunde eine mögliche Gesetzesänderung in Aussicht. Daß auch heute noch und damit zum Ende der 14. Legislaturperiode eine etwaige Einschränkung des Auskunftsverweigerungsrechts fortwährend zur Debatte steht, verdeutlicht nicht zuletzt der Abschlußbericht des Parteispenden-Untersuchungsausschusses, der zum Ende dieser Untersuchung veröffentlicht wurde:

> **„4. Gesetzliche Neuregelung der Aussageverweigerung vor Untersuchungsausschüssen**
>
> Der Ausschuss befürwortet eine gesetzliche Neuregelung für Auskunfts- und Aussageverweigerungen vor parlamentarischen Untersuchungsausschüssen. Die Aufklärungsarbeit des Ausschusses war dadurch erheblich eingeschränkt und behindert, dass zahlreich wie nie vorher vor parlamentarischen Untersuchungsausschüssen Zeugen unter Berufung auf schon anhängige oder zu erwartende Strafverfahren oder ganz grundsätzlich unter Berufung auf ihr Recht, sich nicht selbst belasten und Straf- oder Bußgeldverfahren aussetzen zu müssen, die Aussage ganz oder teilweise verweigert haben.
>
> Eine Neuregelung soll das grundsätzliche Recht jedes einzelnen Bürgers und jeder Bürgerin, sich im Strafverfahren und damit auch vor parlamentarischen Untersuchungsausschüssen nicht selbst belasten zu müssen – dem auch der Ausschuss eine große Bedeutung beimisst – gegenüber dem Interesse von Gesellschaft und Staat an einer wirksamen Aufklärung von schweren Missständen, wie vorsätzlichem Gesetzesbruch, Korruption und Käuflichkeit von Politik auf Regierungsebene, neu abwägen. Wenn die Aufklärung solcher Missstände immer wieder an Aussageverweigerungen der Zeugen scheitert, fördert dies nicht nur Politikverdrossenheit in der Bevölkerung, sondern dann droht auch die parlamentarische Kontrolle von Regierungshandeln ins

[21] *Neander* DIE WELT 10.10.2000; http://www.welt.de/daten/2000/10/10/1010de195518.htx.

Leere zu laufen, was schwerwiegende Folgen für die Stabilität des parlamentarischen Regierungssystems überhaupt hat.

Für die Neuregelung wird empfohlen, die Erfahrungen alter und gefestigter parlamentarischer Demokratien wie in England und in USA zu nutzen.[22]"

Damit wird besonders augenfällig, daß auch von politischer Seite das letzte Wort zu diesem Problemkreis noch lange nicht gesprochen ist. Die Wahrscheinlichkeit, daß sich der deutsche Gesetzgeber einmal entschließt, hierzulande „amerikanische Verhältnisse" in den Untersuchungsausschüssen zu schaffen, ist mithin nicht völlig von der Hand zu weisen. So kann es durchaus sein, daß irgendwann einmal auch in Deutschland ein Praktikant bzw. eine Praktikantin aufgrund einer Gesetzesänderung gezwungen werden kann, gegen hohe Politiker auszusagen; genauso wie in der Clinton/Lewinsky-Affäre. Ähnliches gilt für Chauffeure, Mitarbeiter, sonstige Bedienstete und Politfreunde etc. Im aktuellen Parteispenden-Untersuchungsausschuß hätte man dann beispielsweise erwägen können, die Sekretärin und langjährige Vertraute von Ex-Bundeskanzler Kohl Juliane Weber zu einer umfassenden Aussage zu zwingen. Im Gegenzug hätte man ihr vielleicht „Straffreiheit" oder eine ähnliche Gegenleistung gewährt. Denkbar wäre es sicherlich auch gewesen, Karl-Heinz Schreiber aus Kanada „einfliegen" zu lassen, um endlich die fragwürdigen Umstände der berüchtigten „100.000 DM-Spende" an Schäuble bzw. Baumeister klären zu können.

Doch wären derartige Szenarien in deutschen Untersuchungsausschüssen unter rein rechtlichen Gesichtspunkten überhaupt tragbar? Dürfte man im deutschen Rechtsstaat Auskunftspersonen wirklich uneingeschränkt zwingen, gegen sich selbst auszusagen? Nicht zuletzt in Anbetracht der Tatsache, daß der deutsche Strafprozeß im Gegensatz zum angloamerikanischen vom Legalitätsprinzip beherrscht wird, erscheint es jedenfalls in rechtlicher Hinsicht fragwürdig, ob auch in Deutschland ein politisches Organ in das staatliche Strafverfolgungsinteresse ohne weiteres eingreifen dürfte.

Zu diesem hochpolitischen, heute virulenten und namentlich unter rechtlichen Gesichtspunkten interessanten Problemkreis existiert bisher noch keine Untersuchung, die sich rechtswissenschaftlich eingehend mit der Frage nach einer etwaigen Einschränkung des Auskunftsverweigerungsrechts in parlamentarischen Untersuchungsausschüssen auseinandersetzt. Dies überrascht, weil zum einen doch bekannterweise gerade der Rechtsvergleich mit den Vereinigten Staaten für die Weiterentwicklung des deutschen (Straf-)Prozeßrechts häufig bemüht wird und zum anderen, weil es seit der Einführung von Untersuchungsausschüssen sowohl in der Weimarer Republik als auch in der Bundesrepublik Deutschland eine äußerst intensive rechts- und politikwissenschaftliche Beschäftigung mit dem parlamentarischen Untersuchungsrecht gegeben hat, mit zahlreichen

[22] BT-Drs. 14/9300, S. 414; 13.06.2002.

Monographien und Hunderten von Fachartikeln[23]. Lediglich in drei kurzen Aufsätzen von *Kölbel/Morlok*[24], *Danckert*[25] und *Schneider*[26] hat bislang die de lege ferenda geforderte Einschränkung des Auskunftsverweigerungsrechts ihren wissenschaftlichen Niederschlag gefunden; allerdings auch nur ansatzweise, so daß diesbezüglich uneingeschränkt ein weißer Fleck auf der juristischen Landkarte zu konstatieren ist.

Zwar haben zwei ältere Dissertationen aus den Jahren 1980 und 1989 von *Müller-Boysen*[27] und *Buchholz*[28] die Rechtsstellung des Betroffenen im parlamentarischen Untersuchungsverfahren in toto eruiert, jedoch fand die hiesige Problematik keinerlei Erwähnung. Wenn überhaupt einmal die Kollision zwischen der individuellen Selbstbelastungsfreiheit der Auskunftsperson und dem parlamentarischen Aufklärungsinteresse in Rede stand, ging es lediglich ausschließlich darum, die Rechte der Auskunftsperson über ihr partielles Auskunftsverweigerungsrecht (§ 55 StPO) hinaus in Richtung eines umfassenden Schweigerechts analog § 136 StPO zu stärken, und nicht – wie hier vorrangig interessieren soll – umgekehrt die Rechte der Auskunftsperson zu beschneiden.

Die entgegengesetzte Perspektive, also das Auskunftsverweigerungsrecht zugunsten des parlamentarischen Aufklärungsinteresses aufzulösen und ggf. stattdessen „kompensatorische Gegenleistungen" zu positivieren, wurde selbst in einer während dieser Dissertation entstandenen Untersuchung von *Claudia Kohl* – ebenfalls zur Betroffenenstellung – in keiner Weise berücksichtigt. Wie *Müller-Boysen* und *Buchholz* ist auch *Kohl* allein[29] der Frage nachgegangen, ob bei strafrechtsrelevanten Sachverhalten § 136 StPO sinngemäß Anwendung finden muß.

---

[23] Siehe hierzu die umfangreiche Publikationsübersicht bei: Schmidt-Bleibtreu/*Brockmeyer* Art. 44 GG.

[24] *Kölbel/Morlok* ZRP 2000, S. 217 ff.; rudimentär auch bei *Morlok* Recht und Politik 2000, S. 208 ff.; Morlok vertritt häufig die SPD-Fraktion bei Streitigkeiten zum Untersuchungsrecht und zur Parteifinanzierung.

[25] *Danckert* ZRP 2000, S. 476 ff.; Danckert hat früher Schalck-Golodkowski gegen den Untersuchungsausschuß „DDR-Vermögen" vertreten. Jetzt sitzt er „auf der anderen Seite" und ist als Angehöriger der SPD-Fraktion Untersuchungsausschußmitglied im aktuellen Parteispenden-Untersuchungsausschuß.

[26] *Schneider* NJW 2000, S. 3332 ff.; Schneider vertritt häufig die SPD-Fraktion bei Streitigkeiten zum Untersuchungsrecht.

[27] „Die Rechtsstellung des Betroffenen vor dem parlamentarischen Untersuchungsausschuß".

[28] „Der Betroffene im parlamentarischen Untersuchungsausschuß".

[29] „Die Rechtsstellung des Betroffenen nach Art. 44 Abs. 2, S. 1 GG und den entsprechenden Regelungen in den Länderverfassungen". Freilich war auch bei ihr diese Rechtsfrage lediglich eine von vielen. So hat sie vornehmlich etwaige Mitwirkungsrechte der Auskunftsperson untersucht.

Angesichts dieser beträchtlichen Forschungslücke soll primäres Kernanliegen dieser Untersuchung die eingehende juristische Prüfung sein, ob zukünftig rechtliche Möglichkeiten bestehen, das derzeit bestehende Auskunftsverweigerungsrecht nach § 22 II PUAG zugunsten des parlamentarischen Aufklärungsinteresses aufzulösen, wobei namentlich die von politischer und zuweilen auch von wissenschaftlicher Seite vorgetragenen Forderungen de lege ferenda auf ihre Recht- und Verfassungsmäßigkeit zu untersuchen sind. In diesem Zusammenhang liegt das Erkenntnisinteresse dieser Untersuchung überdies darin, mögliche Alternativen aufzuzeigen und ggf. *neue* Optimierungsmodelle vorzuschlagen. Auf diese Weise soll in dieser Untersuchung die bestehende Forschungslücke vollständig geschlossen werden.
Schließlich will diese Ausarbeitung auch der seit Jahrzehnten umstrittenen Rechtsfrage nachgehen, ob aus rechtsstaatlichen Gründen der vom Untersuchungsgegenstand in strafrechtsrelevanter Weise betroffenen Auskunftsperson eine „Betroffenenstellung" mit umfassendem Aussageverweigerungsrecht (analog § 136 StPO) einzuräumen ist. In Anbetracht der Tatsache aber, daß diese Problematik bereits in der Literatur, namentlich durch *Müller-Boysen*, *Buchholz* und jüngst durch *Kohl* eine besondere wissenschaftliche Beachtung gefunden hat, soll dieser Problemkreis in dieser Untersuchung, wenn auch nicht von untergeordneter, so doch jedenfalls lediglich von sekundärer Bedeutung sein.

Dementsprechend läßt sich das Erkenntnisinteresse dieser Arbeit insgesamt wie folgt zusammenfassen:

- So liegt das erkenntnisleitende Interesse in der sachgerechten und rechtmäßigen Auflösung des Zielkonflikts zwischen der individuellen Selbstbelastungsfreiheit der Auskunftsperson, also der Freiheit, sich nicht in strafrechtsrelevanter Weise selbst bezichtigen zu müssen, und dem parlamentarischen Aufklärungsinteresse.

Inhaltlich wie auch begrifflich wird diese Abhandlung und damit deren Erkenntnisinteresse dahingehend begrenzt, daß die Selbstbelastungsfreiheit – bzw. lateinisch: nemo tenetur se ipsum accusare – als Synonym für das „Recht, bei pönalisierenden Sachverhalten *schweigen* zu dürfen", verwendet wird. Auf diese Weise wird eine inhaltliche Eingrenzung dergestalt vorgenommen, daß bei der Auflösung dieses Zielkonflikts lediglich auf den Kernbereich des nemo-tenetur-Grundsatzes, also auf das Schweigerecht rekurriert wird[30]. Sonstige aktive Mitwirkungspflichten bzw. passive Duldungspflichten werden nicht behandelt.

[30] SK-*Rogall* vor § 133 Rn. 142.

Zum Aufbau dieser Untersuchung: Um den bis heute anhaltenden Werte- und Zielkonflikt dieser Arbeit – individuelle Selbstbelastungsfreiheit versus parlamentarisches Aufklärungsinteresse – lösen bzw. zumindest entschärfen und sich damit auf das soeben formulierte Erkenntnisinteresse fokussieren zu können, wird diese Untersuchung in drei Teile gegliedert. Die *ersten beiden Teile* sind dabei eher abstrakt-allgemeiner Natur, weil sie als elementare dogmatische Grundlage für den weiteren Fortgang unabdingbare wissenschaftliche Vorarbeit leisten, ohne schon auf die hiesige Konfliktlage im einzelnen näher einzugehen. Demgegenüber widmet sich darauf aufbauend der *Dritte Teil*, der den wesentlichen Schwerpunkt der Arbeit bildet, konkret dem zu erarbeitenden Ausgleich zwischen den konfligierenden Rechtsgütern. Untersucht wird in diesem Abschnitt zum einen, ob das individuelle Schweigeinteresse zugunsten des parlamentarischen Aufklärungsinteresses über die bisherige Regelung (§ 22 PUAG) hinaus beschnitten werden darf, wohingegen zum anderen in entgegengesetzter Perspektive eruiert wird, ob nicht aus rechtsstaatlichen Gründen vielmehr das bisherige Auskunftsverweigerungsrecht zu Lasten des parlamentarischen Aufklärungsinteresses zum umfassenden Aussageverweigerungsrecht (analog § 136 StPO) erstarken muß.

Hierzu werden zunächst der bisherige Streit- und Forschungsstand deskriptiv dargestellt sowie daran anschließend umfassend die entscheidenden Kriterien einer Kollisionslösung auf rechtsmethodische Weise entwickelt. Darauf aufbauend werden die einzelnen Lösungsvorschläge auf ihre Recht- und Verfassungsmäßigkeit überprüft und neue Optimierungsansätze dargelegt. Schließlich wird die Untersuchung mit einer thesenförmigen Zusammenfassung der wesentlichen Forschungsergebnisse abgeschlossen.

Abschließend sei noch folgende Bemerkung erlaubt: Während dieser Untersuchung ist von kollegialer Seite auch die Frage gestellt worden, ob diese primär unter strafprozessualem oder verfassungsrechtlichem Blickwinkel durchgeführt wurde. Sich hierzu in eine Richtung zu „bekennen", hieße allerdings außer acht zu lassen, daß beide Rechtsgüter auch und gerade Verfassungsgüter sind und demzufolge sich zunächst einmal *völlig gleichrangig* gegenüberstehen. Zudem zeigt Art. 44 II GG mit seinem Verweis auf die Strafprozeßordnung, daß in der Praxis parlamentarischer Untersuchungsausschüsse Untersuchungsrecht und Strafverfahrensrecht gerade korrelieren. Schließlich ist das Strafprozeßrecht ja anerkanntermaßen immer auch konkretisiertes Verfassungsrecht[31], so daß auch aus diesem Grund kein spezifischer Blickwinkel zu bevorzugen ist.

---

[31] Aus der höchstrichterlichen Rechtsprechung siehe nur: *BVerfGE* NJW 1972, 1123 (1125) mit Verweis auf *BGHSt* 19, 325 (330). Der *BGH* verweist wiederum auf *BVerfGE* 6, 389 (433). Aus der Literatur siehe nur: *Roxin*, Strafverfahrensrecht, § 2 A I, spricht vom „Seismographen der Staatsverfassung"; *Blau* von der „StPO als Ausführungsgesetz zum Grundgesetz"; Jura 1993, 513 (517); *Bosch* S. 22 f.; *Salger* VI.

1. Teil Darstellung und positiv-rechtliche Analyse der konfligierenden Verfassungsgüter

Der soeben in der Einführung grob dargelegte Aufbau dieser Untersuchung, namentlich deren *Erster Teil*, wird – genauer betrachtet – neben Zweckmäßigkeitserwägungen ausschließlich von rechtsmethodischen Zwängen determiniert. Hierbei gilt vornehmlich zu beachten, daß die juristische Relevanz der hiesigen Interessenkollision dem bedeutenden Umstand entspringt, daß – wie nachfolgend zu zeigen ist – die beiden gegenläufigen Interessen *gleichermaßen* verfassungsrechtlich bewehrt sind. Dementsprechend muß – soviel vorweg – bei der Austarierung der widerstreitenden Aufklärungs- und Schweigeinteressen nach dem Grundsatz der Einheit der Verfassung[32] vorrangig gesehen werden, daß beide Rechtsgüter zwecks Herstellung „praktischer Konkordanz" im Wege einer Abwägungsentscheidung zu optimieren sind. Dabei gilt für konfligierende Verfassungsgüter im allgemeinen sowie für das Aufklärungsinteresse und die Selbstbezichtigungsfreiheit im besonderen, daß nach Möglichkeit beide Güter in ein derartiges Verhältnis zueinander gebracht werden, daß ihre Wirkkraft jeweils optimal zur Geltung kommen kann.[33]

Damit wird bereits an dieser Stelle zum besseren aufbautechnischen Verständnis vorweggenommen, daß in dieser Ausarbeitung letztlich deren sach- und interessengerechte *Abwägung* zum primären rechtsmethodischen Handwerkszeug gehört. Und da *Abwägung* anerkanntermaßen eine „Gewichtung, Messung von Gütern bzw. Interessen in ihrem Verhältnis zueinander[34]" bedingt, ist unter diesem rechtsmethodischen Blickwinkel evident, daß die Bewertung und Optimierung der in Rede stehenden Rechtsgüter nur dann in rechts- und verfassungsmäßigerweise Weise erfolgen kann, wenn zunächst größtmögliche Klarheit über deren verfassungsrechtlichen Stellenwert geschaffen wurde. Zur Ermittlung der abstrakten Werthöhe und Wertintensität beider Güter müssen demnach im folgenden ihre ideengeschichtliche Schutzrichtung, ihr juristischer Schutzumfang als auch ihre juristischen Grenzen umfassend analysiert werden.

---

[32] Sinngemäß *Vetter* ZBR 1991, 225 (227).

[33] Ähnlich *Vetter* ZBR 1991, 225 (227); so für das Verhältnis zwischen parlamentarischem Aufklärungsinteresse und informationeller Selbstbestimmung *Klenke* NVwZ 1995, 644 (646); *AG Wiesbaden*, Beschl. v. 19.09.2000 mit Hinweis *BVerfGE* 67, 100 (144); *BadWürttStGH* NVwZ-RR 1992, 593 (596); *LG Bonn* NStZ 1990, 555.

[34] *Gern* DÖV 1986, 462 (466).

§ 1 Verfassungsrechtliche Grundlagen des Untersuchungsrechts parlamentarischer Untersuchungsausschüsse

Mithin wird aus vorgenannten Gründen zunächst eine vertiefte positivrechtliche Darstellung über Inhalt, Umfang und Grenzen des parlamentarischen Untersuchungsrechts vorgenommen, wobei entsprechend der Normenhierarchie das Hauptaugenmerk auf deren verfassungsrechtliche Grundlagen gerichtet wird.

A. Ideengeschichtliche und staatsorganisatorische Funktion des parlamentarischen Untersuchungsausschusses

Die Bundesrepublik Deutschland ist ein freiheitlich-demokratischer Rechtsstaat mit einem parlamentarischen Regierungssystem (Art. 20 GG) und verfassungsrechtlich verankerter Gewaltenteilung (Art. 20 II 2 GG). Das Gewaltenteilungsprinzip als „tragendes Organisations- und Funktionsprinzip[35]" des Grundgesetzes verlangt dabei (1) eine Teilung (Trennung) der staatlichen Funktionen und Zuweisung derselben an verschiedene Funktionsträger, (2) eine Hemmung (Verknüpfung) der Funktionen und ihrer Träger durch Festlegung wechselseitiger Einwirkungen und Abhängigkeiten sowie *vor allem*[36] (3) eine Balancierung und Kontrolle der Funktionen und ihrer Träger.[37]

Um eine derartige Gewaltenteilung- bzw. Gewaltenverschränkung im parlamentarischen Regierungssystem bestmöglichst gewährleisten zu können, ist es neben der Gesetzgebung[38] eine essentielle Aufgabe des Parlaments, die Regierung und damit die übrige Exekutive auf effektive Weise zu kontrollieren.[39] Gerechtfertigt wird die parlamentarische Verantwortlichkeit der Regierung mit dem Umstand, daß diese ihre Legitimation von der Volksvertretung ableitet. Demnach bedingen Legitimation und Kontrollunterworfenheit der Exekutive einander.[40]

Eine parlamentarische Kontrolle setzt allerdings – um nachhaltig wirken zu können – zwingend voraus, daß das Parlament frühzeitig die hierfür notwendigen Informationen erhält.[41] Diese sind ihm grundsätzlich von der Regierung rechtzeitig und umfassend zur Verfügung zu stellen. Indes hat das Parlament

[35] *BVerfGE* 34, 52 (59); *OVG Koblenz* NVwZ 1986, 575 (576).

[36] Im Rahmen der Gewaltenteilung kommt der Kontrolle ein besonderes Gewicht zu; *BremStGH* 1989, 953 (954) mit Verweis auf *BVerfGE* 49, 70 (85); *BVerfGE* 77, 1 (43).

[37] *Stern* AöR 109 (1984), 199 (221).

[38] *Maurer* § 13 Rn. 119; *Arloth* NJW 1987, 808.

[39] *BremStGH* NVwZ 1989, 953 (955); in diesem Sinne auch *Busse* DÖV 1989, S. 45 ff.

[40] Sinngemäß Dreier/*Morlok* Art 44. Rn. 8.

[41] *Engels* Jura 1990, 71 (73); *Masing* Der Staat 18 (1988), 273 (282); *Lenz* 8. WP/63. Sitzung, S. 4824.

aber auch und namentlich das Recht auf *Selbst*information.[42] So kann es im modernen parlamentarischen System regelmäßig einen parlamentarischen Untersuchungsausschuß einsetzen, um *selbst* unmittelbar inquisitorisch tätig zu werden.[43]

Mithin ist der Untersuchungsausschuß unter ideengeschichtlichem und staatsorganisationsrechtlichem Blickwinkel ein für die Gewaltenteilung unentbehrliches Informations- und Kontrollinstrument des Parlaments.

B. Verfassungsrechtliche Verankerung des parlamentarischen Selbstinformationsrechts

Die verfassungsrechtliche Grundlage dieses Selbstinformationsrechts, also des Rechts des Parlaments, mittels Untersuchungsausschusses die Aufklärung von im öffentlichen Interesse liegenden Sachverhalten zu betreiben, findet sich für den Bereich des Bundes unmittelbar in Art. 44 I GG. Durch diese besondere Gewährleistung wird das parlamentarische Untersuchungsrecht ausdrücklich zum Verfassungsgut erhoben.

Zudem konstituiert Art. 44 I GG das Recht einer qualifizierten Minderheit, den Bundestag zur Untersuchung zu zwingen. Anderenfalls wäre nur der Bundestag auf Beschluß seiner Mehrheit (Art. 42 II 1 GG) zur Einsetzung eines Untersuchungsausschusses befugt. Der Grund für diesen verfassungsrechtlich abgesicherten Minderheitenschutz liegt in den veränderten Funktionsbedingungen des modernen parlamentarischen Systems.[44] So hat sich das politische Spannungsverhältnis vom ursprünglichen Organdualismus zwischen Parlament und Regierung in Richtung auf einen Parteiendualismus zwischen Regierung und der sie in der Regel tragenden Mehrheitsfraktion(en) einerseits und Oppositionsfraktion(en) andererseits verschoben.[45] Dieses auch vom *Bundesverfassungsgericht*[46] ausdrücklich anerkannte besondere Spannungsverhältnis innerhalb des gegenwärtigen parlamentarischen Systems weist somit de facto primär der Opposition das Recht zu, die Regierung, die ihrer Aufsicht unterliegende Verwaltung und letztlich auch die Parlamentsmehrheit zu kontrollieren[47].

---

[42] *Damkowski* S. 32; Dreier/*Morlok* Art. 44 Rn. 11 u. 43; *Stern* AöR 109 (1984), 199 (218); in diesem Sinne *Gusy* NWVBl 1988, 262 (265); *Kölbel/Morlok* ZRP 2000, 217 (219).

[43] Recht der Europäischen Union: Art. 193 EGV; Art. 20 EGKSV; Art. 107 b EAGV; Belgien Art. 56; Dänemark § 51; Griechenland Art. 68; Italien Art. 82; Luxemburg Art. 64; Niederlande Art. 70; Portugal Art. 181; Spanien Art. 76. Zitiert nach v. Mangoldt/*Achterberg*/*Schulte* Art. 44 Vorb.

[44] *Scholz* AöR 1980 (105), 564 (595).

[45] *BVerfGE* 49, 70 (85); sinngemäß Sachs/*Magiera* Art. 44 Rn. 3; Leibholz/*Rinck* Art. 44 Rn. 51; *BremStGH* NVwZ 1989, 953 (955); Seifert/*König* Art. 44 Rn. 1.

[46] *BVerfGE* 49, 70 (85).

[47] *Scholz* AöR 1980 (105), 564 (596); v.Mangoldt/*Achterberg*/*Schulte* Art. 44 Rn. 1.

Gleichermaßen hat der beschriebene Wandel des politischen Spannungsverhältnisses erhebliche Auswirkungen auf den Gegenstand parlamentarischer Untersuchungen. So wird in der Praxis parlamentarischer Untersuchungsausschüsse vor allem das Handeln von Regierung und Verwaltung und somit auch letztlich der sie tragenden Parlamentsmehrheit geprüft.[48] Zwar sind diese zum Teil als Mißstands- bzw. Skandalenqueten titulierten Untersuchungen – wie unten zu zeigen ist – de jure nicht auf die Exekutivebene beschränkt, sondern können sich auch auf parlamentsinterne oder sonstige Mißstände des öffentlichen Lebens in nichtstaatlichen Bereichen beziehen.[49] Letztere stellen indes die numerische Ausnahme dar.[50] Aus diesem Grunde wird auch in der rechts- und politikwissenschaftlichen Literatur das parlamentarische Informations- und Untersuchungsrecht vorwiegend als „Waffe[51]" oder als „Kampfinstrument[52]" der Opposition bezeichnet.[53]

C. Verfassungsrechtliche Verankerung des Beweiserhebungsrechts

Auf der Grundlage der vorstehenden Feststellungen zum ideengeschichtlichen und staatsorganisatorischen Status des parlamentarischen Untersuchungsausschusses und der verfassungsrechtlichen Verankerung seines Selbstinformationsrechts in Art. 44 I GG ist es für die weitere Untersuchung zwecks Optimierung von Informations- und Schweigeinteressen von überaus elementarer Bedeutung zu erfahren, ob überhaupt und ggf. mit welchem Instrumentarium der Kern dieses parlamentarischen Selbstinformationsrechts de constitutione lata verwirklicht wird. Denn nur in diesem Falle käme wirklich dem parlamentarischen Untersuchungsrecht von verfassungsrechtlicher Seite ein außerordentlich hoher Rechtswert zu. Entscheidend ist hierfür allein, ob ein vom Bundestag eingesetzter Untersuchungsausschuß von Verfassungs wegen mit effektiven hoheitlichen (Zwangs-)Befugnissen ausgestattet wird, um dessen verfassungskräftigen Informationsanspruch aus Art. 44 I GG auch wirksam durchsetzen zu können.

---

[48] *Jarass/Pieroth* Art. 44 Rn. 1; sog. Kontroll- oder Mißstandsenqueten; sinngemäß *Vetter* ZBR 1991, 225 (227).
[49] Hierzu nur: Dreier/*Morlok* Art. 44 Rn. 16.
[50] *Vetter* ZParl 1989, 345. Die im Jahre 1990 von *Engels*, Jura 1990, 71, getroffene Feststellung gilt auch heute noch; so *Schneider* NJW 2001, 2604 (2605).
[51] *Prantl* SZ vom 27.02.2001, S. 4, „Das Parlament schärft seine Waffen"; *Arloth* NJW 1987, 808; *Hesselberger* Art. 44 Rn. 2; *Schneider* 57. DJT Bd. II, M 64; *Dahlgrün* 4. WP/43. Sitzung, S. 1875; *Partsch* 57. DJT Bd. I Teil 3, S. 14; *Germis* S. 59; *Schleich* S. 17.
[52] v.Mangoldt/*Achterberg/Schulte* Art. 44 Rn. 84; *Brocker* ZParl 1999, 739 (740); *Masing* Der Staat 18 (1988), 273 (285); *Beckedorf* ZParl 1989, 35.
[53] In diesem Sinne auch *Klenke* NVwZ 1995, 644.

Soll zwischen den widerstreitenden Verfassungsgütern dieser Untersuchung „praktische Konkordanz" hergestellt werden, ist Art. 44 I 1 GG zunächst so auszulegen, daß das parlamentarische Untersuchungsrecht seine Wirkkraft möglichst optimal entfalten kann. Dies schon allein deshalb, weil sich parlamentarisches Aufklärungsinteresse und die individuelle Selbstbezichtigungsfreiheit grundsätzlich gleichwertig gegenüberstehen. In diesem Sinne hat das Bundesverfassungsgericht im Flick[54]- und den Neue Heimat-Urteilen[55] auf Bundesebene, der BremStGH[56] auf Landesebene für die Kollision von parlamentarischem Aufklärungsinteresse und sonstigen Verfassungsgütern folgende Maßstäbe gesetzt, die auch in der Wissenschaft[57] unbestritten sind: So führen die Gerichte aus, daß das Grundgesetz ein parlamentarisches Regierungssystem normiert habe, das stärker ausgeprägt und zugleich mehr auf Stabilität der Regierung angelegt sei als unter der Weimarer Reichsverfassung.[58] Dieses moderne parlamentarische Regierungssystem sei grundlegend durch die Kontrollfunktion des Parlaments geprägt.[59] Dementsprechend gebiete der Grundsatz der Gewaltenteilung, gerade im Hinblick auf die starke Stellung der Regierung und mangelnden Eingriffsmöglichkeiten des Parlaments in den der Exekutive vorbehaltenen Bereich, für die Abwägungsentscheidung zunächst eine Auslegung des Grundgesetzes dahin, daß parlamentarische Kontrolle wirksam sein müsse.[60]

Diese wäre nicht gewährleistet, wenn der Untersuchungsausschuß nicht einmal in der Lage wäre, sich selbst die nötigen Informationen zu beschaffen, wenn die freiwillige Mitwirkung verweigert würde.[61] So komme der Sachverhaltsaufklärung durch Untersuchungsausschüsse keine geringere Bedeutung zu als der Tatsachenermittlung im Strafverfahren.[62] Denn gerade mit Hilfe dieses Selbstinformationsrechts erhielten die Parlamente die Möglichkeit, unabhängig von Regierung, Behörden und Gerichten, selbständig die Sachverhalte zu prüfen, die sie in Erfüllung ihres Verfassungsauftrages als Vertretung des Volkes für aufklärungsbedürftig hielten.[63] Vor diesem Hintergrund sei es folgerichtig, den Untersuchungsausschuß mit denjenigen Befugnissen auszustatten, die er benötige, um die ihm aufgegebene Klärung von Zweifeln an der „Gesetzlichkeit oder Lauterkeit von Regierungs- oder Verwaltungsnahmen[64]" effektiv herbeiführen zu können.[65]

---

[54] *BVerfGE* 67, 100 ff.
[55] *BVerfG* NJW 1988, 897 ff.
[56] *BremStGH* NVwZ 1989, 953 ff.
[57] *Engels* Jura 1990, 71 (73).
[58] *BVerfGE* 67, 100 (130).
[59] Sinngemäß *Vetter* ZBR 1991, 225 (227).
[60] Auch *BVerfGE* 67, 100 (130); *BremStGH* NVwZ 1989, 953 (955).
[61] *BVerwGE* 79, 339 (345).
[62] *BVerwGE* 79, 339 (345).
[63] *BremStGH* NVwZ 1989, 953 (955).
[64] § 52 des Preuß'schen Entwurfs zur Weimarer Reichsverfassung; zitiert nach

Zu diesen Befugnissen gehört namentlich in hiesiger Konfliktlage – wie sich gleichermaßen aus dem Wortlaut des Art. 44 I 1 GG ergibt – das Recht des Untersuchungsausschusses, die für die Sachverhaltsaufklärung „erforderlichen Beweise" zu erheben. Da auf dessen Wahrnehmung nach dem Willen des Verfassungsgebers gemäß Art. 44 II 1 die Vorschriften über den Strafprozeß sinngemäße Anwendung finden, wird der parlamentarische Untersuchungsausschuß anerkanntermaßen sogar mit strafprozessualen Zwangsmitteln ausgestattet, um das Beweiserhebungsrecht[66] wirksam durchsetzen und sich damit die nötigen Informationen selbst beschaffen zu können.[67] So wird mit Hilfe dieses zur effektiven Erfüllung des Untersuchungsauftrages notwendigen Instrumentariums der Kern des parlamentarischen Enqueterechts – die Informationsbeschaffung zwecks politischer Bewertung im Abschlußbericht – verwirklicht[68] und auch und gerade das Beweiserhebungsrecht bzw. -erzwingungsrecht mit hohem Verfassungsrang versehen[69].

Zwar hat der Gesetzgeber, nachdem schon seit der Weimar Republik das Fehlen eines Ausführungsgesetzes zum Recht parlamentarischer Untersuchungsausschüsse von politischer[70] und wissenschaftlicher[71] Seite heftig beklagt wurde und allenfalls höchstrichterliche Rechtsprechung diesen globalen Verweis auf die StPO für die Praxis präzisieren konnte, nun mit dem neuen Untersuchungsausschußgesetz eine einfachgesetzliche Konkretisierung vorgenommen. Dennoch bleibt mangels Änderung des Art. 44 II 1 GG nach wie vor der Verweis auf

---

v.Mangoldt/*Achterberg/Schulte* Art. 44 Rn. 12.

[65] Ebenso *Engels* Jura 1991, 71 (75); *BVerfGE* 67, 100 (130).

[66] Siehe *Güther/Seiler* NStZ 1993, 305 (307); dabei stellt insbesondere der Zeugenbeweis ein unentbehrliches Instrument für die Sachaufklärung parlamentarischer Untersuchungsverfahren dar; *Brocker*, S. 74, mit Verweis auf *Partsch* 57. DJT Bd. I Teil 3, S. 88.

[67] *BVerfG* NJW 1988, 897 (898); sinngemäß *Güther/Seiler* NStZ 1993, 305 (307); *OVG Münster* DVBl 1987, 98 (99); *VG Hamburg* NJW 1987, 1568.

[68] *Pabel* NJW 2000, 788 (789); Dreier/*Morlok* Art. 44 Rn. 43; ähnlich *Vetter* ZBR 1991, 225 (227).

[69] *LG Bonn* NJW 1987, 790 (791).

[70] *Jahn* 4. WP/43. Sitzung, S. 1875; *Lenz* 8. WP/63. Sitzung, S. 4824; *Beckmann* 10. WP/8. Sitzung, S. 433; *Wiefelspütz* 11. WP/95. Sitzung, S. 6509. Der „Steiner-UA" (1972) war sogar der Auffassung, daß der Ausschuß wegen der vordringlichen Reform des parlamentarischen Untersuchungsrechts zunächst aufgelöst werden sollte. Der Deutsche Bundestag solle nach der Verabschiedung des Gesetzes über die Einsetzung und das Verfahren von Untersuchungsausschüssen über die weitere Erledigung des Untersuchungsauftrages befinden, BT-Drs 7/1803, S. 10.

[71] *Jacobi* (34. DJT Bd. II, S. 69 u. 73) hat schon auf dem 34. DJT diesen Rechtszustand als „untragbar" bezeichnet. Ebenso vehement hat der 45. DJT gefordert „die allgemeine Verweisung auf die Vorschriften über den Strafprozeß ... durch eigene, auf die Notwendigkeit des Untersuchungsausschusses zugeschnittene Regelungen" zu ersetzen (Verhandlungen des 45. DJT, 1964, Bd. II, E 172, These 9 I; *Ehmke* DÖV 1956, 417; *Wagner* NJW 1960, 1936 (1938); *Schneider* 57. DJT Bd. II, M 59.

die „sinngemäße Anwendung der Vorschriften über den Strafprozeß" oberster Beurteilungs- und Verfassungsmaßstab für die Verwirklichung des parlamentarischen Selbstinformationsrechts und somit letztlich auch für die Herstellung praktischer Konkordanz zwischen öffentlichem Aufklärungsinteresse und individueller Selbstbezichtigungsfreiheit.

Mithin bleibt an dieser Stelle festzuhalten, daß der Verfassungsgesetzgeber zum einen in Art. 44 I 1 GG eine generelle Beweiserhebungsbefugnis zwecks parlamentarischer Selbstinformation begründet hat. Zum anderen wird über die sinngemäße Verweisung auf die StPO durch Art. 44 II 1 GG der parlamentarische Untersuchungsausschuß sogar mit strafprozessualen Zwangsmitteln zur Informationsbeschaffung ausgestattet.[72]

D. Verfassungsrechtliche Schranken des Beweiserhebungsrechts

Akzeptiert man den unter A-C gewonnenen Ausgangspunkt, soll nachfolgend untersucht werden, inwieweit die Wirkungsweise des parlamentarischen Untersuchungsrechts von der Verfassung begrenzt wird, bzw. in welchem Maße sich daher sein Wertgehalt reduzieren läßt. Zwar wird dabei anzuerkennen sein, daß sich aus der Verfassung vielfältige rechtliche Schranken des parlamentarischen Untersuchungsrechts ergeben, die für die Arbeit parlamentarischer Untersuchungsausschüsse von hoher praktischer Bedeutung sind. Wegen der hier gewählten Ausrichtung auf die Optimierung von Aufklärungs- und Schweigeinteressen gilt das Hauptaugenmerk allerdings der Frage, ob und ggf. inwieweit das Interesse der Auskunftsperson, sich nicht zur Sache äußern zu müssen, das parlamentarische Informationsrecht begrenzen kann. Dementsprechend erscheint es somit sinnvoll, lediglich kursorisch auf jene Schranken einzugehen, soweit deren Darstellung als dogmatische Grundlage für die hiesige Optimierung notwendig erscheint.

Dabei ist wiederum zu sehen, daß dessen Einschränkungen die Konsequenz eines das Enqueterecht prägenden Grundsatzes sind, der durch die *Korollartheorie* bestimmt wird: Danach ist das Verhältnis des Untersuchungsausschusses zum Bundestagsplenum dadurch gekennzeichnet, daß Träger des Untersuchungsrechts der Bundestag als ganzer ist, daß indes der Bundestag dieses Recht kraft ausdrücklichen verfassungsrechtlichen Gebotes (Art. 44 I 1 GG) ausschließlich durch Untersuchungsausschüsse ausüben darf.[73]

---

[72] Ebenso *Kölbel/Morlok* ZRP 2000, 217 (218).

[73] Maunz/Dürig/*Maunz* Art. 44 Rn. 9; in diesem Sinne ist der Untersuchungsausschuß kein selbständiges verfassungsrechtliches Rechtssubjekt, sondern verkörpert lediglich ein Hilfsorgan des Parlaments; Schmidt-Bleibtreu/*Brockmeyer* Art. 44 Rn. 1; *Scholz* AöR 105 (1980), 564 (593); Maunz/Dürig/*Maunz* Art. 44 Rn. 15; *Engels* Jura 1990, 71 (73); *Arloth* NJW 1987, 808 (809); *Vetter* DÖV 1987, 426 (427); *BremStGH* NVwZ 1989, 953 (954); *BVerfGE* 67, 100 (124).

Daher kann der Bundestag den Untersuchungsausschüssen keine Rechte übertragen, die er selbst nicht besitzt, da der Bundestag durch den Untersuchungsausschuß nur sein eigenes Untersuchungsrecht ausübt.[74] Zur Feststellung der ungeschriebenen Schranken läßt sich demnach konstatieren, daß die Zuständigkeit und damit auch die (Zwangs-)Befugnisse eines jeden Untersuchungsausschusses bereits durch die Zuständigkeit des Parlaments limitiert ist.[75] Die *Korollartheorie* hat folgende Konsequenzen:

I. Begrenzung des Beweiserhebungsrechts durch den Untersuchungsgegenstand

Bei der Auflösung praktischer Konkordanz widerstreitender Verfassungsgüter ist grundlegend und vorrangig zu prüfen, ob das jeweilige Verfassungsgut in concreto überhaupt einen legitimen Zweck verfolgt.[76] Da der parlamentarische Untersuchungsausschuß kein eigenständiges Recht wahrnimmt, sondern der Untersuchungszweck und damit der Inhalt des Untersuchungsauftrages ausschließlich durch den im Zuständigkeitsbereich des Bundestages liegenden Einsetzungsbeschluß determiniert wird[77], darf jener nur solche Beweiserhebungen anstrengen, die im Sinne des Art. 44 I 1 GG quasi als Mittel zum Untersuchungszweck auch „erforderlich" sind. Daraus folgt, daß sich das Untersuchungsrecht und somit auch das Beweiserhebungsrecht von vornherein nur auf solche Tatsachen und Beweismittel beziehen darf, die mit dem Untersuchungsauftrag des Parlaments in einem „sachlichen Zusammenhang stehen".[78] Fehlt dieser „sachliche Zusammenhang" vollends, besteht folglich für den Untersuchungsausschuß per se kein legitimes Ermittlungsinteresse. In diesem Falle ist angesichts der Tatsache, daß dem Untersuchungszweck – wie unten zu zeigen ist – als Abwägungsmerkmal entscheidende Bedeutung zukommt, schon an dieser Stelle hervorzuheben, daß der Auskunftsperson ein unmittelbar aus der Verfassung herleitbares „Auskunftsverweigerungsrecht mangels Erforderlichkeit gemäß Art. 44 I 1" GG zusteht und dieses gegenüber dem parlamentarischen Informationsinteresse Vorrang genießt.

---

[74] Schmidt-Bleibtreu/*Brockmeyer* Art. 44 Rn. 3a.

[75] Schmidt-Bleibtreu/*Brockmeyer* Art. 44 Rn. 3a; so auch in den Vereinigten Staaten; *Streit* Gutachten S. 4 f.

[76] Zur Frage der Geeignetheit von Beweiserhebungen *Di Fabio* S. 145.

[77] Schmidt-Bleibtreu/*Brockmeyer* Art. 44 Rn. 3; *Vetter* DÖV 1987, 426 (427).

[78] *Arloth* NJW 1987, 808 (809); *Di Fabio* S. 145; in diesem Sinne *OVG Koblenz* NVwZ 1986, 575 (576).

Gleichwohl wird die sich hieran anschließende Problematik, unter welchen Voraussetzungen denn nun ein „sachlicher Zusammenhang“ zwischen Untersuchungszweck und Beweiserhebung fehlt, in dieser Untersuchung nicht zu lösen sein, da sie letztlich eine Frage des konkreten Einzelfalles ist. Zur Konkretisierung dieses Terminus kann lediglich als Richtschnur auf die Ausführungen von *Arloth* Bezug genommen werden, die sich zwar auf sämtliche Beweismittel beziehen, jedoch auch auf die konkrete Optimierung von parlamentarischem Aufklärungsinteresse und dem Schweigeinteresse des Zeugen sinngemäß übertragbar sind. Nach *Arloth* sei bei der Ermittlung des notwendigen „sachlichen Zusammenhangs“ zwischen Untersuchungszweck und Beweiserhebung der Kreis der Beweismittel – und somit insbesondere der an den Zeugen zulässigen Fragen – vom Grundsatz her weit zu ziehen.[79] So könnten auch mittelbar bedeutsame Tatsachen Schlüsse auf unmittelbar entscheidungserhebliche Tatsachen zulassen.[80] Dabei habe der Untersuchungsausschuß zunächst selbst zu entscheiden, ob neben den im Untersuchungsauftrag angeführten Tatsachen weitere Vorgänge in die Erhebung einzubeziehen sind, weil sie als Hilfs- oder Indiztatsachen geeignet sind, etwaige Zweifel zu beseitigen.[81]

Mithin ist zweierlei festzuhalten: Wie sich schon aus dem Wortlaut des Art. 44 I 1 GG ergibt, ist – erstens – die Beweiserhebung auf die für den Untersuchungszweck „erforderlichen“ Beweise beschränkt, wobei – zweitens – die Auskunftsperson die Begründungslast für die Bedeutungslosigkeit der Beweistatsache zu tragen hat.

II. Begrenzung des Beweiserhebungsrechts durch das Bundesstaatsprinzip

Aus der Begrenzung der Zuständigkeit der parlamentarischen Untersuchungsausschüsse nach Art. 44 GG auf die verfassungsmäßige Zuständigkeit des Bundestages ergibt sich schon „kraft Natur der Sache[82]“ die weitere Konsequenz, daß das Beweiserhebungsrecht des (Bundes-)Untersuchungsausschusses durch das Bundesstaatsprinzip eingeschränkt wird.[83] Dieser darf sich als Hilfsorgan des Bundestages somit nicht mit Angelegenheiten befassen, die ausschließlich Sache der Länder sind.[84] Damit steht jedenfalls im Grundsatz[85] fest, daß im Be-

---

[79] *Arloth* NJW 1987, 808 (809).
[80] *Arloth* NJW 1987, 808 (809); dem folgend *Di Fabio* S. 146.
[81] *Arloth* NJW 1987, 808 (809); ähnlich *Di Fabio* S. 145 f.
[82] BT-Drs. 14/2518, S. 11.
[83] Siehe nur Schmidt-Bleibtreu/*Brockmeyer* Art. 44 Rn. 5; v.Mangoldt/*Achterberg/Schulte* Art. 44 Rn. 36 ff.; BT-Drs. 13/10800, S. 48 (Plutonium); eingehend *Lässig* DÖV 1976, S. 727 ff.
[84] Maunz/Dürig/*Maunz* Art. 44 Rn. 16; Dreier/*Morlok* Art. 44 Rn. 22; *Arloth* NJW 1987, 808 (809); zur parlamentarischen Kontrolle im Rahmen kommunaler Aufgabenerfüllung v.Mangoldt/*Achterberg/Schulte* Art. 44 Rn. 36.

reich der ausschließlichen Ländergesetzgebung sowie des landeseigenen Vollzuges von Landesgesetzen Untersuchungsausschüsse des Bundes unzulässig sind.[86] Für den landeseigenen Vollzug von Bundesgesetzen (Art. 84 GG) und für die Bundesauftragsverwaltung (Art. 85 GG) besteht demgegenüber ein mittelbares Enqueterecht; denn es kann untersucht werden, ob die Bundesregierung die ihr in Art. 84, 85 GG eingeräumten Aufsichts- und Rügerechte im Sinne des Bundestages pflichtgemäß ausgeübt hat. [87] Bei der Beweiserhebung des Untersuchungsausschusses ist allerdings dem Umstand Rechnung zu tragen, daß zulässiger Untersuchungsgegenstand lediglich die ordnungsgemäße Ausübung der Bundesaufsicht ist und somit die Aktivitäten der Länderexekutive nur mittelbar untersucht werden dürfen.[88] Beachtet ein parlamentarischer Untersuchungsausschuß des Bundes die vorgenannten Grundsätze nicht, unterliegt die konkrete Beweiserhebung, insbesondere die hier in Rede stehende Zeugenvernehmung schon wegen Verstoßes gegen das Bundesstaatsprinzip dem Verdikt der Verfassungswidrigkeit. Die Auskunftsperson hätte in diesem Falle bereits ein „Auskunftsverweigerungsrecht wegen Verfassungswidrigkeit des für die Abwägung maßgeblichen Untersuchungszwecks".

III. Begrenzung des Beweiserhebungsrechts durch die Gewaltenteilung

Wenn das Gewaltenteilungsprinzip als weitere Schranke des parlamentarischen Untersuchungsrechts geprüft wird, ist dies auf den ersten Blick insofern befremdlich, als dieses Recht gerade auch der Ausübung der parlamentarischen Kontrollaufgabe im Verhältnis zur Exekutive dient. So ist die parlamentarische Kontrolle der Exekutive für die Gewährleistung der Gewaltenteilung- bzw. Gewaltenverschränkung, wie oben dargelegt[89], schlechthin konstituierend. Auf der anderen Seite ist diesem Grundsatz allerdings auch wesensimmanent, daß die parlamentarische Kontrolle ihre Grenze dort erfährt, wo die von Verfassungs wegen gleichfalls garantierte Fähigkeit der Regierung zur Erfüllung ihrer Funktionen gravierend beeinträchtigt wird.[90]

Wie das *Bundesverfassungsgericht* hierzu ausgeführt hat, müssen „die selbständige politische Entscheidungsgewalt der Regierung, ihre Funktionsfähigkeit zur Erfüllung ihrer verfassungsmäßigen Aufgaben, ihre Sachverantwortung ge-

---

[85] Wegen des auch hier geltenden Prinzips der Bundestreue sind ausnahmsweise Untersuchungen nicht völlig ausgeschlossen: Maunz/Dürig/*Maunz* Art. 44 Rn. 16; Dreier/*Morlok* Art. 44 Rn. 22; v.Mangoldt/*Achterberg/Schulte* Art. 44 Rn. 36.

[86] Ähnlich siehe nur Schmidt-Bleibtreu/*Brockmeyer* Art. 44 Rn. 5.

[87] Maunz/Dürig/*Maunz* Art. 44 Rn. 16; sinngemäß siehe nur Schmidt-Bleibtreu/*Brockmeyer* Art. 44 Rn. 5.

[88] Ähnlich Dreier/*Morlok* Art. 44 Rn. 22; v.Mangoldt/*Achterberg/Schulte* Art. 44 Rn. 47.

[89] 1. Teil § 1 A = S. 10 f.

[90] Dreier/*Morlok* Art. 44 Rn. 25; sinngemäß *Scholz* AöR 105 (1980), 564 (598).

genüber Volk und Parlament als zwingende Gebote der demokratisch-rechtsstaatlichen Verfassung gesichert werden".[91] Konsequenterweise setze die Verantwortung der Regierung gegenüber Parlament und Volk notwendigerweise einen „Kernbereich exekutiver Eigenverantwortung[92]" voraus, um überhaupt die Regierung für „ihre" Entscheidungen verantwortlich machen zu können.[93]

Unter Bezugnahme auf die *Korollartheorie* bedeutet dies, daß das Parlament einem Untersuchungsausschuß nur soweit Rechte übertragen kann, die es selbst im Rahmen einer so verstandenen Gewaltenteilung hat. So dürfen parlamentarische Untersuchungsausschüsse nicht dadurch in die Kompetenz anderer Staatsorgane eingreifen, daß sie diese in ihrer Handlungsfähigkeit und damit in der Wahrnehmung der ihnen zugewiesenen Aufgaben blockieren. Mit anderen Worten: Im gewaltengeteilten Staat darf die parlamentarische Enquete nicht zur parlamentarischen Mitbestimmung in Bereichen selbständiger Entscheidungsgewalt der Regierung führen.[94] Daraus folgt, daß das parlamentarische Untersuchungsrecht nur als *nachträgliches* Kontrollrecht verstanden werden darf, weil anderenfalls die Gefahr bestünde, daß die Tätigkeit eines Untersuchungsausschusses sich als faktische Überwachung auswirken und den Prozeß der Entscheidungsfindung der Exekutive beeinflussen könnte.[95]

Herrscht über diesen Ausgangspunkt heute Einigkeit, so besteht nach wie vor jedoch erhebliche Unsicherheit darüber, wie der vom Untersuchungsausschuß zu beachtende „Kernbereich exekutiver Eigenverantwortung" zu präzisieren ist.[96] Obwohl in der öffentlichen Sachverständigenanhörung vom 10.5.2000 auf die Gefahr mißbräuchlicher Inanspruchnahme dieser Formel seitens der Regierung hingewiesen wurde[97], wurde die in § 1 III des Koalitionsentwurfes zum Untersuchungsausschußgesetz vorgenommene Konkretisierung des „Kernbereichs exekutiver Eigenverantwortung" im Berichterstattergespräch vom 13.10.2000 aufgegeben und aus dem Entwurf gestrichen. Danach würde unzulässig in den „Arkanbereich der Regierung[98]" eingegriffen, wenn sich die Aufklärung auf laufende, noch nicht abgeschlossene Vorgänge bezieht. Der Gesetzgeber ist jedoch dem Hinweis von *Bryde*[99] gefolgt. Dieser hatte in der Sachverständigenanhörung darauf hingewiesen, daß der Gesetzgeber sich keine Selbstbeschränkung dahin-

[91] *BVerfGE* 9, 268 (281); *BremStGH* NVwZ 1989, 953 (955).
[92] So der vom *BVerfG* in BVerfGE 67, 100 (139) im Anschluß an *Scholz* AöR 105 (1980), 564 (598), gewählte Terminus.
[93] *BVerfGE* 67, 100 (139); ebenso *BremStGH* NVwZ 1989, 953 (955); sinngemäß *Kunig* Jura 1993, 220; *Schröder* in: Schäffer 11 (14).
[94] *Engels* Jura 1990, 71 (74); *BremStGH* NVwZ 1989, 953 (956).
[95] *Engels* Jura 1990, 71 (74).
[96] So schon 1987 *Arloth* NJW 1987, 808 (811); 1990 *Engels* Jura 1990, 71 (74).
[97] *Morlok*, Öffentliche Anhörung des Ausschusses für Wahlprüfung, Immunität und Geschäftsordnung, 32. Sitzung, Protokoll S. 88; auch: Dreier/*Morlok* Art. 44 Rn. 27.
[98] *Engels* Jura 1990, 71 (74); von lat. arcanum = das Verschlossene.
[99] *Bryde* Sachverständigenanhörung S. 15.

gehend auferlegen solle, aktuelle, noch nicht abgeschlossenen Fragen von vornherein für die Kontrolltätigkeit des Untersuchungsausschusses auszuklammern.

Mangels positiv-rechtlicher Regelung im neuen Untersuchungsausschußgesetz und angesichts der Tatsache, daß der Versuch, den „Kernbereich exekutiver Eigenverantwortung" zu bestimmen, schier uferlos und viel zu weitläufig wäre, um im Rahmen dieser Arbeit auch nur annähernd angemessen behandelt werden zu können, muß an dieser Stelle auf die für die Untersuchungspraxis relevante Rechtsprechung des Verfassungsgerichts verwiesen werden: Danach schließt der „Kernbereich exekutiver Eigenverantwortung" einen auch von parlamentarischen Untersuchungsausschüssen nicht ausforschbaren Initiativ-, Beratungs- und Handlungsbereich ein[100], der die Willensbildung der Regierung umfaßt, und zwar „sowohl hinsichtlich der Erörterungen im Kabinett als auch bei der Vorbereitung von Kabinetts- und Ressortentscheidungen, die sich vornehmlich in ressortübergreifenden und –internen Abstimmungsprozessen vollzieht".[101] Daraus folgt, daß sich die Kontrollkompetenz des Parlaments bzw. des Untersuchungsausschusses grundsätzlich nur auf bereits abgeschlossene Sachverhalte erstreckt und nicht die Befugnis enthält, in laufende Verhandlungen und Entscheidungsvorbereitungen einzugreifen[102], so daß – beispielsweise – Protokolle über Regierungsberatungen, die laufende Vorgänge betreffen, einem parlamentarischen Untersuchungsausschuß nicht vorgelegt werden müssen.[103]

Geht man somit im Grundsatz davon aus, daß in den „Kernbereich exekutiver Eigenverantwortung" dann unzulässig eingegriffen wird, wenn sich die Aufklärungsarbeit des Untersuchungsausschusses auf noch nicht abgeschlossene Vorgänge der Exekutivebene bezieht, ist es für die hier vorzunehmende Abwägung wichtiger, die sich hieraus ergebenden Konsequenzen zu erkennen, als den „Arkanbereich der Exekutive" abschließend definieren zu wollen. Denn wird ein Amtsträger vom Untersuchungsausschuß in der Hoffnung geladen, Auskünfte über noch nicht abgeschlossene Vorgänge zu erteilen, die dem „Kernbereich exekutiver Eigenverantwortung" unterliegen, ist regelmäßig davon auszugehen, daß dieser von seinem Dienstherrn nicht die erforderliche Aussagegenehmigung[104] erhält. In diesem Fall stünde dem Amtsträger ein „Auskunftsverweigerungsrecht wegen mangelnder Aussagegenehmigung" zu. Er hat nicht nur das Recht, die Auskunft auf die den „Kernbereich exekutiver Eigenverantwortung" betreffenden Fragen zu verweigern, sondern diesbezüglich sogar eine Verschwiegenheitspflicht.[105]

---

[100] *BVerfGE* 67, 100 Ls. 3c; *BVerfGE* 67, 100 (139).
[101] *BVerfGE* 67, 100 (139).
[102] *BVerfGE* 67, 100 (139).
[103] *Memminger* DÖV 1986, 15 (18).
[104] §§ 6 f. BMinG, § 62 BBG.
[105] Siehe auch die umgekehrte Fallkonstellation bei *Richter* S. 47.

Zwischenfazit: Im „Kernbereich exekutiver Eigenverantwortung" muß das parlamentarische Informationsinteresse in jedem Falle gegenüber dem Schweigerecht bzw. der Verschwiegenheitspflicht des Amtsträgers zurücktreten. Das parlamentarische Untersuchungsrecht wird durch den aus dem Gewaltenteilungsgrundsatz folgenden „Kernbereich exekutiver Eigenverantwortung" begrenzt.[106]

IV. Begrenzung des Beweiserhebungsrechts durch das Erfordernis des „öffentlichen Interesses von hinreichendem Gewicht"

Aus der zuvor beschriebenen Beschränkung des Beweiserhebungsrechts parlamentarischer Untersuchungsausschüsse durch das Gewaltenteilungsprinzip und insbesondere in Anbetracht der für das parlamentarische Regierungssystem essentiellen Aufgabe des Parlaments, die Exekutive zu kontrollieren, darf allerdings nicht geschlossen werden, daß vom Untersuchungsausschuß ausschließlich Angelegenheiten im Zusammenhang mit den Kontrollfunktionen gegenüber der Regierung und der Verwaltung untersucht werden dürfen. Denn nach heutigem Verständnis ist das Parlament mehr als ein bloßes Gesetzgebungsorgan und Organ der Regierungs- und Verwaltungskontrolle.

Da eine Ausweitung des parlamentarischen Zuständigkeitsbereiches aufgrund der *Korollartheorie* konsequenterweise auch zu einem vergrößerten Kompetenzumfang parlamentarischer Untersuchungsausschüsse führt, wird im folgenden zunächst das erweiterte Selbstverständnis des Parlaments dargestellt (unter IV 1), um umfassend auf den Zuständigkeitsbereich des Untersuchungsausschusses schließen zu können (unter IV 2). Hierbei soll deutlich werden, daß die sogleich darzustellende Ausweitung die Gefahr ins sich birgt, mehr und mehr in die Privatsphäre der Auskunftspersonen einzugreifen. Somit sind als Untersuchungsgrundlage für die angestrebte Optimierung von parlamentarischen Informations- und individuellen Geheimhaltungsinteressen auch die spezifischen Schranken eines erweiterten Zuständigkeitsumfanges des parlamentarischen Untersuchungsausschusses zu ermitteln (unter IV 3).

1. Bedeutungswandel des Parlaments

Im Verfassungssystem der konstitutionellen Monarchie, in der sich Monarch und Volk tatsächlich und rechtlich geschieden gegenüberstanden und das Parlament die Anerkennung eigener Kompetenzen dem zunächst allein souveränen Monarchen einzeln abtrotzen mußte[107], war das Parlament nicht (Repräsentations-)Organ des Staatsträgers, sondern lediglich Organ zur Mitwirkung an der

[106] *Engels* Jura 1990, 71 (74).
[107] *Masing* Der Staat 18 (1988), 272 (276).

Ausübung staatlicher Zuständigkeiten. Es durfte nämlich nur diejenigen Aufgaben übernehmen, die ihm in der Verfassung als rechtliche Zuständigkeiten ausdrücklich zugewiesen worden waren und war dementsprechend auch nicht an der Ausübung politischer Leitungsgewalt beteiligt.[108]

Im Gegensatz zu dieser durch den Organdualismus zwischen Parlament und Regierung geprägten Verfassungsstruktur ist die Volksvertretung in der modernen demokratisch-parlamentarischen Verfassungsordnung nicht mehr auf eine nur reagierende Rolle gegenüber der handelnden Exekutive beschränkt. Vielmehr wird im parlamentarischen Regierungssystem des Grundgesetzes die Regierung vom Parlament bestellt.[109] So kommt in Art. 63, 67 I, 69 II Hs. 2 GG besonders sinnfällig zum Ausdruck, daß die Regierung von der Unterstützung und dem Vertrauen des Parlaments abhängig ist. Darin liegt mehr als eine Kontroll- und Abrufbefugnis.[110] Denn die Regierung muß sich nun zu jeder Zeit und umfassend politisch vor dem Parlament verantworten, womit diesem de facto „Leitungsgewalt[111]" zuwächst.[112] Dieser Bedeutungswandel des Parlaments wird weiter dadurch erheblich verstärkt, daß es als einzig unmittelbar durch Wahl legitimiertes Staatsorgan in Ausnutzung seiner pluralen Struktur geradezu prädestiniert ist, alle für das Gemeinwesen relevanten Meinungen zu repräsentieren.

Demgemäß übernimmt heute anerkannterweise das Parlament als politisches Repräsentationsorgan des Volkssouveräns neben der Gesetzgebungstätigkeit und der Kontrolle der Exekutive die Rolle als „Forum der Nation".[113] In Wahrnehmung dieses erweiterten Zuständigkeitsbereichs werden vom Parlament in öffentlichen Debatten die in der Gesellschaft diskutierten Themen aufgegriffen, wobei alle Teile des Volkes die Chance erhalten sollen, ihre Interessen und Ansichten in die Diskussion einzubringen.[114] Überdies obliegt es nach heutigem Verständnis dem Parlament, zu diesen politischen Strömungen auch wertend Stellung zu nehmen, nicht zuletzt in der Form des rechtlich unverbindlichen „politischen Beschlusses".[115]

---

[108] *Böckenförde* AöR 103 (1978), 1 (6).
[109] *Masing* Der Staat 18 (1988), 272 (276).
[110] *Masing* Der Staat 18 (1988), 272 (276).
[111] *Böckenförde* AöR 103 (1978), 1 (7).
[112] *Masing* Der Staat 18 (1988), 272 (276).
[113] *Masing* Der Staat 18 (1988), 272 (284); v.Mangoldt/*Achterberg/Schulte* Art. 44 Rn. 8 u. 22 mwN; *Kölble* DVBl 1964, 701 (702); *Böckenförde* AöR 103 (1978), 1 (9); *Steinberger* BT-Drs. 11/7800, 1181 (1191); hierzu auch *Richter* S. 26 f.; sinngemäß *Schenke* JZ 1988, 805 (806).
[114] Indem im Plenum die verschiedenartigsten Auffassungen repräsentiert werden, wirkt das Parlament „unmittelbar politisch integrierend"; *Thieme* S. 54.
[115] Sinngemäß *Masing* Der Staat 18 (1988), 272 (276); Dreier/*Morlok* Art. 44 Rn. 19.

2. Auswirkung des Bedeutungswandels des Parlaments für den Zuständigkeitsbereich parlamentarischer Untersuchungsausschüsse

Geht man demnach mit *Achterberg/Schulte* davon aus, daß das Parlament im modernen, demokratischen Gemeinwesen mehr und mehr zum „politischen Forum der Nation" wird[116] und der Bundestag die für *Kölble* „selbstverständliche und daher im Grundgesetz nicht besonders erwähnte Aufgabe[117]" hat, an der Gestaltung der Innen- und Außenpolitik der Bundesrepublik Deutschland mitzuwirken und alle das Gemeinwesen betreffenden Fragen zu behandeln[118], so ist das Parlament auch mit dem notwendigen Instrumentarium auszustatten, um seiner Rolle als „politisches Forum des Nation" gerecht werden zu können. Da jede wertende Stellungnahme sowie vor allem jeder (politische) Parlamentsbeschluß die jeweils einschlägige Tatsachenkenntnis erfordert, ist anerkannt, daß es sich auch und insbesondere eines parlamentarischen Untersuchungsausschusses bedienen darf, um sich die erforderliche Tatsachenkenntnis zu verschaffen, falls das Parlament über keine ausreichenden Erkenntnisquellen verfügt.[119] Bereits hieraus folgt zwangsläufig, daß die Zuständigkeit des parlamentarischen Untersuchungsausschusses nicht auf die klassische Kontrollfunktion der Exekutive beschränkt ist, sondern sich ebenso auf solche Sachverhalte beziehen kann, die zwar außerhalb des staatlichen Bereichs liegen, indes aber im Gemeinwesen wurzeln. Diese Schlußfolgerung entspricht nicht zuletzt auch dem sich aus der *Korollartheorie* ergebenen erweiterten Zuständigkeitsbereich des Untersuchungsausschusses.[120]

Auch wenn Schwerpunkt der parlamentarischen Untersuchungspraxis nach wie vor die Kontrolle der Exekutive ist[121], wird somit zunehmend der Fokus auch unmittelbar auf das Verhalten von Privatpersonen sowie privater Unternehmen gerichtet, wenn ein Skandal vermutet wird. Es ist anzunehmen, daß insbesondere die „Neue-Heimat"-Entscheidung des *Bundesverfassungsgerichts*[122] im Jahre 1987 Auslöser hierfür war.[123] Demnach wurde im Grundsatz der oben beschriebene erweiterte Zuständigkeitsbereich des Untersuchungsausschusses über dessen herkömmliche Funktion als Kontrollinstrument der Exekutive hin-

---

116 v.Mangoldt/*Achterberg/Schulte* Art. 44 Rn. 22.
117 *Kölble* DVBl 1964, 701 (702).
118 *Kölble* DVBl 1964, 701 (702).
119 v.Mangoldt/*Achterberg/Schulte* Art. 44 Rn. 22; *Kölble* DVBl 1964, 701 (702); Dreier/*Morlok* Art. 44 Rn. 19; *Badura* FS Helmrich 191 (195); *Böckenförde* AöR 103 (1978), 1 (11); *Schenke* JZ 1988, 805 (808).
120 Dreier/*Morlok* Art. 44 Rn. 19; *Richter* S. 27.
121 *Richter* S. 27; *Hake* AöR 113 (1988), 424 (440).
122 *BVerfGE* 77, 1 ff. (43).
123 Siehe auch auf Landesebene *Richter* insb. S. 40.

aus höchstrichterlich gebilligt[124]. Das Bundesverfassungsgericht führt hierzu aus:

> „Untersuchungsverfahren haben in der parlamentarischen Demokratie eine wichtige Aufgabe zu erfüllen. Die Untersuchungsausschüsse sollen in Ausführung des Untersuchungsauftrages das Parlament bei seiner Arbeit unterstützen und seine Entscheidungen vorbereiten. Das Schwergewicht der Untersuchungen liegt naturgemäß in der parlamentarischen Kontrolle von Regierung und Verwaltung, insbesondere in der Aufklärung von in den Verantwortungsbereich der Regierung fallenden Vorgängen, die auf Mißstände hinweisen. Gerade solcher Kontrolle kommt im Rahmen der Gewaltenteilung besonderes Gewicht zu. Die parlamentarische Untersuchungskompetenz des Deutschen Bundestages ist jedoch nicht auf diesen Kernbereich beschränkt. Sie erstreckt sich innerhalb des Aufgabenbereiches des Bundestages jedenfalls auch auf die Aufklärung von Mißständen im Bereich solcher privater Unternehmen, die aufgrund gemeinwirtschaftlicher Zielsetzung ihrer Tätigkeit in erheblichem Umfang aus staatlichen Mitteln gefördert oder steuerlich begünstigt werden und besonderen rechtlichen Bindungen unterliegen.[125]"

„Inwieweit auch die Privatwirtschaft und die Lebensverhältnisse und -umstände von Privatpersonen zum Gegenstand parlamentarischer Untersuchungen gemacht werden dürfen", wird allerdings explizit offengelassen.[126]

3. Spezifische Schranke des erweiterten Zuständigkeitsbereichs

Während Untersuchungsausschüsse des Bundestages bisher Privatleute lediglich in Anspruch nahmen, um *staatliche* Vorgänge aufzuklären, sehen sich mittlerweile[127] nach dieser Entscheidung einzelne Bürger, gesellschaftliche Gruppen sowie private Unternehmen mit der Tatsache konfrontiert, sogar unmittelbares Untersuchungsobjekt sein zu können[128]. Läßt man Untersuchungen im *gesellschaftlich-privaten* Bereich prinzipiell zu, ist die Gefahr allerdings nicht von der Hand zu weisen, daß deren Persönlichkeitssphäre erheblich beeinträchtigt wird. So müssen die Bürger vor allem davor geschützt werden, daß sie „ohne hinreichenden Anlaß, gewissermaßen beliebig[129]" in Untersuchungen und Ermittlungen einbezogen werden, zumal Erscheinungspflicht sowie im Grundsatz Aussagezwang besteht und nicht zuletzt private Interessen durch die erhebliche Öf-

---

[124] *BVerfGE* 77, 1 (43).
[125] *BVerfGE* 77, 1 (43 f.).
[126] *BVerfGE* 77, 1 (45).
[127] So *Wohlers* NVwZ 1994, 40.
[128] *Masing* Der Staat 18 (1988), 272 (275), bezeichnet dies als „privatgerichtete Mißstandsuntersuchungen"; zur näheren Konkretisierung sehr gut *Masing* Der Staat 18 (1988), 272 (280).
[129] *Böckenförde* AöR 103 (1978), 1 (14); „ohne Grund" v.Mangoldt/*Achterberg/Schulte* Art. 44 Rn. 25; „Gefahr einer uferlosen Ausdehnung des Untersuchungsrechts", *Richter* S. 27.

fentlichkeitswirkung von parlamentarischen Untersuchungsausschüssen im besonderem Maße tangiert werden.

Aus diesem Grund herrscht in Rechtsprechung[130] und Wissenschaft[131] Konsens, daß neben dem herkömmlichen Grundrechtsschutz vorab ein spezifisches „rechtsstaatliches Komplement" notwendig ist, das auf den erweiterten Kompetenzumfang zugeschnitten ist. Einmütig[132] und insbesondere in den Begründungen der Gesetzesentwürfe[133] zum neuen Untersuchungsausschußgesetz (§ 1 III UAG) wird demgemäß als immanente Schranke parlamentarischer Untersuchungsbefugnisse verlangt, daß ein Untersuchungsauftrag nur dann zulässig ist, wenn sein Gegenstand eine Angelegenheit von „öffentlichem Interesse von hinreichendem Gewicht" darstellt.[134] Mit diesem Erfordernis soll ausgeschlossen werden, „dass Angelegenheiten lediglich privaten Interesses zur Ausforschung von Handlungen und Verhalten juristischer und natürlicher Personen des Privatrechts über einen Untersuchungsausschuß kontrolliert werden".[135] Zwar wird der neuen Rolle des Parlaments als „Forum der Nation" dadurch Rechnung getragen, daß nun auch nicht alle Vorgänge im nichthoheitlichen Bereich aus dem Anwendungsbereich des neuen Untersuchungsausschußgesetzes herausgenommen werden.[136] Indes soll Raum für parlamentarische Untersuchungsausschüsse lediglich in solchen Bereichen bleiben, in denen sich staatliche und private Tätigkeiten vermischen oder in denen, wenn schon nicht staatlich, so doch im Vorfeld staatlicher Tätigkeiten in einer Weise gehandelt wird, die über das rein private Tätigkeitsfeld hinausgreift und damit öffentliche oder staatliche Wirkung entfalten kann.[137]

Mit dem allgemein anerkannten Merkmal des „öffentlichen Interesses" wird bewußt auf einen konkretisierungsbedürftigen, unbestimmten Rechtsbegriff ab-

---

[130] *BVerfGE* 77, 1 (44).

[131] *Böckenförde* AöR 103 (1978), 1 (15); v.Mangoldt/*Achterberg/Schulte* Art. 44 Rn. 25; Dreier/*Morlok* Art. 44 Rn. 28.

[132] So in der Rechtsprechung: *BVerfGE* 67, 100 (140); 77, 1 (44); in der verfassungsrechtlichen Literatur: *Scholz* AöR 105 (1980), 564 (594/595) mwN; v.Mangoldt/*Achterberg/Schulte* Art. 44 Rn. 24 mwN; Maunz/*Dürig* Art. 44 Rn. 19; *Kunig* JK 95, GG Art. 44/1; Dreier/*Morlok* Art. 44 Rn. 28; Leibholz/Rinck/*Hasselberger* Art. 44 Rn. 3; *Badura* FS Helmrich 191 (196); *Steinberger* BT-Drs. 11/7800, 1181 (1195).

[133] BT-Drs. 14/2518, S. 11; BT-Drs. 14/2363, S. 8.

[134] Das Merkmal des „öffentlichen Interesses" sehen folgende Ländergesetze vor: § 1 I BaWüUAG, § 2 I BayUAG, § 1 BremUAG, § 1 NRW-UAG, § 38 SaarlUAG. Im Rahmen einer Beschreibung der Aufgabe parlamentarischer Untersuchungsausschüsse taucht das Merkmal des öffentlichen Interesses erstmals in einer Empfehlung der Konferenz der Präsidenten der deutschen Länderparlamente zur Regelung des Verfahrens von Parlamentarischen Untersuchungsausschüssen im Jahre 1961 auf; *Richter* S. 32.

[135] BT-Drs. 14/2518, S. 11; BT-Drs. 14/2363, S. 8; ähnlich *Scholz* AöR 105 (1980), 564 (594 u. 605); „reine Privatangelegenheit" v.Mangoldt/*Achterberg/Schulte* Art. 44 Rn. 24.

[136] BT-Drs. 14/2518, S. 11; BT-Drs. 14/2363, S. 8.

[137] BT-Drs. 14/2518, S. 11; BT-Drs. 14/2363, S. 8.

gestellt, dessen Konturen zwar nicht so scharf sind, daß künftig Streitigkeiten zur Zulässigkeit von Untersuchungsausschüssen im Grenzbereich zwischen öffentlichen und privaten Angelegenheiten ausgeschlossen werden können. Indes ließe sich dies nach der Entwurfsbegründung nicht vermeiden, wenn sichergestellt werden solle, daß sich der Bundestag zu allen wesentlichen politischen Vorgängen in seinem Zuständigkeitsbereich gegebenenfalls auch des Instrumentes eines Untersuchungsausschusses bedienen könne.[138] Jedenfalls ist für die Untersuchungspraxis klargestellt, daß ein rein tatsächlich vorhandenes, sog. faktisches Interesse der Allgemeinheit[139] - insbesondere der Medien - als „rechtsstaatliches Komplement" für sich allein untauglich ist; zudem deshalb, weil ein solches Interesse kaum verneint werden kann, wenn sich ein Viertel der Mitglieder des Parlaments für die Durchführung eines Untersuchungsverfahrens ausspricht[140].

Für die hiesige Abwägung ergibt sich demnach:

Liegt der Untersuchungsgegenstand bzw. die konkrete Beweiserhebung nicht im „öffentlichen Interesse", verfolgt der Untersuchungsausschuß im allgemeinen wie im besonderen keinen legitimen und damit einen verfassungswidrigen Untersuchungszweck. Die Abwägung fällt demnach von vornherein zugunsten des individuellen Schweigeinteresses aus. Ist der Untersuchungsgegenstand in toto mangels „öffentlichen Interesses" unzulässig, hat die Auskunftsperson ein umfassendes Schweigerecht „wegen Verfassungswidrigkeit des Untersuchungszwecks". Ist nur die konkrete Frage des Untersuchungsausschusses nicht vom „öffentlichen Interesse", steht der Auskunftsperson lediglich ein auf die in Rede stehende Frage beschränktes „Auskunftsverweigerungsrecht" aus selbigem Grund zu.

Da das individuelle Schweigeinteresse, wie nachfolgend gezeigt wird (sogleich unter § 2), seine verfassungsrechtliche Verankerung in den Grundrechten hat und diese somit für die in dieser Arbeit vorzunehmende Optimierung primär maßgeblich sind, wird auf eine nähere Konkretisierung des jedenfalls normativ[141] zu verstehenden „öffentlichen Interesses" verzichtet.[142] Sie würde

---

[138] BT-Drs. 14/2518, S. 11.

[139] Hierzu *Richter* S. 33 mit der Darstellung dieser Auffassung.

[140] v.Mangoldt/*Achterberg/Schulte* Art. 44 Rn. 28 mit Verweis auf *Engels* in: Thaysen S. 205 u. 212; *Schneider* 57. DJT Bd. II, M 72; sinngemäß *Scholz* AöR 105 (1980), 564 (595); *Badura* FS Helmrich 191 (196); so wird bereits der Antragstellung durch die Parlamentsminderheit eine Indizwirkung für das Vorliegen eines öffentlichen Interesses zugemessen: *Scholz* AöR 105 (1980), 564 (595).

[141] Für ein normatives Verständnis, ohne allerdings dessen Kriterien zu bestimmen, treten ebenso ein: *Schleich* S. 32 und *Kipke* S. 45.

[142] An dieser Stelle wird lediglich auf *Richter* S. 30 ff. verwiesen; insbesondere guter Hinweis auf die Rechtsprechung auf S. 39.

auch kaum gelingen, da die Frage nach dessen Vorliegen letztlich eine solche des konkreten Einzelfalles ist und demgemäß der Rechtsanwendung unterliegt.

V. Begrenzung des Beweiserhebungsrechts durch die Grundrechte

In Anbetracht des soeben aufgezeigten Umstandes, daß sich das Tätigkeitsfeld parlamentarischer Untersuchungsausschüsse auf die unmittelbare Untersuchung von Vorgängen im privaten Bereich ausgedehnt hat, ist das Bemühen der Wissenschaft verständlich, sich der Problematik von „Privatpersonen im Parlamentarischen Untersuchungsausschuß" anzunehmen und Schutzmechanismen zugunsten der von der Untersuchung „Betroffenen" zu entwickeln. So haben *Di Fabio* (1988)[143], *Richter* (1991)[144], *Studenroth* (1992)[145]; *Köhler* (1996)[146] und zuletzt *Masing* (1998)[147] aufgrund der oben aufgeführten Entscheidung des Bundesverfassungsgerichts über den (Rechts-)Schutz Privater vor unberechtigter „Inquisition" Monographien vorgelegt.

Wird das Privatrechtssubjekt schon auf der *Einsetzungsebene* unstreitig durch das „rechtsstaatliche Komplement" des „öffentlichen Interesses von hinreichendem Gewicht" geschützt, haben die genannten Autoren insbesondere eruiert, inwieweit die Grundrechte demgegenüber das parlamentarische Untersuchungs*verfahren* begrenzen können.[148] Da der Untersuchungsausschuß als Hilfsorgan des Bundestages unstreitig öffentliche Gewalt ausübt, ist dieser über die in Art. 44 II 2 GG benannten Schranken hinaus gemäß Art. 1 III GG an die Grundrechte unmittelbar gebunden.[149]

Ist die Frage des „ob" des Grundrechtsschutzes mithin geklärt, besteht jedoch im Einzelfall häufig Unsicherheit darüber, „wie" der Grundrechtsschutz der Privatperson bzw. des Privatunternehmens[150] in der konkreten Untersuchungspraxis zu verwirklichen ist.

Läßt man zunächst Art. 44 II GG mit dem Verweis auf die sinngemäße Anwendung der „Vorschriften über den Strafprozeß" und das neue Untersuchungsausschußgesetz unberücksichtigt, ist das Beweiserhebungsrecht parlamentarischer Untersuchungsausschüsse durch die Grundrechte Dritter schon von Verfassungs wegen wie folgt einzuschränken:

---

[143] „Rechtsschutz im parlamentarischen Untersuchungsverfahren".
[144] „Privatpersonen im parlamentarischen Untersuchungsausschuß", S. 50 ff.
[145] „Die parlamentarische Untersuchung privater Bereiche".
[146] „Umfang und Grenzen des parlamentarischen Untersuchungsrechts gegenüber Privaten".
[147] „Parlamentarische Untersuchungen privater Sachverhalte".
[148] Überdies zum Verhältnis des parlamentarischen Untersuchungsrechts und informationeller Selbstbestimmung: *Hake* AöR 113 (1988), 424 ff.
[149] *Richter* S. 50; *Hake* AöR 113 (1988), 424 (439); *Steinberger* BT-Drs 11/7800, 1181 (1209); Dreier/*Morlok* Art. 44 Rn. 28; *Bickel* 57. DJT Bd. II, M 17; *VG Hamburg* DVBl 1986, 1017 (1020); *OVG Münster* NWVBl 1998, 402 (403); *OVG Berlin* NJW 2002, 313 (314).
[150] Art. 19 III GG.

So ist für die Kollision des parlamentarischen Beweiserhebungsrechts mit den Grundrechten zuvorderst wesentlich, daß sich beide Verfassungsgüter auf der Ebene des Verfassungsrechts gegenüberstehen und somit im Wege „praktischer Konkordanz“ zu optimieren sind. Stellen die Grundrechte Schranken des Untersuchungsrechts dar, ergibt sich demgemäß vice versa, daß das Enqueterecht seinerseits das jeweils betroffene Grundrecht verfassungsimmanent beschränkt. Diese Korrelation gebietet, daß das Spannungsverhältnis zwischen dem Beweiserhebungsrecht des Untersuchungsausschusses und Grundrechten Dritter nur so aufgelöst wird, daß beide Verfassungsgüter in ihrer Rechtswirkung so weit wie möglich erhalten bleiben. Da die Normen der Verfassung ein in sich stimmiges Sinngefüge sein sollen[151], genießt dementsprechend auch weder das Beweiserhebungsrecht noch das jeweils betroffene Grundrecht per se verfassungstheoretischen Vorrang.

Diese allgemeinen Ausführungen zur Kollision vom parlamentarischen Beweiserhebungsrecht und individuellem Grundrechtsschutz sind an hiesiger Stelle für die Darstellung der verfassungsrechtlichen Grundlagen des parlamentarischen Enqueterechts deswegen hinreichend, weil es nicht Zielsetzung dieser Arbeit ist und sein kann, die sich hieraus ergebenen vielfältigen Einzelfragen zu behandeln. So wird im Rahmen dieser Untersuchung beispielsweise nicht erörtert, ob bzw. inwieweit die nach dem neuen Untersuchungsausschußgesetz möglichen Fernsehübertragungen der Beweisaufnahme mit dem Allgemeinen Persönlichkeitsrecht der Verfahrensbeteiligten (Art. 2 I iVm Art. 1 I GG) vereinbar sind, da im völligen Gegensatz zu den oben genannten Autoren hier eine ganz spezielle Optimierung von öffentlichen Informations- und privaten Schweigeinteressen angestrebt wird.

E. Zwischenergebnis

Festzuhalten bleibt hierbei im wesentlichen, daß das parlamentarische Aufklärungsinteresse verfassungsrechtlich geschützt und verbürgt wird, gerade weil es von den „Vätern des Grundgesetzes“ als conditio sine qua non für die effektive Durchsetzung der Gewaltenteilung im deutschen Rechtsstaat angesehen wird. Allerdings muß auch gesehen werden, daß die Aufklärung im Untersuchungsausschuß nicht „um jeden Preis“, namentlich nicht gegen Grundrechtsverbürgungen, geführt werden darf. Diesbezüglich ist das Beweiserhebungsrecht des Untersuchungsausschusses, der öffentliche Gewalt ausübt und damit an die Grundrechte gebunden ist, a limine eingeschränkt.

Mithin kann der Untersuchungsausschuß samt seiner Rechte zwar – seiner verfassungstheoretischen Funktion nach – als für das rechtsstaatliche Gemeinwesen

---

[151] *Steinberger* BT-Drs. 11/7800, 1181 (1209).

„schlechthin konstitutiv" angesehen werden; allerdings von vornherein nur insoweit, als vornehmlich die Grundrechte der Bürger nicht über Gebühr beeinträchtigt werden.

§ 2 Verfassungsrechtliche Grundlagen der Selbstbelastungsfreiheit

Aber nicht nur die sichere Kenntnis des verfassungsrechtlichen Wertgehalts des Untersuchungsausschusses ist unabdingbar für die Auflösung des Spannungsverhältnisses zwischen parlamentarischen Aufklärungs- und individuellen Schweigeinteressen. So muß auch der dogmatischen Herleitung der widerstreitenden Selbstbelastungsfreiheit, die – verfassungstheoretisch betrachtet – dem parlamentarischen Aufklärungsinteresse zunächst einmal gleichrangig gegenübersteht, erhöhte Aufmerksamkeit gewidmet werden. Denn ohne die genaue Kenntnis, in welchen Grundrechts- bzw. Verfassungsbestimmungen das individuelle Schweigeinteresse ihre verfassungsrechtliche Verankerung findet, wird es schwerlich möglich sein, den verfassungsrechtlichen Stellenwert der Selbstbezichtigungsfreiheit zutreffend ermitteln zu können.

Demnach ist es zunächst Aufgabe und Erkenntnisziel dieses Teilabschnitts, sich über den genauen Inhalt des nemo-tenetur-Grundsatzes Klarheit zu verschaffen. Anschließend wird geprüft, in welchem Maße die historisch-politische Entwicklung auf die verfassungsrechtliche Verankerung einer so verstandenen Selbstbezichtigungsfreiheit Einfluß genommen hat. Nur auf diese Weise können – wie unten deutlich werden soll – die unterschiedlichen Ansätze einer verfassungsrechtlichen Verortung durch die Rechtswissenschaft und der höchstrichterlichen Judikatur überhaupt erst richtig erfaßt und der verfassungsrechtliche Stellenwert der Selbstbelastungsfreiheit als Abwägungsfaktor sach- und interessengerecht zutreffend eingeordnet werden.

A. Inhalt der Selbstbelastungsfreiheit

Will man sich dem Topos „Selbstbelastungsfreiheit" begrifflich und inhaltlich nähern, erscheint es zweckmäßig, das Augenmerk zunächst kurz auf das begriffliche Pendant, den „Selbstbelastungszwang" zu richten. Denknotwendigerweise stellt sich sofort die Frage, aus welchen Gründen (staatlicher) Zwang überhaupt ausgeübt werden soll bzw. darf. Sinnvoll erscheint dies – jedenfalls unter rechtmäßigen Aspekten – nur, wenn jemand eine ihn treffende Pflicht nicht zu erfüllen bereit ist. So hat das *Bundesverfassungsgericht* in der für das Untersuchungswesen des Bundestages bahnbrechenden Lappas-Entscheidung[152] die Pflicht des Zeugen an aktiver Mitwirkung bei der Aufklärung, insbesondere durch seine umfassende und wahrheitsgemäße Aussage, als eine „allgemeine

---

[152] *BVerfGE* 76, 363 ff.

Staatsbürgerpflicht eingeordnet, die deutscher Rechtstradition" entspreche.[153] Dementsprechend enthielten Verfahrensordnungen aller Gerichtszweige mit Freiheitsentzug verbundene Beugemaßnahmen zur Durchsetzung gesetzlich begründeter Pflichten.[154]

Allerdings ist die Möglichkeit der Erzwingung aktiver Beteiligung bei der Sachverhaltsaufklärung nur dann rechtlich unbedenklich, wenn ein am Streitgegenstand bzw. Untersuchungsgegenstand völlig unbeteiligter Dritter als klassischer Zeuge zur Aussage verpflichtet wird und bei diesem zudem nicht die Gefahr besteht, daß er sich durch seine Auskunft strafrechtlich selbst belasten könnte. Demgegenüber besteht bei Annahme einer Aussagepflicht im Strafprozeß für den an der Tat potentiell Beteiligten eine sein Gewissen tangierende Konfliktsituation, bei deren Lösung ihm lediglich drei Möglichkeiten zur Verfügung stehen:[155] Zu seinem eigenen Schutz könnte er schweigen, müßte dann jedoch in Kauf nehmen, daß seine Mitwirkung durch Zwangsmaßnahmen erzwungen werden könnte. Will er den Zwangsmaßnahmen entgehen, bliebe ihm nur übrig, sich selbst einer Straftat zu bezichtigen oder durch eine Falschaussage ein ggf. neues Delikt zu begehen. Der gleiche Gewissenskonflikt ist auch in anderen Verfahrensordnungen denkbar; er wird immer dann virulent, wenn seine erzwingbare Aussage mit strafrechtlichen Sachverhalten korreliert.

Dieser Gewissenskonflikt erfährt ein unterschiedliches Schicksal. Denn in vielen totalitären Staaten[156] wird die Mitwirkung vor allem durch die Folter erzwungen, während in Staaten mit rechtsstaatlicher und liberal-demokratischer Wertorientierung regelmäßig der ethische Anspruch erhoben wird, den Beschuldigten aus dieser Konfliktlage mit der Statuierung des Verbotes von Selbstbelastungszwang zu befreien.[157] So wird bei der Abwägung des öffentlichen Interesses an der Wahrheitsermittlung auf der einen und der Bewahrung eines Beschuldigten vor der Selbstüberführung durch eine wahrheitsgemäße Aussage auf der anderen Seite der Schutzwürdigkeit des Beschuldigten das größere Gewicht beigemessen. Insbesondere im Strafverfahren gilt dann der Grundsatz der Passivität.[158] Demnach ist der Beschuldigte bezüglich der Aufklärung lediglich dul-

---

[153] *BVerfGE* 76, 363 (383); so mit Verweis auf die Zeugenentschädigungsentscheidung des *BVerfG* vom 10.10.1978 = BVerfGE 49, 280 (284); ebenso *Pabel* NJW 2000, 788 (789).

[154] *BVerfGE* 76, 363 (383); § 70 II StPO, § 390 II ZPO, § 15 I 1 FGG, § 98 VwGO, § 82 FGO, § 118 SGG, § 46 II 1, § 80 II ArbGG, § 48 II OWiG.

[155] Eine Beschreibung der Konfliktsituation enthalten: *Buchholz* S. 77; *Kölbel/Morlok* ZRP 2000, 218; *BVerfG* NJW 1999, 779 und die Gemeinschuldner-Entscheidung des *BVerfG* in BVerfGE 56, 37 (41).

[156] Sinngemäß *Fahl* JuS 1996, 1013 (1014).

[157] Siehe hierzu namentlich den eindrucksvollen Redebeitrag von *Greve* am 25.07.1950 (1. WP/79. Sitzung, S. 2882) zur Einführung des § 136a StPO; *Neuhaus* NStZ 1997, 312 (314), spricht von § 136a StPO als „Seismographen der Staatsverfassung"; instruktiv *Osmer* S. 6 ff.

[158] Hierzu *Bosch* S. 277 ff.; SK-*Rogall* vor § 133 Rn. 73.

dungspflichtig und gerade nicht unter Zwang verpflichtet, durch aktives Tun[159], insbesondere durch eine Aussage an der Untersuchungshandlung mitzuwirken.[160] Der Beschuldigte wird folglich aus dem Beweismittelsystem herausgenommen und genießt damit Subjektsqualität[161]. Nur bei einer freiwilligen Mitwirkung macht er sich selbst zum Beweismittel[162], weil nach diesem Verständnis „niemand gehalten ist, sich selbst zu bezichtigen".

Diese Selbstbelastungsfreiheit, für die in der Wissenschaft[163] die lateinische Bezeichnung „nemo tenetur se ipsum accusare (prodere)" gebräuchlich ist, hat im einzelnen zwar die Konsequenz, daß der Beschuldigte eine Gegenüberstellung gemäß § 58 II StPO[164] bzw. eine Durchsuchung gemäß § 102 StPO und eine Beschlagnahme gemäß § 94 ff. StPO dulden muß[165]. Indes ist es nicht möglich, ihn zur (aktiven) Herausgabe von Gegenständen gemäß § 95 II StPO zu zwingen.[166] Ähnliches gilt beispielsweise auch für die in § 81 ff. StPO geregelten medizinischen Untersuchungen und Identifizierungsmaßnahmen. So ist allgemein anerkannt, daß der im Straßenverkehr aufgefallene und nach Alkohol riechende Autofahrer zwar nach § 81a StPO verpflichtet ist, eine Blutprobe durch einen Arzt abnehmen zu lassen, nicht aber zum aktiven „Pusten".[167] Neben diesen Verhaltensweisen macht der Grundsatz, wonach niemand dem Zwang unterliegen soll, sich durch die *eigene Aussage* selbst zu belasten und damit zu seiner Überführung beizutragen, den Kernbereich der Selbstbelastungsfreiheit aus.[168]

B. Historisch-politische Entwicklung der Selbstbelastungsfreiheit

Ist die Kenntnis der historisch-politischen Entwicklung der Selbstbezichtigungsfreiheit zur Erfassung ihrer verfassungsrechtlichen Verortung unabdingbar[169], soll nachfolgend der bisherige Stand der Forschung zur Historie lediglich insoweit wiedergegeben werden, als es zu diesem Zweck nötig erscheint. Vor allem aber sollen die Grundzüge der historischen Entwicklung deutlich machen,

---

[159] Ohne minimale Mitwirkungspflichten wie zB die Erscheinungspflicht gemäß § 230 StPO, die auch zu seinem Schutz bestehen, ist ein rechtsstaatliches Verfahren nicht durchführbar.

[160] *Dingeldey* JA 1984, 407 (411); *Pabel* NJW 2000, 788 (790); *BGHSt* 36, 242 ff.

[161] Hierzu SK-*Rogall* vor § 133 Rn. 59 ff.

[162] *Spendel* JuS 1964, 465 (468); siehe indes auch SK-*Rogall* vor § 133 Rn. 122 ff.

[163] *Rieß* JA 1980, 293 (294).

[164] *Dingeldey* JA 1984, 407 (412); *KG* NJW 1979, 1668 f.

[165] *Dingeldey* JA 1984, 407 (412).

[166] *Dingeldey* JA 1984, 407 (412).

[167] *Dingeldey* JA 1984, 407 (413); *Rogall* S. 56.

[168] So die Mithörfallenentscheidung des Großen Senates; *BGHGrS* NJW 1996, 2942 und *Schneider* S. 29; implizit *Beckedorf* ZParl 1989, 48.

[169] Ebenso *Schneider* S. 40; *Rogall* S. 67.

welche außerordentlich hohe Bedeutung dem klassischen Schweigerecht in rechtsstaatlichen Gemeinwesen zukommt.[170]

Auch wenn der nemo-tenetur-Grundsatz erstmals sowohl im talmudischen Recht[171] ausgesprochen als auch von christlichen Kirchenlehrern bereits im 4. Jahrhundert verfochten wurde[172], konnte sich dieses Prinzip erst im 17. Jahrhundert in England nach einer langen Auseinandersetzung zwischen Königtum, Kirche, Adel und Bürgern um die Gewährung persönlicher Freiheiten durchsetzen[173]. Infolgedessen haben die Vereinigten Staaten die englische Rechtsentwicklung, das common law, rezipiert und im Rahmen ihrer Unabhängigkeitsbewegung noch durch liberalstaatliches Gedankengut verstärkt.[174] Zwar wurde die Freiheit, sich nicht selbst einer Straftat durch eine Aussage bezichtigen zu müssen (privilege against self-incrimination), nicht in der ursprünglichen Verfassung kodifiziert, jedoch bereits 1789 im 5. Verfassungszusatz (5. Amendment[175]) aufgenommen.

Demgegenüber konnte sich die Selbstbelastungsfreiheit in unserem Rechtskreis erst relativ spät behaupten. So wurde in Deutschland dem Strafverfolgungsinteresse jahrhundertelang uneingeschränkter Vorrang gegenüber dem nemo-tenetur-Grundsatz eingeräumt. Nachdem der frühere Akkusationsprozeß germanischen Ursprungs[176] durch den Inquisitionsprozeß im 11./12. Jahrhundert abgelöst wurde, forderte im 13. Jahrhundert Thomas von Aquin die fast bedingungslose Ermittlung der Wahrheit um jeden Preis.[177] Der Beschuldigte war lediglich Objekt als Mittel zur Wahrheitsfindung und demzufolge zur vollständigen und wahrheitsgemäßen Aussage verpflichtet.[178] Das Geständnis war Mittelpunkt des Beweisverfahrens[179] und konnte nun regelmäßig durch peinliche Befragung bzw. Folter[180] auf brutale Weise erzwungen werden. Dabei war die Anwendung der Folter nicht an einen bestimmten Verdachtsgrad gebunden, sondern letztlich in das Ermessen des Inquirenten gestellt. Begünstigt wurde der Vorrang des Strafverfolgungsinteresses gegenüber der Selbstbezichtigungsfreiheit nicht zuletzt dadurch, daß einerseits das deutsche Prozeßrecht wissenschaft-

---

170 Mit diesem Anspruch auch *Wessels* JuS 1966, 169 (170).

171 Hierzu *Stalinski* S. 4 u. 5.

172 *Müller-Boysen* S. 90; *Seebode* JA 1980, 493 (496); *Dingeldey* JA 1984, 407.

173 *Dingeldey* JA 1984, 407 (408); hierzu *Müller-Boysen* S. 90 f.

174 *Salger* S. 97 f.; *Levy* S. 333; *Schmid* S. 17 f.

175 „No person shall be held to answer for a capital or other infamous crime, unless on a presentment or indictment of a Grand Jury ... nor shall be compelled in any Criminal Case to be witness against himself.".

176 Hierzu *Stalinski* S. 3 f.; *Roxin* S. 475.

177 *Stalinski* S. 6; *Dingeldey* JA 1984, 407; *Wolff* S. 22.

178 In diesem Sinne *Rieß* JA 1980, 293.

179 *Roxin* S. 476.

180 Zu den unterschiedlichen Folterungsmethoden siehe nur die in Zusammenarbeit mit amnesty international unter: www.die-folter.de und www.folter.at hergestellten Webseiten.

lich und systematisch kaum entwickelt war und andererseits erhebliche regionale Unterschiede existierten.

Eine Rechtsvereinheitlichung in ganz Deutschland und die schriftliche Systematisierung des Straf- und Strafprozeßrechts erfolgte erst durch die Rezeption des mittelalterlich-italienischen Rechts.[181] Doch auch die rezipierte Constitutio Criminalis Carolina[182] Karls V. von 1532[183] half dem Angeklagten nicht aus seiner Konfliktsituation, im Gegenteil: Sie kodifizierte erstmals reichseinheitlich das Inquisitionsverfahren, das zutiefst von der Leitidee der materiellen Gerechtigkeit durchdrungen war und dem Inquirenten die Ermittlung der Wahrheit „zur heiligsten Pflicht[184]" machte. Zwei Regelungen der Constitutio Criminalis Carolina wirkten sich dabei für den Beschuldigten fatal aus:

Zum einen war der Inquisitionsprozeß durch die Personalunion von Ermittler- und Richterrolle geprägt, mit der für den Beschuldigten ungünstigen Konsequenz, daß eine erhebliche Gefahr von Fehlurteilen bestand, weil der für das gesamte Verfahren von der Anzeige bis zur Urteilsfindung zuständige Richter, psychologisch kaum in der Lage war, unvoreingenommen über selbst gesammeltes Beweismaterial zu urteilen. Schlimmer noch als die mangelnde Trennung von Ankläger- und Richterfunktion gestaltete sich für den Angeklagten das streng formalisierte Beweisrecht. So war die richterliche Beweiswürdigung in der Carolina durch starre Beweisregeln eingeschränkt. Demnach konnte der Beschuldigte nur dann verurteilt werden, wenn er entweder ein Geständnis abgelegt hatte oder wenn er durch mindestens zwei glaubwürdige Zeugen überführt werden konnte.[185] Bezweckt wurde hiermit eigentlich der Schutz des Beschuldigten.[186] Da indes namentlich bei Kapitalverbrechen häufig keine Zeugen anwesend waren, blieb zur Verurteilung nur dessen Geständnis.[187] Wurde dieses Geständnis von dem schon durch die Indizien als überführt angesehenen Angeklagten hartnäckig verweigert, so war der Inquisitor aufgrund der Carolina berechtigt bzw. sogar verpflichtet, ihn zum Geständnis zu foltern. Dem nemo-tenetur-Grundsatz wurde lediglich dadurch, allerdings in äußerst geringem Maße Rechnung getragen, daß die Zulässigkeit der Folter an das Vorliegen „erheblicher Indizien" geknüpft wurde.[188]

---

[181] *Roxin* S. 476 ff.

[182] Sie beruhte größtenteils auf der Bambergischen Halsgerichtsordnung von 1507; hierzu siehe nur *Stalinski* S. 8 und vor allem die Webseite: www.uni-mannheim.de/mateo/desbillons/bambi.html.

[183] Hierzu *Salger* S. 1; *Fahl* JuS 1996, 1013 (1016).

[184] *Wessels* JuS 1966, 169 (170).

[185] Art. 222, 60 ff. CCC zitiert nach: *Wessels* JuS 1966, 169 (170); *Reifferscheidt* JA 1980, 102; *Lesch* ZStW 111 (1999), 624 (627).

[186] *Wessels* JuS 1966, 169 (170).

[187] *Salger* S. 1; *Lesch* ZStW 111 (1999), 624 (627).

[188] *Roxin* S. 479.

Erst im Zuge der Aufklärung[189], mit ihren Forderungen nach Vernunft, Menschlichkeit und Achtung der menschlichen Persönlichkeit sowie insbesondere der Assoziierung des nemo-tenetur-Grundsatzes mit dem menschlichen Selbsterhaltungstrieb, gelang es, die Folter abzuschaffen. So wurde die Anwendung der peinlichen Frage in Schottland im Jahre 1702, in Preußen unter Friedrich den Großen 1740[190], in Rußland 1768, in Schweden 1772, in Österreich 1776, in Frankreich 1780 und in der Schweiz 1798 verboten.[191] Allerdings ist dies immer noch nicht als Anstoß verstanden worden, das Inquisitionsverfahren mit seiner Übereinstimmung von Ermittler- und Richterrolle zu beenden. Ebenso blieb das formalisierte Beweisrecht mit seinem numerus-clausus der Beweismittel und somit auch die Stellung des Angeklagten im Prozeß als Objekt zur Wahrheitsfindung unberührt.[192] Nach wie vor stand die Aussage- und Wahrheitspflicht des Verdächtigen im Mittelpunkt des Beweisverfahrens. Zwar durfte die Folter nicht mehr angewendet werden, doch wurde die mit der Abschaffung der Folter entstandene Lücke nicht akzeptiert und demgemäß ein Geständnis nicht mehr als unerzwingbar angesehen. Vielmehr wurden sog. Ungehorsams- und Lügenstrafen, wie z.B. Ruten- und Peitschenhiebe, gegen den schweigenden oder trotz bestehender Verdachtslage leugnenden Angeklagten eingeführt.[193]

Ein bahnbrechender Wandel des Strafprozeßrechts vollzog sich erst durch das Aufkommen des politischen Liberalismus.[194] Dessen Kernanliegen war ein verändertes Staatsverständnis; die Omnipotenz des Staates wurde zunehmend in Zweifel gezogen und der Bürger als staatsfreies Individuum herausgestellt.[195] Sollte der Bürger mit selbständiger Rechtspersönlichkeit und unveräußerlichen Grundrechten ausgestattet werden, war es nur konsequent, im Bereich des Strafverfahrens die Forderung zu stellen, den Beschuldigten aus der Stellung eines bloßen Inquisitionsobjekts in die Rolle des Verfahrenssubjektes zu erheben[196]. Im Zuge der bürgerlichen Revolution von 1848 wurde im nun modernen, sog. reformierten Strafprozeß der naturrechtlichen Betonung des Selbsterhaltungswillens und dem Kantschen Autonomiebegriff dahingehend Rechnung getragen, daß die Zwangsmittel zur Erpressung von Geständnissen beseitigt wurden. Obwohl neben der Beseitigung der Ungehorsams- und Lügenstrafen überdies vom

---

[189] So www.die-folter.de/folterinfo/geschichte.htm; ebenso *Wessels* JuS 1966, 169 (170); *Stalinski* S. 9; *Alvarez Ligabue* S. 47; *Roxin* S. 481; *Görtz-Leible* S. 29.

[190] Umfassend hierzu *Reifferscheidt* JA 1980, 102 ff.; siehe auch *Wolff* S. 26; *Fahl* JuS 1996, 1013 (1016).

[191] *Salger* S. 1; *Stalinski* S. 9.

[192] Hierzu *Salger* S. 1.

[193] So die Preußische Criminalordnung von 1805; *Wessels* JuS 1966, 169 (170); *Salger* S. 1; *Stalinski* S. 9.

[194] Ähnlich *Stalinski* S. 10.

[195] *Schneider* S. 40.

[196] *Schneider* S. 40 f.; *Salger* S. 1.

Inquisitionsverfahren zum Akkusationsprozeß[197] und der Einrichtung der Staatsanwaltschaft als Anklagebehörde übergegangen sowie der Grundsatz der freien Beweiswürdigung eingeführt wurde, blieb der Angeklagte indes zur umfassenden wahrheitsgemäßen Aussage verpflichtet.[198] Somit galt der nemo-tenetur-Grundsatz nur eingeschränkt. Lediglich die braunschweigische Strafprozeßordnung aus dem Jahre 1858 erkannte in § 43 zuerst die Aussagefreiheit an und sah sogar eine Belehrungspflicht vor.[199]

Es dauerte letztlich weitere zwei Dekaden bis in ganz Deutschland die Selbstbezichtigungsfreiheit durch die am 1.10.1879 in Kraft getretene Reichsstrafprozeßordnung anerkannt wurde. Allerdings wurde eine Belehrungspflicht nicht positiviert. Auch durften aus dem Schweigen des Beschuldigten nachteilige Schlüsse gezogen werden.[200]

Den völligen Durchbruch schaffte die Selbstbelastungsfreiheit erst Jahrzehnte später durch die Aufnahme der Belehrungspflicht durch das Strafprozeßänderungsgesetz in § 136 I 2 StPO im Jahre 1964 sowie durch das Verbot, aus dem Schweigen des Beschuldigten nachteilige Schlüsse zu ziehen[201] in den 60er und 70er Jahren[202], und nicht zuletzt durch die Ratifizierung des Art. 14 III lit. g) des Internationalen Paktes über staatsbürgerliche und politischen Rechte vom 19.12.1966 durch die Bundesrepublik im Jahre 1973 und dessen Inkrafttreten im Jahre 1976[203]. Demnach wurde der nemo-tenetur-Grundsatz einfachgesetzlich kodifiziert. Den vorläufigen Endpunkt der Durchsetzung der Selbstbelastungsfreiheit markierte der Beschluß des 5. Strafsenates am 27.02.1992, als dieser ein Beweisverwertungsverbot bei mangelnder Belehrung gemäß § 136 I 2 StPO bei der polizeilichen Vernehmung annahm.[204]

Bei diesem langen und steinigen Weg des nemo-tenetur-Grundsatzes in der deutschen Entwicklungsgeschichte wird besonders augenscheinlich, welchen überaus hohen Wertgehalt der Selbstbelastungsfreiheit schon aus rein historischen Gründen bei der hier vorzunehmenden Abwägung beizumessen sein wird.

---

[197] Art. X § 179 der Paulskirchenverfassung vom 23.3.1849.

[198] *Salger* S. 1.

[199] Dem Beschuldigten war beim ersten Verhör zu eröffnen, „daß er zu keiner Antwort oder Erklärung auf die ihm vorzulegenden Fragen gehalten sei“ (zitiert nach *Rüping* JR 1974, 136); hierzu auch *Salger* S. 1.

[200] *Salger* S. 1; *Wessels* JuS 1966, 169 (170).

[201] So nach Inkrafttreten des Strafprozeßänderungsgesetzes 1964 bereits die Forderung von *Wessels* in JuS 1966, 169 (170).

[202] *BGHSt* 20, 281 ff.; *BGHSt* 25, 365 ff. Siehe die Ausführungen unter 2. Teil § 1 = S. 48.

[203] Art. 14 III lit. g) verlangt: „Er (jeder wegen einer strafbaren Handlung Angeklagte) darf nicht gezwungen werden, gegen sich selbst als Zeuge auszusagen oder sich schuldig zu bekennen. BGBl. II (1973), 1533 ff.; (1976), 1068 ff.

[204] Ähnlich auch bereits die Entscheidung des *Supreme Courts* aus dem Jahre 1966 Miranda v. State of Arizona 384 U.S. 436.

C. Verfassungsrechtliche Verankerung der Selbstbelastungsfreiheit

Endlich wird nachfolgend zu prüfen sein, inwieweit die historische Herleitung der Aussagefreiheit auf deren verfassungsrechtliche Verankerung Einfluß nahm, um letztlich – wie *Verrel* es ausdrückt – „Werthöhe und Wertintensität[205]" als Abwägungsfaktor sachgerecht erfassen zu können.

Wie eingangs schon erwähnt wurde, wird nun aufgezeigt, daß die Selbstbezichtigungsfreiheit durch die Rechtsprechung und die wissenschaftliche Literatur unstreitig zum Verfassungsgut erhoben wird, obwohl im Gegensatz zu der Verfassung der Vereinigten Staaten (5. Amendment) keine explizite Verankerung im Grundgesetz vorgenommen wurde.[206] Besteht über das „ob" der Einordnung des nemo-tenetur-Grundsatzes als Verfassungsgut trotz fehlender expliziter Erwähnung Konsens[207], existieren jedoch zum Teil Meinungsverschiedenheiten darüber, welche Verfassungsnorm(en) einschlägig ist bzw. sind. Dabei stellt der überwiegende Teil der Wissenschaft auch heute noch regelmäßig die Frage des „ob" der verfassungsrechtlichen Verankerung nur positiv fest und repetiert lediglich die durch die Rechtsprechung postulierte Verortung.

Des weiteren konnte der bei der Ermittlung des Forschungsstandes bei *Verrel*[208] und *Lorenz*[209] entstandene Eindruck nachvollzogen werden, nach dem ein „bunter Strauß verschiedenster verfassungsrechtlicher Ableitungen[210]" entstanden sei, zu dem die höchstrichterliche Rechtsprechung mit einem „Füllhorn an Verfassungsgrundsätzen[211]" beigetragen habe, das sie bei Erwähnung des nemo-tenetur-Grundsatzes „ohne erkennbare Gewichtung auszuschütten pflege[212]".

So liegt bisher keine allgemein akzeptierte Dogmatik vor und kann auch in dieser Untersuchung nicht entwickelt werden, namentlich weil sie, wie bereits der Umfang der Dissertation von *Nothhelfer*[213] zur verfassungsrechtlichen Verankerung deutlich macht, den Rahmen dieser Untersuchung sprengen und die Gefahr drohen würde, das Erkenntnisinteresse aus den Augen zu verlieren.

Trotzdem ist es für die hiesige Abwägung wichtig, welche Verfassungsnormen in Rede stehen, um den Wertgehalt der Selbstbezichtigungsfreiheit richtig erfas-

---

[205] *Verrel* NStZ 1997, 361 (363).

[206] Auch die Länderverfassungen regeln sie – bis auf die Verfassung des Landes Brandenburg – nicht. Dort bestimmt Art. 52 V BgbVerf, daß „niemand gezwungen werden darf, gegen sich selbst oder durch Gesetz bestimmte nahestehende Personen auszusagen".

[207] *Buchholz* S. 78; *Quaas/Zuck* NJW 1988, 1873 (1877); *Koch* ZParl 1996, 405 (407); *Alvarez Ligabue* S. 49.

[208] *Verrel* NStZ 1997, 361 (363).

[209] *Lorenz* JZ 1992, 1000 (1006).

[210] *Verrel* NStZ 1997, 361 (363).

[211] *Verrel* NStZ 1997, 361 (363).

[212] *Verrel* NStZ 1997, 361 (363).

[213] *Nothhelfer*, Die Freiheit von Selbstbezichtigungszwang - Verfassungsrechtliche Grundlagen und einfachgesetzliche Ausformungen, 1987.

sen zu können. Demzufolge wird im folgenden zunächst rein deskriptiv dargestellt, auf welche Weise Rechtsprechung und Literatur eine verfassungsrechtliche Verankerung vornehmen.

I. Analyse der Rechtsprechung

Wenn seitens der Literatur[214] zuweilen behauptet wird, daß die höchstrichterliche Rechtsprechung erst neuerdings den nemo-tenetur-Grundsatz nicht mehr primär im Rechtsstaatsprinzip (Art. 20 III GG) verfassungsrechtlich verankere, sondern nun vorrangig aus dem Kernbereich des Art. 2 I iVm Art. 1 I herleite, wird ein trügerischer Eindruck vermittelt. Denn bereits *der 1. Strafsenat des BGH hat in seiner ersten Polygraphen-Entscheidung*[215] im Jahre 1954 die Aussagefreiheit mit der Unantastbarkeit der Menschenwürde und der selbstverantwortlichen sittlichen Persönlichkeit des Angeklagten begründet. Demnach gelte die Unantastbarkeit der Menschenwürde als Leitsatz des Grundgesetzes auch für den einer Straftat Verdächtigen.[216] Zwar sei die Erforschung der Wahrheit Hauptpflicht des Gerichts im Strafverfahren, könne jedoch ausschließlich auf justizförmige Weise stattfinden.[217] Der Beschuldigte sei Beteiligter und nicht Gegenstand des Strafverfahrens. Daher müsse stets die Entschließungsfreiheit des Beschuldigten für seine Einlassung zur Anklage in jeder Verfahrenslage unangetastet bleiben. Er brauche sich zur Anklage nicht zu äußern und an der Aufklärung des Sachverhaltes nicht mitzuwirken, da er „mitunter hierfür anerkennenswerte Gründe" haben könnte.[218]

Auch im Jahre 1960 hat der *1. Strafsenat des BGH*[219] im Urteil zur Verwertung heimlicher Tonbandaufnahmen durch Private die verfassungsrechtliche Verankerung des Verbotes von Selbstbezichtigungszwang in erster Linie in der Menschenwürde gesehen, wobei er nun auch – zumindest rudimentär – Bezüge zum Rechtsstaatsprinzip herstellt. So heißt es in *BGHSt 14, 358 (364)*:

> „Die Menschenwürde ist als ein Grundwert der Rechtsordnung verfassungsrechtlich gewährleistet. Jeder Mensch muß sie in jedem anderen achten, der einzelne ebenso wie die öffentliche Gewalt. Dieser Leitgedanke beherrscht auch das *rechtsstaatliche* Strafverfahren. Deshalb ist der wegen einer Straftat Angeklagte seiner Menschenwürde nicht

---

[214] *Geppert* JK StPO § 136 I/4.

[215] Nach dieser Entscheidung verletze die Untersuchung mit dem Polygraphen die Freiheit der Willensentschließung und -betätigung des Beschuldigten und sei daher im Strafverfahren wie in den Vorermittlungen (jedenfalls) ohne Rücksicht auf sein Einverständnis unzulässig; *BGHSt* 5, 332 ff.

[216] *BGHSt* 5, 332 (333).

[217] *BGHSt* 5, 332 (333).

[218] *BGHSt* 5, 332 (333).

[219] *BGHSt* 14, 358 ff.

schon um des Verdachts willen entäußert, der auf ihm ruht. Er hat vielmehr wie jeder andere Anspruch darauf, daß sein Menschtum nicht mißachtet wird. ... Die StPO steht ebenfalls unter jenem Leitgedanken. Sie verwirklicht ihn dadurch, daß sie den Beschuldigten nicht zwingt, gegen sich selbst auszusagen (§ 136 I 2 StPO). ... Allerdings hat diese Rechtsauffassung zur Folge, daß wichtige, unter Umständen die einzigen Mittel zur Aufklärung von Straftaten unbenutzt bleiben. Das muß jedoch hingenommen werden. Es ist auch sonst kein Grundsatz der StPO, daß die Wahrheit um jeden Preis erforscht werden müßte."

Demgegenüber hat die verfassungsrechtliche Judikatur 1974 in *BVerfGE 38, 105 (113)* zum Ausschluß des Rechtsbeistandes den nemo-tenetur-Grundsatz ausschließlich aus dem Rechtsstaatsprinzip hergeleitet. § 55 I StPO sei lediglich ein Ausfluß des allgemeinen, für den Beschuldigten in §§ 136, 163a, 243 StPO als selbstverständlich vorausgesetzten *rechtsstaatlichen* Grundsatzes, daß niemand gezwungen werden könne, gegen sich selbst auszusagen.[220]

In der für die Entwicklung des nemo-tenetur-Grundsatzes maßgeblichen und für diese Untersuchung äußerst wichtigen *Gemeinschuldner-Entscheidung*[221] hat sich das *Bundesverfassungsgericht* erstmals differenziert mit der verfassungsrechtlichen Verortung der Selbstbezichtigungsfreiheit auseinandergesetzt. Demnach könne die Auskunftsperson [scil. der Gemeinschuldner] durch rechtiich vorgeschriebene Auskunftspflichten (§ 100 KO) in die Konfliktsituation geraten, sich entweder selbst einer strafbaren Handlung zu bezichtigen oder durch eine Falschaussage ggf. ein neues Delikt zu begehen oder aber wegen ihres Schweigens Zwangsmitteln ausgesetzt zu werden.[222] Aufgrund dieser Folgen sei „die erzwingbare Auskunftspflicht als Eingriff in die Handlungsfreiheit sowie als Beeinträchtigung des Persönlichkeitsrechts im Sinne des Art. 2 I GG zu beurteilen[223]". Ein Zwang zur Selbstbezichtigung berühre zugleich die Würde des Menschen, dessen Aussage als Mittel gegen ihn selbst verwendet wird.[224] Mit Verweis auf die angeführten Entscheidungen des *1. Strafsenates BGHSt 14, 358 (364)* und des *Bundesverfassungsgerichts* in *BVerfGE 38, 105 (113)* wird konstatiert, daß das „Schweigerecht als selbstverständlicher Ausdruck einer rechtsstaatlichen Grundhaltung" zu bezeichnen sei, die „auf dem Leitgedanken der Achtung vor der Menschenwürde" beruhe.[225]

Obwohl das Bundesverfassungsgericht die allgemeine Handlungsfreiheit (Art. 2 I GG), das Persönlichkeitsrecht (Art. 2 I GG), die Menschenwürde (Art. 1 I GG) und das Rechtsstaatsprinzip (Art. 20 III GG) angeführt hat, verweist der *2.*

---

[220] *BVerfGE* 38, 105 (113).
[221] *BVerfGE* 56, 37 ff.
[222] *BVerfGE* 56, 37 (41).
[223] *BVerfGE* 56, 37 (41).
[224] *BVerfGE* 56, 37 (41).
[225] *BVerfGE* 56, 37 (41).

Strafsenat in einer (vermeintlichen) Parallelentscheidung lediglich pauschal darauf, daß der Grundsatz, daß niemand gezwungen werden dürfe, sich selbst einer Straftat zu bezichtigen und damit zu seiner Überführung beizutragen, verfassungsrechtlich in Art. 2 I iVm Art. 1 I GG verbürgt sei.[226] Im Gegensatz dazu hat 1992 der *5. Strafsenat*[227] im „bahnbrechenden Beschluß[228]" zur Belehrungspflicht nach § 136 I 2 StPO die verfassungsrechtliche Herleitung vertiefter durchgeführt:

> „Der Grundsatz, daß niemand im Strafverfahren gegen sich selbst auszusagen braucht, also ein Schweigerecht hat, gehört zu den anerkannten Prinzipien des Strafprozesses[229]. Er hat in Art. 14 Abs. 3 g des Internationalen Pakts über bürgerliche und politische Rechte vom 19. Dezember 1966 ... positiven Ausdruck gefunden. Die Anerkennung dieses Schweigerechtes entspricht der Achtung vor der Menschenwürde[230]... Sie schützt das Persönlichkeitsrecht des Beschuldigten und ist notwendiger Bestandteil eines fairen Verfahrens."

Ohne Verweis auf die allgemeine Handlungsfreiheit und ohne explizite Nennung des Rechtsstaatsprinzips und stattdessen der Erwähnung des fairen Verfahrens hat *derselbe Senat*[231] auch wenige Monate später dieselbe Herleitung mit Verweis auf die bisher aufgeführten Entscheidungen repetiert. Der Grundsatz, daß niemand im Strafverfahren gegen sich selbst aussagen brauche, entspreche der Menschenwürde[232], schütze das Persönlichkeitsrecht des solcherart Schweigeberechtigten und sei notwendiger Bestandteil eines fairen Verfahrens[233].

Auch in den letzten Jahren hat das *Bundesverfassungsgericht* die hohe Bedeutung der Aussagefreiheit hervorgehoben. Nach einem Judikat aus dem Jahre 1995[234] sei in der verfassungsgerichtlichen Rechtsprechung geklärt, daß erzwingbare Auskunftspflichten einen Eingriff in die Handlungsfreiheit sowie eine Beeinträchtigung des Persönlichkeitsrechts iSd Art. 2 I GG darstellten.[235] Darüber hinaus berühre ein Zwang zur Selbstbezichtigung zugleich die Würde des Menschen, dessen Aussage gegen ihn verwendet würde[236]. In der Rechtsprechung werde es „als selbstverständlicher Ausdruck einer rechtsstaatlichen

---

[226] *BGHSt* 36, 328.
[227] *BGHSt* 38, 214 (220).
[228] *Geppert* JK StPO § 136 I/4.
[229] Mit Verweis auf *BVerfGE* 56, 37 (43); *BGHSt* 14, 358 (364).
[230] Mit Verweis auf *BVerfGE* 38, 105 (113).
[231] *BGHSt* 38, 302 (305).
[232] *BGHSt* 38, 302 (305) mit Verweis auf *BVerfGE* 38, 105 (113) und *BVerfGE* 56, 37 (43).
[233] *BGHSt* 38, 302 (305) mit Verweis auf *BGHSt* 38, 214.
[234] *BVerfG* NStZ 1995, 555.
[235] *BVerfG* NStZ 1995, 555.
[236] *BVerfG* NStZ 1995, 555 mit Verweis auf die Gemeinschuldner-Entscheidung, *BVerfGE* 56, 47, (41 f.).

Grundhaltung" bezeichnet, die „auf dem Leitgedanken der Achtung vor der Menschenwürde" beruhe.[237] Zudem würde das Schweigerecht verfahrensrechtlich ergänzt und abgesichert durch den aus dem Rechtsstaatsprinzip des Grundgesetzes iVm dem allgemeinen Freiheitsrecht (Art. 2 I GG) hergeleiteten Anspruch auf ein rechtsstaatlich, faires Verfahren.[238]

Ähnlich heißt es in einer Entscheidung des *Bundesverfassungsgerichts* aus dem Jahre 1998[239]:

> „Die Auferlegung einer Auskunftspflicht ... ist als Eingriff in die Handlungsfreiheit sowie als Beeinträchtigung des Persönlichkeitsrechts iSd Art. 2 I GG zu beurteilen. Ein Zwang zur Selbstbezichtigung berührt zugleich die Würde des Menschen, dessen Aussage als Mittel gegen ihn selbst verwendet wird. Unzumutbar und mit der Würde des Menschen unvereinbar ist ein Zwang, durch eigene Aussagen die Voraussetzungen für eine strafrechtliche Verurteilung oder die Verhängung entsprechender Sanktionen liefern zu müssen.[240]"

II. Analyse der Literatur

Wie bereits in diesem Abschnitt einleitend angedeutet wurde, besteht im Schriftum uneingeschränkter Konsens über die verfassungsrechtliche Verankerung des nemo-tenetur-Grundsatzes[241]. Hinsichtlich seiner konkreten Herleitung aus der Verfassung bestehen demgegenüber Detailunterschiede. Bei der Analyse der rechtswissenschaftlichen Literatur fällt – überraschenderweise – zunächst auf, daß sich die Wissenschaft erst in den letzten 20 Jahren näher damit beschäftigt hat, wie die Selbstbezichtigungsfreiheit bzw. die Aussagefreiheit grundgesetzlich zu lokalisieren ist. Neben der strafprozessualen Untersuchung von *Rogall* aus dem Jahre 1977 („Der Beschuldigte als Beweismittel gegen sich selbst") und den Ermittlungsmethoden von Polizei und Staatsanwaltschaft[242] boten vor allem die Gemeinschuldner-Entscheidung des Bundesverfassungsgerichts[243] und viele Parallelentscheidungen der Instanzgerichte Anlaß, sich mit der verfassungsrechtlichen Verankerung des nemo-tenetur-Grundsatzes auseinanderzusetzen.

---

[237] *BVerfG* NStZ 1995, 555 mit Verweis auf *BVerfGE* 38, 105 (113); 56, 37 (43); *BGHSt* 14, 358 (364); 38, 214 (220); 38, 302 (305).
[238] *BVerfG* NStZ 1995, 555 mit Verweis auf *BGHSt* 38, 302 (305).
[239] *BVerfG* NJW 1999, 779.
[240] *BVerfG* NJW 1999, 779 mit Verweis auf die Gemeinschuldner-Entscheidung.
[241] *Buchholz* S. 78; *Quaas/Zuck* NJW 1988, 1877; *Koch* ZParl 1996, 405 (407); *Alvarez Ligabue* S. 49; *Reichert-Hammer* JuS 1989, 446 (450); *Störmer* Jura 1994, 621 (622); *Park* StV 2001, 589; *Momsen* S. 174.
[242] Zum Beispiel die versäumte Belehrungspflicht gemäß § 136 I 2 StPO oder die Mithörfallenkonstellationen.
[243] *BVerfGE* 56, 37 ff.

Ein Großteil der Rezensenten[244] und sonstigen Autoren[245] befaßt sich allerdings primär mit der Übertragbarkeit der in der Gemeinschuldner-Entscheidung aufgestellten Grundsätze auf ähnliche Fallkonstellationen und bezieht sich bei der Frage der grundgesetzlichen Lokalisierung im wesentlichen auf die Herleitung des Bundesverfassungsgerichts.

So gehöre nach *Böse*[246] der Grundsatz „nemo tenetur se ipsum accusare" als „eine der Errungenschaften des reformierten Strafprozesses zu den fundamentalen Prinzipien des deutschen Strafverfahrens" und sei – mit Verweis auf die Gemeinschuldner-Entscheidung – verfassungsrechtlich aus den Art. 1 I, Art. 2 I GG und dem Rechtsstaatsprinzip abgeleitet. Auch bei der Prüfung nach Schweigerechten im parlamentarischen Untersuchungsausschuß und etwaiger Beugehaft gegen Helmut Kohl wies *Pabel*[247] lediglich darauf hin, daß die Aussagefreiheit ein aus der „Achtung der menschlichen Würde fließender Grundsatz[248]" sei. Persönlichkeitsrecht (Art. 2 I GG) und Rechtsstaatsprinzip gemäß Art. 20 III GG werden nicht genannt. Ebenso wird im jüngsten Schriftum zur Einschränkbarkeit des Auskunftsverweigerungsrechts im parlamentarischen Untersuchungsverfahren – welche zu prüfen zentraler Schwerpunkt dieser Untersuchung ist – die Freiheit vor strafrechtlichen Selbstbezichtigungszwang von *Kölbel/Morlok*[249] ohne Nennung der Grundrechtsartikel nur als Erscheinungsform des allgemeinen Persönlichkeitsrechts beschrieben, das zu Teilen auch auf der Menschenwürdegarantie beruhe. Das Rechtsstaatsprinzip wird ebenfalls außen vor gelassen; allerdings ohne gegen die Grundsätze des Bundesverfassungsgerichts opponieren zu wollen.

Aber auch wenn einmal die verfassungsrechtliche Verankerung näher beleuchtet wurde[250], wird neben dem allgemeinen Konsens über das „ob" der verfassungsrechtlichen Verankerung die grundgesetzliche Lozierung des Bundesverfassungsgerichts in Art. 2 I, 1 I GG iVm dem Rechtsstaatsprinzip gemäß Art. 20 III GG im wesentlichen mitgetragen, ohne daß Meinungsunterschiede erkennbar wären. Lediglich die Akzentuierung divergiert. So wird überwiegend der Schwerpunkt auf den Kernbereich von Art. 2 I iVm Art. 1 I GG gelegt.[251]

Nach *Kühl*[252] müsse der Beschuldigte als Beteiligter des Strafverfahrens ernst genommen werden. Nur dann werde „dieser das ihn betreffende Verfahren als fair empfinden, so daß eine Akzeptierung des Urteils durch ihn erwartet werden"

---

244 Siehe nur: *Dingeldey* NStZ 1984, 529 ff.
245 *Nack* Sachverständigenanhörung S. 92.
246 *Böse* wistra 1999, 451.
247 *Pabel* NJW 2000, 788 ff.
248 *Pabel* NJW 2000, 788 (790).
249 *Kölbel/Morlok* ZRP 2000, 219.
250 Ebenso bemängelt *Rogall*, SK-*Rogall* vor § 133 Rn. 92, daß die meisten Autoren es an der Präzision bei der Herausarbeitung der verfassungsrechtlichen Grundlagen fehlen lassen.
251 *Dingeldey* JA 1984, 407 (409); *Beckedorf* ZParl 1989, 48.
252 *Kühl* JuS 1986, 115 ff.

könne.[253] Um echter Beteiligter sein zu können, müsse „er aus der Stellung eines Objekts zur Wahrheitsforschung entlassen werden". Es müßten ihm Rechte eingeräumt werden, damit er auf den Verlauf des Verfahrens Einfluß nehmen und seine Sicht der Dinge zur Geltung bringen könne.[254] Aktive Verteidigungsrechte und das Recht auf rechtliches Gehör seien für das Prozeßsubjekt „Beschuldigter" unerläßlich. Da aber niemand für den Beschuldigten ohne Eingriff in dessen Freiheit entscheiden könne, wie dieser im Strafverfahren Stellung nehmen sollte, müsse es dem Beschuldigten freistehen, durch Schweigen eine Stellungnahme zur Sache zu verweigern.[255] Die Aussagefreiheit des Beschuldigten im Strafverfahren sei deshalb zu Recht auf das Grundrecht der allgemeinen Handlungsfreiheit in Art. 2 I GG zurückgeführt worden. Jeder Zwang zur aktiven Förderung des Strafverfahrens durch Einlassung zur Sache, würde „gegen dieses Abwehrrecht gegen staatliche Eingriffe zu verstehende Grundrecht verstoßen" und wäre „zumindest hinsichtlich des Zwangs zur Selbstbelastung zugleich mit der Würde des Gezwungenen schwerlich" zu vereinbaren.[256]

Ebenso wird von *Stürner*[257] in seiner Rezension zur Gemeinschuldner-Entscheidung der Akzent auf Art. 2 I iVm Art. 1 I GG gesetzt. Art. 1 I GG müsse als „oberstes Konstitutionsprinzip" als Auslegungskriterium auf die einzelnen Grundrechte einwirken, so daß Art. 2 I GG im Lichte des Art. 1 I GG zu interpretieren sei. Es sei „konsequent", wenn das Bundesverfassungsgericht Art. 2 I GG als verletztes Grundrecht nennt, gleichzeitig aber die Menschenwürde als wesentliches inhaltliches Kriterium erwähne.[258] Die Menschenunwürdigkeit der Zwangsausübung differenziert *Stürner* in zwei Tatbestände: zum einen in der „Menschenunwürdigkeit wegen der *Art und Weise*[259]" der Zwangsausübung und zum anderen wegen des „Zwanges zur *Selbstüberführung*[260]".[261] Das Rechtsstaatsprinzip bzw. das Grundrecht auf ein faires rechtsstaatliches Verfahren bräuchten nach seiner Ansicht nicht miterwähnt zu werden. Denn es sei selbstverständlich, daß menschenunwürdige Verfahren nicht rechtsstaatlich seien.[262]

Am deutlichsten wird die überwiegend befürwortete Verankerung in Art. 2 I iVm Art. 1 I GG von *Rogall* verfochten. Es gäbe „einen Kernbereich, in den einzudringen dem Staat verwehrt" sei. Dieser Kernbereich werde berührt, wenn „der Staat die Verurteilung des Bürgers auf die von diesem unter Zwang gelie-

[253] *Kühl* JuS 1986, 115 (117).
[254] *Kühl* JuS 1986, 115 (117).
[255] *Kühl* JuS 1986, 115 (117).
[256] *Kühl* JuS 1986, 115 (117).
[257] *Stürner* NJW 1981, 1757.
[258] *Stürner* NJW 1981, 1757.
[259] *Stürner* NJW 1981, 1757; kursive Hervorhebung durch Stürner.
[260] *Stürner* NJW 1981, 1757; kursive Hervorhebung durch Stürner.
[261] *Stürner* NJW 1981, 1757.
[262] *Stürner* NJW 1981, 1757.

ferten Informationen" stütze.[263] Der für den nemo-tenetur-Grundsatz entscheidende Punkt sei die „Verwendung von erhobenen Informationen". Man dürfe „den eigenen Mund des Beschuldigten nicht gegen ihn sprechen lassen", denn dies sei „eine besonders zugespitzte Version der Funktionalisierung des einzelnen durch den Staat".[264] So bestehe „der würdeverletzende Aspekt des staatlichen Verhaltens in der Instrumentalisierung des Betroffenen, in der Nötigung zur Selbstverletzung".[265] Vielmehr möge der Staat sich die notwendigen Informationen „woanders" beschaffen, da ein Beweisthemaverbot nicht in Rede stehe. Es sei ihm aber verwehrt, den Beschuldigten zur Preisgabe von Informationen zu zwingen, um diese dann gegen ihn zu verwenden.[266]

Demgegenüber würde nach der Ansicht von *Buchholz*[267] „bei einer zu starken Akzentverschiebung der Herleitung zugunsten des Kernbereichs von Art. 2 I GG iVm Art. 1 I GG ein nicht unwesentlicher Gesichtspunkt des Prinzips" verloren gehen.[268] Eine solche Betrachtung erfolge „zu einseitig vom Individuum her".[269] *Buchholz* hebt hervor, daß nicht nur derjenige, der sich in der Konfliktlage zwischen Aussagepflicht und Selbstbezichtigung befinde, ein Interesse am Schutz vor selbstbelastenden Aussagen habe, sondern auch das staatliche Gemeinwesen, weil dadurch „eine rechtsstaatliche Ausgestaltung des jeweiligen Verfahrens verkörpert" werde.[270] Der Geständniszwang müsse nicht nur abgelehnt werden, weil dies „einen Rückfall in den gemeinrechtlichen Inquisitionsprozeß" bedeuten würde, sondern auch, weil „die Akzeptanz einer richterlichen Entscheidung beim Beschuldigten und der Öffentlichkeit kaum gegeben" sei, wenn sie sich „auf ein zwangsweise herbeigeführtes Geständnis" stützen würde.[271] Nicht nur die Wahrheitsforschung, sondern gerade auch „die Art und Weise, wie die Wahrheit erforscht werde", habe erheblichen Anteil daran, daß die Aufklärungsarbeit eines Gremiums als rechtsstaatlich und fair eingestuft und deshalb vom Bürger akzeptiert werde.[272] Das Verbot des Zwanges zur Selbstbelastung, nicht nur um der Interessen des Einzelnen willen, sondern auch um der „Würde" des Staates willen, könne seine Grundlage nur im Rechtsstaatsprinzip selbst haben.[273]

---

[263] *Rogall* StV 1996, 63 (64).
[264] *Rogall* StV 1996, 63 (64); SK-*Rogall* vor § 133 Rn. 132; sinngemäß *Keller* S. 132.
[265] *Rogall* StV 1996, 68 (69).
[266] *Rogall* StV 1996, 63 (64).
[267] *Buchholz* S. 79 f.
[268] *Buchholz* S. 79.
[269] *Buchholz* S. 80.
[270] *Buchholz* S. 80.
[271] *Buchholz* S. 80.
[272] *Buchholz* S. 80.
[273] *Buchholz* S. 80.

III. Relevanz der vertretenen Auffassungen für das Erkenntnisinteresse

Geht man mit *Lorenz*[274] und *Schneider*[275] zu Recht davon aus, daß Inhalt und Reichweite der Selbstbelastungsfreiheit sowie deren verfassungsrechtliche Verankerung vor allem unter Berücksichtigung der dargestellten Historie zu bestimmen ist, konnten sich, wie die vertretenen Auffassungen zeigten, zwei Komponenten als Grundlage des nemo-tenetur-Grundsatzes herauskristallisieren: auf der einen Seite das Schweigerecht als „Sinnbild individueller Selbstbestimmung[276]", auf der anderen Seite das Recht zu schweigen als Aufforderung „staatlicher Selbstbeschränkung aus rechtsstaatlicher Perspektive[277]".

Daß jene individualethische Komponente mit dem ihr immanenten naturrechtlichen Selbsterhaltungsgebot (auch) in Art. 2 I GG iVm Art. 1 I GG zu lokalisieren ist, beruht nicht zuletzt auf den Forderungen der Aufklärung nach Vernunft, Menschlichkeit und Achtung der menschlichen Persönlichkeit, während die rechtsstaatliche Komponente (Art. 20 III GG) aus dem im Zuge des Liberalismus veränderten Verhältnisses zwischen Staat und Bürger herrührt.

Die verfassungsrechtliche Fundierung des nemo-tenetur-Grundsatzes in Art. 20 III GG entspricht somit alter Rechtstradition. Nach heutigem Verständnis ist die Selbstbelastungsfreiheit ein rechtsstaatliches Verfassungsgut und für die Staatskonzeption des Grundgesetzes schlechthin konstitutiv. So nimmt diese Maxime als fundamentaler Bestandteil an der verfassungsrechtlichen „Ewigkeitsgarantie" des Art. 79 III GG teil. Allerdings ergibt sich aus dem Rechtsstaatsprinzip für die Auskunftsperson nicht ein subjektiv öffentliches Recht, da es sich bei Art. 20 III GG um eine Norm des objektiven Rechts handelt.[278]

Auch eine Herleitung ausschließlich aus Art. 1 I GG kann als alleinige Grundlage des Schweigerechts nicht herangezogen werden, weil es als „oberstes Konstitutionsprinzip" zwar eine enorme Ausstrahlungswirkung auf andere Grundrechte hat, jedoch für sich kein subjektiv öffentliches Recht eröffnet.[279] Würde man überdies lediglich Art. 1 I GG als Rechtsgrundlage heranziehen wollen und diesem noch ein subjektiv-öffentliches Recht zuschreiben, müßte die hiesige Abwägung zwischen dem individuellen Schweigeinteresse der Auskunftsperson und dem parlamentarischen Aufklärungsinteresse von vornherein zwingend zum Urteil der Unzumutbarkeit einer Auskunftspflicht führen. Denn die Würde des Menschen ist etwas Unverfügbares und folglich unverlierbar,[280] so daß staatliche

---

[274] *Lorenz* JZ 1992, 1000 (1006).
[275] *Schneider* S. 40.
[276] *Schneider* S. 41.
[277] *Schneider* S. 41.
[278] *Müller-Boysen* S. 100.
[279] *Müller-Boysen* S. 97 u. 100; *Beckedorf* ZParl 1989, 48; *Wolff* S. 41.
[280] *BVerfG* NJW 1977, 1525 (1526); *Günther* GA 1978, 193 (195).

Eingriffe in die Menschenwürde schlechthin verwehrt sind.[281] Diese können durch keine noch so wichtigen parlamentarischen Belange aufgewogen werden.

Wichtig ist somit, daß Art. 1 I GG bei der verfassungsrechtlichen Fundierung der Selbstbelastungsfreiheit immer mit Art. 2 I GG zusammengelesen werden muß. Ansonsten wäre eine gemäß dem Erkenntnisinteresse vorzunehmende Abwägung a limine verfassungswidrig.

Im Gegensatz dazu wird lediglich durch die überwiegend vertretene verfassungsrechtliche Verankerung der Selbstbezichtigungsfreiheit im allgemeinen Persönlichkeitsrecht gemäß Art. 2 I iVm Art. 1 I GG ein subjektiv-öffentliches Recht, als auch die Möglichkeit geschaffen, in krassen Ausnahmefällen den verfassungsrechtlichen Schutz einzuschränken. Dieser Umstand ist für die vorliegende Untersuchung auch deshalb elementar, weil so erst überhaupt ein *grundrechtsdogmatischer Weg* eröffnet wird, das individuelle Schweigeinteresse überhaupt einer Abwägung zugänglich zu machen.[282]

Bei dessen Kollision mit anderen Verfassungsgütern im allgemeinen und hier mit dem parlamentarischen Informationsinteresse im besonderen sowie bei der daraus resultierenden zwangsläufigen Verpflichtung, praktische Konkordanz herzustellen, erfährt allerdings das individuelle Geheimhaltungsinteresse der Auskunftsperson durch die Einbeziehung der Menschenwürdegarantie und deren Ausstrahlungswirkung einen *ganz besonderen Abwägungsschutz*, mit der Konsequenz, daß nur in *krassen Ausnahmefällen* die Beschneidung des Schweigerechts gerechtfertigt ist. Daher wird im folgenden primär darauf zu achten sein, daß de lege lata bzw. ferenda die Selbstbezichtigungsfreiheit nicht ausgehöhlt wird.

Wenn bei der verfassungsrechtlichen Fundierung des nemo-tenetur-Grundsatzes zum Teil primär auf die Menschenwürde rekurriert wird, hat dies folgenden Hintergrund: So wird die Herleitung der Selbstbelastungsfreiheit aus der Menschenwürde immer dann verstärkt herangezogen, wenn deren Vertreter eine Ausdehnung ihrer Schutzrichtung postulieren und argumentativ untermauern wollen. Vor allem wenn staatlich veranlaßte, irrtumsbedingte Selbstbelastungen[283], aktive Selbstbegünstigungshandlungen[284] oder außerstrafrechtliche Verhaltensweisen[285] in den Prinzipieninhalt des nemo-tenetur-Grundsatzes gezogen werden sollen, werden die oben aufgeführten Detailunterschiede bei der verfassungsrechtlichen Verortung virulent. Bei der vorliegenden Untersuchung wird der Fokus jedoch ausschließlich auf den unstrittigen „Kernbereich“ des

---

[281] *Günther* GA 1978, 193 (195).

[282] Ebenso *Wolff* S. 41; natürlich in einer anderen Kollisionslage.

[283] Vorlage des 5. Senates *BGH* NStZ 1996, 200; *BGH-GSSt* 1996, 502 ff.; kritisch hierzu insbesondere *Roxin* NStZ 1995, 464 (467); siehe auch *Keller* S. 133 ff.

[284] Hierzu insbesondere das 2. Kapitel der Dissertation von *Schneider* S. 27 ff.

[285] Zum Beispiel die Anwendung des nemo-tenetur-Grundsatzes auf die disziplinarrechtliche Verfolgung.

nemo-tenetur-Grundsatzes gerichtet. Es geht nicht um Zweifelsfragen in den Randbereichen, sondern vielmehr ausschließlich um das historisch gewachsene Verständnis der Selbstbelastungsfreiheit als Verbot, dem Beschuldigten im Strafverfahren durch den Einsatz von Zwangsmitteln eine selbstbelastende Aussage abzu„nötigen".

D. Zwischenergebnis

Demzufolge reicht an dieser Stelle die diesen Abschnitt abschließende Feststellung aus, daß die Aussagefreiheit als historisch gewachsener und verfassungsrechtlich gesicherter Kern des nemo-tenetur-Grundsatzes namentlich *aufgrund der Verstärkungsfunktion der Menschenwürdegarantie höchsten Rechtswert* genießt und sowohl auf Art. 2 I iVm Art. 1 I GG als auch auf dem Rechtsstaatsprinzip gemäß Art. 20 III GG basiert.

Mit diesen Ausführungen wird die für die Untersuchung grundlegende positivrechtliche Analyse der konfligierenden Güter – Schweigeinteresse einerseits, Aufklärungsinteresse andererseits – abgeschlossen.

2. Teil

Abwägung und Herstellung praktischer Konkordanz zwischen individueller Selbstbelastungsfreiheit und anderen Rechtsgütern

Bevor sich freilich diese Untersuchung auf die konkrete Kollisionslage dieser Ausarbeitung, also auf den Widerstreit von öffentlichem Aufklärungs- und privatem Schweigeinteresse fokussiert, soll noch als letzte dogmatische Grundlage im nachfolgenden Abschnitt auf rein deskriptive Art ermittelt werden, wie der einfache Gesetzgeber bzw. die Rechtsfortbildung das strafprozessuale Schweigeinteresse mit anderen Verfassungsgütern in *unterschiedlichen* Rechtsordnungen, also in *anderen* rechtsförmigen Verfahren, in praktische Konkordanz gebracht hat. Wie im weiteren Gang dieser Untersuchung deutlich werden soll, lassen sich auf diese Weise wichtige verfahrensfremde Erkenntnisse gewinnen und wichtige Argumentationsstrukturen sichtbar machen, die auch und insbesondere für die hiesige Abwägung von Bedeutung sind und die es letztlich vor allem möglich machen, den hiesigen Interessenkonflikt sinnvoll zu erörtern und einer sachgerechten Lösung zuzuführen.

So lassen sich namentlich durch die vom Gesetzgeber und der Rechtsfortbildung in den einzelnen Rechtsmaterien jeweils vorgenommenen Konfliktlösungen Gemeinsamkeiten und Unterschiede in der Argumentation und insbesondere in der Gewichtung der Vor- und Nachteile für die jeweils betroffenen Rechtsgüter feststellen. Dadurch wird nicht zuletzt ein Gespür dafür entwickelt, wie die jeweiligen Vor- und Nachteile der jeweiligen gesetzgeberischen Lösung für die Verfassungsgüter in Korrelation stehen und vor allem ob und ggf. auf welche Weise diese „verfahrensfremden" Erkenntnisse auf das parlamentarische Untersuchungsverfahren übertragen werden können.

Dazu bietet sich zunächst das ebenfalls durch den Untersuchungsgrundsatz geprägte Strafverfahren an, d.h. die Kollision zwischen effektiver Strafrechtspflege und der Selbstbelastungsfreiheit; dies zudem insbesondere deshalb, weil der entsprechend der Normenhierarchie maßgebliche Verfassungsgesetzgeber mit dem Verweis auf die sinngemäße Anwendung der Vorschriften über den Strafprozeß in Art. 44 II S. 1 GG eine derartige Vorgabe gemacht hat. Gerade der Strafprozeß mit seinen weitreichenden Folgen für den Beschuldigten ist auch deswegen als Anschauungs- und Vergleichsmaterial prädestiniert, weil dort die Selbstbelastungsfreiheit des Beschuldigten angesichts der drohenden Sanktionen von grundlegender Bedeutung ist. Schließlich spricht für einen solches Vorgehen die Tatsache, daß der nemo-tenetur-Grundsatz im Strafverfahren seinen primären und herkömmlichen Geltungsbereich hat. Wie später deutlich werden soll, lassen sich so aus der Abwägung im Strafverfahren übertragbare Argumente finden, die *für* ein umfassendes Schweigerecht im Untersuchungsverfahren zu Lasten des parlamentarischen Ermittlungsinteresses sprechen.

Will man dagegen dogmatische und rechtspolitische Argumente für das Aufklärungsinteresse des Untersuchungsausschusses gewinnen und so vor allem die Forderungen nach einer Einschränkung des Schweigerechts auf ihre Rechtmäßigkeit überprüfen, müssen gerade die Verfahrensordnungen als Vergleichsgrundlage dienen, die im Grundsatz einen Aussagezwang vorsehen und somit dem strafprozessualen Grundsatz, sich nicht aktiv durch eine Aussage an der Strafverfolgung beteiligen zu müssen, „eine Absage" erteilen. Hierfür können, wie insbesondere der Gemeinschuldner-Entscheidung und der Insolvenzordnung zu entnehmen ist, aus dem zivilprozessualen Erkenntnisverfahren und dem Vollstreckungsverfahren wesentliche Erkenntnisse für eine Übertragung der sie tragenden Grundsätze gewonnen werden.

§ 1 Herstellung praktischer Konkordanz zwischen effektiver Strafrechtspflege und individueller Selbstbelastungsfreiheit im Strafverfahren

Empfiehlt es sich aus Gründen des besseren Verständnisses, zunächst die in der Strafprozeßordnung getroffene Wertentscheidung des Gesetzgebers bei der Güterabwägung zwischen individueller Selbstbelastungsfreiheit und effektiver Strafrechtspflege zum Ausgangspunkt weiterer Überlegungen zu nehmen, muß dabei sorgfältig darauf geachtet werden, daß zwischen der Rechts- und Pflichtenstellung des Beschuldigten und der des Zeugen streng differenziert wird. Da im Strafverfahren dem staatlichen Interesse an der Aufklärung von Straftaten bzw. der Durchsetzung des staatlichen Bestrafungsrechts immense Bedeutung beizumessen ist, wird demzufolge dem klassischen Zeugen ein Auskunftsverweigerungsrecht ausnahmsweise nur dann gewährt, wenn eine etwaige Auskunft eine in strafrechtlicher Hinsicht kompromittierende Wirkung für den Zeugen entfalten könnte (§ 55 StPO). Im Gegensatz zum Zivilprozeß (§ 384 Nr. 2 ZPO), der sich dem Ziel der Ermittlung der formellen Wahrheit verschrieben hat, wird im Strafverfahren ein Auskunftsverweigerungsrecht des Zeugen nicht schon dann anerkannt, wenn die Gefahr besteht, daß die Beantwortung der Frage dem Zeugen zur Unehre gereichen könnte.

Demgegenüber wurde bei der Stellung des Beschuldigten bzw. Angeklagten eine völlig andere Wertentscheidung durch den Gesetzgeber getroffen. Denn dieser hat die Ausstrahlungswirkung der Grundrechte und damit den nemotenetur-Grundsatz im modernen rechtsstaatlichen Strafprozeß dahingehend konkretisiert, daß dem Beschuldigten ein umfassendes Schweigerecht gewährt wird. Auch wenn diese Wertentscheidung nicht ausdrücklich in der Strafprozeßordnung verankert worden ist, wurde mit Art. 14 III lit. g. des Internationalen Paktes über staatsbürgerliche und politische Rechte (1966) eine explizite einfachgesetzliche Positivierung durch die Transformation (1973[286]) in die Rechtsordnung der Bundesrepublik Deutschland vorgenommen. Nach dieser, als einfaches Bundesgesetz geltenden Vorschrift, darf derjenige, der wegen einer strafbaren Handlung angeklagt wurde, nicht gezwungen werden, gegen sich selbst als Zeuge auszusagen oder sich schuldig zu bekennen.[287] Dies soll jedoch nicht heißen, daß ausschließlich diese Norm sedes materiae des Schweigerechts des Beschuldigten ist. Denn dessen Geltung ergibt sich auch aus dem Gesamtzusammenhang der Bestimmungen der Strafprozeßordnung. So darf gemäß § 243 IV 2 StPO der Angeklagte in der Hauptverhandlung nur zur Sache vernommen werden, „wenn er zur Äußerung bereit ist". Zudem ist der Beschuldigte in allen Verfahrensabschnitten darauf hinzuweisen, daß es ihm freistehe, sich zu der Beschuldigung zu äußern oder nicht zur Sache auszusagen. Diese Belehrungspflicht folgt für die Hauptverhandlung aus § 243 IV 1 StPO, für richterliche Vernehmungen im Ermittlungsverfahren aus § 136 I 2 StPO sowie gemäß § 163a III 2 iVm § 136 I 2 bzw. § 163a IV 2 StPO auch schon bei den staatsanwaltlichen oder polizeilichen Vernehmungen im Ermittlungsverfahren. Daraus ergibt sich notwendigerweise mittelbar, daß auch keine Aussagepflicht des Beschuldigten nach der Strafprozeßordnung bestehen kann. Im Umkehrschluß bedeutet dies, daß Beugehaft und Zwangsgeld als Formen unmittelbaren Zwangs in einem rechtsstaatlichen Strafverfahren unzulässig sind.

Der Schutz vor Aussagezwang wurde durch die Entscheidungen des *Bundesgerichtshofes BGHSt 20, 281 ff.* und *BGHSt 25, 365 ff.* aus den Jahren 1965 und 1974 weiter dadurch ganz erheblich gestärkt, daß auch Formen mittelbar psychischen Zwanges für mit dem nemo-tenetur-Grundsatz unvereinbar erklärt wurden. So wurde „dem letzten Relikt psychischen Aussagezwanges[288]", nämlich die negative Beweiswürdigung bei vollem Schweigen des Angeklagten, höchstrichterlich eine klare Absage erteilt. Hierzu führt der *Bundesgerichtshof* in *BGHSt 38, 302 (305)* unmißverständlich aus:

> „Macht der Beschuldigte von seinem Schweigerecht Gebrauch, so darf dies nicht zu seinem Nachteil verwertet werden. ... Grund dieser Rechtsprechung des BGH ist folgender: Müßte der Angeklagte befürchten, daß sein Schweigen später bei der Beweiswürdigung zu seinem Nachteil verwertet wird, so wäre sein Schweigerecht in einer nicht vertretbaren Weise eingeschränkt. Er wäre dann, um diesem Nachteil zu entgehen, gezwungen, schon bei der ersten Vernehmung zur Sache auszusagen. Damit wäre er in seiner freien Willensentschließung beeinträchtigt. ... Dementsprechend beruht das Auskunfts-

[286] BGBl II (1973), 1533 ff.

[287] Der englische Originaltext lautet folgendermaßen: „In the determination of any criminal charge against him, everyone shall be entitled to the following minimum guarantees, in full equality: not to be compelled to testify against himself, or to confess guilt"; zitiert nach: *Dingeldey* JA 1984, 407 (408).

[288] *Stürner* NJW 1981, 1757.

verweigerungsrecht des Zeugen aus § 55 StPO ebenso wie das Schweigerecht des Beschuldigten auf dem Grundsatz, daß niemand gezwungen werden darf, gegen sich selbst auszusagen."

Auch in der Literatur besteht heute im Grundsatz Einigkeit darüber, daß das Gericht im Rahmen seiner freien Beweiswürdigung gemäß § 261 StPO bei der Frage, ob es den Angeklagten nach dem Ergebnis der Hauptverhandlung für schuldig hält, aus seinem völligen Schweigen keine nachteiligen Schlüsse ziehen darf, weil ansonsten ein indirekter Zwang zur Einlassung besteht und so die Aussagefreiheit gefährdet würde.[289]

Schließlich erfährt der Schutz vor Aussagezwang im Strafverfahren seit der bereits bei der verfassungsrechtlichen Herleitung des nemo-tenetur-Grundsatzes erwähnten grundlegenden Entscheidung *BGHSt 38, 214 ff.* aus dem Jahre 1992 eine weitere, ja außerordentliche Aufwertung. Denn nunmehr ist nach langem Drängen der Literatur[290] höchstrichterlich klargestellt, daß nicht nur die Verletzung der Pflicht, den Beschuldigten in der Hauptverhandlung über sein umfassendes Schweigerecht zu belehren (§ 243 IV 1 StPO), in aller Regel zu einem Beweisverbot führt, sondern daß auch ein Verstoß gegen die staatsanwaltliche bzw. polizeiliche Belehrungspflicht nach § 163 a III 2/IV 2 iVm § 136 I 2 StPO die entsprechende Aussage des Beschuldigten unverwertbar macht.[291]

Im Strafverfahren ist demnach die Abwägung zwischen individueller Selbstbelastungsfreiheit und staatlichem Aufklärungs- und Bestrafungsinteresse einseitig zugunsten der Freiheit, sich nicht selbst belasten zu müssen, vorgenommen worden.

---

[289] *Dingelday* JA 1984, 407 (413); *Kohlmann* JA 1984, 670; *Wolff* S. 87; Park StV 2001, 589; LR-*Schäfer* Einl. Kap. 14 Rn. 33; *Salger* S. 82 ff.; *Park* StV 2001, 589 (590 f.).

[290] Vorher: *Meyer* NStZ 1983, 566 f. und *Grünwald* JZ 1983, 717 Anm. zu BGH, Beschluß v. 07.06.1983 – 5 StR 409/81 (OLG Celle); nachher: *Roxin* JZ 1992, 923 Anm. zu BGH, Beschluß v. 27.02.1992 – 5 StR 190/91 (AG Gifthorn, OLG Celle); *Bolander* NStZ 1992, 504 (505) Anm. zu BGH, Beschluß v. 27.02.1992 – 5 StR 190/91 (AG Gifthorn, OLG Celle).

[291] Unter Betonung der besonderen Bedeutung des Schweigerechts und seines herausragenden Stellenwerts für ein rechtsstaatliches und faires Verfahren ging der BGH sogar noch einen Schritt weiter und verneinte die Verwertbarkeit einer nach ordnungsgemäßer Belehrung erfolgten Einlassung selbst dann, wenn der Beschuldigte sie infolge seiner geistig-seelischen Verfassung nicht verstanden hat; *BGHSt* 39, 349 ff; hierzu *Bosch* S. 19; bis auf die Einschränkung, eine Verwertung sei dann möglich, wenn der Beschuldigte sein Recht zu schweigen auch ohne Belehrung gekannt oder als verteidigter Angeklagter nicht bis zu dem in § 257 StPO genannten Zeitpunkt widersprochen habe, fand die Kehrtwende des BGH breite Zustimmung und wurde sogar als „bedeutendste strafprozessuale Entscheidung des BGH" (*Roxin* JZ 1992, 923 Anm. zu BGH, Beschluß v. 27.02.1992 – 5 StR 190/91) bezeichnet.

§ 2 Herstellung praktischer Konkordanz im zivilprozessualen Erkenntnisverfahren

Aber auch im zivilprozessualen Erkenntnisverfahren kann es zu Aussagen Beteiligter kommen, die diese der Gefahr justizbehördlicher Strafverfolgung wegen Sachverhalten aussetzen, deren Ermittlungen außerhalb der gesetzlichen Ziele des Ausgangsverfahrens liegen. In diesen Fällen tritt dann stets ein Interessenkonflikt ein, der durch das Zusammentreffen der Ziele des Ausgangsverfahrens, d.h. des zivilprozessualen Erkenntnisverfahrens, des Ermittlungsinteresses der Strafverfolgungsbehörden und der Rechte des Beschuldigten im drohenden Strafprozeß ausgelöst wird.[292] Da im zivilprozessualen Erkenntnisverfahren streitige *private* Rechte festzustellen sind, muß bei der Auflösung dieses Interessenkonflikts sorgfältig darauf geachtet werden, daß im Gegensatz zum Strafverfahren genaugenommen vier Rechtsgüter in praktische Konkordanz zu bringen sind: nämlich der privatrechtliche Rechtsschutzanspruch des Prozeßgegners, der Selbstbelastungsschutz des Beschuldigten, das öffentliche Interesse an effektiver Strafrechtspflege und nicht zuletzt auch der privatrechtliche Rechtsschutzanspruch des Beschuldigten.[293]

Mit welcher Argumentation und auf welche Art und Weise praktische Konkordanz zwischen diesen Rechtsgütern durch die einfachgesetzliche Wertentscheidung der Zivilprozeßordnung hergestellt worden ist, wird nachfolgend dargelegt. Ziel dieser Vorgehenswiese ist, wie bereits hervorgehoben wurde[294], die Gewinnung wichtiger Erkenntnisse für die im Zentrum dieser Untersuchung stehende Abwägung zwischen parlamentarischem Aufklärungsinteresse und individueller Selbstbelastungsfreiheit.

Zu diesem Zweck erscheint es geboten, sich zunächst die Strukturunterschiede von straf- und zivilprozessualem Erkenntnisverfahren vor Augen zu führen.[295] Im Gegensatz zum Strafprozeß, der durch den im Interesse der Allgemeinheit stehenden Untersuchungsgrundsatz geprägt ist, wird der deutsche Zivilprozeß vom Dispositions- und Beibringungsgrundsatz beherrscht.[296] Mit anderen Worten: Einerseits bestimmen die Parteien, der Kläger allein oder beide zusammen, ob und wann, worüber und wie lange prozessiert wird; andererseits ermittelt das Gericht nicht von sich aus, sondern ist auf die Behauptungen der Parteien angewiesen, die es zwar nach § 139 ZPO steuern, aber nicht durch eigene Ermittlungen ersetzen darf. Staatliche Zwangsmaßnahmen wie im Strafprozeß sind somit zur Wahrheitsermittlung unzulässig. Vielmehr sind die Parteien für die Beibringung des Tatsachenstoffs, der die Entscheidungsgrundlage werden soll, verant-

---

[292] *Stürner* NJW 1981, 1759.
[293] *Stürner* NJW 1981, 1759.
[294] 2. Teil, S. 47 f.
[295] Hierzu LR-*Schäfer* Einl. Kap. 7 Rn. 1 ff.
[296] *Rosenberg/Schwab/Gottwald* § 77 und § 78.

wortlich. Die Parteien werden nicht einmal durch das Gesetz verpflichtet, Tatsachen zu behaupten und Beweise anzubieten. Stattdessen bürdet es ihnen die Behauptungs- und Beweislast auf.

Daraus folgt einerseits, daß derjenige den Prozeß verliert, der zu wenig behauptet oder beweist und vor allem andererseits, daß eine Partei nicht durch *Zwangsmittel* zur Durchsetzung einer etwaigen Aussagepflicht *gezwungen* werden kann. Drittens erhellt sich aus einer solch verstandenen Parteienherrschaft auch die Herstellung praktischer Konkordanz zwischen den Rechtsschutzansprüchen der Parteien, dem öffentlichen Interesse an effektiver Strafrechtspflege und der individuellen Selbstbelastungsfreiheit eines am Streitausgang völlig unbeteiligten Dritten, dem klassischen *Zeugen*. Denn dieser wird im Gegensatz zu den Parteien, die am Streitausgang unmittelbar interessiert sind, in einen fremden, von den Parteien beherrschten Rechtsstreit hineingezogen, [297] ohne am Ausgang des Verfahrens selbst unmittelbar wirtschaftlich interessiert zu sein.[298] Es geht für ihn gerade nicht um die Aufklärung zugunsten eines Rechtsgenossen, sondern er soll um fremder Streitigkeiten willen „sozusagen schlafende Hunde wecken“, wie es *Stürner* ausgedrückt hat.[299] Dementsprechend wird der Konflikt zwischen Aufklärung und Selbsterhaltung des Zeugen nach der gesetzgeberischen Wertentscheidung zugunsten seines Schweigeinteresses entschieden.[300] So kann der Zeuge gemäß § 384 Nr. 2 ZPO das Zeugnis verweigern, sofern die Auskunft zu einer strafrechtlichen Selbstbelastung führen könnte. Daß das Übergreifen des Rechtsstreits in einen fremden Rechtskreis das entscheidende Leitmotiv des Gesetzgebers zum Schutze des Zeugen vor Selbstbezichtigung war, ergibt sich, wie bereits *Stürner* ausgeführt hat[301], aus § 385 I Nr. 1-4 ZPO. Ferner entfaltet das Zeugnisverweigerungsrecht gemäß § 384 Nr. 2 ZPO auch deshalb besondere Bedeutung, weil der Aufklärungsbeitrag des Zeugen dem Grunde nach *erzwingbar* ist (§ 390 ZPO).

Aus den vorstehenden Erwägungen zur Herstellung praktischer Konkordanz zwischen den Rechtsschutzansprüchen der Parteien, dem Interesse an effektiver Strafrechtspflege und der individuellen Selbstbelastungsfreiheit des *Zeugen* wird auch deutlich, auf welche Weise nun ein möglichst optimaler Ausgleich zwischen den privatrechtlichen Rechtsschutzansprüchen der Parteien, effektiver Strafrechtspflege und dem individuellen Selbsterhaltungsinteresse der *Partei bzw. des Beschuldigten* zu erfolgen hat. Würde man nämlich der Selbstbelastungsfreiheit der Partei, d.h. der in Rede stehenden Auskunftsperson gegenüber dem Rechtsschutzanspruch des Prozeßgegners den Vorrang einräumen und diese konsequenterweise aus einer etwaigen Darlegungs- und Beweislast entlas-

---

[297] *Stürner* S. 60.
[298] *BGHZ* 41, 318 (324).
[299] *Stürner* S. 60.
[300] *Stürner* NJW 1981, 1759.
[301] *Stürner* S. 60.

sen (denn Aussagezwang gibt es für die Partei ja ohnehin nicht), hätte dies für die Auskunftsperson den großen Vorteil, sich nicht selbst einer Straftat bezichtigen zu müssen. Und sie könnte schweigen, *ohne* Prozeßnachteile befürchten zu müssen.

Besonders eindringlich hat *Stürner* die Konsequenzen aufgeführt:

> „Eine Entbindung der Prozeßpartei von der Aufklärungspflicht beugt hier nicht nur der Möglichkeit staatlichen Strafens vor, sondern sie verhindert in vielen Fällen die Erkenntnis und Durchsetzung zivilrechtlicher Ansprüche; der Preis für die Berücksichtigung des menschlichen Selbsterhaltungstriebs beginnt damit zu steigen; er besteht nicht mehr allein in der Zurücksetzung des staatlichen Strafinteresses, sondern in der Rechtsverweigerung für den anderen Bürger, der eine Einbuße hinnehmen soll, nur weil sich die Gegenpartei strafbar gemacht hat.[302]"

Die von *Stürner* angeführte Einbuße, d.h. die Prozeßniederlage, beruht häufig auf dem Umstand, daß mit der sich weigernden Partei der regelmäßig wichtigste Informationsträger des von Parteiherrschaft geprägten Zivilprozesses ausfällt und der Prozeßgegner regelmäßig seiner Darlegungs- und Beweislast bei Schweigen der Auskunftsperson häufig nicht genügen kann, zumal staatliche Ermittlungsinstrumente nicht zur Verfügung stehen. Angesichts der im Strafprozeß zur Verfügung stehenden Aufklärungsbefugnisse kann demgegenüber auf den Beschuldigten im Strafverfahren als Informationsträger eher verzichtet werden als im zivilprozessualen Erkenntnisverfahren. Auch erleidet im Gegensatz zum Zivilprozeß kein anderes Individuum einen unmittelbaren Schaden oder Einbuße, wenn im Einzelfall die Aufklärung des Tathergangs und die Überführung des Täters im Strafverfahren unmöglich bleiben, weil der Selbsterhaltungstrieb des Beschuldigten bzw. Angeklagten seine Pflichtnahme zur Aufklärung verbietet.[303] Mit anderen Worten: Das strafrechtliche Unrecht würde im zivilprozessualen Erkenntnisverfahren in vielen Fällen zum willkommenen Mittel, sich der zivilrechtlichen Haftung zu entziehen. Die Konfliktsituation liegt nicht allein in der Auskunftsperson. Könnte sie im Zivilprozeß schweigen, ohne Prozeßnachteile befürchten zu müssen, wären unmittelbare schützenswerte Drittinteressen – nämlich deren individuell-privatrechtliches Rechtsschutzinteresse tangiert.

Räumt man nun in konsequenter Fortführung der bisherigen Ausführungen dem individuell-privatrechtlichen Rechtsschutzinteresse den Vorrang gegenüber der Selbstbelastungsfreiheit ein, hätte der Prozeßgegner nun entweder die nötigen Informationen, um seinen Rechtsanspruch zu verwirklichen oder er würde den Zivilprozeß gewinnen, weil die Auskunftsperson aufgrund ihres Schweigens

---

[302] *Stürner* S. 185.
[303] *Stürner* S. 59 u. 184.

ihrer Darlegungs- und Beweislast nicht genügt bzw. die Rechtswirkung des § 138 III ZPO eintritt.[304] Wechselt man die Perspektive, ergibt sich für die Auskunftsperson, daß sie entweder aussagen muß, um sich zivilrechtlich zu verteidigen. Dann aber hätte sie in Kauf zu nehmen, daß die Strafverfolgungsbehörden diese Informationen als Anlaß zur Strafverfolgung nutzen. Oder die Auskunftsperson schweigt zum strafrechtlichen Selbstschutz, muß dann jedoch damit rechnen, den Zivilprozeß zu verlieren. Diese Konfliktsituation ist der Auskunftsperson jedoch zumutbar, da sie sich nicht einerseits der Gefahr einer Bestrafung entziehen und andererseits gleichzeitig private Rechte voll durchsetzen kann.[305]

Zwischenfazit: Die Selbstbelastungsfreiheit des potentiellen Täters muß dem *privatrechtlichen* Rechtsschutzanspruch des Prozeßgegners nachstehen, so daß für Parteien im zivilprozessualen Erkenntnisverfahren kein Auskunftsverweigerungsrecht bei Gefahr strafrechtlicher Selbstbelastung existiert.[306] Eine Analogie zu § 384 Nr. 2 ZPO scheidet somit aus. Auch wäre es abwegig, der Auskunftsperson ein strafprozessuales Verwertungsverbot zuzugestehen, das ihr die privatrechtliche Prozeßführung „ohne Reue" gestatten würde; denn dann würde das öffentliche Interesse an Strafverfolgung dem privatrechtlichen Rechtsschutzanspruch des Täters geopfert.[307] Mithin ergibt sich, daß auch der privatrechtliche Rechtsschutzanspruch des Täters dem öffentlichen Strafverfolgungsinteresse weichen muß.

§ 3 Herstellung praktischer Konkordanz im zivilprozessualen Vollstreckungsverfahren

Steht nach dem Willen des Gesetzgebers im zivilprozessualen *Erkenntnisverfahren* die individuelle Selbstbelastungsfreiheit des Beschuldigten dem privatrechtlichen Rechtsschutzanspruch des Prozeßgegners nach, spricht vieles dafür,

---

[304] Zu dieser Problematik eingehend *Neuhaus* StV 1994, 36 ff.; Anm. zu LG Dortmund, Beschl. v. 4.6.1992 – 12 O 74/92; *Bosch* S. 20.

[305] *Stürner* NJW 1981, 1759; *BGHZ* 41, 318 (324): „Demgegenüber ist die Partei im Zivilprozeß durch ihr eigenes Verhalten und oftmals auch durch ihr Verschulden in die Lage geraten, aus der sich die Konfliktstellung ergibt; sie kann deswegen nicht dieselbe Rücksicht verlangen wie der Zeuge".

[306] Wie *Stürner* (S. 59 u. S. 185 f.) zu Recht betont, läßt sich der Gedanke, daß der Schutz vor Selbstbelastung dort enden muß, wo er durch neu hinzukommendes *zivilrechtliches* Unrecht erkauft wäre, durch den Hinweis auf die Güterabwägung des materiellen Strafrechts abstützen. Insbesondere § 142 StGB zeigt, daß es kein Recht auf Selbstbegünstigung gegenüber privatrechtlichen Ansprüchen gibt. So sichert § 142 StGB die Pflicht zur Mitwirkung bei der uU selbstbezichtigenden Aufklärung zivilrechtlicher Ansprüche strafrechtlich ab, indem er die Verkehrsunfallflucht unter Strafe stellt. Die Verfassungsmäßigkeit von § 142 StGB unterliegt, wie aus *BVerfG* NJW 1963, 1195 hervorgeht, keinen Bedenken.

[307] *Stürner* NJW 1981, 1759 u. 1763.

eine ähnliche Abwägungsentscheidung auch im zivilprozessualen *Vollstreckungsverfahren* zu treffen. Denn es wäre in der Tat widersprüchlich, die für das Erkenntnisverfahren getroffene Wertentscheidung durch eine Bevorzugung der Selbstbelastungsfreiheit im Vollstreckungsverfahren – in dem es ja nicht mehr um den Bestand eines Rechts geht, sondern gerade um dessen adäquate Durchsetzung – zu unterlaufen.

Im folgenden soll detailliert die im Vollstreckungsrecht erarbeitete Rechtsordnung analysiert werden, weil während des Gesetzgebungsverfahrens von politischer und wissenschaftlicher Seite[308] namentlich unter Bezugnahme auf die im Vollstreckungsrecht getroffene Wert- bzw. Abwägungsentscheidung die Forderung nach einer Einschränkung des Auskunftsverweigerungsrechts zu Gunsten der parlamentarischen Aufklärungsarbeit erhoben wurde. Bevor jedoch auf die in der Politik und der Jurisprudenz reklamierten Gemeinsamkeiten bei der Abwägung zwischen dem privatrechtlichen Rechtsschutzanspruch des Gläubigers und der Selbstbelastungsfreiheit des Beschuldigten einerseits und der Lösung des Zielkonflikts zwischen parlamentarischem Aufklärungsinteresse und des Verbotes des Selbstbelastungszwangs andererseits eingegangen wird, muß Klarheit über die gesetzgeberischen Motive der im Vollstreckungsrecht getroffenen Wertentscheidung bestehen.

Die einzige vollstreckungsrechtliche Regelung, in der sich in expliziter Weise die Abwägungsentscheidung des Gesetzgebers zwischen der Selbstbelastungsfreiheit des Beschuldigten und dem privatrechtlichen Rechtsschutzanspruch des Gläubigers manifestiert, ist § 97 I InsO. Danach ist der Gemeinschuldner verpflichtet, über alle das Insolvenzverfahren betreffenden Verhältnisse umfassend Auskunft zu erteilen, wobei er auch gehalten ist, solche Tatsachen zu offenbaren, die geeignet sind, eine Verfolgung wegen einer Straftat herbeizuführen. Somit hat der Reformgesetzgeber die Kollision der in Rede stehenden Rechtsgüter einseitig zugunsten des Informationsinteresses des Gläubigers bzw. der Gläubiger aufgelöst. Dem Schutz des Gemeinschuldners vor den strafrechtlichen Folgen einer Selbstbelastung wurde dadurch Rechnung getragen, daß dessen Auskunft nicht gegen seinen Willen gegen ihn[309] „verwendet" werden darf, also durch eine Beweisverbotslösung im Strafverfahren. Um diese Güter- und Interessenabwägung des Insolvenzreformgesetzgebers in seinen Gründen nachvollziehen zu können, müssen die wesentlichen Entwicklungslinien aufgezeigt werden, die schließlich zu der Positivierung von § 97 I InsO geführt haben. Dazu bedarf es zunächst einer Darstellung der in § 100 KO getroffenen Wertentscheidung (A), der Analyse der Gemeinschuldner-Entscheidung des Bundesverfassungsgerichts (B), deren Übertragung auf das Recht der Einzelvollstreckung

---

[308] Siehe sogleich im 3. Teil § 1 A = S. 65 ff.

[309] Oder einen in § 52 Abs. 1 der Strafprozessordnung bezeichneten Angehörigen des Schuldners.

(§ 807 ZPO, unter C) sowie der Kenntnis von Implikationen und Gesetzesmaterialien zu § 97 I InsO (D).

A. § 100 KO

Im Gegensatz zur Einzelvollstreckung, wo lediglich ein Individualforderungsrecht ausschließlich in einer Rechtsbeziehung zwischen Gläubiger und Schuldner ohne Beteiligung dritter Personen durchgesetzt werden muß, sind bei der Gesamtvollstreckung, also im Konkurs, Forderungen mehrerer Gläubiger an das gesamte Vermögen des Gemeinschuldners zu verwirklichen. Da jedoch dessen Vermögen in der Regel nicht zur Befriedigung aller Gläubiger ausreicht[310], ist der Gesetzgeber gehalten, eine den Umständen entsprechende friedensstiftende Lösung für alle Beteiligten zu entwickeln. Würde man demgegenüber das in der Einzelvollstreckung geltende Prioritätsprinzip auch in das Recht der Gesamtvollstreckung transformieren, hätte dies einen Wettlauf der Gläubiger zu Folge; zudem würde derjenige voll befriedigt, der seine Interessen härter durchsetzt als der andere oder wer gute Beziehungen zum Schuldner unterhält. Somit ist augenscheinlich, daß bei der Insolvenz (eines Unternehmens) vielfältige Drittinteressen tangiert werden, vornehmlich die Interessen der Gläubiger, aber auch von Arbeitnehmern, Gesellschaftern und Lieferanten. Dementsprechend war eine *gleichmäßige*[311] (Teil-)Befriedigung aller Gläubiger primäres Ziel der Konkursordnung.[312]

Weil die Gläubiger bei der Verwertung des schuldnerischen Vermögens und bei der Verteilung des Erlöses das Vollstreckungsrisiko mangelnder Aufklärbarkeit der schuldnerischen Vermögensverhältnisse tragen[313], ist zudem evident, daß sie ein besonders schützenswertes Interesse an der umfassenden Ermittlung des gemeinschuldnerischen Gesamtvermögens – sprich: der Konkursmasse – haben. Erkennt man an, daß der Rechtsschutz der Gläubigerschaft ohne Aufklärung seitens der Schuldners nahezu unmöglich ist, erhellt sich auch der Sinn und Zweck des § 100 KO, dem gesetzgeberischen Vorläufer des heute geltenden § 97 InsO. In Anbetracht der Tatsache, daß regelmäßig ausschließlich der Schuldner imstande ist, sein Gesamtvermögen zu ermitteln, wird danach der Schuldner verpflichtet, Konkursverwalter, Gläubigerausschuß und auf Anordnung des Gerichts der Gläubigerversammlung „über alle das Verfahren betreffenden Verhältnisse Auskunft zu geben".[314] Durch diese Auskünfte wird es zum einen den Verfahrensbeteiligten erleichtert, in der Vergangenheit verübte Ver-

---

[310] Siehe hierzu: *Frege/Keller/Riedel* S. 3.
[311] Prinzip der Verteilungsgerechtigkeit; *Schmidt-Räntsch* Einführung Rn. 5; *Frege/Keller/Riedel* S. 15.
[312] *Schmidt-Räntsch* Einführung Rn. 5 ff.; *Frege/Keller/Riedel* S. 15.
[313] *Schmidt-Räntsch* Einführung Rn. 5.
[314] *Schmidt-Räntsch* § 97 Rn. 1.

mögensmanipulationen, die zum Teil strafbewehrt sind (§§ 283 ff. StGB), aufzudecken. Zum anderen aber läßt sich auf diese Weise vor allem die Konkursmasse feststellen und so vor unwirtschaftlicher Verringerung, Verheimlichung und ungerechter Verteilung zum Nachteil der Gesamtgläubigerschaft leichter schützen.[315]

Entspricht § 100 KO somit dem Leitprinzip, daß in der Marktwirtschaft grundsätzlich das Interesse derjenigen Personen maßgeblich ist, deren Vermögenswerte auf dem Spiel stehen, ist allerdings fraglich, ob dieser Grundsatz auch dann noch ausnahmslos gelten kann, wenn der Gemeinschuldner bei der Erfüllung der Auskunftspflicht geltend macht, sich dann selbst einer Straftat bezichtigen zu müssen. Verstärkt wird diese Konfliktsituation des Gemeinschuldners noch dadurch, daß die Auskunftspflicht gemäß § 101 KO durch Beugemaßnahmen (Vorführung und Beugehaft) erzwungen werden kann. Nimmt man den Umstand hin, daß in der Konkursordnung kein den §§ 136 I 2, 243 IV 1 StPO entsprechendes Recht zur Verweigerung der Einlassung bzw. Auskunft existiert und zieht man daraus den Schluß, daß auch bei strafrechtsrelevanten Sachverhalten eine unbeschränkte Auskunftspflicht besteht, würde für das Strafverfahren insbesondere im Hinblick auf Insolvenzdelikte die Möglichkeit eröffnet, die auf diese Weise gewonnenen Beweismittel unbeschränkt in den Strafprozeß einzuführen. Dem Gemeinschuldner würde als Angeklagter im Rahmen eines Strafverfahrens zum Beispiel wegen betrügerischen Bankrotts die Belehrung über sein Einlassungsverweigerungsrecht wenig nützen, wenn der Konkursverwalter bzw. die Gläubiger als Zeugen vom Hörensagen vernommen oder die Konkursakten mit dem vollständigen Vernehmungsprotokoll als Beweismittel im Strafprozeß verwendet werden könnten.

B. Gemeinschuldner-Entscheidung des BVerfG

Obwohl § 100 KO als Reichsjustizgesetz bereits im Jahre 1879 in Kraft trat und offensichtlich war, daß die Konkursordnung keine ausdrückliche Bestimmung darüber enthielt, ob sich die Auskunftspflicht des Gemeinschuldners auch auf selbstbelastende Angaben erstrecken sollte[316], dauerte es mehr als hundert Jahre, bis sich die höchstrichterliche Rechtsprechung, in concreto das *Bundesverfassungsgericht*, mit der Kollision zwischen Informationsinteresse der Gläubiger contra Selbstbelastungsfreiheit des Gemeinschuldners auseinandersetzen mußte. Ein Gemeinschuldner legte Verfassungsbeschwerde ein, nachdem das Konkursgericht Beugehaft gegen ihn angeordnet hatte, obwohl dieser geltend machte, sich bei Offenbarung einer strafbaren Handlung bezichtigen zu müssen.

---

[315] Zum Normzweck: Eickmann/*Eickmann* § 97 Rn. 1.
[316] Auf diese Problematik wies 1971 bereits *Uhlenbruck* hin, in: JR 1971, 445 f.

So hat das *Bundesverfassungsgericht* 1981 in der – wie im Laufe der weiteren Untersuchung deutlich werden soll – vor allem[317] für die hiesige Abwägung zwischen parlamentarischem Aufklärungsinteresse und individueller Selbstbezichtigungsfreiheit wichtigen *Gemeinschuldnerentscheidung*[318] zunächst in abstrakter Weise *unter B I*[319] folgende grundsätzlichen Ausführungen gemacht, deren Essentialia auf ihre Übertragbarkeit auf die Arbeit und Praxis parlamentarischer Untersuchungsausschüsse später geprüft werden sollen. Insofern hat die detaillierte Darstellung der Gemeinschuldnerentscheidung vor allem dienende Funktion für den weiteren Gang der Untersuchung.

Eingangs der Gründe zu *B I*[320] betont das *Bundesverfassungsgericht* noch einmal ganz allgemein, daß „eine Auskunftsperson durch vorgeschriebene Auskunftspflichten bei strafrechtsrelevanten Sachverhalten in die Konfliktsituation geraten könne, sich entweder selbst einer strafbaren Handlung zu bezichtigen oder durch eine Falschaussage ggf. ein neues Delikt zu begehen oder aber wegen ihres Schweigens Zwangsmitteln ausgesetzt zu werden." Zum Schutze gegen derartige unzumutbare Eingriffe und Beeinträchtigungen sehe die geltende Rechtsordnung verschiedene Vorkehrungen vor. Allerdings kenne sie „kein ausnahmsloses Gebot, daß niemand zu Auskünften oder zu sonstigen Handlungen gezwungen werden" dürfe, durch die er eine von ihm begangene strafbare Handlung offenbaren würde. So würden die Regelungen und die darin vorgesehenen Schutzvorkehrungen „je nach der Rolle der Auskunftsperson und der Zweckbestimmung der Auskunft" unterscheiden.[321] Diese Differenzierung stehe mit dem Grundgesetz jedenfalls insoweit in Einklang, als „Art und Umfang des zu gewährleistenden Schutzes auch davon abhängen, ob und inwieweit andere auf die Information der Auskunftsperson angewiesen" seien bzw. ob insbesondere die Auskunft „Teil eines durch eigenen Willensentschluß übernommenen Pflichtenkreises" sei.[322]

Da Selbstbezichtigungen gerade wegen ihrer strafrechtlichen Auswirkungen einen schwerwiegenden Eingriff darstellen könnten, seien Schutzvorkehrungen vor allem dort entwickelt worden, „wo die Aussage speziell strafrechtlichen oder ähnlichen Zwecken" diene. Demgemäß gehöre das Schweigerecht des Beschuldigten – wie schon im 1. Teil der Untersuchung bei der verfassungsrechtlichen Herleitung des nemo-tenetur-Grundsatzes hervorgehoben wurde – „seit langem zu den anerkannten Grundsätzen des Strafprozesses" und sei „selbstver-

---

[317] Daß die Gemeinschuldnerentscheidung auch für die verfassungsrechtliche Herleitung des nemo-tenetur-Grundsatzes wertvoll war, wurde bereits erörtert (1. Teil § 2 C I = S. 38 f.).
[318] *BVerfGE* 56, 37 ff.
[319] *BVerfGE* 56, 37, (41).
[320] *BVerfGE* 56, 37 (41).
[321] *BVerfGE* 56, 37 (42).
[322] *BVerfGE* 56, 37 (42).

ständlicher Ausdruck einer rechtsstaatlichen Grundhaltung, die auf dem Leitgedanken der Achtung vor der Menschenwürde" beruhe.[323]

Außerhalb des Strafverfahrens gelte dies nach der Auffassung des *Bundesverfassungsgerichts* allerdings nicht in gleicher Weise für solche Personen, „die aus besonderen Rechtsgründen rechtsgeschäftlich oder gesetzlich verpflichtet" seien, einem Dritten (also einem Grundrechtsträger) die notwendigen Informationen zu liefern.[324] In diesen Fällen würde das Interesse des Auskunftspflichtigen mit dem Informationsinteresse anderer kollidieren, deren Belange in unterschiedlicher Weise berücksichtigt würden. In der Regel handele es sich dabei um Fälle, „in denen *allein* der Auskunftspflichtige zu der erforderlichen Information imstande" sei und der Auskunftsberechtigte ohne diese Auskunft erheblich benachteiligt wäre oder seine Aufgaben nicht ordnungsgemäß wahrnehmen könnte.[325] Als Beispiel werden vom *Bundesverfassungsgericht* insbesondere schuld-, familien- oder erbrechtliche Auskunfts- und Rechenschaftspflichten[326] angeführt, die zum Teil dadurch geprägt seien, daß diejenigen Handlungen, über die Auskunft erteilt werden solle, zu einem Pflichtenkreis gehören würden, den die Auskunftsperson „durch eigenen Willensentschluß" übernommen hätte. Gerade bei pflichtwidrigen Handlungen sollte kein Auskunftsverweigerungsrecht zugebilligt werden, da die Auskunftsperson anderenfalls „besser gestellt" würde als der pflichtgemäß Handelnde.[327]

In Anwendung auf die im Verfassungsbeschwerdeverfahren zu lösende Kollision zwischen der Selbstbezichtigungsfreiheit des Gemeinschuldners und den Informationsinteressen der Gläubiger führt das *Bundesverfassungsgericht* sodann unter *B II* weiter aus:

> „Für den Gemeinschuldner kann nicht das gleiche gelten wie für die Personengruppe der Beschuldigten. ... Er soll durch seine Aussage nicht wie ein Beschuldigter zu seiner Verurteilung beitragen. Anders als der Beschuldigte steht er zu den von ihm geschädigten Gläubigern in einem besonderen Pflichtenverhältnis. ... Eine unterlassene Mitwirkung würde zu Lasten der Gläubiger und nicht zu seinen eigenen Lasten gehen. Er ist im Konkurs einer der wichtigsten Informationsträger, auf dessen Auskünfte die Gläubiger und die Verfahrensorgane zur ordnungsgemäßen Abwicklung des Konkurses angewiesen sind.[328]"

---

[323] *BVerfGE* 56, 37 (43).
[324] *BVerfGE* 56, 37 (45).
[325] *BVerfGE* 56, 37 (45).
[326] Mit Verweis auf die §§ 259 ff. BGB; *BVerfGE* 56, 37 (45).
[327] *BVerfGE* 56, 37 (46).
[328] *BVerfGE* 56, 37 (48).

Und:

> „Die durch Art. 2 I GG gewährleistete Rechtsposition [scil. der nemo-tenetur Grundsatz] findet ihre Grenze an den Rechten anderer. Das Grundrecht gebietet daher keinen lückenlosen Schutz gegen Selbstbezichtigungen ohne Rücksicht darauf, ob dadurch schutzwürdige Belange Dritter beeinträchtigt werden. Das Grundgesetz hat die Spannung Individuum-Gemeinschaft im Sinne der Gemeinschaftsbezogenheit und Gemeinschaftsgebundenheit der Person entschieden; der Einzelne muß sich daher diejenigen Schranken seiner Handlungsfreiheit gefallen lassen, die der Gesetzgeber zur Pflege und Förderung des sozialen Zusammenlebens in den Grenzen des allgemein Zumutbaren vorsieht, vorausgesetzt, daß dabei die Eigenständigkeit der Person gewahrt bleibt.[329]"

Schließlich:

> „Unzumutbar und mit der Würde des Menschen unvereinbar wäre ein Zwang, durch eigene Aussagen die Voraussetzungen für eine strafgerichtliche Verurteilung oder die Verhängung entsprechender Sanktionen liefern zu müssen. ...
>
> Handelt es sich hingegen um Auskünfte zur Erfüllung eines berechtigten Informationsbedürfnisses, ist der Gesetzgeber befugt, die Belange der verschiedenen Beteiligten gegeneinander abzuwägen. Er kann dabei berücksichtigen, daß es im Konkursverfahren nicht allein um ein staatliches oder öffentliches Informationsbedürfnis, sondern zugleich um die Interessen geschädigter Dritter geht. Nur durch eine uneingeschränkte Auskunftspflicht kann der Gemeinschuldner daran gehindert werden, Teile der Konkursmasse dem berechtigten Zugriff seiner Gläubiger zu entziehen. Die Zubilligung eines Auskunftsverweigerungsrechts würde gerade denjenigen ungerechtfertigt bevorzugen, der zum Nachteil der Gläubiger besonders verwerflich gehandelt hat. Zwingt der Gesetzgeber den Gemeinschuldner dazu, für seine Verbindlichkeiten gegenüber seinen Gläubigern einzustehen und durch seine Auskunft zu deren bestmöglicher Befriedigung beizutragen, dann verletzt das noch nicht seine Menschwürde.[330]"

Demzufolge läßt sich an dieser Stelle kurz festhalten, daß nach der Auffassung des *Bundesverfassungsgerichts* die Selbstbelastungsfreiheit des Gemeinschuldners hinter den Informations- und Vermögensinteressen der Gläubiger deutlich zurücktreten muß.

Dagegen hat das *Bundesverfassungsgericht* den dadurch ausgelösten Konflikt zwischen unbeschränkter Mitteilungspflicht einerseits und dem immerhin sogar verfassungsrechtlich garantierten Selbstbegünstigungsprinzip andererseits zum Schutze des Gemeinschuldners bzw. Beschuldigten gelöst. So sei die vorkonstitutionelle Konkursordnung „aus verfassungsrechtlichen Gründen insofern ergänzungsbedürftig", als die mit Zwangsmitteln bewehrte Auskunftspflicht mit-

---

[329] *BVerfGE* 56, 37 (49).
[330] *BVerfGE* 56, 37 (49 f.).

tels verfassungskonformer Auslegung durch ein „strafrechtliches Verwertungsverbot ergänzt werden“ müsse.[331] Denn die Auskunftspflicht bestehe „uneingeschränkt *nur* für die Zwecke des Konkursverfahrens, da insoweit das Interesse des Gemeinschuldners hinter den Belangen der Gläubiger zurücktreten“ müsse. Das Persönlichkeitsrecht des Gemeinschuldners würde jedoch unverhältnismäßig beeinträchtigt, „wenn seine unter Zwang herbeigeführten Selbstbezichtigungen gegen seinen Willen zweckentfremdet und der Verwertung für eine Strafverfolgung zugeführt“ würden. Dafür fehle auch eine sachliche Rechtfertigung.[332] Denn in einem strafrechtlichen Verfahren stehe dem Gemeinschuldner ein Schweigerecht zu. Diese Recht wäre „illusorisch“, wenn eine außerhalb des Strafverfahrens erzwungene Selbstbezichtigung gegen seinen Willen strafrechtlich gegen ihn verwertet werden dürfte.[333]
Abschließend betont das *Bundesverfassungsgericht*:

> „Der bloße Umstand, daß dem Gemeinschuldner im Interesse der Gläubiger eine uneingeschränkte Auskunftspflicht zuzumuten ist, rechtfertigt es nicht, daß er zugleich zu seiner Verurteilung beitragen muß und daß die staatlichen Strafverfolgungsbehörden weitergehende Möglichkeiten erlangen als in anderen Fällen der Strafverfolgung.[334]“

Die nähere Ausgestaltung der getroffenen Beweisverbotslösung – also namentlich ob Fernwirkung oder nicht – ließ das *Bundesverfassungsgericht* jedoch offen.

Quintessenz der Gemeinschuldnerentscheidung: Demnach hat das *Bundesverfassungsgericht* den Interessenkonflikt dahingehend gelöst, daß der Gemeinschuldner zwar im Interesse der Konkursgläubiger unbeschränkte Auskünfte zu erteilen hat, diese Auskünfte jedoch umgekehrt – nunmehr im Interesse des Gemeinschuldners bzw. Beschuldigten – in einem gegen ihn geführten Strafverfahren nicht gegen ihn verwertet werden dürfen.

C. Entscheidung BGHSt 37, 340 ff. zur Offenbarungspflicht nach § 807 ZPO

Diese damals speziell für selbstbelastende Mitteilungen im Konkursverfahren entwickelte Rechtsauffassung hat der *Bundesgerichtshof in Strafsachen* auch auf das Recht der Einzelvollstreckung übertragen. Auch in der Einzelzwangsvollstreckung sei „dem Interesse der Gläubiger uneingeschränkter Vorrang vor dem Bestreben des Schuldners gegen erzwungene Selbstbezichtigung einzuräumen“. Denn auch hier werde den selbstbegünstigungsspezifischen Belangen des

[331] *BVerfGE* 56, 37 (50).
[332] *BVerfGE* 56, 37 (50).
[333] *BVerfGE* 56, 37 (50 f.).
[334] *BVerfGE* 56, 37 (51).

Schuldners bzw. Beschuldigten in verfassungsrechtlich ausreichender Form Genüge getan, wenn die im Zwangsvollstreckungsverfahren erfolgten selbstbelastenden Mitteilungen durch ein in das Strafverfahren hineinwirkendes Beweisverbot abgesichert würden. Demzufolge ist der Schuldner im Zwangsvollstreckungsverfahren gemäß § 807 ZPO verpflichtet, Einkünfte aus Gewerbetätigkeit auch dann anzugeben, wenn diese Tätigkeit selbst gegen Strafbestimmungen verstoßen hat. Auffallend ist dabei die zum Teil wortgetreue und auf das Einzelvollstreckungsverfahren sinngemäß übertragene Übereinstimmung der Gründe.

So heißt es in *BGHSt 37, 340 (342)*: „Die Rechtsordnung kennt jedoch kein ausnahmsloses Gebot, daß niemand zu Auskünften oder zu sonstigen Handlungen gezwungen werden darf, durch die er eine von ihm begangene strafbare Handlung offenbart. Die durch Artikel 2 Abs. 1 GG gewährleistete Rechtsposition findet ihre Grenzen an den Rechten anderer. Das Grundrecht gebietet keinen lückenlosen Schutz gegen Selbstbezichtigungen ohne Rücksicht darauf, ob dadurch schutzwürdige Belange Dritter beeinträchtigt werden. So steht hier das Interesse des Schuldners dem Interesse des Gläubigers gegenüber. Dabei ist im Rahmen des Zwangsvollstreckungsverfahrens den Interessen des Gläubigers der Vorrang vor dem Interesse des Schuldners gegen erzwungene Selbstbezichtigungen einzuräumen. Dies entspricht der Bewertung der widerstreitenden Interessen, die das Bundesverfassungsgericht für das Konkursverfahren und die dort geltende[335] Pflicht des Gemeinschuldners, auch strafbare Handlungen zu offenbaren, vorgenommen hat (BVerfGE 56, 37). Ebenso wie das Bundesverfassungsgericht dies für das Konkursverfahren entschieden hat, wird ein strafverfahrensrechtliches Verwertungsverbot für die im Zwangsvollstreckungsverfahren erfolgten Angaben des Schuldners anzunehmen sein. Damit wäre dem Recht des Schuldners, sich mit Bedeutung für ein Strafverfahren nicht einer strafbaren Handlung bezichtigen zu müssen, hinreichend Rechnung getragen."

D. § 97 InsO

In Anlehnung an diese beiden Grundsatzentscheidungen hat der Insolvenzreformgesetzgeber nun auch in § 97 I InsO eine unbeschränkte insolvenzrechtliche Auskunftspflicht des Gemeinschuldners explizit positiviert. Also erstreckt sich nach der gesetzgeberischen Wertentscheidung dessen Auskunftspflicht auch auf solche Tatsachen, die den Gemeinschuldner bzw. Beschuldigten der Gefahr der Strafverfolgung aussetzen. Zum strafrechtlichen Schutz der Auskunftsperson soll nach § 97 I 3 InsO ein Beweisverwertungsverbot bestehen, die Auskunft ohne Zustimmung des Schuldners zu *„verwenden"*. Ursprünglich stand noch im Satz 3 des Gesetzesentwurfes der Bundesregierung[336] der Terminus *„verwertet"*.

[335] Ab jetzt S. 343.
[336] § 109 des RegE zur InsO, BT-Drs. 12/2443, S. 25 u. 142.

Der Rechtsausschuß hat allerdings an die Stelle des Wortes *„verwertet“* das Wort *„verwendet“* gesetzt, um – wie es im Bericht des Rechtsausschusses heißt[337] – entsprechend eines Anliegens des Bundesbeauftragten für Datenschutz zum Ausdruck zu bringen, daß eine Auskunft des Schuldners ohne dessen Zustimmung auch nicht als Ansatz für weitere Ermittlungen dienen dürfe. Damit sollen – um der Effektivität der Selbstbelastungsfreiheit willen – auch die (weiteren) Ermittlungsergebnisse, die aufgrund eines unverwertbaren Beweismittels – hier: der Auskunft – erzielt wurden bzw. hätten erzielt werden können, ebenfalls nicht erhoben bzw. verwendet werden. Wie *Dankert*[338] bereits unterstrichen hat, führt das Verwendungsverbot des § 97 I 3 InsO somit zu einer Fernwirkung der Unverwertbarkeit, die im allgemeinen in der Gerichtspraxis im Strafprozeß grundsätzlich abgelehnt wird.

Primär diese gesetzliche Wertentscheidung sollte in dieser Untersuchung stets in Erinnerung gerufen werden, da sie in ihren wesentlichen Gründen später auf ihre Übertragbarkeit auf das parlamentarische Untersuchungsverfahren zu untersuchen sein wird; nicht zuletzt deswegen, weil namentlich von politischer Seite ihre Transformation auf die hiesige Konfliktlage gefordert wurde.

§ 4 Zwischenergebnis:

Damit ist in diesem allgemein-dogmatischen *Zweiten Teil* der vorliegenden Untersuchung, der wie der *Erste Teil* als deren breite und wissenschaftlich-grundlegende Basis fungiert, folgendes deutlich geworden: In deutschen Rechtsordnungen muß der Selbstbelastungsschutz der jeweiligen Auskunftsperson regelmäßig immer – aber prinzipiell auch nur dann – hintenanstehen, wenn *private (vermögensrechtliche) Drittinteressen direkt* durch ihr Schweigen *unmittelbar* gefährdet bzw. gar geopfert würden.

---

[337] BT-Drs. 12/7302, S. 166; die Stellungnahme ist abgedruckt bei *Kübler/Prütting* S. 280.

[338] *Danckert* ZRP 2000, 476 (479); siehe hierzu vor allem 3. Teil § 1 A V 2 = S. 80 f.

3. Teil

Auflösung des Spannungsverhältnisses zwischen Selbstbelastungsfreiheit und parlamentarischem Aufklärungsinteresse

Auf der Grundlage dieser in dogmatischer Hinsicht notwendigen Vorarbeit der ersten beiden Teile dieser Untersuchung erörtert der *Dritte Teil*, der den zentralen Schwerpunkt dieser Ausarbeitung bildet, die *rechtlichen* Möglichkeiten, das Spannungsverhältnis zwischen dem individuellen Schweigeinteresse der Auskunftsperson und dem parlamentarischen Ermittlungsinteresse aufzulösen.
Dabei soll vorrangig geprüft werden, ob eine juristische Handhabe besteht, das bisher geltende Auskunftsverweigerungsrecht nach § 22 II PUAG einzuschränken und damit eine grundsätzliche zwangsmittelbewehrte Aussagepflicht im Untersuchungsausschuß einzuführen. Ferner wird – in entgegengesetzter Perspektive – der klassischen Streitfrage, ob nicht vielmehr das bisherige Auskunftsverweigerungsrecht zu Lasten des parlamentarischen Aufklärungsinteresses zum umfassenden Aussageverweigerungsrecht (analog § 136 StPO) erstarken muß, nachgegangen und mittels eines neuen Optimierungsansatzes einer Lösung zugeführt.

§ 1 Darstellung der vertretenen Ansichten

Wie einleitend hervorgehoben[339], wird hierzu zunächst der bisherige Streitstand deskriptiv dargestellt und daran anschließend die entscheidenden Kriterien einer Kollisionslösung entwickelt. Zu beginnen ist dabei – entsprechend der Schwerpunktsetzung dieser Untersuchung – mit dem gegenwärtig noch recht jungen Streitstand zur Einschränkung der individuellen Selbstbelastungsfreiheit, wobei es für dessen Verständnis zweckmäßig erscheint, die einzelnen Auffassungen in historischer Reihenfolge herauszuarbeiten.

A. Streitstand zur Einschränkung der individuellen Selbstbelastungsfreiheit

Nachdem sich der Parteispenden-Untersuchungsausschuß am 16.12.1999 zu seiner ersten konstituierenden Sitzung getroffen hatte, war vornehmlich das abendliche ZDF-Interview Helmut Kohls, in dem er bekanntgab, Spenden in Höhe von ca. 2 Millionen DM erhalten zu haben, sich zugleich jedoch vehement weigerte, die Namen der anonymen CDU-Parteispender zu nennen, Auslöser dafür, daß von seiten der Regierungskoalition (SPD/Bündnis90/Die Grünen) bzw. von Ausschußmitgliedern Helmut Kohl mit Beugehaft gedroht wurde, so-

[339] Einführung S. 8.

fern „er völlig uneinsichtig bleiben sollte[340]“. Der SPD-Obmann im Untersuchungsausschuß, *Frank Hofmann*, kündigte an:

> „Wir werden selbstverständlich im Ausschuß vom damaligen Bundeskanzler Helmut Kohl Auskunft verlangen, von wem er welche Gelder für die Partei ... erhalten hat. Da reicht nicht der Hinweis, er habe den Spendern wie ein Pate Verschwiegenheit versprochen. Wir werden im Gegenteil ihn mit allen Mitteln zur Aussage auffordern. Dazu gehört die Androhung von Ordnungsgeld. Wenn er völlig uneinsichtig bleiben sollte, gehört dazu auch das Instrument der Beugehaft, denn es ist unsere Pflicht, die Vorgänge aufzuklären.[341]“

Etwas relativierend sagte der Untersuchungsausschußvorsitzende *Volker Neumann*:

> „Nach unserem Untersuchungsauftrag müssen wir prüfen, ob Spenden geflossen sind, um staatliche Entscheidungen zu beeinflussen. Das können wir aber nur, wenn wir die Namen der Spender kennen. ... Wie für jeden anderen Zeugen gilt deshalb auch für Helmut Kohl: Wer ohne Zeugnisverweigerungsrecht die Aussage verweigert, muß mit einem Ordnungsgeld oder sogar mit Beugehaft rechnen.[342]“

Dieses Statement wirkt deshalb ein wenig relativierend, weil *Neumann* ausdrücklich ein prinzipielles Zeugnisverweigerungsrecht zulassen will.

Im völligen Gegensatz dazu erklärte am 14.01.2000 *Hans-Christian Ströbele*, Obmann des Bündnisses90/Die Grünen im Untersuchungsausschuß, daß Helmut Kohl uneingeschränkt verpflichtet sei, die Spendernamen zu offenbaren[343]; dies ist deshalb bemerkenswert, weil allgemein bereits – insbesondere in Politikerkreisen – bekannt war, daß am 03.01.2000 die Bonner Staatsanwaltschaft Ermittlungen gegen Kohl aufgenommen hatte. In einer Presseerklärung behauptete *Ströbele*, daß die CDU nur vorbeuge. Ihr früherer Vorsitzender wolle offenbar entgegen allen öffentlichen Beteuerungen die Arbeit des Ausschusses nicht fördern, sondern die Aufklärung behindern. *Ströbele* konstatierte, daß ohne die Nennung der Namen der bisher verheimlichten Spender nicht aufgeklärt werden könne, ob durch die Geldzahlungen in Millionenhöhe an die CDU Handeln der früheren Bundesregierung beeinflußt wurde. Ausschließlich die Namen der Spender könnten Anhaltspunkte dafür geben, warum und mit welchem Zweck

---

[340] http://www.bild.de/service/archiv/1999/dez/19/bams/beugehaft/beugehaft.html.
[341] http://www.bild.de/service/archiv/1999/dez/19/bams/beugehaft/beugehaft.html.
[342] http://www.bild.de/service/archiv/1999/dez/19/bams/beugehaft/beugehaft.html.
[343] *Ströbele* Pressemitteilung: Nr. 0020/2000 der Bundestagsfraktion Bündnis90/ Die Grünen vom 14.01.2000; http://www.gruene-fraktion.de/archiv/pm/2000/00%D0020.htm.

gespendet wurde.[344] In Bezug auf eine etwaige Aussageverpflichtung Kohls erklärte *Ströbele*, daß jeder Zeuge die gesetzlich normierte Pflicht habe, vor Gericht und vor dem Untersuchungsausschuß wahrheitsgemäß und vollständig auszusagen. Das gelte „auch für den Zeugen Kohl". Daher müsse dieser die Namen der Spender vor dem Ausschuß nennen. Kohl und die CDU müßten „endlich begreifen und akzeptieren, daß auch Helmut Kohl nicht über dem Gesetz und der Verfassung" stehe. Auch er müsse „sich an das Gesetz und an das Grundgesetz halten", das vorschreibe, die Finanzen der Partei offenzulegen und die Namen der Großspender zu nennen.[345]

Die darauffolgenden Wochen waren durch die Enthüllungen von Schwarzgeldkonten in Hessen, der Lüge Kochs, der unterschiedlichen Versionen von Schäuble und Baumeister bezüglich der Schreiber-Spende, dem Rücktritt Schäubles sowie dadurch geprägt, daß Bundestagspräsident Thierse einen Rückforderungsbescheid in Höhe von 41 Mio. DM gegen die CDU wegen Verstoßes gegen das Parteiengesetz erließ. Erst danach wandte sich die Öffentlichkeit wieder der Problematik zu, daß die Aufklärung des Untersuchungsausschusses durch das Schweigen wichtiger Informationsträger behindert wurde.

In Reaktion darauf, daß CDU-Finanzberater Weyrauch entgegen seinen früheren Äußerungen nicht bei seiner geplanten Vernehmung vor dem Untersuchungsausschuß am 16.03.2000 aussagen wollte[346], gab *Evelyn Kenzler*, Obfrau der PDS-Fraktion, in einer Presseerklärung schon am 10.03.2000 unter dem Titel „Verräterisch: Weyrauchs plötzliche Schweigelust" bekannt:

> „Auch wer schweigt, kann mitunter etwas sagen: Horst Weyrauch ... hat kurz vor seiner Anhörung im Untersuchungsausschuss kalte Füße bekommen. Er besinnt sich urplötzlich auf ein Auskunftsverweigerungsrecht. ... Dies ist in seinem Falle überraschend, denn er hat in den letzten Wochen mehrfach und umfänglich ausgesagt – vor den ermittelnden Staatsanwälten, vor dem Bundesgeschäftsführer der CDU und in mehreren Interviews. Warum verweigert er sich jetzt dem Untersuchungsausschuß, da er doch genau weiß, daß ihm eine Schlüsselrolle im CDU-Finanzskandal zukommt? Dafür gibt es nur eine Erklärung: Da er sich vor dem Ausschuß mit einer falschen Aussage strafbar machen würde, sind seine bisherigen Erklärungen entweder unvollständig, zumindest teilweise unrichtig. Oder aber ihm sind weitere Fakten bekannt, die er bisher verschwiegen

---

[344] *Ströbele* Pressemitteilung: Nr. 0020/2000 der Bundestagsfraktion Bündnis90/ Die Grünen vom 14.01.2000; http://www.gruene-fraktion.de/archiv/pm/2000/00%D0020.htm.

[345] *Ströbele* Pressemitteilung: Nr. 0020/2000 der Bundestagsfraktion Bündnis90/ Die Grünen vom 14.01.2000; http://www.gruene-fraktion.de/archiv/pm/2000/00%D0020.htm.

[346] Mit Schreiben vom 09.03.2000 an den Vorsitzenden des Untersuchungsausschusses teilte der Rechtsbeistand des Zeugen Horst Weyrauch mit, Weyrauch werde im Hinblick auf gegen ihn laufende Strafverfahren von einem umfassenden Auskunftsverweigerungsrecht Gebrauch machen; http://www.cducsu.bundestag.de/texte/schma78i.htm.

> hat und bei deren Bekanntwerden er sich oder andere belasten würde. Dieses angekündigte Schweigen ist in jedem Fall entlarvend.[347]"

Eine derartige Stellungnahme *Kenzlers* ist dahingehend bedeutsam, weil auf die Beweiserhebung im Untersuchungsausschuß die Vorschriften über den Strafprozeß – also auch die StPO – sinngemäße Anwendung finden (Art. 44 II GG) und mittlerweile allgemein anerkannt ist, daß aus dem Schweigen des Beschuldigten für diesen keinerlei Nachteile erwachsen dürfen[348].

Als dann Weyrauch als erster Zeuge überhaupt vom Untersuchungsausschuß am 16.03.2000 vernommen wurde und dieser sich tatsächlich auf die Mosaiktheorie des *Bundesgerichtshofs*[349] zu § 55 StPO berufen hatte, würdigte auch *Claus*, parlamentarischer Geschäftsführer der PDS-Fraktion, Weyrauchs Schweigen zu dessen Lasten. Nach *Claus* sei das Schweigen Weyrauchs „eine Brüskierung des Parlaments", die der Bundestag nicht hinnehmen könne.[350] Weyrauch und mehr noch die CDU müßten wissen, daß in ihrem Fall „Schweigen nicht Gold, sondern Gift" sei. Weyrauchs Auftritt in Berlin belege, daß der Aufklärungswille der Christdemokraten in den letzten Wochen des CDU-Skandals „weder gewachsen noch glaubwürdiger, vielmehr geschwunden und heuchlerischer" geworden sei. Weyrauchs Schweigen in allen Punkten sei „beredt" – es belaste ihn wie die CDU und zwar schweigend.[351]

Nachdem Weyrauch umfassend geschwiegen hatte, unterbrach der Untersuchungsausschuß seine Vernehmung und verhandelte nicht-öffentlich darüber, ob er sich auf ein Schweigerecht berufen konnte. Seine nächste Vernehmung wurde auf den 23.03.2000 terminiert. Noch vor dessen zweiter Vernehmung signalisierte *Hofmann* im NDR 4 am gleichen Tage, daß die Kollision zwischen Aufklärungs- und Schweigeinteresse Einzug im Gesetzgebungsverfahren finden und dadurch auch geprägt werden müsse.

> „Wir haben in der ganzen Woche darüber nachgedacht, ob es richtig ist, dass sich Zeugen einfach verweigern können aufgrund des Auskunftsverweigerungsrechts. ... Wir haben darüber nachgedacht, ob es richtig ist, dass wir das so übernehmen müssen im unseren Bereich, in den Untersuchungsausschuß. Wir haben einen Entwurf eines Untersuchungsaus-schußgesetzes und werden Veränderungen möglicherweise noch in diesem

---

[347] *Kenzler* Pressemitteilung Nr. 1345 vom 10.03.2000; www2.pds-online.de/bt/presse /2000 /03/20000310-003.htm.
[348] Grundlegend *BGHSt* 20, 281 ff.; *BGHSt* 25, 265 ff.
[349] *BGH* StV 1987, 328.
[350] *Claus* Pressemitteilung Nr. 1363 vom 16.03.2000; www2.pds-online.de/bt/presse/2000/03 /20000316-007.htm.
[351] *Claus* Pressemitteilung Nr. 1363 vom 16.03.2000; www2.pds-online.de/bt/presse/2000/03 /20000316-007.htm.

Entwurf vornehmen, um die Rechte des vom Parlament eingesetzten Kollegiums zu stärken.[352]"

Auch *Ströbele* wies noch vor der Vernehmung vorsorglich darauf hin, daß das Aussageverweigerungsrecht vor einem Untersuchungsausschuß nicht gelte. Bei einem „gravierenden Interesse an staatlicher Aufklärung" müßten individuelle Rechte in den Hintergrund treten.[353]

Wie erwartet, schwieg Weyrauch bei seiner zweiten Vernehmung am Vormittag des 23.03.2000. Er wurde mit einem Ordnungsgeld in Höhe von DM 1000,- belegt. Auch der zweite Zeuge, Hans Terlinden, berief sich auf ein Schweigerecht und zwar auf eine sinngemäße Anwendung des § 136 StPO – auch gegen ihn wurde ein Ordnungsgeld in Höhe von DM 1000,- festgesetzt.[354] Die Aufregung in der Öffentlichkeit, insbesondere in der Presse, war außerordentlich groß. Bezeichnend hierfür sind die gewählten Schlagzeilen der Tagespresse. Etwa: „Berliner Schweigespirale[355]", „Das Schweigen der Lämmer[356]", „Das Schweigen der Männer[357]", „Kartell des Schweigens[358]". In „Die Welt" schrieb *Krauel*: „Horst Weyrauch schweigt. Hans Terlinden schweigt. ... Helmut Kohl schweigt in der Kernfrage ohnehin. Eine Plattform für Enthüllungen wird der Untersuchungsausschuß des Bundestages so bald nicht werden".[359] Forscher formulierte *Rath* in der taz, daß der Berliner Untersuchungsausschuß zur „Nullnummer" zu werden drohe, da die wichtigsten Akteure Weyrauch, Terlinden, Kiep und Kohl keine Angaben machen würden.[360]

---

[352] http://www.ndr4.de/interviews/archiv/200003231.html.

[353] Berliner Morgenpost, 23.03.2001; http://212.172.17.10/archiv2000/ 000323/politik/ story 44 992.html.

[354] Dies geschah gegen die Stimmen der CDU/CSU; http://www.bundestag.de/ns-search/aktuell/bp/00/.../aaa1KH3aab255fc&NS-doc-offset=5.

[355] *Krauel* DIE WELT vom 24.03.2000; www.welt.de/daten/2000/03/24/0324fo158505.htx.

[356] *Delfs* Berliner Morgenpost vom 17.03.2000; http://212.172.17.10/archiv2000/000317/ blickpunkt/story42987.html.

[357] *Bernarding* Trierischer Volksfreund vom 17.03.2000; www.intrinet.de/20000317/ p32537 49.htm.

[358] *Delfs* Berliner Morgenpost vom 23.03.2000; http://212.172.17.10/archiv2000/ 000323htx.

[359] *Krauel* DIE WELT vom 24.03.2000; www.welt.de/daten/2000/03/24/0324fo158505.htx.

[360] *Rath* taz vom 24.03.2000, S. 7; www.taz.de/tpl/2000/03/24/a0072.fr.

Der SPD-Vertreter *Danckert* nannte Terlindens Schweigen eine „grobe Mißachtung" des Ausschusses. Er empfand dessen Aussageverhalten „als gröbste Unhöflichkeit."[361] *Ströbele* diktierte nach der Vernehmung den Journalisten, daß der Ausschuß sich nicht der „Lächerlichkeit" preisgeben dürfe und dieser vielmehr die „Mauer des Schweigens durchbrechen müßte".[362]
Aufgrund der dargestellten Wechselbeziehungen zwischen der täglichen Ausschußarbeit und der bisher zunächst noch unausgereiften vertretenen Auffassungen läßt sich die nun folgende Stellungnahme *Hofmanns* in den rechtspolitischen Kontext zutreffend einordnen und kann so später leichter auf ihre Rechtmäßigkeit überprüft werden. Dabei ist im Gesamtzusammenhang dieser Untersuchung zu beachten, daß die nun im folgenden während des Untersuchungs- und Gesetzgebungsverfahrens darzustellenden vertretenen Ansichten später auf ihre Rechtmäßigkeit zu überprüfen sind. Zunächst werden sie als Grundlage einer späteren Stellungnahme deskriptiv aufgeführt.

I. Auffassung von *Hofmann* am 24.03.2000

Zur Vernehmung bzw. zum Schweigen der Auskunftsperson Hans Terlinden erklärte der SPD-Obmann *Hofmann*:

> „Wir sind [scil. die SPD] ... der Auffassung: Wer in der Öffentlichkeit und in den CDU-Gremien zu Fragen des Parteispendenskandals der CDU umfänglich Stellung bezieht, hat auch vor dem parlamentarischen Untersuchungsausschuß auszusagen. Das verfassungsmäßige Recht der Untersuchungsausschüsse darf nicht ad absurdum geführt werden. Es geht nicht, daß ein Zeuge eine CDU-genehme Erklärung abgibt, Nachfragen dazu aber nicht beantwortet.[363]"

Mit keinem Wort geht *Hofmann* auf etwaige auf den nemo-tenetur-Grundsatz basierende Schweigerechte ein. Da *Hofmann* die polizeiliche Laufbahn eingeschlagen hat, ist jedoch davon auszugehen, daß ihm der nemo-tenetur-Grundsatz positiv bekannt ist. Insofern läßt sich seine Erklärung dahingehend interpretieren, daß nach seiner Auffassung die Auskunftsperson ihr Schweigerecht immer bereits dann „verwirkt" hat, wenn sie sich vorher öffentlich zum in Rede stehenden Sachverhalt geäußert hat. Eine solche Äußerung hätte demzufolge den stillschweigenden Verzicht auf das Schweigerecht zur Folge.

---

[361] *Nelles* DIE WELT vom 24.03.2000; www.welt.de/daten/2000/03/24/0324hb156812.htx; Frankfurter Rundschau vom 24.03.2000; www.fr-aktuell.de/fr/spezial/cdu/ot50070.htm.
[362] *Nelles* DIE WELT vom 24.03.2000; www.welt.de/daten/2000/03/24/0324hb156812.htx.
[363] *Hofmann* Pressemitteilung vom 24.03.2000; www.spd-norden.de/aktuell/mit-240300-2.htm.

II. Auffassung von *Hofmann* am 13.04.2000

Da *Terlinden* auch bei seiner zweiten Vernehmung am 06.04.2000 wieder unter Berufung auf § 136 StPO iVm Art. 44 II GG geschwiegen hatte, wurde in den Reihen der Regierungskoalition eine lebhafte Diskussion darüber ausgelöst, auf welche Weise man die Aussagefreiheit der Auskunftspersonen de lege ferenda einschränken könnte. An die Öffentlichkeit trat wieder zuerst der Sprecher der SPD-Fraktion im Untersuchungsausschuß *Hofmann*. Gegenüber der Berliner Morgenpost sagte er: „Wir wollen Ausnahmen formulieren, die die Zeugen zur Aussage zwingen". Ein Problem sei jedoch die Beweisverwertung. Es müsse gewährleistet werden, daß die Aussagen nicht vor Gericht gegen die Betroffenen verwendet würden."[364] *Hofmann* schlug somit eine Beweisverbotslösung vor, ohne diese indes näher zu konkretisieren.

III. Auffassung von *Ströbele* von Mai - August 2000

Insbesondere *Ströbele*, Obmann der Grünen im Untersuchungsausschuß, trieb die Diskussion um eine Einschränkung des Auskunftsverweigerungsrechts in der Regierungskoalition und vor allem in den Medien beharrlich voran. Nachdem er bereits am 23.03.2000 – wie angedeutet – die Auffassung vertrat, daß das Auskunftsverweigerungsrecht im Untersuchungsausschuß dann nicht gelten sollte, wenn „gravierende Interessen an staatlicher Aufklärung" gefährdet seien bzw. ein „Staatsnotstand"[365] vorliege, konkretisierte er seine Ansicht nach der Vernehmung Terlindens wie folgt: „Wir stehen vor dem Phänomen, daß immer mehr Zeugen überhaupt nichts sagen.
Dadurch wird unsere Aufklärungsarbeit behindert." Demzufolge sei der Ausschuß der „Gefahr ausgesetzt, zur Lachnummer zu werden", was jedoch mit Blick auf die Kontrollrechte des Parlaments verhindert werden müßte.[366] Nach dem ausdrücklichen Wunsch *Ströbeles* sollte schon im aktuellen Parteispenden-Untersuchungsausschuß die Auskunftsverweigerung bei Gefahr der Selbstbelastung eingeschränkt werden. Nur beim Vorwurf von Verbrechen solle das Recht der Zeugen erhalten bleiben. Im Gegenzug zur Auskunftspflicht solle ein absolutes Verwertungsverbot in möglichen Strafverfahren vor Gericht sichergestellt werden.[367] Da *Ströbele* sich nach seinen Äußerungen zum Teil

---

[364] *Scharf* Berliner Morgenpost vom 13.04.2000; http://212.172.17.10/archiv2000 /000413/ politik /story51457.html.

[365] So namentlich auf dem 51. Deutschen Anwaltstag in Berlin am 02.06.2000; FAZ 03.06.2000, S. 4; *Benda* www.kas.de/publikationen/2000/staat/zp_nr9.pdf; siehe hierzu auch die Pressemitteilung der *„Vereinigung Berliner Strafverteidiger e.V."*; http://www.strafverteidiger-berlin.de/rechtsprechung/pressemitteilung05.html.

[366] *Scharf* Berliner Morgenpost vom 13.04.2000; http://212.172.17.10/archiv2000 /000413 /politik/story51457.html.

werden.[367] Da *Ströbele* sich nach seinen Äußerungen zum Teil mißverstanden fühlte, hat er am 04.05.2001 seine Vorschläge in Form einer Presseerklärung[368] niedergelegt. Sein Zweck war sicherlich auch, eine Diskussionsgrundlage für die vier Tage später vorgesehene Sachverständigenanhörung zu den Entwürfen zum Untersuchungsausschußgesetz zu liefern. Jedenfalls war allen Mitgliedern des Ausschusses für Geschäftsordnung und Immunität bzw. den geladenen Experten klar, daß auch der Zielkonflikt zwischen Selbstbelastungsfreiheit und öffentlichem Aufklärungsinteresse erörtert werden sollte:

1. Presseerklärung am 04.05.2000

„1. Die Vorschläge beziehen sich ausschließlich auf die Aussageverpflichtungen von Zeugen vor parlamentarischen Untersuchungsausschüssen in einem neuen Untersuchungsausschußgesetz. ...

2. Ein Zeuge soll auch weiterhin uneingeschränkt die Auskunft auf solche Fragen im Untersuchungsausschuss verweigern dürfen, welche ihn oder seine Angehörigen der Gefahr aussetzen würden, wegen eines Verbrechens ... verfolgt zu werden. Insoweit bleibt das Verfassungsprinzip, sich nicht selbst strafrechtlich relevant belasten zu müssen, erhalten.

3. Lediglich bei einer Befragung zu möglichen Vergehen (z.B. Geldwäsche, Untreue, Bestechung, Bestechlichkeit u.a.) und Übertretungen sollen Zeugen dann zur Auskunft verpflichtet sein, wenn das Aufklärungsinteresse der Öffentlichkeit und die erwartbare Aufklärungsbedeutung der Aussage schwerer wiegen als die Interessen des Zeugen.

Diese Aussagen sollen nur den Abgeordneten zugänglich bleiben und in nicht öffentlicher Sitzung des Untersuchungsausschusses erfolgen.

4. Außerdem sollen die Zeugen umfassend dadurch vor Nachteilen geschützt werden, dass diese Aussage einem umfassenden Verwertungsverbot in jeglichen anderen gerichtlichen Verfahren, insbesondere Straf- und Bußgeldverfahren, unterliegt.

5. Durch eine solche Stärkung der Untersuchungsrechte kann die im laufenden UA Parteispenden zu beobachtende empörende „Mauer des Schweigens" durchbrochen und das Kontrollrecht des Parlaments gestärkt werden.[369]"

---

[367] *Scharf* Berliner Morgenpost vom 13.04.2000; http://212.172.17.10/archiv2000/000413/politik/story51457.html.

[368] *Ströbele* Pressemitteilung Nr. 0252/2000 der Bundestagsfraktion Bündnis90/Die Grünen vom 04.05.2000; www.gruene-fraktion.de/archiv/pm/2000/00%2Do252.htm.

[369] *Ströbele* Pressemitteilung Nr. 0252/2000 der Bundestagsfraktion Bündnis90/Die Grünen vom 04.05.2000; www.gruene-fraktion.de/archiv/pm/2000/00%2Do252.htm.

2. Statement während der Sachverständigenanhörung am 10.05.2000

Wie aus dem der Öffentlichkeit zugänglichen Protokoll der Sachverständigenanhörung[370] hervorgeht, konkretisierte *Ströbele* seine bisherigen Stellungnahmen weiter. Bei der Lösung des Zielkonflikts sei es eine Frage, ob man genügend Sicherungsregeln einbauen könne. Auf Wunsch des Aussagenden würde die Aussage in nicht-öffentlicher Sitzung gemacht. Damit würde zwar nicht „ganz zuverlässig, aber doch halbwegs zuverlässig erreicht, daß nicht jedes ausgesagte Wort in der Öffentlichkeit bekannt“ würde. Es müsse ein Beweisverwertungsverbot geben und zudem eine Abwägung zwischen dem Aufklärungsinteresse des Untersuchungsausschusses und dem Persönlichkeitsrecht des Aussagenden getroffen werden. Nicht „in jedem Falle und nicht wegen jeder ... Kleinigkeit“ dürfe dem Aufklärungsinteresse Vorrang gegeben werden, sondern eben nur dann, wenn eine Aussage vielleicht den Durchbruch geben könnte und es sich zudem um „ganz wichtige Staatsinteressen“ dreht. Abschließend stellte er die wohl rhetorisch gemeinte Frage, ob dies nicht genügend Sicherungen zugunsten des Betroffenen seien.[371]

3. Ergänzungsvorschlag zu den Gesetzesentwürfen am 24.08.2000

Kurz vor Beginn der für die Entwicklung des Gesetzgebungsverfahrens so wichtigen Berichterstattergespräche zum Untersuchungsausschußgesetz und der Washington-Reise der Berichterstatter erhielt folgender Ergänzungsvorschlag *Ströbeles*[372] Einzug in das Gesetzgebungsverfahren. *Ströbele* legte nochmals seine Motive dar, formulierte einen Textentwurf und berief sich erstmals bei der hiesigen Abwägung auf die Grundsätze der Gemeinschuldnerentscheidung. Nach seiner Ansicht zeigten die Arbeit und die Probleme des CDU-Spendenuntersuchungsausschusses eindrucksvoll, daß eine Aufklärung des Sachverhaltes gegen eine geballte Aussageverweigerung nur sehr schwer und mühsam möglich sei. Gehe es zudem um die Aufklärung und Bekämpfung schwerwiegender Mißstände, wie etwa um den Vorwurf der Käuflichkeit von Regierungshandeln, erscheine es gerechtfertigt, den staatlichen Strafanspruch in Einzelfällen im Interesse der Allgemeinheit an einer wirksamen Aufklärung und Beseitigung der Mißstände zurückzustellen. Dies lege nahe, von Möglichkeiten einer Einschränkung des Auskunftsverweigerungsrechts Gebrauch zu machen. Nach seiner Überzeugung ließen die verfassungsrechtlichen Rahmenbedingun-

---

[370] Wortlautprotokoll der 32. Sitzung des Ausschusses für Wahlprüfung, Immunität und Geschäftsordnung am 10.05.2000.

[371] *Ströbele* Sachverständigenanhörung S. 56 f.

[372] „Ergänzungsvorschlag zum Entwurf für ein Untersuchungsausschußgesetz“, S. 1.

gen eine Einschränkung des Auskunftsverweigerungsrecht gemäß § 55 StPO zu.[373] Hierzu führt *Ströbele* aus:

> „Nach Art 44 II GG sind die strafprozessualen Regeln über die Beweiserhebung im Untersuchungsverfahren sinngemäß anzuwenden. „Sinngemäß" bedeutet, daß sie nicht unmittelbar anwendbar sind, sondern, daß bei der Übertragung die Besonderheiten des Untersuchungsverfahrens zu berücksichtigen sind. Wie die strafprozessualen Regeln dem Beweisverfahren im Untersuchungsverfahren am besten gerecht werden, kann der Gesetzgeber quasi durch gesetzliche Auslegung bestimmen. Das Bundesverfassungsgericht hat sich in seiner Gemeinschuldner-Entscheidung ausführlich mit Inhalt und Reichweite des Auskunftsverweigerungsrechts auseinander gesetzt.
>
> In dieser Entscheidung hat es ausdrücklich den umfassenden Aussagezwang des Gemeinschuldners im Konkursverfahren mit der Begründung gerechtfertigt, daß
>
> - seine Aussagepflicht auf einer durch freie Willensentscheidung übernommenen Position beruht,
> - durch die er eine besondere Verantwortung gegenüber Dritten hat
> - die Aufklärung des Sachverhalts regelmäßig nur durch die Mitwirkung des Gemeinschuldners zu erreichen ist und
> - deshalb das Interesse der Dritten an einer vollständigen Sachverhaltsaufklärung gegenüber dem Interesse des Gemeinschuldners, sich durch Auskünfte nicht selbst belasten zu müssen, überwiegt.[374]"

Indes habe das Bundesverfassungsgericht gefordert, daß diese uneingeschränkte Auskunftspflicht der Korrektur durch ein strafrechtliches Verwertungsverbot bedürfe. Nach *Ströbeles* fester Überzeugung sei diese Rechtsprechung auf das Untersuchungsverfahren übertragbar. Eine Beweisverwertung könne sichergestellt werden, wenn der Untersuchungsausschuß eine vertrauliche Behandlung der Aussage beschließe wie in den Sitzungen der Parlamentarischen Kontrollkommission.[375] Hinzu komme ein umfassendes Verwertungsverbot der Aussage für andere gerichtliche Verfahren. Der Ausschluß der Öffentlichkeit und der Verzicht auf die öffentliche Darstellung der Aussage werde von selbst die Anwendung dieser Regel auf die wirklich schwer wiegenden Fälle beschränken, so daß nach *Ströbele* eine Abwägungsprüfung eingebaut sei.[376]

---

[373] „Ergänzungsvorschlag zum Entwurf für ein Untersuchungsausschußgesetz", S. 1.
[374] „Ergänzungsvorschlag zum Entwurf für ein Untersuchungsausschußgesetz", S. 1.
[375] „Ergänzungsvorschlag zum Entwurf für ein Untersuchungsausschußgesetz", S. 1.
[376] „Ergänzungsvorschlag zum Entwurf für ein Untersuchungsausschußgesetz", S. 2.

Ströbele machte folgenden Formulierungsvorschlag:

„§ 22 wird wie folgt gefaßt:

§ 22 [Zeugnis- und Auskunftsverweigerungsrecht]

(1) Die Vorschriften der §§ 53 und 53a StPO gelten entsprechend. § 52 StPO gilt entsprechend für die dort bezeichneten Angehörigen von Betroffenen im Sinne von § 19a.

(2) Jeder Zeuge kann die Auskunft auf Fragen verweigern, deren Beantwortung ihn oder einen seiner in § 52 StPO genannten Angehörigen der Gefahr aussetzen würde, wegen einer Straftat, einer Ordnungswidrigkeit oder eines Dienstvergehens verfolgt zu werden.

(3) Entgegen Absatz 2 ist der Zeuge zur Beantwortung der Fragen verpflichtet, wenn das Interesse an der Aufklärung des Untersuchungsauftrages unter Berücksichtigung des zu erwartenden Aufklärungsbeitrages des Zeugen gegenüber den berechtigten Interessen des Zeugen deutlich überwiegt und der Ausschuß die vertrauliche Behandlung der Aussage beschlossen hat. Hat der Ausschuß die vertrauliche Behandlung beschlossen, ist die Öffentlichkeit von der Vernehmung ausgeschlossen und die Aussage ist mit dem Geheimhaltungsgrad GEHEIM/VERTRAULICH im Sinne der Geheimschutzordnung des Deutschen Bundestages belegt.

(4) Aussagen nach Absatz (3) unterliegen einem umfassenden Verwertungsverbot außerhalb des Untersuchungsverfahrens. Sie dürfen in einem gerichtlichen Verfahren, insbesondere in einem Straf-, Ordnungswidrigkeiten- oder Disziplinarverfahren, nicht als Beweismittel herangezogen oder in sonstiger Weise verwertet werden.[377]“

IV. Auffassung von *Morlok* bei der Sachverständigenanhörung am 10.05.2000

In der Sachverständigenanhörung richtete sich *Morlok* entschieden gegen die von *Ströbele* vorgeschlagene Beweisverbotslösung. Mündlich führte er aus:

„... ich bin gegen eine Regelung, die sagt, du mußt aussagen im Ausschuß, aber die Aussage darf nicht verwertet werden. Herr Ströbele hat das ja in den letzten Tagen vorgeschlagen. Da wäre ich ein stückweit ... vorsichtiger wegen der bekannten Fernwirkung. Der Staatsanwalt hört davon, weiß, was er herausfinden möchte, und findet dann schon andere Beweismöglichkeiten, um das nachzuweisen. Daran sollte man nicht rühren.[378]“

---

[377] „Ergänzungsvorschlag zum Entwurf für ein Untersuchungsausschußgesetz“, S. 2.
[378] *Morlok* Sachverständigenanhörung S. 32 f.

Vielmehr machte *Morlok* einen neuen Vorschlag, den er als „Anregung" verstand, um einen „gegenwärtigen Mißstand abzuhelfen". Ein Zeuge, der sich auf ein Zeugnisverweigerungsrecht berufe, könne zu dem Bedauern *Morloks* „logischerweise nicht genau darlegen, was er eigentlich verschweigen möchte". Denn wenn er das darlege, würde es er es ja offen tun, so daß *Morlok* daraus den Schluß zieht, daß der Zeuge „faktisch die Definitionsherrschaft über das Vorliegen eines Zeugnisverweigerungsrecht" habe. *Morlok* postulierte, daß in einem Konflikt nicht „eine Seite die Konfliktlösung bestimmen" könnte.[379] Demzufolge führte er weiter mündlich aus:

> „Und deswegen mein Vorschlag, daß man eine dritte Instanz einschaltet, einen Beichtrichter, der alles hören muß und dann befindet, ja, Gefahr der Strafverfolgung besteht oder besteht nicht. Das kann man dann noch absichern. Der Beichtrichter muß schweigen und hilfsweise muß es ein Beweisverwertungsverbot geben.[380]"

Diesen Vorschlag konkretisierte *Morlok* in seinem zwei Wochen später in der ZRP erschienenen Aufsatz „Geständniszwang in parlamentarischen Untersuchungen?[381]". Nach dessen Auffassung sei die im aktuellen Untersuchungsverfahren bestehende Situation „Anlaß genug, nach einem neuartigen Ausgleichsmodell zu suchen". Gefragt sei ein „Modus der Interessenbalancierung, der dem Aussageverweigerungsrecht des Zeugen vor dem Untersuchungsausschuß gerecht wird, ohne ihn zu ermächtigen, über die Reichweite des Zeugnisverweigerungsrechts selbst zu befinden".[382] Die Entscheidung über die tatsächlichen Verfolgungsverfahren, also über Grund und Grenzen des Auskunftsverweigerungsrechts, müsse einem *neutralen*[383] Dritten übertragen werden.
So würde „die Austarierung der beteiligten Interessen interessenneutral und damit besser als bisher vorgenommen".[384] Kritikern seiner Forderung beugte *Morlok* wie folgt vor:

> „Praktisch wird sich der Zeuge gegenüber diesem Dritten nur dann offenbaren müssen, wenn der Untersuchungsausschuß an der Berechtigung seiner Aussageverweigerung zweifelt. Dann aber wäre, so wird man gegen den Vorschlag einwenden, die Offenbarungspflicht des Zeugen zumindest anläßlich der Prüfung seines Weigerungsrechts ja gerade unbeschränkt. Und tatsächlich läge damit quasi im „Nebenverfahren" ein Aussagezwang vor, der keine Freiräume akzeptiert. Diese Verpflichtung scheint uns [scil. *Morlok* und Co-Autor *Kölbel*] aber durch das parlamentarische Aufklärungsinteresse ge-

---

[379] *Morlok* Sachverständigenanhörung S. 33.
[380] *Morlok* Sachverständigenanhörung S. 32 f.
[381] *Kölbel/Morlok* ZRP 2000, S. 217 ff.
[382] *Kölbel/Morlok* ZRP 2000, 217 (221).
[383] Kursive Hervorhebung von Morlok.
[384] *Kölbel/Morlok* ZRP 2000, 217 (222).

rechtfertigt, soweit sichergestellt ist, daß eventuelle strafrechtliche Implikationen der Zeugenangaben *ausgeschlossen* (kursive Hervorhebung der Verfasser) werden.

Dies könne auf unterschiedliche Weise gewährleistet werden: So kann dem Betreffenden ein öffentliches Zeugnis vor dem Ausschuß nur dann abverlangt werden, wenn dessen Unverfänglichkeit bestätigt ist. Um den Zeugen auch vor eine Fehleinschätzung des Beichtrichters zu schützen, müßte man ein Beweisverwertungsverbot für die Fälle einrichten, in denen die Zeugenangaben fälschlich als strafrechtlich irrelevant prognostiziert würden. Bestehe demgegenüber tatsächlich eine Verfolgungsgefahr, wäre der Beichtrichter durch seine Verschwiegenheitspflicht daran gehindert, die vertraulich geäußerten, belastenden Informationen weiterzugeben. Auch dies ließe sich um ein Beweisverwertungsverbot für pflichtwidrig offenbarte Informationen ergänzen.[385]"

V. Reaktionen auf die Entscheidung des AG Tiergarten

In den der Sachverständigenanhörung folgenden Wochen geriet der Zielkonflikt zwischen Aufklärungs- und Schweigeinteressen zunächst in den Hintergrund der parlamentarischen und öffentlichen Diskussion. Zwei andere Ereignisse beherrschten die innenpolitische Szene – zum einen berichtete der unter politischen und rechtlichen[386] Aspekten umstrittene Sonderermittler Hirsch (FDP) über verschwundene Akten im Kanzleramt und zum anderen konzentrierte sich alles auf die anstehende erste Vernehmung Helmut Kohls. Zum Eklat kam es bei der zweiten Vernehmung Kohls am 06.07.2000, als bekannt wurde, daß dieser sich vorher mit dem CDU-Obmann Andreas Schmidt über wesentliche Teile der erwarteten Zeugenvernehmung unterhalten und vor allem abgesprochen hatte. Überfraktionelle Einigung bestand nunmehr in der dringenden Notwendigkeit, die Arbeit parlamentarischer Untersuchungsausschüsse auf Bundesebene auf eine gesetzliche Grundlage zu stellen. Gefordert wurde insbesondere, Treffen von Untersuchungsausschußmitgliedern mit Auskunftspersonen zu untersagen.[387]

Erst als das *Amtsgericht Tiergarten*[388] am 10.07.2000 entschied, den Antrag des Untersuchungsausschusses auf Beugehaft gegen Terlinden abzulehnen, wurde die Diskussion um den nemo-tenetur-Grundsatz im parlamentarischen Untersuchungsverfahren neu belebt. SPD-Obmann *Hofmann* forderte, daß „endlich Schluß damit sein müßte, daß Zeugen über die Reichweite des Zeugnisverweigerungsrechts selbst entscheiden könnten." Er teilte mit, daß die SPD-Fraktion darauf dränge, sich dieser Problematik in den Beratungen zu den

---

[385] *Kölbel/Morlok* ZRP 2000, 217 (222).

[386] Siehe hierzu nur die Ausführungen des sächsischen Datenschutzbeauftragten *Giesen* in: FAZ vom 08.07.2000, S. 11.

[387] So in erster Linie in der Aktuellen Stunde am 07.07.2000, 14.WP/115.Sitzung, S. 10998 ff.

[388] *Amtsgericht Tiergarten* Beschl. v. 10.07.2000 - 353 AR 141/00; abgedruckt im 1. Anlagenband des Abschlußberichts BT-Drs. 14/9300, 1. Anlagenband, S. 426 ff.

darauf dränge, sich dieser Problematik in den Beratungen zu den bereits im Bundestag eingebrachten Entwürfen anzunehmen.[389]

1. Auffassung von *Schneider*[390]

Umgehend nach dem Bekanntwerden dieser Entscheidung warnte der nach der Einschätzung der Berliner Morgenpost „führende Experte für parlamentarische Untersuchungsverfahren[391]" *Hans-Peter Schneider* vor „einschneidenden und weitreichenden Folgen für das parlamentarische Instrument Untersuchungsausschuß", falls der Beschluß des Amtsgerichts Tiergarten Rechtskraft erlange. Gegenüber der Berliner Morgenpost fügt *Schneider* hinzu:

> „Wenn Helmut Kohl und andere Zeugen, bei denen ein staatsanwaltliches Ermittlungsverfahren anhängig ist, sich auf ein Aussageverweigerungsrecht berufen können, dann ist der Fall gelaufen. Wenn man diesen Weg einschlägt, kann man Untersuchungsverfahren vergessen. ... Sollte dieser Beschluß Bestand haben, dann wird ein parlamentarischer Untersuchungsausschuß zu einem zahnlosen Tiger.[392]"

Dies sei nach seiner Auffassung umso bedeutsamer, als sich dieses Gremium im Rahmen der staatlichen Gewaltenteilung bislang als stärkstes Instrument der parlamentarischen Regierungskontrolle bewährt habe. Demzufolge bestehe erhöhter Anlaß zu Gesetzesänderungen. So wäre ein strafrechtlicher Verwertungsschutz bei voller Aussagepflicht im Untersuchungsverfahren erwägenswert.[393]

In zwei zu gleicher Zeit entstandenen, jedoch erst später veröffentlichten Aufsätzen[394] betonte *Schneider* losgelöst vom aktuellen Parteispenden-Untersuchungsausschuß, also ganz abstrakt, daß die generelle Gefahr bestünde, daß die meisten Untersuchungsverfahren ausgehen würden wie das „Hornberger Schießen", wenn man ausgerechnet denjenigen „Zeugen", die mit „Täterwissen" versehen aus eigener Kenntnis noch „am allerbesten" zur Aufklärung von Mißständen beitragen könnten, zu schweigen gestatten würde.[395] Wenn man die bestehende Rechtslage beibehielte, mache man die Untersuchungsausschüsse praktisch zu einer nachgeordneten Instanz der Justiz.[396] Denn nichts sei leichter, als ein Ermittlungsverfahren zu bekommen, da man nur eine anonyme Anzeige

---

[389] *Hofmann* Pressemitteilung 0632 des Arbeitskreises „Parteispenden" am 11.07.2000; www.spdfraktion.de/intranet/owa/doku_anzeige2?d_nr=22931&tabelle=gast.meldung.

[390] Schneider hat u.a. die SPD-Fraktion im Organstreitverfahren, das letztlich zum Flick-Urteil führte, vertreten.

[391] *Irion* Berliner Morgenpost vom 14.07.2000; http://212.172.17.10/archiv2000.html.

[392] *Irion* Berliner Morgenpost vom 14.07.2000; http://212.172.17.10/archiv2000.html.

[393] *Irion* Berliner Morgenpost vom 14.07.2000; http://212.172.17.10/archiv2000.html.

[394] *Schneider* NJW 2000, 3332 ff.; NJW 2001, 2604 ff.

[395] *Schneider* NJW 2000, 3332.

[396] *Schneider* NJW 2001, 2604 (2607); ähnlich auch in der NJW 2000, 3332 (3333).

gegen sich selbst zu lancieren brauche.[397] Dementsprechend sollten nach seiner Ansicht alle Äußerungen des Zeugen oder einer Auskunftsperson mit einem strafprozessualen Verwertungsverbot belegt werden.[398] Zwar könnte man einwenden, daß dann die Auskunftspersonen im Untersuchungsverfahren nur allzu „gesprächig" werden könnten, um sich damit der Strafverfolgung zu entziehen. Jedoch hätten die Strafverfolgungsbehörden nach wie vor die Möglichkeit, aufgrund eigener Nachforschungen oder Indizien ein Ermittlungsverfahren einzuleiten bzw. Anklage zu erheben.[399] Zudem würden nach *Schneider* „übergeordnete Erwägungen, wie etwa der aus einem solchen demokratischen Selbstreinigungsprozeß resultierende Gewinn an Vertrauen und Glaubwürdigkeit für die gesamte politische Kultur ein derartiges strafprozessuales Verwertungsverbot zweifellos rechtfertigen.[400]"

2. Auffassung von *Danckert*

Ähnlich reagierte auch *Danckert* auf die in Rede stehende Entscheidung. In einem Interview ebenfalls gegenüber der Berliner Morgenpost am 19.07.2000[401] sagte er, daß nun Ziel der Gesetzesinitiative sein müsse, möglichst schnell die rechtlichen Hemmnisse zu beseitigen, die die aktuelle Untersuchungsarbeit des Spendenausschusses beeinträchtigen würden. Das geplante Gesetz solle der Tatsache Rechnung tragen, daß sich in der aktuellen Spendenaffäre mehrere Schlüsselzeugen auf Auskunftsverweigerungsrechte berufen hätten und somit den Untersuchungsauftrag des Ausschusses aushöhlen würden. Angesichts der Billigung durch die Gerichte seien neue gesetzliche Regelungen notwendig, die ähnlich wie in den USA ein strafrechtliches Verwertungsverbot von Aussagen in Untersuchungsausschüssen vorsehen.[402] Aus Sicht *Danckerts* sei es rechtsstaatlich auch nicht länger hinnehmbar, daß sich Kohl weiterhin weigern könne, die Namen der Spender zu nennen. So müsse bei derart „gravierenden Vorgängen das Recht des Parlaments auf Aufklärung mindestens so viel wiegen wie der persönliche Schutz vor Selbstbezichtigung.[403]

[397] *Schneider* NJW 2001, 2604 (2607); im gleichen Zusammenhang spricht *Schneider* an anderer Stelle, NJW 2000, 3332 (3333), von der „Gunst eines Ermittlungsverfahrens".
[398] *Schneider* NJW 2000, 3332 (3333).
[399] *Schneider* NJW 2000, 3332 (3333).
[400] *Schneider* NJW 2000, 3332 (3334).
[401] *Irion* Berliner Morgenpost vom 19.07.2000; http://212.172.17.10/archiv2000/000719/ politik/story81240.html.
[402] *Irion* Berliner Morgenpost vom 19.07.2000; http://212.172.17.10/archiv2000/000719 /politik/story81240.html.
[403] *Irion* Berliner Morgenpost vom 19.07.2000; http://212.172.17.10/archiv2000/000719 /politik/story81240.html.

Im Gegensatz zu *Schneider* substantiierte *Danckert* seine Beweisverwertungslösung detaillierter in einem in Reaktion auf das Urteil des Amtsgerichts Tiergarten verfaßten Aufsatz.[404]

Zunächst stellt *Danckert* unmißverständlich klar, daß mittels der Vorschrift des § 55 StPO die Interessen der Auskunftsperson an einem Schutz vor strafrechtlich nachteiliger Selbstbelastung uneingeschränkt Vorrang vor dem Untersuchungsauftrag des Ausschusses gewinnen würden. Dies sei jedoch nach seiner Überzeugung verfassungsrechtlich nicht zwingend. Zur Begründung beruft *Danckert* sich auf die verfassungsrechtliche Rechtsprechung und führt dazu aus:

> „Das BVerfG hat klargestellt, daß der Grundsatz der Selbstbelastungsfreiheit ..., der auch § 55 StPO zu Grunde liegt, nicht uneingeschränkt gilt. Das Grundrecht gewähre keinen lückenlosen Schutz gegen Selbstbezichtigungen. Das bedeutet: Das Grundrecht darf auf einfachgesetzlicher Ebene mit anderen verfassungsrechtlich geschützten Interessen im Wege der praktischen Konkordanz zum Ausgleich gebracht werden, etwa wenn es um schutzwürdige Belange Dritter oder Auskünfte zur Erfüllung eines berechtigten Informationsbedürfnisses geht.[405]"

Wie bereits in dieser Untersuchung dargelegt wurde[406], konstatierte auch *Danckert*, daß der Untersuchungsausschuß ein von der Verfassung in Art. 44 I GG geschütztes berechtigtes Informationsbedürfnis habe. Daher sei nach *Danckert* auch im Untersuchungsverfahren grundsätzlich ein Aussagezwang zulässig, da das Grundrecht aus Art. 2 I GG nach der Gemeinschuldnerentscheidung nicht per se vor jeder Form des Aussagezwangs schütze. Zum Schutz der Selbstbelastungsfreiheit müsse allerdings bei der gesetzlichen Ausgestaltung bedacht werden, daß die Mitwirkung der Auskunftsperson an ihrer eigenen strafrechtlichen Verurteilung vermieden würde.[407] Wie dies zu geschehen habe, sei nach *Danckert* das Bundesverfassungsgericht in der Gemeinschuldnerentscheidung mit der notwendigen Beweisverbotslösung im (anschließenden) Strafverfahren zum Ausdruck gebracht – ansonsten sei das Schweigerecht nach Ansicht *Danckerts* der Auskunftsperson „illusorisch". Nach seiner Auffassung müßten die verfassungsrechtlichen Wertungen der Gemeinschuldnerentscheidung, so wie sie in § 97 I 3 InsO einfachgesetzlich konkretisiert seien, auf die Praxis parlamentarischer Untersuchungsausschüsse übertragen werden.[408] Unter Abschnitt VI seines Aufsatzes formuliert *Danckert*:

---

[404] *Danckert* ZRP 2000, 476 ff.
[405] *Danckert* ZRP 2000, 476 (477).
[406] 1. Teil § 1 B u. C = S. 11 ff.
[407] *Danckert* ZRP 2000, 476 (478).
[408] *Danckert* ZRP 2000, 476 (478).

> „Im Interesse der Funktionsfähigkeit des Untersuchungsausschusses müssen Auskunftspersonen vor dem Untersuchungsausschuss grundsätzlich uneingeschränkt aussagen. Um eine übermäßige Beschränkung der grundrechtlich geschützten Selbstbezichtigungsfreiheit zu vermeiden, muß die Aussage einem strafrechtlichen bzw. bußgeldrechtlichen Verwertungsverbot unterliegen. In Anlehnung an § 97 I 3 InsO kommt dem Verwertungsverbot Fernwirkung zu, das heißt: Ebenfalls unverwertbar ist jedes Beweismittel, bei dem anzunehmen ist, es sei – zumindest auch – auf Grund der Aussage vor dem Untersuchungsausschuss erhoben worden (Kontrollfrage: Läßt sich die Aussage hinwegdenken, ohne dass das Beweismittel entfiele?).[409]"

Zum Schutze der Auskunftsperson seien in deren Interesse zwingend strenge Maßstäbe anzulegen. So müsse nach *Danckert* schon die „Möglichkeit des Beruhens für eine Unverwertbarkeit hinreichen". Wolle das mit der Strafsache befaßte Gericht ein Beweismittel verwerten, das nach Ansicht des Angeklagten auf die Aussage vor dem Untersuchungsverfahren zurückzuführen ist, dann müsse das Gericht den Ermittlungsgang der Strafverfolgungsorgane so genau nachzeichnen, daß zu seiner Gewißheit feststehe, daß das Beweismittel ohne Rekurs auf die Aussage vor dem Untersuchungsausschuß gewonnen worden sei.[410] Zudem betonte *Danckert*, daß ebenso strenge Anforderungen für den Nachweis der Behauptung gelten müßten, daß das Beweismittel auch ohne die Aussage vor dem Untersuchungsausschuß gewonnen worden wäre. Dies müsse mit an Sicherheit grenzender Wahrscheinlichkeit feststehen, wobei der Nachweis der Nichtursächlichkeit den Strafverfolgungsorganen obliege und verbleibende Zweifel zu Gun-sten des Beschuldigten wirken müßten.[411]

VI. Reaktionen auf die Entscheidung des LG Berlin

Eine einschneidende Zäsur in der politischen Diskussion und im Gesetzgebungsverfahren über eine etwaige Einschränkung des nemo-tenetur-Grundsatzes im parlamentarischen Untersuchungsverfahren leitete die Entscheidung des *LG Berlin*[412] vom 19.09.2000 ein, wonach der Beschluß des Amtsgerichts Tiergarten aufrechterhalten wurde und somit keine rechtliche Handhabe mehr bestand, Terlinden mit Beugehaft zu drohen. Vor der Entscheidung des *LG Berlin* waren auf Seiten der Regierungskoalition vornehmlich solche Stimmen hörbar, die den Zielkonflikt zwischen parlamentarischem Aufklärungsinteresse und individueller Selbstbelastungsfreiheit zu Lasten des Auskunftsverweigerungsrechts mittels einer Beweisverbotslösung auflösen wollten – demgegenüber fanden die gerade

---

[409] *Danckert* ZRP 2000, 476 (479).
[410] *Danckert* ZRP 2000, 476 (479).
[411] *Danckert* ZRP 2000, 476 (479).
[412] LG Berlin Beschl. v. 503 Qs 58/00; abgedruckt im 1. Anlagenband des Abschlußberichts BT-Drs. 14/9300, 1. Anlagenband, S. 448 ff.

exotisch anmutende Verwirkungstheorie *Hofmanns* sowie die Beichtvaterlösung *Morloks* keine Beachtung in Wissenschaft und Politik. Wie soeben umfassend dargelegt, bestanden bei den Vertretern der Beweisverbotslösung signifikante Unterschiede. Zum einen wurde von *Ströbele* und *Danckert* die Beweisverbotslösung mit der Übertragbarkeit der Grundsätze der Gemeinschuldnerentscheidung dogmatisch untermauert, während *Schneider* eine derartige Optimierung ohne einen solchen Rekurs verlangte. Zum anderen wurde von *Danckert* und wohl auch von *Ströbele* gefordert, zum Schutze der Selbstbelastungsfreiheit die Beweisverbotslösung mit einem Fernwirkungsgebot zu versehen. Demgegenüber wollte *Schneider* eine Fernwirkung gerade ausschließen.

Mit der bestätigenden Entscheidung des *LG Berlin* setzte indes ein Umdenken innerhalb der Regierungskoalition und bei den meisten Untersuchungsausschußmitgliedern ein. Urteilsschelte blieb weitgehend aus. Der Vorsitzende des Spenden-Ausschusses, *Volker Neumann*, reagierte laut Angaben der Berliner Morgenpost „gelassen" auf diese Entscheidung. Nach zitierten Angaben von *Neumann*, wolle der Untersuchungsausschuß „nun in Ruhe abwarten, wie das Verfahren der Bonner Staatsanwaltschaft gegen Terlinden ausgehe". Sollte dies eingestellt werden, entfalle nach *Neumann* dessen Auskunftsverweigerungsrecht und Terlinden würde erneut vorgeladen.[413] Selbst der SPD-Obmann *Hofmann* verhielt sich noch moderat. Er äußerte „lediglich" die Vermutung, daß Terlinden „tiefer in das System schwarzer Kassen Helmut Kohls" verstrickt sei, als bislang angenommen.[414] Wie in mehreren (fern-)mündlichen Gesprächen und Schriftwechseln mit Ströbele, van Essen, Stadler, Wend erkennbar wurde[415], resignierten viele Untersuchungsausschußmitglieder sowie Abgeordnete der Regierungskoalition, weil angesichts der nicht zuletzt durch die Urteile geprägten (rechts-)politischen Lage kaum noch jemand mehr davon ausging, für eine Beweisverbotslösung eine tragfähige politische Mehrheit zu bekommen. Insbesondere war es stets der Justitiar der SPD-Fraktion *Bachmaier*, der das Gesetzgebungsverfahren stets vorantrieb und immer wieder vor „rechtsstaatlichen Fehlschüssen[416]" warnte. Zunehmend bestand nun auch die Befürchtung im Vordergrund, daß ein „lex Terlinden" bzw. ein „lex Kohl" vor dem Bundesverfassungsgericht keinen rechtlichen Bestand haben würde.

---

413 Berliner Morgenpost vom 20.09.2000; www.berliner-morgenpost.de/bm/inhalt /heute/ politik /story346349.html.

414 *Hofmann* Pressemitteilung 0759 vom 19.09.2000; www.spdfraktion.de/intranet/owa/html.

415 Während der Untersuchung wurde mit allen Teilnehmer der Berichterstattergespräche sowie sonstigen Akteuren Kontakt gehalten, Erfahrungen vermittelt und diskutiert.

416 *Rath* taz vom 24.03.2000, S. 7; www.taz.de/tpl/2000/03/24 /a0072.fr/text?Name =ask22 999aaa.

1. Auffassung von *Morlok*

Aufgrund dieser rechtsstaatlichen Bedenken und der damit verbundenen Gefahr, für eine Beweisverbotslösung eine politische Mehrheit nicht einmal innerhalb der Regierungskoalition zu bekommen, wurde vom Parteienrechtler und Prozeßvertreter der SPD-Fraktion *Morlok* in Abkehr zu seiner Beichtvaterlösung und anderen Beweisverbotslösungen ein neuer Vorschlag unterbreitet, um auf der einen Seite das parlamentarische Untersuchungsrecht zu stärken, nicht zu resignieren und um auf anderen Seite rechtsstaatliche Bedenken auszuräumen. Zu den rechtsstaatlichen Bedenken ist sicherlich insbesondere der in der Stellungnahme zu erörternde Umstand zu rechnen, daß durch eine Beweisverbotslösung die Selbstbelastungsfreiheit ausgehebelt werden könnte. Dementsprechend will *Morlok* nun den Bedenkenträgern dadurch „den Wind aus Segeln nehmen", indem er zum Schutz der Auskunftsperson dieser „Straffreiheit" im Strafprozeß gewähren möchte.[417] Vorbilder gäbe es im amerikanischen Recht.[418] Einen konkreten Formulierungsvorschlag unterbreitete er nicht. Sein dpa-Gespräch[419] einen Tag nach der Bekanntgabe des Beschlusses des LG Berlin läßt sich jedoch wie folgt interpretieren: Die in Rede stehende Auskunftsperson soll umfassend, ggf. unter Androhung von Beugemaßnahmen, verpflichtet werden auszusagen. Im Gegensatz dazu erhält sie umfassende Immunität im etwaigen Strafverfahren zugesichert. Dies sei nach *Morlok* eine interessengerechte Ausbalancierung der widerstreitenden Aufklärungs- und Schweigeinteressen.

2. Auffassung von *Ströbele*

Die gleiche Richtung schlug derweil auch *Ströbele* ein. Kurz nach dem Bekanntwerden der bestätigenden Entscheidung des LG Berlin befand sich Ströbele auf einer Delegations- bzw. Berichterstatterreise des 1. Ausschusses für Wahlprüfung, Immunität und Geschäftsordnung in Washington, um rechtsvergleichende Erkenntnisse in den Vereinigten Staaten zu sammeln und diese in das hiesige Gesetzgebungsverfahren als Diskussionsgrundlage einzuführen.[420] Da er – wie er später eingestand[421] – nicht einmal in seiner eigenen Fraktion mit einer politischer Mehrheit für seine Beweisverbotslösung rechnen konnte, nutzte er

[417] Kölner Rundschau vom 20.09.2000; www.rundschau-online.de/politik/860104.html.

[418] Handelsblatt vom 19.09.2000; http://www.handelsblatt.com/hbiwwwangebot/fn /relhbi/sfn //indes.htm.

[419] Handelsblatt vom 19.09.2000; http://www.handelsblatt.com/hbiwwwangebot/fn/relhbi/sfn /cn_artikel_drucke.../indes.htm.

[420] Delegationsreise des Ausschusses für Wahlprüfung, Immunität und Geschäftsordnung nach Washington, D.C. vom 18.09-22.09.2000. Siehe hierzu den Ausschußbericht von *Winkelmann* vom 12.10.2000; Ausschußdrucksache 14-G-54.

[421] Interview mit der Badischen Zeitung am 26.10.2000; http://www.badische-zeitung.de/nachrichten/mantel/politik/2000/10/p.2929059.htm.

insbesondere das Gespräch mit dem ehemaligen Sonderermittler in der Lewinsky-Affäre, Kenneth Starr, dazu, medienwirksam zu fordern, die amerikanischen Erfahrungen mit Untersuchungsausschüssen zu verwerten und deren Regelungen in das deutsche Recht zu transformieren. Nach *Ströbele* hätte kein Ausschuß in den USA ohne die Möglichkeit der Befragung von Zeugen unter Immunitätszusicherung Erfolg gehabt.[422] Dies sei nach seiner Ansicht im Vergleich zu Beweisverbotstheorien „die bessere Idee[423]". Beispielhaft führt *Ströbele* den Fall „Oliver North im Contragate-Skandal" auf. „Nebenfiguren wie z.B. North" sollten Immunität gewährt werden, nicht aber „Hauptbeschuldigten wie Nixon, Reagan oder Clinton".[424] Ohne es explizit auszuführen, kann man seinen neuen Vorschlag als „Kronzeugenregelung im Untersuchungsverfahren" bezeichnen. Übertragen auf den hiesigen Untersuchungsausschuß forderte *Ströbele*, Karl-Heinz Schreiber Straffreiheit zu gewähren, wenn er als Zeuge im Untersuchungsausschuß aussagt.[425]

Im Interesse der Aufklärung in einer „wichtigen Staatsangelegenheit" müsse der Staat nach seiner Überzeugung ganz oder zum Teil auf seinen Strafanspruch verzichten.[426] Zugleich räumte er indes ein, daß sein neuer Vorschlag derzeit wohl nicht mehrheitsfähig sei. In einem Interview am 26.10.2000 sagte er:

> „Aber wenn die Arbeit im Untersuchungsausschuß so weitergeht, wird der Leidensdruck auch bei denjenigen Abgeordneten steigen, die nicht in diesem Ausschuß sitzen.[427]"

VII. Entwicklung der Vorschläge im Gesetzgebungsverfahren

Nachdem die Beweisverbotslösung aufgrund des Urteils des LG Berlin und der zunehmend kritischen Stimmen innerhalb der Regierungskoalition nicht mehr nachhaltig vertreten wurde, wurde auch eine etwaige Einschränkung des Auskunftsverweigerungsrechts mittels Immunitätsgewährung in den der Berichterstatterreise folgenden Berichterstattergesprächen des maßgeblichen Ausschusses für Immunität, Wahlprüfung und Geschäftsordnung vorerst aufgegeben. Primäres Ziel der maßgeblichen Gesetzesinitiatoren (hier ist in erster Linie SPD-Justitiar Bachmaier zu nennen) war es, nach 50 Jahren und 8 vergeblichen Gesetzesinitiativen jetzt endlich die „Gunst der Stunde" zu nutzen und das lang ersehnte Untersuchungsausschußgesetz zu verabschieden. Wie *Bachmaier* im

---

[422] http://www.ron.de/osform/cms_osmm?articleName=000922074437.i0xhbtq.../meldung.of.
[423] http://www.badische-zeitung.de/nachrichten/mantel/politik/2000/10/p.2929059.htm.
[424] http://www.badische-zeitung.de/nachrichten/mantel/politik/2000/10/p.2929059.htm.
[425] http://www.ron.de/osform/cms_osmm?articleName=000922074437.i0xhbtq.../meldung.of.
[426] http://www.ron.de/osform/cms_osmm?articleName=000922074437.i0xhbtq.../meldung.of.
[427] http://www.badische-zeitung.de/nachrichten/mantel/politik/2000/10/p.2929059.htm.

Berichterstattergespräch am 13.10.2000 betonte, sollte das Jahrhundertwerk fraktionsübergreifende Zustimmung finden und nicht mit der äußerst umstrittenen Kollision zwischen individueller Selbstbelastungsfreiheit und parlamentarischem Aufklärungsinteresse unnötig überfrachtet werden, um das Gesetzesvorhaben nicht doch noch zu gefährden.

Besonders deutlich wurde sein Anliegen in der entscheidenden zweiten und dritten Lesung der Gesetzesentwürfe am 06.04.2001:

> „Es sieht aber so aus, als ob dieser mittlerweile achte Versuch endlich Erfolg haben wird. Besonders erfreulich ist, dass der heute zu beschließende Gesetzentwurf eine breite, möglicherweise einstimmige Zustimmung erfahren wird. Dies ist gut so und wird dem Gesetz über seine rechtliche Verbindlichkeit hinaus hohe Legitimation für die Arbeit zukünftiger Untersuchungsausschüsse mit auf den Weg geben.
>
> Es ist schon interessant, der Frage nachzugehen, worin denn die Gunst der Stunde besteht, dass wir gerade jetzt, während der Parteispenden-Untersuchungsausschuß noch höchst kontrovers um Erkenntnisse und Ergebnisse ringt, die Kraft aufbringen, endlich die gesetzlichen Grundlagen für die weitere Arbeit von Untersuchungsausschüssen zu schaffen. Möglicherweise haben gerade die höchst unterschiedlichen Erfahrungen der Fraktionen in diesem Untersuchungsausschuss mit dazu beigetragen, die längst überfällige gesetzliche Regelung zu schaffen. ... Entscheidend war sicherlich auch, dass einerseits die Koalitionsfraktionen die zum Teil bitteren Erfahrungen in ihrer Oppositionszeit noch nicht vergessen haben und andererseits die heutige Opposition mittlerweile gelernt hat, dass auch Untersuchungsausschüsse Regeln benötigen, die ein gerechtes und zügiges Verfahren und somit eine vernünftige Sacharbeit ermöglichen.[428]“

Selbst *Ströbele* stellte seine Forderung nach einer Immunitätslösung in dieser entscheidenden Beratung hintenan. Zwar fehle eine solche Regelung im neuen Untersuchungsausschußgesetz, dennoch sei dieses Gesetz „ein *erster* wichtiger Schritt in Richtung Kodifizierung der Rechte des Untersuchungsausschusses“. Er sehe diesen „Schritt als Anfang“. Er sei sich sicher, daß Erfahrungen gemacht würden, die zu wichtigen Neuerungen, also Novellierungen, führen würden. „Irgendwann“ würde dieses Gesetz dann doch eine „Regelung enthalten, die die Arbeit des Untersuchungsausschusses noch effektiver“ mache.[429] Schließlich stellte noch einmal Schlußredner *Wiefelspütz* (SPD) heraus, daß die „Forderung nach einer uneingeschränkten Aussagepflicht“ nicht aufgegriffen worden sei. Er fände diesen Aspekt zwar „sehr interessant“, jedoch hätte ein solches Vorhaben einen Paradigmenwechsel nach sich gezogen. Man wollte keine „Experimente

---

[428] *Bachmaier* 14. WP/165. Sitzung am 06.04.2001, S. 16144 f.; Plenarprotokoll abrufbar unter: http://dip.bundestag.de/btp/14/14165.pdf.

[429] *Ströbele* 14. WP/165. Sitzung am 06.04.2001, S. 16150; Plenarprotokoll abrufbar unter: http://dip.bundestag.de/btp/14/14165.pdf.

machen", die zudem nach seiner Einschätzung keine Mehrheit gehabt und somit das Gesetzgebungsverfahren gefährdet hätten.[430]
In der anschließenden Abstimmung wurde die Beschlußempfehlung des Ausschusses für Wahlprüfung, Immunität und Geschäftsordnung, der die Entwürfe der FDP-Fraktion und der Regierungskoalition im Hinblick auf die Statuierung eines Ermittlungsbeauftragten[431] und der eingeschränkten Zulässigkeit von Ton- und Fernsehübertragungen modifizierte, einstimmig(!) gebilligt und somit der Forderung nach einer Einschränkung des Auskunftsverweigerungsrechts zunächst eine politische Absage erteilt.

Damit ist die Darstellung des Streitstandes im Hinblick auf eine etwaige Einschränkung des Auskunftsverweigerungsrechts abgeschlossen.

B. Streitstand zur Einschränkung des parlamentarischen Aufklärungsinteresses

Hinsichtlich einer *Einschränkung des parlamentarischen Aufklärungsinteresses* ist demgegenüber der Streitstand übersichtlich und kann daher – und nicht zuletzt im Hinblick auf die hier gewählte Schwerpunktsetzung – in gebotener Kürze dargestellt werden. So sind die Fronten geklärt und die Argumente seit langem bekannt, was zweifelsohne daran liegt, daß die Auseinandersetzung um die Rechtsstellung „betroffener" Auskunftspersonen im parlamentarischen Untersuchungsverfahren, namentlich der Dissens um die Anerkennung umfassender Aussageverweigerungsrechte in sinngemäßer Anwendung von § 136 StPO, so alt ist wie das Recht der Untersuchungsausschüsse selbst[432].
Dafür gibt schon die Tätigkeit des 15. Ausschusses des Deutschen Reichstages, der am 20.08.1919 eingesetzt wurde und mit der Aufklärung der Kriegsschuldfrage betraut war, ein beredtes Zeugnis. Obwohl dieser Untersuchungsausschuß die Frage prüfen sollte, ob sich hinreichendes Material für eine Anklage der Mitglieder der alten Regierung vor einem noch zu schaffenden Staatsgerichtshof ergeben würde, wurden die Personen über dieselben Vorgänge, die Gegenstand der Anklage sein konnten, eidlich vernommen und bei Aussageverweigerung mit Zwangsstrafen bedacht.[433] Schon damals gab die Erklärung Bethmann-Hollwegs bezeichnenderweise die mißliche Situation wieder, der sich in abgeschwächter Form auch nach dem neuen Untersuchungsausschussgesetz eine Auskunftsperson vor dem Untersuchungsausschuß ausgesetzt sehen kann.

[430] *Wiefelspütz* 14. WP/165. Sitzung am 06.04.2001, S. 16156; Plenarprotokoll abrufbar unter: http://dip.bundestag.de/btp/14/14165.pdf.
[431] Hierzu namentlich *Bachmaier* NJW 2002, 348 f.
[432] Ähnlich auch die Einschätzung von Buchholz S. 67.
[433] Vgl. *Buchholz* S. 67.

> „Wir stehen in einem eigentümlichen Verfahren. ... Es wird mit meinem beeidigten Zeugnis ein Tatbestand festgestellt, aufgrund dessen ich vielleicht demnächst werde vor dem Staatsgerichtshof zu erscheinen haben. Das ist eine für die juristische Auffassung unhaltbare Konstruktion.[434]"

Aber auch in heutiger Zeit ist die Diskussion um die rechtliche Stellung des vom Untersuchungsverfahren Betroffenen nicht abgerissen; im Gegenteil: Sie ist gerade im aktuellen Parteispenden-Untersuchungsverfahren wieder einmal voll entbrannt. Dies zeigen schon die gegenseitigen „Verbalattacken" vom Ausschussvorsitzenden Neumann und dem Ex-Bundeskanzler Kohl, vornehmlich bei dessen erster Vernehmung. *Leyendecker* von der SZ berichtet hierzu:

> „Bemerkenswerterweise hat sich Kohl bei seiner ersten Aussage, anders als andere Zeugen, nur hilfsweise auf den Paragrafen 55, der nach der Einstellung des Verfahrens für ihn obsolet ist, berufen. Zur Verblüffung des Ausschußvorsitzenden Neumann brachte Holthoff-Pförtner [scil. der Rechtsbeistand von Kohl] Paragrafen 136 der Strafprozeßordnung ins Spiel. Neumann fragte: „Also nicht nach Paragraf 55?" Holthoff-Pförtner: „Nein. Wir können Paragraf 55 ersatzweise vortragen". ... Als Holthoff-Pförtner bei Kohls ersten Zeugenauftritt seine Variante erstmals ins Spiel brachte, entgegnete der Jurist Neumann: „Ich kann ihnen gleich meine persönliche Meinung sagen: Paragraf 136 findet keine Anwendung!" ... Neumann schlug vor, dass der Schutz des Paragrafen 136 Kohl nicht zuerkannt werden könne. Das Protokoll vermerkt: „Der Ausschuss stimmt den Beschlussvortrag gegen die Stimmen der Mitglieder der CDU/CSU-Fraktion zu.[435]"

Auch die jüngste, während der Parteispendenaffäre entstandene Dissertation von *Claudia Kohl*[436] zur Betroffenheitsproblematik im allgemeinen zeigt die gegenwärtige Virulenz der äußerst heftigen Diskussion um eine etwaige Sonderstellung des Betroffenen.

Nach wie vor ist dabei die spezielle Frage, ob der „betroffenen" Auskunftsperson ein umfassendes Schweigerecht gewährt werden muß, heillos umstritten. Die Argumente sind dabei indes seit jeher im wesentlichen die gleichen geblieben, so daß man im Grunde genommen den Meinungsstreit als „ausgetragen" bewerten kann. Die verschiedenen Ansichten spalten sich in zwei Lager; so sind die einen für eine Sonderstellung des Betroffenen, die anderen prinzipiell dagegen. Bei der nachfolgenden Darstellung darf allerdings keineswegs verschwiegen werden, daß die in der Wissenschaft diskutierte Betroffenheitsproblematik noch erheblich weiter reicht als in der hiesigen Konfliktlage. Geht es in dieser

---

[434] Zitiert nach *Buchholz* S. 67/68 und Rinck DVBl 1964, 706 (707).
[435] *Leyendecker* SZ vom 25.07.2000, S. 8.
[436] *Kohl*, Die Rechtsstellung des Betroffenen nach Art. 44 II, S. 1 GG und den entsprechenden Regelungen in den Länderverfassungen, Frankfurt a.M., 2001.

Untersuchung ausschließlich um solche betroffenen Auskunftspersonen, deren Verhaltensweisen *strafrechtsrelevant* sind, widmen sich die einzelnen Autoren auch und gerade der noch weiterreichenden Diskussion um den Schutz der Auskunftsperson bei *ganz allgemeinen* persönlichen Schuldzuweisungen. Vornehmlich wird darum gestritten, ob bei drohenden verfassungsrechtlichen Anklageverfahren, Ordnungswidrigkeits- und Disziplinarverfahren, Verfahren vor den Ehrengerichten sowie vor allem bei sonstigem „unehrenhaften“ Verhalten die Konfliktlage bei der Auskunftsperson derart gravierend sei, daß § 136 StPO uneingeschränkt angewendet werden müsse. Der nötige Schutz der Auskunftsperson bei strafrechtsrelevanten Sachverhalten *durch Schweigrechte*, der hier den alleinigen Fokus der Untersuchung bildet, war nur eine der vielfältigen umstrittenen Fallgruppen.

I. Ablehnung einer Sonderstellung

In der wissenschaftlichen Literatur wird eine ablehnende Haltung einer Sonderstellung der von der Untersuchung „betroffenen“ Auskunftsperson vornehmlich rein formal mit den unterschiedlichen Aufgaben des Untersuchungs- und Strafverfahrens begründet.[437] Die aus dem Strafverfahren stammende Differenzierung zwischen Zeugen und Beschuldigten könne schon deswegen nicht auf das Untersuchungsverfahren übertragen werden, weil dieses politischen Aufgaben diene und auch nach solchen Gesichtspunkten geführt werde.[438] Im Gegensatz zum Strafverfahren hätten Auskunftspersonen weder mit einer Bestrafung durch den Untersuchungsausschuß noch mit sonstigen unmittelbaren Rechtsfolgen zu rechnen.[439] Und: Da der Staat dem Betroffenen nicht mit dem Strafanspruch gegenüber trete, sei der Grad seiner Betroffenheit, der Grad seiner Schutzwürdigkeit weitaus geringer als beim Beschuldigten oder Angeklagten im Strafverfahren.[440] Recht lapidar wird in diesem Zusammenhang häufig lediglich darauf hingewiesen, daß es im parlamentarischen Untersuchungsverfahren überhaupt gar keinen Beschuldigten im formellen Sinne gäbe[441]; auch nicht „Gegner“ in dem Sinne, daß eine Verteidigung erforderlich wäre.[442] Demzufolge fänden alle strafprozessualen Vorschriften zugunsten des Beschuldigten – hier damit § 136 StPO – für die „verdächtige“ Auskunftsperson gerade keine Anwendung.[443] Mithin müsse der Untersuchungsgegenstand ausschließlich durch die

---

437 *Di Fabio* S. 66; *Kleinert* in: Thaysen S. 72; *Köhler* S. 114 u. 209; *Zeh* DÖV 1988, 701 (705 f.).

438 *Köhler* S. 209.

439 *Kleinert* in: Thaysen S. 72; *Köhler* S. 114 u. 209; *Schneider* 57. DJT Bd. II, M 84.

440 *Kleinert* in: Thaysen S. 72.

441 *Groß* DVBl 1971, 638 (639).

442 *Schneider* 57. DJT Bd. II, M 84.

443 *Berthy* in: Damkowski S. 43; *Schneider* 57. DJT Bd. II, M 84.

Vernehmung des Betroffenen als Zeugen aufgehellt werden.[444] Dementsprechend stünde die betroffene Auskunftsperson unter Wahrheitszwang und könne sich ggf. lediglich auf das punktuelle Auskunftsverweigerungsrecht (analog § 55 StPO) berufen. Ein derartiger Schutz ist nach dieser Ansicht ausreichend.[445]

Mit ähnlichen Argumenten hat auch die Enquete-Kommission Verfassungsreform von 1976 eine Unterscheidung von Zeugen und Betroffenen abgelehnt. Sie hielt eine solche aus dem Strafprozeß stammende Einteilung der Auskunftspersonen im Untersuchungsverfahren für systemwidrig.[446] Während im Strafverfahren die persönliche Schuld eines Menschen im Hinblick auf die Verwirklichung eines gesetzlich fest umrissenen Tatbestandes untersucht werde, sei es demgegenüber Aufgabe von Untersuchungsausschüssen, Sachverhalte unter politischen Gesichtspunkten aufzuklären und zu bewerten.[447] Es gehe um die Feststellung *politischer* Verantwortlichkeit für vermeintliche Fehlentwicklungen.[448]

Neben den reklamierten Strukturunterschieden wird zudem von den Gegnern einer Betroffenenstellung im besonderen Maße verstärkt hervorgehoben, daß die Anerkennung eines Betroffenenstatus mit der Einräumung individueller Schutzrechte vor allem die Effektivität parlamentarischer Untersuchungsausschüsse behindern könnte.[449] Die mit einer Sonderstellung verbundenen umfassenden Aussageverweigerungs- und Mitwirkungsrechte bedeuteten in letzter Konsequenz, den Sinn parlamentarischer Untersuchungsausschüsse zu konterkarieren.[450] So sei die Sachverhaltsaufklärung dann allenfalls nur noch durch Randfiguren möglich, da bei Untersuchungen „gegen" die Regierung deren Vertreter immer den Betroffenenstatus beanspruchen könnten.[451] Neben dem zu gewährenden umfassenden Schweigerecht könnten gerade Frage- und Beweisantragsrechte die Enquete erheblich erschweren und verzögern.[452] *Köhler* führt hierzu aus:

> „Anlaß für die Einsetzung eines Untersuchungsausschusses sind häufig aktuelle Ereignisse oder Themen, die aufgrund der Berichterstattung in den Medien gerade das Interesse der Öffentlichkeit nach sich ziehen. Soll das Instrument der parlamentarischen Untersuchung einen wesentlichen Beitrag zur Selbstreinigung in unserem demokratischen Staatswesen leisten, ist es erforderlich, daß die Aufklärung bestimmter Geschehnisse oder Sachverhalte zeitnah und zügig erfolgt.

---

[444] *Groß* DVBl 1971, 638 (639).
[445] *Groß* DVBl 1971, 638 (639).
[446] *Enquete-Kommission Verfassungsreform* BT-Drs. 7/5924, S. 52, 1.3.1.
[447] *Enquete-Kommission Verfassungsreform* BT-Drs. 7/5924, S. 52, 1.3.1.
[448] *Enquete-Kommission Verfassungsreform* BT-Drs. 7/5924, S. 52, 1.3.1.
[449] *Arndt* 57. DJT Bd. II, M 183; *Quaas/Zuck* NJW 1988, 1875 (1878); *Di Fabio* S. 67 f.; *Hilf* NvWZ 1987, 537 (542); *Morlok* Sachverständigenanhörung S. 88; *Schneider* 57. DJT Bd. II, M 84; *Zeh* DÖV 1988, 701 (706).
[450] *Köhler* S. 211; *Schneider* 57. DJT Bd. II, M 84; *Zeh* DÖV 1988, 701 (706).
[451] *Köhler* S. 211; *Zeh* DÖV 1988, 701 (706).
[452] *Köhler* S. 116; sinngemäß *Di Fabio* S. 67.

> Dies ist auch deshalb notwendig, weil parlamentarische Enqueten dem Diskontinuitätsgrundsatz unterworfen sind und die Zeit für die Durchführung eines Untersuchungsverfahrens bei Ausschüssen, die in der zweiten Hälfte der Legislaturperiode eingesetzt werden, ohnehin knapp bemessen ist. Würden den von einer parlamentarischen Untersuchung betroffenen Auskunftspersonen die individuellen Schutzrechte von Beschuldigten im Strafverfahren zuerkannt, wäre damit die Gefahr verbunden, daß die Durchführung des Verfahrens nicht unerheblich gehemmt wird. ... es käme zur Verfahrensverzögerungen: Es würde zwangsläufig ein großer Bewertungsspielraum bei der Zuerkennung von Betroffenenrechten eröffnet, der Streitigkeiten von Mehrheit und Minderheit im Untersuchungsausschuss vorprogrammiert.[453]"

In die gleiche Richtung gehen auch die Bedenken, daß sich in der Praxis in vielen Fällen nur äußerst schwierig feststellen ließe, wer denn überhaupt „Betroffener" der Untersuchung sei.[454] Dabei kämen immense praktische Probleme auf, die letztlich ebenfalls die Wirksamkeit des Untersuchungsverfahrens erheblich gefährden könnten.[455] Aufgrund der zu erwartenden Abgrenzungsschwierigkeiten und der Auseinandersetzungen im Ausschuß über die Zuordnung als Zeuge oder Betroffener dürfe nicht zwischen „betroffenen" und „unbeteiligten" Auskunftspersonen differenziert werden. Besonders eindringlich warnen diesbezüglich auch *Zeh* und *Kipke*:

> „Wer soll entscheiden, welche Auskunftspersonen zu „Betroffenen" erklärt werden? Wenn dies „dem Ausschuß" obläge, würde es sich um einen Mehrheitsbeschluß handeln mit der Folge, daß die im Ausschuß widergespiegelte parlamentarische Mehrheit die politischen oder administrativen Akteure „ihrer" Regierung, gegen die sich die Untersuchung in vielen oder den meisten Fällen ohnehin richtet, durch Zuerkennung des Betroffenenstatus vor allzu weitgehenden Auskunftspflichten schützen könnte. Etwaigen ebenfalls zu befragenden Personen, die der Opposition zugeordnet würden, könnte derselbe Schutz versagt werden.
>
> Wollte man Einstimmigkeit im Ausschuß für diesen Beschluß verlangen, würde dies zu einem Abkommen zwischen Mehrheit und Opposition über die besserzustellenden Auskunftspersonen führen. Dem Ausschußvorsitzenden diese Entscheidung aufzuladen, könnte ihn leicht überfordern, er käme, auch wenn er in Sachentscheidungen des Ausschusses kein Stimmrecht hätte, nach wie vor aus einer der Fraktionen, würde also vor und nach der Untersuchung politisch voll auf der Seite von Regierungsmehrheit oder Opposition agieren und sich gegenüber der Öffentlichkeit wohl nur schwer so darstellen können, als berücksichtige er dies während seiner Rolle als Ausschußvorsitzender nicht. Von seinem Wort würde abhängen, ob von einer Auskunftsperson Nähe-

---

[453] *Köhler* S. 209.

[454] *Kipke* S. 62; *Partsch* 45. DJT Bd. I Teil 3, S. 112; *Enquete-Kommission Verfassungsreform* BT-Drs. 7/5924, S. 52, 1.3.1.

[455] *Enquete-Kommission Verfassungsreform* BT-Drs. 7/5924, S. 52, 1.3.1.

res zu erfahren wäre – und zwar von einer wichtigen, von der immerhin in Rede stehen müßte, die Untersuchung richte sich wesentlich gegen sie. Der Vorsitzende könnte wahrscheinlich nur lavieren: Einmal eine seiner politischen Gegenseite zugeordnete Auskunftsperson zum Beweis seiner Unabhängigkeit zum Betroffenen erklären, ein andermal nicht, und nur mit großer Weisheit oder großem Glück würde es ihm vergönnt sein, auf diese Weise die richtigen Entscheidungen zu treffen.[456]"

„Es kann manchmal erst nach der Vernehmung sichtbar werden, daß ein Zeuge eigentlich als „Betroffener" einzustufen war. Ihm kann umgekehrt zu Unrecht der „Betroffenen"-Status zuerkannt worden sein. Die sachliche Ausrichtung einer Enquete ist häufig nicht im voraus klar, sondern wird erst im Laufe der Untersuchung deutlich. „Die Fronten" verlaufen im Untersuchungsverfahren teils unsichtbar, teils ändern sie sich von einem Tag zum anderen; daher ist die Angriffsrichtung häufig sehr schwer auszumachen, was die Einstufung von Zeugen als „Betroffene" entsprechend erschweren muß. ... Noch gewichtiger dürfte der Gesichtspunkt sein, daß sich unter den Bedingungen der öffentlichkeitsorientierten Skandal-Enquete der Betroffene vor der Öffentlichkeit sofort in die Rolle des Angeklagten versetzt sehen wird.[457]"

Neben diesen Bedenken wird von den Gegnern einer Betroffenenstellung letztlich noch ein weiterer Kritikpunkt angeführt. Zwar wird von *Zeh* zunächst konzediert, daß Auskunftspersonen im Untersuchungsverfahren vereinzelt rechtsstaatlich schlechter stünden als vor Gericht.[458] Daraus wird von ihm jedoch nicht der Schluß gezogen, daß gerade aufgrunddessen ein Betroffenenstatus zu implementieren sei. Im Gegenteil: Er und andere argumentieren damit, daß eine Sonderstellung für Betroffene die Gleichsetzung des Untersuchungsverfahrens mit dem Strafverfahren in den Augen der Öffentlichkeit sogar noch bekräftigen würde.[459] Eine Übernahme einer „Quasi-Beschuldigten-Stellung" würde das Untersuchungsverfahren in die Nähe des Strafrechts rücken.[460] Beschuldigtenrechte aus dem Strafverfahren vermittelten aber gerade in der Öffentlichkeit den nachhaltigen Eindruck, man sitze über die betroffene Person zu Gericht;[461] mit der Folge, daß die Einordnung eines zu Befragenden als Betroffenen und nicht lediglich als Zeuge leicht als „diskriminierend" verstanden würde.[462] Ferner entstünde bei Anerkennung des Betroffenenstatus eine künstlich aufgebaute Konfrontation zwischen Informant und Ausschuß.[463] Nach *Köhler* ließe die

[456] *Zeh* DÖV 1988, 701 (705).
[457] *Kipke* S. 62.
[458] *Zeh* DÖV 1988, 701 (705).
[459] *Zeh* DÖV 1988, 701 (705); *Jekewitz* 57. DJT Bd. II, M 180; *Schneider* 57. DJT Bd. II, M 84.
[460] *Jekewitz* 57. DJT Bd. II, M 180.
[461] *Schneider* 57. DJT Bd. II, M 84; ihm folgend *Köhler* S. 115.
[462] *Köhler* S. 115; Dreier/*Morlok* Art. 44 Rn. 45.
[463] *Schneider* 57. DJT Bd. II, M 84.

Übernahme strafprozessualer Kategorien „die parlamentarische Enquete zwangsläufig zu einem Tribunal denaturieren[464]".

Nicht zuletzt aus diesem Grunde wird eine spezielle Betroffenenstellung mit umfassendem Aussageverweigerungsrecht von einem Teil der wissenschaftlichen Literatur abgelehnt.

II. Befürworter einer Sonderstellung

Im überwiegenden Teil der Literatur wird demgegenüber eine Sonderstellung des Betroffenen befürwortet.[465] Der grundsätzliche Einwand, das Untersuchungsverfahren kenne, anders als das Strafverfahren, keinen Beschuldigten bzw. Angeklagten, weshalb ausschließlich die für die Vernehmung von Zeugen geltenden Vorschriften uneingeschränkt zur Anwendung kommen müßten, wirke dagegen mit seiner formalistisch-normativen Sichtweise „gar zu glatt[466]".[467] Es könne keineswegs überzeugen, wenn schon allein im Hinblick auf den fehlenden Sanktionscharakter des Abschlußberichts eine im Vergleich mit dem Beschuldigten geringere Schutzbedürftigkeit des Betroffenen behauptet werde.[468]

Denn gerade aufgrund der bei Skandalenqueten erheblichen publizistischen Wirkung des Untersuchungsverfahrens sowie der damit verbundenen gesellschaftlichen und politischen Folgen wären die sozialen Konsequenzen für den Betroffenen auch ohne eine direkte Sanktion den Folgen eines Strafverfahrens *zumindest* vergleichbar.[469] Aufgrund solch einer *materiellen* Gleichheit der kollidierenden Interessen befinde sich die betroffene Auskunftsperson jedenfalls rein faktisch in der Lage eines „Beschuldigten".[470] Ihre Lage ähnele in diesem Falle weniger der eines Zeugen im Strafprozeß als vielmehr der eines Angeklagten[471], so daß für diese bestimmte Schutzregelungen erforderlich seien, insbesondere ihre umfassende Einlassungsfreiheit.[472] Auch

---

[464] *Köhler* S. 115; ebenso *Schneider* 57. DJT Bd. II, M 84.

[465] *Beckedorf* ZParl 1989, 35 (41); *Bickel* 57. DJT Bd. II, M 30; *Buchholz* S. 76 ff.; *Di Fabio* S. 47; *Glauben* DRiZ 2000, 122; *Gollwitzer* FS Dünnebier 327 (335); *Gollwitzer* BayVBl 1982, 417 (418 f.); *Hölz* S. 61; *Horn/Herbert* VR 1997, 163 (166); *Kipke* S. 61; *Kohl* S. 187; *Kohlmann* JA 1984, 670 (671); *Rinck* DVBl 1964, 706 (708 ff.); *Schenke* JZ 1988, 805 (814); *Schleich* S. 46; *Wagner* NJW 1960, 1936 (1937 f.); *Wohlers* NvWZ 1994, 40 (41 f.).

[466] *Schenke* JZ 1988, 805 (814).

[467] *Gollwitzer* FS Dünnebier 327 (335); *Hölz* S. 61; *Schenke* JZ 1988, 805 (814).

[468] *Buchholz* S. 84 f.; *Wohlers* NVwZ 1994, 40 (41); sinngemäß *Germis* S. 49.

[469] *Beckedorf* ZParl 1989, 35 (43); *Buchholz* S. 81 ff.; *Gollwitzer* BayVBl 1982, 417 (423); *Müller-Boysen* S. 68 ff.; *Schenke* JZ 1988, 805 (814); *Schleich* S. 46; *Wohlers* NVwZ 1994, 40 (41); sinngemäß *Germis* S. 49.

[470] *Buchholz* S. 85; *Damkowski* ZRP 1988, 340 (343); *Damkowski* in: Thaysen S. 146 u. 159; *Gollwitzer* FS Dünnebier 327 (335).

[471] *Gollwitzer* FS Dünnebier 327 (335); *Müller-Boysen* S. 157; *Schenke* JZ 1988, 805 (814); *Schleich* S. 46.

sondere ihre umfassende Einlassungsfreiheit.[472] Auch läge bereits die sinngemäße Anwendung (Art. 44 II GG) nahe, einen derart Betroffenen nicht als Zeugen zu vernehmen und zu beeiden, sondern ihn hinsichtlich seiner Auskunftspflicht einem Angeklagten im Strafverfahren gleichzustellen.[473]

Es dürfe ferner gerade nicht außer Betracht bleiben, daß die Feststellungen des parlamentarischen Untersuchungsverfahrens regelmäßig Anlaß für die Einleitung eines Strafverfahrens oder eines anderen staatlichen Verfahrens mit unmittelbaren rechtsrechtlichen Sanktionsfolgen seien bzw. beide Verfahren auch parallel laufen könnten.[474] Denn oft würden parlamentarische Untersuchungen lediglich mit dem Ziel eingeleitet oder weitergeführt, einer bestimmten Person persönliches Fehlverhalten nachzuweisen und an den Pranger zu stellen.[475]

Überdies hält diese Ansicht eine rein formelle Betrachtung bei der parlamentarischen Untersuchung auch deswegen schon für nicht sachgerecht, weil auch der Wortlaut des Untersuchungsauftrages auf manipulative Weise immer so gefaßt werden könnte, daß insbesondere derjenige, gegen den untersucht werden soll, nicht namentlich genannt würde.[476]

Einen weiteren Ansatzpunkt für eine Sonderstellung wählt *Gollwitzer*. Es sei nach ihm ein „Gebot der Verfahrensgerechtigkeit", der von der Untersuchung betroffenen Auskunftsperson das uneingeschränkte Recht einzuräumen, jede Einlassung zur Sache zu verweigern.[477] Wer in einem später gegen ihn geführten staatlichen Verfahren dieses Recht habe, dem dürfe es nicht dadurch entwertet werden, daß im Vorfeld dieses Verfahrens Ermittlungen nicht von der normalerweise dafür zuständigen Stelle, sondern wegen des besonderen öffentlichen Interesses von einem Parlamentsausschuß geführt würden.[478] Sei ein Straf-, Bußgeld- oder Disziplinarverfahren bereits anhängig, so wäre es nach *Gollwitzer* völlig ungerechtfertigt, dem Beschuldigten nur dort, nicht aber bei den gleichgerichteten und möglicherweise sogar gleichzeitig durchgeführten Erhebungen des Untersuchungsausschusses das Schweigerecht des Angeklagten zuzuerkennen. Andernfalls würden seiner Ansicht nach wesentliche Verteidigungspositionen in irreversibler Weise in Frage gestellt.[479]

---

[472] *Gollwitzer* FS Dünnebier 327 (335); *Schenke* JZ 1988, 805 (814); sinngemäß *Beckedorf* ZParl 1989, 35 (41).
[473] *Di Fabio* S. 47; *Gollwitzer* FS Dünnebier 327 (335).
[474] *Wohlers* NVwZ 1994, 40 (41).
[475] *Gollwitzer* FS Dünnebier 327 (335).
[476] *Beckedorf* ZParl 1989, 35 (41); *Gollwitzer* FS Dünnebier 327 (335); *Schenke* JZ 1988, 805 (814).
[477] *Gollwitzer* FS Dünnebier 327 (335).
[478] *Gollwitzer* FS Dünnebier 327 (335).
[479] *Gollwitzer* FS Dünnebier 327 (335).

Und: *Wohlers* hebt stellvertretend hervor, daß das parlamentarische Untersuchungsverfahren und das Strafverfahren nicht nur in den Folgen, sondern auch in den Grundstrukturen vergleichbar seien.[480] Die Ausschußmitglieder müßten im Vergleich zu den beteiligten Personen des Strafverfahrens die dreifache Rolle des Inquirenten als Ankläger, Verteidiger und Urteiler angemessen ausfüllen und der Betroffene habe keine Rechtsschutzmöglichkeiten gegen den Abschlußbericht.[481] Demzufolge sei so das Bedürfnis einer eigenständigen „Subjektrolle" sogar höher als im Strafverfahren zu veranschlagen.[482] Auch aus diesem Grunde sollten nach *Wohlers* alle Auskunftspersonen, deren (mögliches) Fehlverhalten ausschließlich oder doch überwiegend Gegenstand der Untersuchung ist, eine Sonderstellung in Anspruch nehmen können.[483]

Schließlich sei ein *partielles* Auskunftsverweigerungsrecht entgegen der obigen Auffassung zum Schutze der Auskunftsperson gerade nicht ausreichend.[484] So ergäben sich massive Bedenken gegen das Auskunftsverweigerungsrecht aus der Notwendigkeit der Geltend- und Glaubhaftmachung nach § 56 StPO.[485] Die bestehenden „Darlegungspflichten" ließen sich oftmals nur schwer erfüllen.[486] Schon bei der Beantwortung von Einzelfragen könne es für die Auskunftsperson schwierig sein, die strafrechtliche Relevanz der Antwort im voraus zu beurteilen, insbesondere dann, wenn sie Inhalt und Umfang der erhobenen Vorwürfe gar nicht oder nur zum Teil kenne.[487] Hinzu käme, daß die Ausschußmitglieder in der Regel nicht über die Befähigung zum Richteramt verfügten und deshalb häufig außerordentliche Schwierigkeiten bei der Beurteilung der strafrechtlichen Relevanz der Antwort hätten.[488] Noch schwieriger werde es für die Auskunftsperson, wenn sie dartun solle, aus welchen Gründen sie sich für berechtigt hielte, die konkrete Auskunft bzw. die Aussage insgesamt zu verweigern. Gerade weil der parlamentarischen Untersuchung nahezu ausnahmslos eine öffentliche Diskussion vorausgehe, in der Anschuldigungen und Verdächtigungen geäußert würden, komme die Auskunftsperson in eine Zwangslage.[489] Berufe sie sich auf das Verweigerungsrecht, so gebe sie damit mittelbar zu, daß sie die vorgeworfene Handlung begangen habe. Berufe sie sich nicht auf diese Vorschrift, so müsse sie entweder gestehen oder lügen.[490] Damit komme die Geltendmachung des

---

480 *Wohlers* NVwZ 1994, 40 (41).
481 *Wohlers* NVwZ 1994, 40 (41).
482 *Wohlers* NVwZ 1994, 40 (41).
483 *Wohlers* NVwZ 1994, 40 (41).
484 *Kohlmann* JA 1984, 670 (671); *Gollwitzer* BayVBl 1982, 417 (420); *Gollwitzer* FS Dünnebier 327 (338); *Kohl* S. 189 f.; *Rinck* DVBl 1964, 706 (707).
485 *Kohlmann* JA 1984, 670 (671); *Kohl* S. 189 f.
486 *Kohlmann* JA 1984, 670 (671).
487 *Kohlmann* JA 1984, 670 (671).
488 *Kohl* S. 190; sinngemäß *Kohlmann* JA 1984, 670 (671).
489 *Kohlmann* JA 1984, 670 (671); *Kohl* S. 190.
490 *Kohlmann* JA 1984, 670 (671); *Kohl* S. 190.

Auskunftsverweigerungsrechts einem erzwungenen Geständnis nahezu gleich.[491] Dies aber wolle das nemo-tenetur-Prinzip gerade verhindern.[492] Mit derselben Begründung werde auch die Konstruktion des Rechtes aus § 55 StPO in der strafprozessualen Literatur teilweise für unhaltbar und reformbedürftig erachtet.[493] So basiere die Diskussion um den erweiterten Schutz des „tatverdächtigen Zeugen" genau auf dieser Problemlage. Doch im Untersuchungsverfahren würden sich die Probleme noch potenzieren.[494]
Nach dieser Ansicht hätte sich beispielsweise Ex-Bundeskanzler Kohl in der aktuellen Parteispendenaffäre auf ein umfassendes Zeugnisverweigerungsrecht (analog § 136 StPO) im Untersuchungsausschuß berufen können.

Mit dieser beispielhaften Verdeutlichung der enormen praktischen Auswirkung der divergierenden Auffassungen hinsichtlich einer Einschränkung des parlamentarischen Aufklärungsinteresses zugunsten der Selbstbelastungsfreiheit wird die deskriptive Darstellung des derzeitigen Forschungsstandes abgeschlossen, so daß mit der Entwicklung von rechtsmethodischen Kriterien für eine Kollisionslösung begonnen werden kann.

§ 2 Kriterien einer Kollisionslösung

Die entscheidenden zu beantwortenden Fragen lauten: Besteht de lege lata die rechtliche Möglichkeit, die Selbstbelastungsfreiheit im parlamentarischen Untersuchungsverfahren einzuschränken und auf diesem Wege quasi „amerikanische Verhältnisse" zu schaffen? Kann man auf diese Weise das Spannungsverhältnis rechtskonform auflösen? Könnte man also beispielsweise Helmut Kohl durch eine uneingeschränkte Aussagepflicht dazu zwingen, die Spendernamen zu nennen? Oder gebietet die deutsche Rechtsordnung vielmehr, die Rechte der Auskunftsperson im Untersuchungsausschuß zu stärken und ihr damit ein umfassendes Schweigerecht (analog § 136 StPO) einzuräumen?

A. Methodischer Ausgangspunkt

Will man zur Beantwortung dieser Fragen sachgerechte und operationale Kriterien entwickeln und auf diese Weise darauf aufbauend die bisherigen Kollisionsschlichtungsmodelle analysieren und neue Optimierungsansätze entwickeln, müssen sich die nachfolgenden Ausführungen als rechtswissenschaftliche Analyse an den rechtsmethodologischen und rechtsdogmatischen Grundlagen der Jurisprudenz sowie nicht zuletzt an den „Prüfsteinen des richtigen Denkens",

---

[491] *Kohlmann* JA 1984, 670 (671); *Wagner* GA 1976, 257 (270); *Kohl* S. 190.
[492] *Kohl* S. 190.
[493] Hierauf weisen im hiesigen Zusammenhang *Buchholz* S. 104 und *Kohl* S. 190 hin.
[494] *Kohl* S. 190.

also der wissenschaftlichen Logik orientieren, sollen sie verifizierbar sein und nicht in schlichten Dezisionismus verfallen. Dementsprechend wird auch deren Aufbau ausschließlich von der Rechtsmethodik bzw. Rechtsdogmatik determiniert. So muß man sich sachlich und logisch vorrangig zunächst mit der Frage nach dem konkreten Untersuchungsgegenstand beschäftigen.

Wie im *Ersten Teil* der Untersuchung eruiert wurde[495], läßt sich zum einen das Schweigerecht der Auskunftsperson unmittelbar aus den Grundrechten (Art. 2 I iVm Art. 1 I GG) herleiten, zum anderen ist aber auch das konfligierende Beweiserhebungsrecht des parlamentarischen Untersuchungsausschusses auf höchster Normebene – der Verfassung der Bundesrepublik Deutschland – in Art. 44 GG als ein für die Sicherung der Gewaltenteilung elementares Verfassungsrechtsgut verankert. Demnach handelt es sich beim Untersuchungsgegenstand um eine Kollision auf der Verfassungsebene, für deren Auflösung – wie zu zeigen sein wird – ganz spezifische Anforderungen zu stellen sind.

Bevor jedoch eine Lösung dieses Konflikts entwickelt wird, ist zunächst die hiesige Interessenkollision kurz von ähnlichen Erscheinungsformen abzugrenzen. Es geht dabei darum, eine Kollision im Normbereich erst gar nicht entstehen zu lassen. Die Kollision als „Überschneidung normativer Bereiche[496]“ kann nämlich nur dann entstehen, wenn der Schutzgegenstand der jeweils einschlägigen Norm überhaupt berührt ist. So lassen sich nur durch eine präzise Bestimmung der Schutzgegenstände der konfligierenden Verfassungsnormen die zahlreichen „Scheinkollisionen“ ausschließen.[497]

Für den Schutzbereich des Schweigerechts aus Art. 2 I GG iVm Art. 1 I GG kann diesbezüglich auf die obigen Grundlagen rekurriert werden. So darf niemand durch staatliche Beugemaßnahmen *gezwungen* werden, sich selbst einer *Straftat* zu bezichtigen und damit zu seiner Überführung beizutragen. Zum einen ist demnach der nemo-tenetur-Grundsatz nur einschlägig, wenn eine Aussage vor dem Untersuchungsausschuß *erzwungen* werden kann. Würde man nun als Kollisionsschlichtungsinstrument eine auf *Freiwilligkeit* basierende Kronzeugenregelung wählen, läge strenggenommen überhaupt keine Kollision zwischen Schweige- und Aufklärungsinteressen vor. Zum anderen ist überaus fraglich, ob auch ordnungswidrigkeitsrelevante Sachverhalte eine „echte Kollision“ auslösen könnten. Ebenso können bezüglich des Schutzgegenstandes des parlamentarischen Untersuchungsrechts die einleitenden Erkenntnisse[498] zu dessen Schranken bzw. Grenzen fruchtbar gemacht werden: Verstößt etwa der Untersuchungs-

[495] 1. Teil § 2 C = S. 36 ff.
[496] *Gern* DÖV 1986, 462 (465).
[497] *Stern* § 82 II 4 = S. 622 u. § 82 III 3 = S. 643 f.; *Heyde* FS Zeidler 1429 (1434); zur Scheinkollision insbesondere *Rüfner* Festgabe Bundesverfassungsgericht Bd. II, 453 (455 ff.); *Ossenbühl* in: Abwägung im Recht, 25 (32); v.Münch-*v.Münch* Vor Art. 1-19 Rn. 45.
[498] 1. Teil § 1 D = S. 15 ff.

ausschuß bei der Beweiserhebung gegen das Bundesstaatsprinzip[499], dringt es in unzulässiger Weise in den Arkanbereich der Bundesregierung ein[500] oder untersucht es einen unzulässigen Untersuchungsgegenstand[501], liegt eine Kollision im obigen Sinne wegen Verstoßes gegen die „allgemeinen Gesetze" nicht vor. Man bräuchte in diesen Fällen mangels Kollisionslage keinen Konfliktlösungsmechanismus zwischen individueller Selbstbelastungsfreiheit und parlamentarischem Aufklärungsinteresse zu entwickeln. Die Auskunftsperson könnte sich auf die Verfassungswidrigkeit der Beweiserhebung schon wegen Verstoßes gegen Art. 44 GG berufen.

Folglich kann von einer Kollisionslage zwischen Schweige- und Aufklärungsinteressen nur dann gesprochen werden, wenn einerseits die Auskunftsperson durch Zwangsmaßnahmen des Untersuchungsausschusses angehalten würde, sich selbst strafrechtlich zu belasten, und anderseits der Untersuchungsausschuß sich im Rahmen der „allgemeinen Gesetze" halten würde. Nur ein derartiges Spannungsverhältnis bedarf der Auflösung.

Dies erkennen alle dargelegten Ansichten uneingeschränkt an. Dementsprechend wurden, wie eingehend beschrieben[502], auch verschiedene Kollisionsauflösungs*mittel*, vorwiegend Lösungen in Gesetzesform, vorgeschlagen. Jedoch ist eine gesetzgeberische Lösung gerade bei Grundrechtseingriffen niemals Selbstzweck, sondern immer Mittel *zum* (rechtspolitischen) Zweck.[503] Hieraus folgt wiederum, daß die oben dargelegten einzelnen Vorschläge nur unter der Voraussetzung, daß zunächst Klarheit über Ziel und Aufgabe der Kollisionslösung besteht, auf ihre Rechtskonformität hin überprüft werden können.

Die in hiesiger Kollisionslage allein entscheidende Zielsetzung läßt sich unschwer „aus dem Geist der Verfassung[504]" formulieren. So ist in der rechtswissenschaftlichen, namentlich der verfassungsrechtlichen Literatur[505] (Hesse[506]) und in der Rechtsprechung des Bundesverfassungsgerichts[507] unumstritten, daß es oberste Aufgabe der Kollisionslösung auf der Verfassungsebene ist, die „Einheit der Verfassung" zu gewährleisten resp. herzustellen. Dieses Prinzip verlangt

---

[499] 1. Teil § 1 D II = S. 17 f.

[500] 1. Teil § 1 D III = S. 18 ff.

[501] Namentlich 1. Teil § 1 D I = S. 16 f.

[502] 3. Teil § 1 A = S. 65 ff.

[503] Nach *Röhl*, § 30 IV = S. 260, könne jede Norm, die nicht nur aus reiner Gewohnheit eingehalten wird, als Mittel zum Zweck betrachtet werden.

[504] *Lepa* DVBl 1972, 161 (166).

[505] *Lepa* DVBl 1972, 161 (166); *Fehn* VR 1994, 413 (420); *Gern* DÖV 1986, 462 (469); sehr instruktiv *Görtz-Leible*, S. 70 ff., insbesondere S. 75; zu der Konfliktlage im Strafverfahren – Streben nach materieller Wahrheit für eine effektive Strafrechtspflege einerseits und Zeugnisverweigerungsrechte als individuelle Abwehrrechte gegenüber dem staatlichen Informationsverlangen andererseits.

[506] Hesse Rn. 317 ff.

[507] *BVerfGE* 28, 243 (260 f.); 32, 98 (107 f.); 41, 29 (Ls. 3 u. 50 f.); 52, 223 (247, 251).

anerkanntermaßen, daß alle Vorschriften des Grundgesetzes, insbesondere alle Grundrechtsvorschriften, stets zu beachten sind und Normwidersprüche so aufgelöst werden müssen, daß konfligierende Verfassungsbestimmungen nach Möglichkeit durch wechselseitige, schonende Abschwächung im Sinne praktischer Konkordanz optimal harmonisiert werden.[508]

Bezogen auf das Erkenntnisinteresse dieser Untersuchung ergibt sich demnach die Konsequenz, daß es auf dem Boden des Grundsatzes der Einheit der Verfassung Ziel dieser Kollisionslösung sein muß, Aufklärungsinteresse und Selbstbezichtigungsfreiheit nach Möglichkeit mittels eines Konfliktlösungsmechanismus in ein derartiges Verhältnis zu bringen, daß ihre Wirkkraft jeweils optimal zur Geltung kommen kann. Es muß demnach ein Optimierungsmodell, also ein Weg gefunden werden, mittels dessen zwischen Aufklärungs- und Schweigeinteressen praktische Konkordanz hergestellt wird.

Bei der Suche nach dem rechtlich zutreffenden Weg – dem *Mittel der Konfliktlösung* – lohnt es sich, die Logik als Hilfswissenschaft der Jurisprudenz[509] zu bemühen und auf *Weinberger* zu rekurrieren. In seinem Standardwerk zur „Rechtslogik" führt er aus:

> „Die teleologische Überlegung beruht in der Regel nicht auf einem einzigen Zweck; die in der Praxis auftretenden teleologischen Systeme pflegen komplex zu sein; sie umfassen eine Menge von Zwecken, ... wobei es möglich ist, daß gleichzeitig Zustände gewünscht werden, die miteinander im Widerspruch stehen oder deren gleichzeitige Erfüllung empirisch ausgeschlossen ist. ... Konflikte zwischen Zwecken gehören zum Wesen unserer Zwecksysteme, denn aufgrund relativer Wertungen werden nach Maßgabe des Zweck-systems solche Entscheidungen gesucht, die ein Wertoptimum ..., eine ausgewogene relativ optimale Wahl ergeben. ... Wenn *p* und gleichzeitig non-*p* gewünscht werden, dann zwingt uns dies zu einer relativen Wertung von *p* und von non-*p*. ... Dies führt zur relativen *Wertabwägung*, zu einer Präferenzentscheidung.[510]"

Den gleichen Schluß zieht die rechtswissenschaftliche Literatur. Kollisionen, gleich auf welcher Ebene, seien nur durch umfassende (Güter- bzw. Interessen)Abwägungen lösbar.[511] Besonders deutlich formuliert stellvertretend *Sachs*: „Mittel der Konfliktlösung soll ... die Abwägung, ihr Ziel die Herstellung praktischer Konkordanz sein[512]".

---

[508] *Lepa* DVBl 1972, 161 (166); *Fehn* VR 1994, 413 (420); *Gern* DÖV 1986, 462 (469); *Görtz-Leible* S. 75.

[509] In diesem Sinne *Weinberger* S. 28 f.

[510] *Weinberger* S. 284 f.; kursive Hervorhebungen von Weinberger.

[511] Sachs-*Sachs* Vor Art. 1 Rn. 124 und *Sachs* JuS 1995, 984 (988); *Jansen* Der Staat 36 (1997), S. 27 ff.

[512] Sachs-*Sachs* Vor Art. 1 Rn. 124 und *Sachs* JuS 1995, 984 (988).

Auch und vornehmlich bei den strafprozessualen Beweisverwertungsverboten, die gerade in dieser Untersuchung einen zentralen Stellenwert einnehmen, spielt die Abwägung als Mittel der Konfliktlösung anerkanntermaßen eine ganz erhebliche Rolle. So seien nach *Beulke* die Beweisverbote letztlich „das Ergebnis einer Abwägung zwischen den Interessen der Gemeinschaft an einer funktionstüchtigen Strafrechtspflege und dem Anspruch des Beschuldigten auf ein faires Verfahren[513]". Gleichermaßen stellt *Rogall*, der sich im Grundsätzlichen[514] und vornehmlich mit den verfassungsrechtlichen Bezügen von Beweisverboten[515] auseinandersetzt hat, heraus, daß sich „die Grenzen der ermittelnden Strafrechtspflege und damit zugleich der Schutzbereich der genannten Individual- und Gemeinschaftsinteressen erst durch *Abwägung*[516] der auf dem Spiele stehenden Interessen feststellen" ließen. Daher seien „die bisher gesetzlich fixierten Beweiserhebungsverbote ... Ausdruck und Ergebnis der vom Gesetzgeber vorgenommenen *Abwägung*[517] zwischen dem Gemeinschaftsinteresse an einer wirksamen Strafrechtspflege einerseits und dem Individual- oder Gemeinschaftsinteresse am Schutz wichtiger Rechtsgüter andererseits".

Demnach ist das Verfahren der Güterabwägung für konfligierende Verfassungsgüter unumstritten und auch für die hiesige Kollision „Schweigerecht versus Aufklärungsinteresse" bindende Methodik, mithin *Mittel der Konfliktlösung*.

Gleichwohl wäre es verfrüht, diese Feststellung *sofort* allzu wörtlich zu nehmen. So macht man es sich zu leicht, unmittelbar in eine Abwägung zwischen parlamentarischem Aufklärungs- und individuellem Schweigeinteresse einzutreten und auf diese Weise die verschiedenen Auffassungen zu verifizieren. In der juristischen Methodenlehre ist nämlich auch opinio communis, daß erst dann auf eine Abwägungsentscheidung zurückgegriffen werden darf, wenn zuerst alle *normativen* Vorgaben, zumeist mit Hilfe der Auslegungsmethoden, voll ausgeschöpft worden sind.[518]

Folglich muß zuvorderst, wie *Schnapp* es ausdrückt, „harte Arbeit am Gesetz[519]" geleistet werden. Auf den ersten Blick kann diese Forderung mit den vorherigen Ausführungen nur schwer in Einklang gebracht werden. Wurde doch gerade eruiert, einziges Mittel der Konfliktlösung sei die Abwägung und nicht die Orientierung an normativen Zwängen. Bei Lichte betrachtet wird allerdings durch den methodischen Fingerzeig, daß zuerst stets die normativen Vorgaben

---

[513] *Beulke* ZStW 103 (1991), 657 (663).

[514] *Rogall* in: Beweisverbote in Ländern der EU und vergleichbaren Rechtsordnungen, S. 119 ff.

[515] *Rogall* ZStW 91 (1979), 1 (8 ff.) und in: Theorie und Systematik des Strafprozeßrechts 113 (139 ff.).

[516] Kursive Hervorhebung von Rogall.

[517] Kursive Hervorhebung von Rogall.

[518] *Schnapp* JuS 1983, 850 (851); sinngemäß *Gern* DÖV 1986, 462 (465).

[519] *Schnapp* JuS 1983, 850 (851).

Berücksichtigung finden müßten, die hiesige Feststellung, daß die Abwägung der allein maßgebliche Konfliktlösungsmechanismus sei, nicht in Frage gestellt, sondern gerade bestätigt. Denn eine normative Vorgabe ist bei kollisionsträchtigen Sachverhalten regelmäßig[520] eine normative Schlichtungsentscheidung des Gesetzgebers. Dieser jedoch hat vor seinem Normsetzungsakt regelmäßig „offen oder verdeckt[521]" *bereits* eine Güterabwägung zur Auflösung der Kollisionslage vorgenommen und diese in Gesetzesworte gekleidet. Er hat also bereits mittels *seiner* in Worte gekleideten Abwägung normativ entschieden, welche Güter, welche Interessen durch das Medium des Gesetzes überhaupt geschützt werden sollen, welche zudem als wichtiger und wertvoller angesehen werden.[522]

Beispielsweise hat der einfache Gesetzgeber in § 136 StPO normativ entschieden, daß der Beschuldigte ein Recht habe, vollends zu schweigen. Wie bereits grundlegend untersucht wurde, hat der Gesetzeber somit de lege lata in § 136 StPO der individuellen Selbstbezichtigungsfreiheit des Beschuldigten uneingeschränkten Vorrang gegenüber dem Interesse an effektiver Strafrechtspflege eingeräumt.[523] An diese Vorgabe muß sich der Normanwender halten, will er gesetzeskonform handeln.[524]

Die der Stellungnahme unterliegenden Auffassungen von vornherein mit dem Hinweis abzulehnen, normativ habe der Gesetzgeber (sogar einstimmig!) die Kollision zwischen parlamentarischem Aufklärungsinteresse und individueller Selbstbelastungsfreiheit zu deren Gunsten und auch noch in einer Art und Weise aufgelöst, die für eine weitere Abwägung kein Raum mehr gibt, hieße indes, ei-

---

520 Ausnahmen sind Normen der durch den formellen Gesetzgeber legitimierten Exekutive; hierzu siehe nur *Brugger* AöR 119 (1994), 1, (10).

521 *Gern* DÖV 1986, 462; ferner ergibt sich dies aus der öffentlichen Diskussion, insbesondere aus den Plenardebatten, aber auch aus den Bundestagsdrucksachen.

522 In diesem Sinne *Gern* DÖV 1986, 462 (466); besonders deutlich auch *Beulke*, ZStW 103 (1991), 657 (663 f.), in seiner Kritik zur Abwägungslehre zu hypothetischen Kausalverläufen im Strafverfahren: „Gleichwohl erfaßt die Abwägungslehre nur einen Teil der Wahrheit. Man darf nämlich nicht übersehen, daß der Gesetzgeber in Teilbereichen die Abwägung bereits *selbst* vollzogen hat und daß wir dann an seine Entscheidung – zumindest soweit sie abschließend gedacht ist – gebunden sind. Es erscheint deshalb problematisch, wenn zu schnell auf das Mittel der allgemeinen Abwägung zurückgegriffen wird ..."; dem folgend *Flöhr* Jura 1995, 131 (133).

523 Typisch ist auch folgendes Beispiel: Der Norm des § 932 I 1 BGB liegt der Konflikt zwischen Behaltungs- und Erwerbsinteresse zugrunde. § 932 I 1BGB ist zu entnehmen, daß das Erwerbsinteresse als vorzugswürdig bewertet wird, wenn der Eigentümer gutgläubig ist und die Sache nicht abhandengekommen war (§ 935 BGB). Grund hiefür ist, daß bei nicht abhandengekommener Sache der bisherige Eigentümer die Sache freiwillig aus der Hand gegeben hat und deshalb weniger schutzwürdig ist; siehe *Schmalz* Rn. 255.

524 Ähnlich formuliert *Schmalz* Rn. 296: „Der Rechtsanwender hat die vom Gesetzgeber getroffene Abwägung bei der Auslegung des Gesetzes, insbesondere unter dem Aspekt des Normzwecks, nachzuvollziehen. ... Zu einer eigenständigen Interessen- und Güterabwägung ist der Rechtsanwender grundsätzlich nicht befugt.".

nem gravierenden Zirkelschluß zum Opfer zu fallen. Denn es sollen ja gerade die Forderungen de lege ferenda und somit auch auf diesem Wege mittelbar § 22 II PUAG auf ihre Rechtmäßigkeit überprüft werden. Niemand käme auf die Idee, Gesetzesentwürfe mit der Behauptung abzulehnen, sie verstießen gegen geltendes Gesetzesrecht.

Für diese Untersuchung muß die Priorität der normativen Entscheidung demnach dahingehend modifiziert werden, daß die in § 22 II PUAG getroffene normative Schlichtungsentscheidung des einfachen Gesetzgebers hinweggedacht werden muß. Dies gilt indes natürlich nicht für etwaige normative Vorgaben des Verfassungsgesetzgebers, da diese stets den Gesetzgeber nach Art. 20 III GG binden und vor allem für diese Untersuchung maßgeblich sind; letzteres nicht zuletzt deshalb, weil keine Auffassung eine Verfassungsänderung vorsieht. Auch ist hier nicht der Ort, Verfassungsänderungen vorzuschlagen. Es muß vielmehr im folgenden präzise untersucht werden, ob schon auf höchster Ebene, folglich auf der Verfassungsebene bereits normativ eine Abwägung vorgenommen wurde oder wenigstens hierfür Leitlinien für den verfassungskonkretisierenden einfachen Gesetzgeber bzw. für die Wissenschaft aufgestellt worden sind, die auch für die in dieser Stellungnahme vorzunehmende Abwägung als Mittel der Konfliktlösung unbedingt beachtet werden müssen.

B. Verfassungsrechtliche Schlichtungsentscheidung durch Art. 44 II GG

Bei der Kollision zwischen parlamentarischem Aufklärungsinteresse einerseits und dem Interesse der Auskunftsperson andererseits, sich nicht durch eine Aussage selbst bezichtigen zu müssen, handelt es sich um eine Frage der zulässigen Beweiserhebung im parlamentarischem Untersuchungsverfahren. Einschlägig ist demnach Art. 44 II GG, der im folgenden daraufhin zu überprüfen ist, ob er verfassungsrechtliche Vorgaben für eine Kollisionslösung liefert. Ausdrücklich enthält Art. 44 II GG, nach dem auf Beweiserhebungen im Untersuchungsausschuß die „Vorschriften über den Strafprozeß sinngemäß Anwendung" finden, keine eindeutige Entscheidung darüber, auf welche Weise beide Güter in Einklang zu bringen sind. Dies ist keine Überraschung, wenn man bedenkt, daß die Verfassung der Bundesrepublik Deutschland „kein Superkodex oder Generalrechtsanzeiger[525]" ist resp. sein soll, aus dem sich jede Konfliktlage „mit den naiven Mitteln schlichter Subsumtion und prompten Syllogismus[526]" erschließen und aufzeigen läßt. Bei der Analyse einer jeden Verfassungsnorm und hier des Art. 44 II GG muß vielmehr beachtet werden, daß es hieße, den Sinn einer Verfassung zu verfehlen, wie den Verfassungsgebern übermenschliche Voraussicht

---

[525] *Bethge* S. 284.
[526] *Bethge* S. 284.

zu unterstellen, wenn man annehmen wollte, daß eine Verfassung in grundlegenden Sätzen mehr als die allgemeine Richtung weisen könnte.[527] Sie legt lediglich Leitlinien fest, ist an vielen Stellen unbestimmt, vor allem um offen und damit wandlungsfähig zu sein. Dabei ist sie primär auf Ausfüllung durch Akte des verfassungskonkretisierenden Gesetzgebers, also der ersten Gewalt im Rechtsstaat, angewiesen.[528] Demzufolge ist wohl davon auszugehen, daß auch hier nur der Versuch unternommen werden kann, aus Art. 44 II GG mittels Auslegung „allgemeine" Vorgaben für die hiesige Konfliktlage zu gewinnen.

Gleichwohl könnte man ausgehend vom Wortlaut des Art. 44 II GG – „auf Beweiserhebungen finden die Vorschriften über den Strafprozeß sinngemäß Anwendung" – trotzdem zunächst prima facie annehmen, der Verfassungsgesetzgeber habe verbindlich entschieden, daß ausschließlich und dauerhaft die §§ 55, 136 StPO, nach denen die Kollision zwischen dem öffentlichen Aufklärungsinteresse und der individuellen Selbstbelastungsfreiheit zugunsten des Individuums entschieden wurde, auf das parlamentarische Untersuchungsverfahren anzuwenden sind. Demnach könnte sich die Auskunftsperson bei der Gefahr strafrechtlicher Selbstbelastung vor dem Untersuchungsausschuß stets auf ein Schweigerecht berufen. Wollte man mit den Verfechtern einer Einschränkung des Auskunftsverweigerungsrechts gehen, müßte dann allerdings eine Verfassungsänderung durchgeführt werden, weil dann doch schon de constitutio lata eine Entscheidung zugunsten der Selbstbelastungsfreiheit gefallen ist.

Eine solche Annahme setzt jedoch zweierlei voraus: Zum einen müßte man dann die Verweisung auf die Vorschriften über den Strafprozeß als statische Verweisung verstehen. Hiergegen spricht jedoch bereits der offene und wandlungsfähige Charakter der Verfassung und auch die prinzipielle Regelungshoheit des Gesetzgebers im Verfassungsgefüge. Auch ist nicht erkennbar, warum der Verfassungsgesetzgeber mit dieser Formulierung von vornherein andere etwaige Abwägungsentscheidungen des einfachen strafprozessualen Gesetzgebers als nicht auf das Untersuchungswesen übertragbar ansehen wollte. Kronzeugen-, Immunitäts- oder gar Gnadenregelungen im Strafverfahren sind auch unter rechtsstaatlichen Gesichtspunkten nicht völlig ausgeschlossen, so daß man auch deren Anwendung im Untersuchungsverfahren erwägen könnte. Sicherlich spricht die Verweisung nicht unbedingt dafür, aber vor allem auch nicht dagegen. Sie verhält sich demgegenüber indifferent.

Daß die Verweisung auf die Vorschriften über den Strafprozeß nicht als statisch zu verstehen ist, findet schließlich ihre Bestätigung in der rechtswissenschaftlichen Literatur[529] und in der Judikatur des Bundesverfassungsgerichts[530].

---

[527] *Krüger* DÖV 1971, 288 (291); *Bethge* S. 284.
[528] Hierzu vor allem *Bethge* S. 282 ff.
[529] *Gollwitzer* FS Dünnebier 327 (331); Leibholz/Rinck/*Hasselberger* Art. 44 Rn. 81; Rogall Sachverständigenanhörung S. 103.
[530] *BVerfGE* 76, 363 (386).

Indes wird nach dem derzeitigen Stand der Forschung eine umfassende Begründung dafür bisher nicht geliefert, vielmehr wird als „selbstverständlich" vorausgesetzt, daß die Verweisung sich auf die jeweils *geltenden* Vorschriften über den Strafprozeß bezieht.[531]

Zum anderen würde die Annahme, daß ausschließlich die §§ 55, 136 StPO Anwendung finden müßten, zwingend voraussetzen, daß nur die Strafprozeßordnung sedes materiae für die Beweiserhebungen im Untersuchungsausschuß sein dürfte. Hiergegen spricht jedoch schon der eindeutige Wortlaut „Vorschriften über den *Strafprozeß*". Denn früher hieß es noch in Art. 34 WRV im Gegensatz zur heutigen Regelung „Vorschriften über die *Strafprozeßordnung*".[532] Also ist wahrscheinlich davon auszugehen, daß der Verfassungsgesetzgeber andere gesetzliche Regelungen, sofern sie sich auf den *Strafprozeß* beziehen, nicht gänzlich ausschließen wollte und so auch offen für etwaige spezielle Kronzeugen- oder Immunitätsgesetze sein konnte.

Ist schon aufgrund der Tatsache, daß die Verweisung auf die Vorschriften über den Strafprozeß als dynamisch zu verstehen ist, die Ermittlung verfassungsrechtlicher Vorgaben äußerst schwierig, wird ein solches Unterfangen vor allem aber noch durch die Formulierung, daß die Vorschriften über den Strafprozeß lediglich *„sinngemäß"* Anwendung finden müßten, ganz erheblich erschwert.

Denn „sinngemäße Anwendung" kann gerade nicht bedeuten, daß im Verfahren vor dem Untersuchungsausschuß alle Vorschriften über den Strafprozeß, also insbesondere der Strafprozeßordnung, deckungsgleich mit ihrer Anwendung vor einem Strafgericht zu übernehmen sind.[533] Rechtsmethodisch ist anerkannt, daß die Verweisung als gesetzestechnisches Vereinfachungsmittel sich des Zusatzes „entsprechend" oder „sinngemäß" bedient, um unsachgemäße Gleichsetzungen mit den in Bezug genommenen Rechtssätzen zu verhindern.[534] Demnach muß den strukturellen Unterschieden der Verfahren vor einem Strafgericht und dem parlamentarischen Untersuchungsausschuß Rechnung getragen werden.[535] Der Untersuchungsausschuß ist kein Gericht, seine Tätigkeit keine Rechtspflege, sondern Ausübung eines verfassungsmäßigen Kontrollrechts des

---

[531] In *BVerfGE* 76, 363 (386) heißt es lediglich, daß Sinn und Zweck eine Auslegung als bloße statische Verweisung ausschließen. Schließlich spricht auch die Praxis parlamentarischer Untersuchungsausschüsse für einen dynamischen Verweis. So findet, wie beobachtet wurde, eine Belehrung gemäß § 136 I 2 StPO statt.

[532] Diese sprachliche Differenzierung wurde vom Redaktionsausschuß des parlamentarischen Rates vorgenommen. Siehe hierzu: *Olschewski* in: Bachmann/Schneider S. 77 mit Verweis auf: Parlamentarischer Untersuchungsausschuß, Sten. Ber. über die 2. Sitzung des Hauptausschusses, S. 15.

[533] *Schaefer* NJW 1998, 434 (435) und NJW 2002, 490; *Scholz* AöR 1980 (105), 564 (608); ähnlich *Brocker* ZParl 1999, 739 (742).

[534] *Di Fabio* S. 56; *Larenz* S. 250; *Karpen* S. 78.

[535] *Schaefer* NJW 1998, 434 (435) und NJW 2002, 490; in Bezug auf § 96 StPO das *BVerfG* in: BVerfGE 67, 100 (137).

Parlaments. Sinngemäße Anwendung kann folglich – wie das Bundesverfassungsgericht im Flick-Urteil[536] ausführt – nur heißen, daß zunächst vom Sinn und Zweck des parlamentarischen Untersuchungsausschusses auszugehen ist. Von daher ist jeweils zu prüfen, welche strafprozessualen Vorschriften heranzuziehen und in welchem Umfang sie anzuwenden sind.[537] Besonders eindringlich formuliert hierzu *Keßler*: „Wenn nun Art. 44 II GG von der auf die parlamentarische Untersuchung bezogenen „sinngemäßen" Anwendung der Strafprozeßvorschriften spricht, so ist damit zugleich die von den Verfassern dieses Satzes gesehene Möglichkeit ausgedrückt, daß der ursprüngliche Sinn einzelner dieser Strafprozeßregeln mit dem Sinn der parlamentarischen Untersuchung nicht übereinstimmt. Für diesen Fall soll dann nicht die ratio legis der betroffenen Verfahrensregel gelten, vielmehr soll diese entsprechend dem Sinn der parlamentarischen Untersuchung angewandt, also möglicherweise auch entsprechend modifiziert werden können".[538]

Ist durch die einengende Wortwahl „sinngemäß" demnach Orientierungsmaßstab nicht die ratio der betroffenen Verfahrensregel – also beispielsweise von §§ 55, 136 StPO –, sondern vielmehr die Sinnvorgabe der parlamentarischen Untersuchungsausschüsse, wird die ohnehin schon bestehende Dynamik der Verweisung weiter potenziert. So wird gerade durch den Verweis auf den Sinn und Zweck parlamentarischer Untersuchungsausschüsse, dem Umstand Rechnung getragen, daß der Sinn solcher Ausschüsse in der Verfassungswirklichkeit durchaus variieren kann.

Ob ein derartiger Verfassungswandel bereits eingetreten ist oder kurz bevor steht, kann hier unentschieden blieben. Maßgeblich ist allein, daß Art. 44 II GG diese Möglichkeit vom Wortlaut her offen hält. Gegebenenfalls müssen Normen wie §§ 55, 136 StPO derart modifiziert werden, um den Sinn parlamentarischer Untersuchungsausschüsse gerecht zu werden. Doch wie eine derartige Modifizierung auszusehen hat, ist gerade angesichts der Unsicherheit zukünftiger Entwicklungen ungewiß.

Wie gezeigt, existieren somit mehrere Imponderabilien, die es ausschließen, schon vom Wortlaut her handfeste verfassungsrechtliche Vorgaben für die Kollisionslösung zwischen individueller Selbstbezichtigungsfreiheit und parlamentarischem Aufklärungsinteresse zu liefern.

Ebenso ist fraglich, ob sich aus der entstehungsgeschichtlichen bzw. genetischen Analyse Forderungen für eine Konfliktlösung entwickeln lassen. Greift man zunächst auf Art. 34 WRV[539], dem Vorreiter von Art. 44 GG, zurück, ergibt

---

[536] *BVerfGE* 67, 100 (128); auch in: *BVerfGE* 77, 1 (50).

[537] *BVerfGE* 67, 100 (128); *LG Bonn* NJW 1987, 790 (791); dem folgt uneingeschränkt die Literatur, siehe nur: Leibholz/Rinck/*Hasselberger* Art. 44 Rn. 81.

[538] Keßler AöR 88 (1963), 313 (316).

[539] Zur Entstehungsgeschichte des Art. 34 WRV siehe *Olschewski* in: Bachmann/Schneider S. 67; ebenso *Stern* AöR 109 (1984), 199 (204 ff.).

sich, daß die Bezugnahme auf die Vorschriften der *Strafprozeßordnung* lediglich deshalb in Art. 34 WRV aufgenommen worden ist, um dem Recht der Zeugeneinvernahme das Recht des Zeugniszwanges hinzufügen und somit die Effektivität parlamentarischer Untersuchungsausschüsse steigern zu können.[540] Bereits *Stern*[541] hob in seiner historischen Analyse hervor, daß der Verfassungsausschuß der Weimarer Nationalversammlung und auch diese selbst den Vorschlag des Verweises auf die Strafprozeßordnung durch *Zweigert*, eher unkritisch übernahm. Angesichts der Kürze der Diskussion über den Verweis auf die Strafprozeßordnung dürfe nach *Stern* angenommen werden, daß man sich kaum der Tragweite und der Konsequenzen dieser Übernahme bewußt gewesen sei.[542] Insofern scheint es in der Tat unmöglich und müßig zu sein, Rückschlüsse auf den subjektiven Willen der Weimarer Nationalversammlung bezüglich der hier vorliegenden Konfliktsituation zu konstruieren. Bei Durchsicht der Materialien des Parlamentarischen Rates konnte ermittelt werden, daß der schon mit der Verweisung zur Weimarer Zeit verfolgte Zweck, nämlich den Untersuchungsausschuß mit Zwangsmitteln auszustatten, in den Beratungen des Ausschusses für Organisationsfragen nicht nur aufgenommen, sondern vor allem bestätigt wurde. So betonte der Ausschußvorsitzende *Katz*, daß der Verweis auf die Strafprozeßordnung[543] erforderlich sei, damit der Untersuchungsausschuß die Möglichkeit habe, gegen einen unwilligen Zeugen einzuschreiten.[544] Zuvor hatte hingegen *Löwenthal* erklärt, er halte den Verweis auf die Strafprozeßordnung für überflüssig, da der Bundestag „ohnehin seine Befugnis nicht derart überschreiten wird, als daß er als demokratisches Organ unzulässige Anordnungen trifft[545]“. Fand somit einerseits die Notwendigkeit effektiver Beweiserhebungen Einzug in die Beratung des maßgeblichen Organisationsausschusses, wurden andererseits aber auch entgegengesetzte Bedenken artikuliert. So sei nach der Auffassung von *Selbert* ein Verweis auf die Strafprozeßordnung gerade deshalb nötig, weil der Untersuchungsausschuß kein freies Beweisverfahren erfinden dürfe.[546] Im Interesse der Rechtssicherheit müßten ihrer Ansicht nach, dem Untersu-

---

[540] Verhandlungen der verfassungsgebenden Deutschen Nationalversammlung, Aktenstück Nr. 391; Bd. 336, S. 264 ff.; *Engels* S. 81; *BVerfGE* 67, 100 (131); *BVerfGE* 76, 363 (384); *BVerfGE* 77, 1 (49/50).

[541] *Stern* AöR 109 (1984), 199 (206); Stern war Prozeßvertreter der CDU/CSU-Fraktion im Flick-Ausschuß.

[542] *Stern* AöR 109 (1984), 199 (207).

[543] Erst später wurde die Formulierung „Strafprozeßordnung“ durch „Strafprozeß“ durch den Allgemeinen Redaktionsausschuß ersetzt.

[544] *Olschewski* in: Bachmann/Schneider S. 75 mit Verweis auf: Parlamentarischen Rat, Ausschuß für Organisationsfragen, 20. Sitzung am 5. November 1948, Sten. Prot S. 26.

[545] *Olschewski* in: Bachmann/Schneider S. 75 mit Verweis auf: Parlamentarischen Rat, Ausschuß für Organisationsfragen, 20. Sitzung am 5. November 1948, Sten. Prot S. 26.

[546] *Olschewski* in: Bachmann/Schneider S. 75 mit Verweis auf: Parlamentarischen Rat, Ausschuß für Organisationsfragen, 20. Sitzung am 5. November 1948, Sten. Prot S. 26.

chungsausschuß „bestimmte Grenzen gezogen werden[547]“. Diese Aussage zeigt, daß auch in gewisser Weise rechtsstaatliche Bedenken vorgetragen wurden und diese sich auch in der Formulierung „sinngemäße Anwendung auf die Vorschriften über den Strafprozeß“ wiederfinden sollten. Hieraus könnte man allenfalls den Schluß ziehen, daß zumindest stillschweigend anerkannt wurde, daß Untersuchungsausschüsse sich an die Prinzipien des Rechtsstaates zu halten und somit auch die Selbstbezichtigungsfreiheit zu respektieren hätten. Gleichwohl lassen sich aus der historischen Analyse auch keine Anhaltspunkte dafür finden, daß von vornherein *jede* Einschränkung des Auskunftsverweigerungsrechts ausgeschlossen sein sollte.

Schließlich bleibt zu prüfen, ob sich wenigstens aufgrund teleologischer Erwägungen weiterführende Erkenntnisse ergeben. Über den Sinn und Zweck der dynamischen Verweisung auf die Vorschriften über den Strafprozeß besteht in der wissenschaftlichen Literatur[548] und in der höchstrichterlichen Rechtsprechung[549] Konsens. Demnach soll der Verweis in zwei Richtungen wirken und dabei zwei diametrale Zwecke verfolgen.

Zum einen will Art. 44 II GG den parlamentarischen Untersuchungsausschuß zum Zwecke effektiver Informationsbeschaffung mit dem Instrumentarium der Beweiserhebung der Strafprozeßordnung ausstatten, insbesondere mit den dort vorgesehenen Zwangsmitteln. Zum anderen soll die Untersuchung rechtsstaatlich diszipliniert sein.[550] Somit hat der Verweis auf die Regeln des Strafprozesses sowohl befugnisbegründende als auch befugnisbegrenzende Wirkung.[551] Dies deckt sich uneingeschränkt mit dem subjektiven Willen der Väter des Grundgesetzes.

Beide in dieser Untersuchung konfligierenden Rechtsgüter finden sich dabei auf der „Waagschale dieser Verfassungsbestimmung“ wieder. Vertreter einer Einschränkung des Auskunftsverweigerungsrechts, wie zum Beispiel *Ströbele* oder *Danckert*, können darauf abstellen, daß schon von Verfassungs wegen angeordnet sei, daß eine parlamentarische Untersuchung vor allem effektiv sein müsse, um den Kontrollauftrag erfüllen zu können. Effektive Beweiserhebung habe Art. 44 II 1 GG gewollt. Allerdings müßten sie jedoch auch anerkennen, daß Art. 44 II 1 GG ebenso beabsichtigt, Rechtsstaatlichkeit zu gewährleisten und Grundrechtspositionen zu schützen. Folglich wird ihr Interesse von der Verfassung weder bevorzugt noch negiert. Es bleibt also bei der obigen Ausgangslage, dem Ziel der Abwägung, nämlich, daß beide Rechtsgüter derart in Ein-

---

547 *Olschewski* in: Bachmann/Schneider S. 75 mit Verweis auf: Parlamentarischen Rat, Ausschuß für Organisationsfragen, 20. Sitzung am 5. November 1948, Sten. Prot S. 26.

548 *Kölbel/Morlok* ZRP 2000, 217 (218); Dreier/*Morlok* Art. 44 Rn. 43.

549 *BVerfGE* 76, 363 (386); *BVerfGE* 67, 100 (133).

550 *Morlok* Sachverständigenanhörung S. 86; *Güther/Seiler* NStZ 1993, 305 (307).

551 *BVerfGE* 76, 363 (386); *BVerfGE* 67, 100 (133); *Kölbel/Morlok* ZRP 2000, 217 (218); *Hölz* S. 258 f.; *Wiefelspütz* ZRP 2002, 14 (16).

klang gebracht werden müssen, daß beide, relativ gesehen, optimal zur Geltung kommen. Eine weiterführende verfassungsrechtliche Vorgabe hierfür läßt jedoch auch eine teleologische Analyse der Art. 44 II 1 GG nicht erkennen.

Folglich kann auch in dieser Untersuchung nur die Ansicht der rechts- und politikwissenschaftlichen Literatur bestätigt werden, nach dem Art. 44 II 1 GG eher als Verlegenheits- bzw. Leerformel verstanden wird.[552] Einhellig wurde stets gefordert, daß der einfache Gesetzgeber diese Verweisung zu konkretisieren habe.[553] Teilweise wurde verfassungswidriges Unterlassen des Gesetzgebers moniert, da es sich bei Eingriffen parlamentarischer Untersuchungsausschüsse in die Rechtssphäre des Bürgers um „wesentliche" Entscheidungen handele, die nur die erste Gewalt im Staate zu treffen habe.[554]

Als Zwischenfazit bleibt lediglich festzuhalten, daß sich der verfassungskonkretisierende Gesetzgeber bei der Rechtssetzung zunächst an den jeweils geltenden Vorschriften über den Strafprozeß zu orientieren hat. In einem zweiten Schritt hat er dezidiert zu prüfen, ob der jeweils aktuelle Sinn und Zweck der parlamentarischen Untersuchungsausschüsse eine Modifizierung der in Rede stehenden Vorschrift erfordert. Beide Rechtsgüter hat der Gesetzgeber mittels Abwägung optimal in Einklang zu bringen. Da sich dies mit der oben herausgearbeiteten Zielvorgabe der praktischen Konkordanz deckt, kann aus der Auslegung des Art. 44 II GG keine neue und somit eigenständige Vorgabe für die Stellungnahme entnommen werden.

C. Kollisionslösung durch Abwägung

Gerade weil sich mangels normativ-verfassungsrechtlicher Schlichtungsvorgaben keine entscheidenden Wegmarken für eine Konfliktlösung setzen lassen, kann, wie bereits methodisch herausgearbeitet wurde[555], die Kollision zwischen vorliegenden Schweige- und Aufklärungsinteressen nicht anders aufgelöst werden als durch sachgerechte *Abwägung* dieser konfligierenden Rechtsgüter.

---

[552] In diesem Sinne v.Münch/*Kunig* Art. 44 Rn. 29; nach v.Mangoldt/Achterberg/Schulte, Art. 44 Rn. 116, sei der Aussagegehalt des Art. 44 II GG äußerst „dürftig". Aus diesem Grund sei es auch zu zahlreichen strittigen Rechtsfragen gekommen; ebenso *Schröder* in: Thaysen S. 43.

[553] Diese Forderung wird schon seit Jahrzehnten erhoben; *Damkowski* ZRP 1988, 340; *Schneider* DER SPIEGEL, Nr. 43/1985, S. 37; *Eylmann* in: Thaysen S. 189 f.; *Meyer*, in: Thaysen S. 195, verglich dies mit Catos berühmten Satz:" Carthaginem esse delendam"; *Glauben* DRiZ 1992, 395 (397); in der Sachverständigenanhörung zum neuen Untersuchungsausschußgesetz betonten dies: *Bryde* S. 14; *Schröder* S. 51.

[554] *Redeker* in: Thaysen S. 179; kritisch ebenso *Schröder* in: Thaysen S. 45; in diese Richtung auch *Engels* Sachverständigenanhörung S. 18.

[555] 3. Teil § 2 A = S. 95 ff.

Sie bedeutet – allgemein gesprochen – Gewichtung, Messung von Gütern bzw. Interessen in ihrem Verhältnis zueinander.[556] In Übereinstimmung hiermit und zur Klarstellung unterstrich *Larenz* in seiner Monographie zur „Methodenlehre der Rechtswissenschaft", daß „Abwägen" und „Gewichten" nur ein Bild sei.[557] Es gehe nicht um meßbare quantitative Größen, sondern vielmehr um das Ergebnis von Bewertungen.[558] Ebenso ist – zumindest stillschweigend – anerkannt, daß die Güter- und Interessenabwägung bestimmten rechtlichen Maßstäben zu entsprechen hat. Demgegenüber wäre, wie *Gern* zu Recht ausführt[559], rechtsmaßstabslose Abwägung unter rechtsförmigen Gesichtspunkten willkürlich und demnach rechtswidrige Abwägung.

Vor diesem Hintergrund und in Anbetracht der Tatsache, daß die Abwägung als Methode der Rechtsfindung in allen Rechtsgebieten zum „notwendigen Handwerkszeug[560]" gehört, überrascht es somit sehr, daß auch nach dem heutigen Stand methodologischer Erkenntnisse die rechtlichen Grundlagen und die Struktur der Abwägung noch unfertig und unausgereift sind.[561] Auch noch während dieser Untersuchung konnte der im Jahre 1973 von *Hubmann* formulierte Eindruck bestätigt werden. *Hubmann* führte aus:

> „Obwohl die Abwägung eine allgemeine Denk- und Entscheidungsweise[562] ist und obwohl sie in der Jurisprudenz ... eine fast ebenso große Rolle spielt wie die Subsumtion, hat man sich mit ihren methodischen Grundlagen kaum beschäftigt. Während die der Subsumtion zugrunde liegenden Denkgesetze seit Aristoteles immer wieder untersucht und dargestellt wurden, ist man bezüglich der Abwägung zumindest in der Jurisprudenz von methodischer Klarheit weit entfernt.[563]"

---

[556] *Gern* DÖV 1986, 462 (465).

[557] *Larenz* S. 292.

[558] *Larenz* S. 292 f.; dem folgend *Stern* § 82 IV 5 = S. 667.

[559] *Gern* DÖV 1986, 462 (466).

[560] *Koch*, in: Abwägung im Recht, S. 9; führt weiter aus: „Die Aufgabe der Abwägung im Recht begegnet uns auf Schritt und Tritt. Konkurrierende Interessen, konfligierende Zielsetzungen, widerstreitende Belange, kollidierende Pflichten, Rechtsgüterkollisionen erfordern Entscheidungen, die nur teilweise durch staatlich gesetztes Recht vorgegeben sind.".

[561] *Stern*, § 82 III 4 = S. 653, bezeichnet die Abwägung als eine „methodische und dogmatische Verlegenheit".

[562] Zur allgemeinen Denkmethode formuliert *Hubmann* in: FS Schnorr von Carolsfeld 173 (175): „Die Abwägung ist nicht nur eine weltweit geübte juristische Methode, sondern überhaupt eine allgemeine Denkmethode. Jeder, der eine Entscheidung zu treffen hat, wägt Gründe und Gegengründe, Vorteile und Nachteile ab, der Arzt berücksichtigt Risiken und Heilungschancen einer Behandlung, der Erzieher die Erfolgsaussichten einer Erziehungsmethode, selbst der Verbrecher vergleicht die Vorteile, die ihm die Tat voraussichtlich bringen wird, mit der Wahrscheinlichkeit, entdeckt zu werden, und der dann zu erwartenden Strafe.".

[563] *Hubmann* FS Schnorr von Carolsfeld 173 (175); ähnlich *Ossenbühl* in: Abwägung im Recht 25 (29).

So begnügt man sich in der Regel mit einem pauschalen Verweis auf die Abwägung als Instrumentarium zur Schlichtung von Güterkollisionen, schweigt jedoch darüber, wie und nach welchen Gesichtspunkten die Gewichtung der aufeinander prallenden Interessen vorzunehmen ist.[564]
Zwar besteht immerhin Einigkeit darüber, daß die Abwägung nicht nur unter Heranziehung des rechtsstaatlichen Grundsatzes der Verhältnismäßigkeit vorzunehmen ist, sondern dieser Grundsatz sogar als oberste Abwägungsmaxime fungiert.[565] Demgemäß bedeutet Abwägung, einander gegenüberstehende Verfassungsgüter verhältnismäßig im Sinne von „proportional" zu gewichten.[566]
Allerdings wird dadurch diese rechtsmethodische Problematik nicht gelöst, sondern nur auf die dritte Stufe der Verhältnismäßigkeitsprüfung[567], der Angemessenheit (Verhältnismäßigkeit im engeren Sinne, Proportionalität) verlagert.

I. Entwicklung operationaler Abwägungsrichtlinien

Dementsprechend ist Ziel der hier auf der 3. Stufe der Verhältnismäßigkeitsprüfung angestrebten Abwägung, operationale Abwägungsrichtlinien für die Kollisionslage zwischen Schweige- und Aufklärungsinteressen zu entwickeln, an denen die oben dargelegten Auffassungen gemessen werden sollen. Die Gewichtung der widerstreitenden Belange von Untersuchungsausschuß und Auskunftsperson soll nicht „im freien Raum" erfolgen. Denn anderenfalls würde man den Rügen der Irrationalität, der Willkür und des Dezisionismus, die man dem Instrumentarium der Abwägung vielfach vorgeworfen hat[568], nur (weiter) Vorschub leisten. Nimmt man *Larenz*[569] ernst, nach dem „Methode ein gedankliches Verfahren" sei, das sich „unter Beachtung bestimmter, angebbarer Kriterien vollziehe und insoweit nachvollziehbar und überprüfbar" sei, ist an dieser Stelle die Entwicklung „handfester" Abwägungskriterien oberstes Gebot.

---

[564] So zB v.Mangoldt/*Klein* Art. 1 III Rn. 279; ebenso die Feststellung von *Vlachopoulos* S. 191; zur Grundrechtskollision etwa: *Bleckmann* § 14 Rn. 4 = S. 474.
[565] *Stern* § 82 III 4 = S. 657 u. § 82 IV 8 = S. 676; *Hubmann* FS Obermayer 43 (45) mit Verweis auf *BVerfGE* 34, 238 (250); 65, 1 (44); *v.Heydebrand/Gruber* ZRP 1986, 115 (119).
[566] *Ossenbühl* in: Abwägung im Recht 25 (29).
[567] Wie viele Stufen die Verhältnismäßigkeitsprüfung hat, ist dogmatisch nicht unumstritten. Allerdings ist dies eher ein formaler Streit, der sich auf diese Untersuchung in keiner Weise auswirkt.
[568] *Jeand'Heur* StV 1991, 165 (166 f.) Anm. BGH, Urteil vom 21.06.1990 – 1 StR 477/89 (LG Stuttgart); *Klein* Der Staat 10 (1971), 145 (154 f.); *Rüfner* Der Staat 7 (1968), 41 (58); *Schlink* EuGRZ 1984, 457 (462); in diese Richtung auch *Beulke* ZStW 103 (1991), 657 (668); *Rogall* in: Beweisverbote in Ländern der EU und vergleichbaren Rechtsordnungen, 119 (138); äußerst kritisch *Leisner* NJW 1997, 636 ff.
[569] *Larenz* FS Klingmüller 235 (236).

Demnach dient ein solches Vorhaben primär dem Zweck, den Ausgleich zwischen dem Interesse des Untersuchungsausschusses an erfolgreicher Aufklärung einerseits und individueller Selbstbelastungsfreiheit andererseits rechtlich zu disziplinieren und auf diese Weise Abwägungsvorgang und Abwägungsentscheidung zu rationalisieren und verifizierbar zu machen.[570] Gleichwohl soll einer Enttäuschung vorgebeugt werden. Auch wenn sich diese Abwägung beharrlich an den Kategorien „operationale Kriterien", „Rationalität", „Verifizierbarkeit" orientieren will, gleicht es trotzdem der Quadratur des Kreises, eine restlose Rationalisierung dieses Abwägungsprozesses zu erreichen und diesbezüglich hundertprozentige Methodenklarheit bringen zu können[571].

Zum weiteren Verständnis der Untersuchung gilt es für die weitere Ausarbeitung stets sorgfältig zu beachten, daß im nachfolgenden Abwägungsvorgang *zunächst* „nur" die individuelle Selbstbelastungsfreiheit und das parlamentarisches Aufklärungsinteresse gegeneinander abgewogen werden. Ausschließlich diese beiden Verfassungsgüter treten in den folgenden Kapiteln in Widerstreit. Zwar würde die ebenfalls verfassungsrechtlich verbürgte Funktionstüchtigkeit der Strafrechtspflege[572] unwillkürlich und nicht gerade marginal in die Abwägung gezogen, *sofern* man es als Konsequenz von Abwägungsvorgang und Abwägungsergebnis für erforderlich hält, zugunsten der Selbstbelastungsfreiheit Schutzmechanismen wie Beweisverbots- oder Immunitätslösungen zu implementieren; denn letztere griffen im erheblichen Maß in die staatliche Strafverfolgungspflicht ein.

Gleichwohl fokussiert sich der nachfolgende Abwägungsvorgang erst einmal auf die primär konfligierenden Rechtsgüter dieser Untersuchung, Selbstbelastungsfreiheit einerseits, Aufklärungsinteresse des Untersuchungsausschusses andererseits. Wollte man demgegenüber sofort bei jeglicher Überlegung bereits die etwaige Beeinträchtigung der Strafrechtspflege miteinbeziehen, bliebe völlig unberücksichtigt, daß diese nur mittelbar und auch *nur dann* berührt würde, wenn man überhaupt erst zu dem Ergebnis kommt, Beweisverbots- oder Immunitätsmechanismen für unabdingbar zu erachten. Ferner wären jedenfalls bei einem derartigen Aufbau verwirrende, undurchsichtige und äußerst umfangreiche Inzidentprüfungen erforderlich, so daß infolgedessen der Abwägungsvorgang zudem einen immensen Wasserkopf enthalten würde. So wäre es beispielsweise

---

570 Dies gilt jedoch nur unter dem Vorbehalt, daß die zu entwickelnden Kriterien nur für die vorliegende Konfliktlage Geltung beanspruchen sollen und können. Wie *Vlachopoulos* (S. 174 ff.) zu Recht ausführt, liegt es auf der Hand, daß ein monolithischer Katalog von Abwägungsmaßstäben, der bei *jeder* Konfliktkonstellation auf die gleiche Weise angewendet werden sollte, nicht nur unmöglich, sondern auch unangemessen wäre. Aus diesem Grunde seien nach *Vlachopoulos* die Abwägungskriterien anhand der besonderen Sachstruktur der jeweiligen Spannungslage zu erarbeiten.

571 Ähnlich auch *Wendt* AöR 104 (1979), 414 (467).

572 Siehe hierzu unter 3. Teil § 3 A = S. 164 ff.

ziemlich unpraktikabel, wenn man die vielfältigen Schutzmechanismen schon bei den einzelnen Abwägungsfaktoren hätte prüfen wollen.

II. Abwägungskriterien im einzelnen

Vor diesem Hintergrund wären die Nachvollziehbarkeit und die angestrebte Transparenz dieser Abwägung ganz erheblich erleichtert, wenn sich für jene ein oberstes Hauptkriterium ermitteln ließe.

Auch wenn es sich bei dieser Kollision um sehr verschiedenartige Interessen handelt, deren Disparität[573] eine Gewichtung sehr erschwert, ließ sich eine wichtige Eigenschaft feststellen, die beiden Interessen gemeinsam ist.[574] So konnte als gemeinsamer Parameter, quasi als tertium comparationis, die *Schutzwürdigkeit* der diametralen Aufklärungs- und Schweigeinteressen herausgearbeitet werden. Alle unten zu erörternden Kriterien ließen sich derart strukturieren, daß sie dieses oberste Kriterium, also die *Schutzwürdigkeit* mit Inhalt füllen konnten und diesem somit dienlich sind. Zudem harmoniert eine derartige Einordnung auch mit einem Begriffsverständnis der Abwägung als „Gewichtung und Bewertung von Gütern bzw. Interessen“[575]. Wie *Larenz* zu Recht ausführt, meint Bewertung den „Grad der Wertschätzung[576]“. Und eine so verstandene „*Wert*schätzung“ liegt insbesondere dann vor, wenn ein Gut bzw. ein Interesse besonders *schutzwürdig* ist. Vereinfacht ausgedrückt: Ist ein Gut sehr viel „wert“ und ist dieses bedroht, ist es besonders *schutzwürdig*.

Dementsprechend sollen im folgenden Kriterien aufgestellt werden, die die Schutzwürdigkeit von Schweige- und Aufklärungsinteressen determinieren. Dabei geht es um solche Abwägungsfaktoren, welche die Schutzwürdigkeit zunächst einmal als Ausgangspunkt bestimmen, diese dann erhöhen, verringern und sogar in gewissem Maße „verwirken“.

---

[573] Zur Disparität zwischen Pressefreiheit und dem Sicherheitsinteresse der Bundesrepublik Deutschland siehe *Larenz* S. 300.

[574] Bei Durchsicht der ohnehin spärlichen Literatur zu Abwägungsfragen fiel indes auf, daß bisher kein oberstes Hauptkriterium entwickelt wurde, das sowohl inhaltlich als auch begrifflich allseits auf Übereinstimmung stieß. Vielmehr stand eher im Vordergrund, verschiedene Teilkriterien zu entwickeln. Auch die Rechtsprechung verwendet bei ihren Einzelfallentscheidungen primär einen Abwägungskanon. Auf die Unmöglichkeit, einen monolithischen Katalog von Abwägungsmaßstäben für jede Konfliktlage aufzustellen, wurde bereits in Fn. 570 hingewiesen.

[575] *Gern* DÖV 1986, 462; ähnlich *Larenz* FS Klingmüller 235 (237); *Ossenbühl* in: Abwägung im Recht 25 (30).

[576] *Larenz* FS Klingmüller 235 (237).

1. Grad der Beeinträchtigung bzw. der Schutzwürdigkeit

Will man zunächst die Schutzwürdigkeit der divergierenden Belange mit Hilfe eines Abwägungsfaktors als ersten Richtwert bestimmen und vorerst solche Kriterien außer Acht lassen, die die Schutzwürdigkeit erhöhen oder verringern, bietet sich der *Grad der Beeinträchtigung* an, den das Aufklärungsinteresse des Untersuchungsausschusses oder das individuelle Schweigerecht im Falle, daß es zurücktreten müßte, erleiden würde. Insbesondere *Larenz* verwendet den *Grad der Beeinträchtigung* (als ersten Einstieg) für die Abwägung.[577] Inhaltlich dasselbe scheint *Larenz* zu meinen, wenn er formuliert, daß „es auf das Ausmaß" ankomme, „in dem das jeweils geschützte Rechtsgut überhaupt betroffen" sei.[578] Ähnlich argumentiert auch die Rechtsprechung, wenn sie prüft, welches Gut im Falle, daß es zurücktreten würde, die geringste Einbuße erleiden würde.[579] Bezogen auf die hier angestrebte Relation zwischen dem *Grad der Beeinträchtigung* und der *Schutzwürdigkeit* bedeutet dies:

Ist ein Rechtsgut in einem Kollisionsfall bei Zurücktreten in hohem Maße beeinträchtigt resp. entfaltet es gegebenenfalls überhaupt keine (Rechts-)Wirkung mehr, so daß von ihm quasi „nichts mehr" übrig bleibt, ist dessen Schutzwürdigkeit außerordentlich hoch. Zwischen dem *Grad der Beeinträchtigung* und der *Schutzwürdigkeit* besteht in diesem Falle eine derartige Wechselbeziehung, daß man von „Proportionalität" sprechen darf: je höher der Grad der Beeinträchtigung eines Interesses, desto höher dessen Schutzwürdigkeit.

a. Ausmaß der Betroffenheit für das Aufklärungsinteresse

Die Auskunftsperson wird vom Untersuchungsausschuß geladen, um als persönliches Beweismittel an der Aufklärung politischer Sachverhalte mitzuwirken. Die Initiative geht also vom Untersuchungsausschuß aus. Für diesen scheint die Mitarbeit der Auskunftsperson an der Sachverhaltsaufklärung wichtig zu sein. Dementsprechend soll zunächst geprüft werden, welche Einbuße der Untersuchungsausschuß erleiden würde, wenn er auf die Auskunftsperson als Beweismittel verzichten müßte.

Pauschal läßt sich dies nicht beantworten. Auch ist an dieser Stelle der Nutzen einer Analyse der Abschlußberichte und sonstiger mit dem jeweiligen Untersuchungsausschuß zusammenhängenden Materialien der bisherigen Untersuchungsverfahren, um aus ihnen Rückschlüsse auf die zukünftige Entwicklung zu ziehen, erheblichen Zweifeln ausgesetzt. Zum einen prinzipiell aufgrund der strukturellen Unsicherheit vor allem zukünftiger politischer Entwicklungen; zum anderen ist nach jahrzehntelangem Klagen im April 2001 das Bundesuntersu-

---

[577] *Larenz* S. 300 und FS Klingmüller 235 (244); ebenso *Wendt* AöR 104 (1979), 414 (464).
[578] *Larenz* S. 300.
[579] *BVerfGE* 35, 202 (226); 50, 290 (347).

chungsausschußgesetz in Kraft getreten. Dessen Fehlen hatte in der Vergangenheit die praktische Arbeit der Untersuchungsausschüsse und somit häufig den Aufklärungserfolg außerordentlich erschwert. Aus parteipolitischer Opportunität zerstritt man sich häufig in Verfahrensfragen, die häufig vor Gerichten ausgetragen werden mußten[580] und kam daher „in der Sache" nicht voran. Einige Untersuchungsausschüsse wurden sogar mit dem Hinweis aufgelöst, ohne Verfahrensgesetz wäre eine sachdienliche Arbeit unmöglich.[581] Folglich kann man durchaus die Behauptung wagen, daß die Tätigkeit des Untersuchungsausschusses aufgrund der sichereren Rahmenbedingungen vor einem Neuanfang steht. Dementsprechend sollte man den Grad der Beeinträchtigung des Aufklärungsinteresses durch die Anerkennung eines Schweigerechts nur unter zukünftigem Blickwinkel bemessen.[582]

Akzeptiert man dies, ergibt sich folgendes: Wenn sich im nächsten Untersuchungsverfahren eine Person auf ihre Selbstbelastungsfreiheit beruft und man diese uneingeschränkt anerkennen würde, könnte das den Aufklärungserfolg des Untersuchungsverfahrens in völlig unterschiedlicher Intensität beeinträchtigen: Einmal könnte es sich um eine Aussageperson handeln, die eher Unwesentliches ausgesagt hätte. Dann wäre der potentielle Nutzen für den Ausschuß gering und ebenso dessen Beeinträchtigungsgrad. Handelt es sich dagegen um einen „Schlüsselzeugen", könnte ein Aufklärungserfolg im erheblichen Maß durch dessen Aussage bedingt sein. Der Beeinträchtigungsgrad wäre ungleich höher, gegebenenfalls derart hoch, daß die Aufklärung vollends unterbleibt. Mithin ist der Beeinträchtigungsgrad in jedem Falle einzelfallbezogen.

Dessen Vorhersage ist jedoch des weiteren insofern schwierig, weil man ja gerade nicht weiß, was die Auskunftsperson bekundet hätte. Man könnte – mit anderen Worten – niemals mit hundertprozentiger Sicherheit sagen, daß die Aufklärung ausschließlich aufgrund des Schweigens der Person XY verhindert worden wäre. Es wird im Regelfall bei Vermutungen bleiben. Die Bemessung des Grades der Beeinträchtigung gerade aufgrund der fehlenden Aussage ist auch deshalb schwierig, weil der Untersuchungsausschuß über weitere wirksame

---

[580] Siehe hierzu nur die vielen Urteile zum Neue-Heimat-Untersuchungsausschuß - Abschlußbericht BT-Drs. 10/6779, S. 21 ff.; in diesem Sinne auch *Bachmaier* Recht und Politik 2000, 197. Bachmaier war Berichterstatter der SPD-Fraktion für das Untersuchungsausschußgesetz. Zudem war er Obmann seiner Fraktion im Plutonium-Untersuchungsausschuß (13. WP) sowie Vorsitzender des Plutonium-Untersuchungsausschusses (11. WP).

[581] Insbesondere der Steiner-Untersuchungsausschuß, der am 15.6.1973 anläßlich des fehlgeschlagenen konstruktiven Mißtrauensvotums eingesetzt worden war (BT-Drs. 7/ 780 u. 7/796), und am 13.3.1974 unter Verweis auf die generellen Mängel der Verfahrensregelungen seine Auflösung beantragte (BT-Drs. 7/1803, S. 6).

[582] Auch scheinen diesbezüglich die Abschlußberichte der bisher abgeschlossenen Untersuchungsausschüsse nicht aufschlußreich zu sein. Abzuwarten bleibt indes der Abschlußbericht des Parteispenden-Untersuchungsausschusses.

Beweismittel verfügt: andere Zeugen, Sachverständigengutachten[583] und vor allem Sachbeweise in Form von Urkunden. Diese muß der Untersuchungsausschuß ausschöpfen. Gerade angesichts dessen wird es zunehmend schwierig, Vermutungen über den Kausalumfang der erwünschten Aussage für das Untersuchungsergebnis zu äußern.

Schließlich soll noch kurz auf einen weiteren Umstand hingewiesen werden, der die Beeinträchtigung der Aufklärungsarbeit durch die schweigende Person zu relativieren vermag. Dabei geht es um Fragen der Zuverlässigkeit des Zeugenbeweises. Es ist bekannt, daß Sachbeweise gegenüber dem Zeugenbeweis die weitaus sicheren sind.[584] Dies hat auch das *Bundesverfassungsgericht* in der Neue-Heimat-Entscheidung hervorgehoben. Wollte man dem Untersuchungsinteresse Vorrang gegenüber der Selbstbelastungsfreiheit der Aussageperson einräumen, wäre die Glaubwürdigkeit solcher Aussageperson in höherem Maße in Frage gestellt, da sie ja gezwungen wäre, sich selbst zu belasten. Unabhängig davon, ob man als Ausgleich etwa ein Beweisverwertungsverbot im Strafverfahren anbietet, ist gerade aufgrund der hohen Öffentlichkeitswirkung parlamentarischer Untersuchungsausschüsse die Gefahr nicht von der Hand zu weisen, daß die Aussageperson alles daran setzen wird, sich selbst durch wahrheitswidrige Aussage zu schützen. Bestehen schon bei einem freiwilligen Geständnis stets Zweifel an dessen Glaubwürdigkeit, hat dies erst recht zu gelten, wenn ein Geständnis mit Zwangsmitteln erzwungen werden kann. Aber auch selbst der redliche Zeuge ist, wie namentlich *Barton*[585] herausgestellt hat, im hohen Maße ein fragwürdiges Beweismittel.

Mithin bleibt festzuhalten, daß es äußerst schwierig und hypothetisch ist, den Grad der Beeinträchtigung aufgrund der Geltendmachung des Schweigerechts festzustellen. Jedenfalls ist dies eine Frage des Einzelfalles.

b. Ausmaß der Betroffenheit für die Auskunftsperson

Demgegenüber bestehen hinsichtlich des Ausmaßes der Betroffenheit für die Auskunftsperson, die gezwungen wäre, sich vor dem Untersuchungsausschuß selbst zu belasten[586], keine Unwägbarkeiten. Zwar kann ein Untersuchungs-

---

[583] Praktisch wohl eher unbedeutsam der Augenscheinsbeweis.

[584] Bezogen auf das parlamentarische Untersuchungsrecht formulierten *Quaas/Zuck*, NJW 1988, 1873 (1878): „Dabei kommt dem Urkundenbeweis durch Aktenvorlage ein besonderer Beweiswert zu, da das Gedächtnis von Zeugen bei der Untersuchung politischer Vorgänge erfahrungsgemäß recht unergiebig sein kann.", mit Verweis auf *BVerfGE* 67, 100 (132); neuerdings auch *Morlok* Recht und Politik 2000, 208 (209); ebenso *Nack* Sachverständigenanhörung S. 36.

[585] *Barton* in: Redlich aber falsch, S. 23 ff.; siehe auch *Bender/Nack* Tatsachenfeststellung vor Gericht, 1995; *Schünemann* StV 1998, 391 (393 f.).

[586] Alternativ kommt nur eine Falschaussage in Betracht.

ausschuß kein Strafurteil fällen[587], regelmäßig sitzt jedoch bei strafrechtsrelevanten Sachverhalten[588] zumindest ein Staatsanwalt im Zuhörersaal, der „fleißig“ mitschreibt[589]. Die Staatsanwaltschaft erhält von inkriminierenden Vorgängen Kenntnis, kann die Akten des Untersuchungsausschusses anfordern und beispielsweise einzelne Untersuchungsausschußmitglieder als Zeugen vom Hörensagen vernehmen. Zudem recherchieren Presse und Öffentlichkeit mit. Im Regelfall wäre es dann für die Auskunftsperson im Untersuchungsausschuß, der im Strafverfahren in die Rolle des Beschuldigten schlüpft, zwecklos und käme einer Farce gleich, vom Schweigerecht nach § 136 StPO Gebrauch zu machen. Ohne schützenden Ausgleich (Beweisverwertungsverbot etc.) bliebe ihm wohl nichts anderes übrig, als im Strafprozeß ein Geständnis abzulegen, um die Hoffnung auf Strafnachlaß zu erhalten. Kurzum: Die Selbstbelastungsfreiheit würde ohne Gegenleistung völlig leerlaufen. Ausnahmslos.

c. Zwischenergebnis

Während somit die Selbstbelastungsfreiheit bei Zurücktreten in jedem Falle keinerlei Schutzwirkung mehr entfalten könnte, ist demgegenüber das Ausmaß der Betroffenheit beim eingriffslegitimierenden parlamentarischen Aufklärungsinteresse, sollte dieses ihrerseits der Aussagefreiheit nachstehen, nur in seltenen Ausnahmefällen derart groß, daß man von einem völligen Leerlaufen sprechen könnte. Daraus folgt: Schon wenn man den jeweiligen Grad der Beeinträchtigung als erste Wegmarke analysiert, fällt auf, daß in der Regel das individuelle Schweigeinteresse stärker beeinträchtigt ist als das parlamentarische Aufklärungsinteresse. Demnach ist das Schweigeinteresse der Auskunftsperson regelmäßig schutzwürdiger als das Interesse des Untersuchungsausschusses, sich der Auskunftsperson als Beweismittel bedienen zu können.

---

[587] Zudem kann sich für den Untersuchungsausschuß die Verpflichtung ergeben, den Verdacht einer Straftat anzuzeigen; zitiert nach *Buchholz* S. 88 mit Verweis auf *BGHSt* 17, 128 (132).

[588] Daß eine Vielzahl von Untersuchungsaufträgen strafrechtliche Relevanz besitzt, zeigt sich daran, daß die Arbeit der Untersuchungsausschüsse oft von parallelen Ermittlungsverfahren der Staatsanwaltschaft begleitet wird, sich diese unmittelbar an die Untersuchung anschließen oder ihnen vorausgehen; so zum Beispiel im Flick-Untersuchungsausschuß. Aus den Punkten 1 und 2 des Einsetzungsbeschlusses (BT-Drs. 10/34 bzw. BT-Drs. 10/5079, S. 1) ergibt sich, daß der Untersuchungsausschuß die Aufgabe hatte, den Vorwurf der Bestechung oder Vorteilsgewährung durch Mitarbeiter des Flick-Konzerns bzw. der Bestechlichkeit oder Vorteilsannahme durch Mitglieder der Bundesregierung aufzuklären.

[589] Bezeichnenderweise konnte während dieser Untersuchung bei der Zeugenvernehmung am 28.09.2000 beobachtet werden, daß der Augsburger Steuerfahnder Kindler einen halben Meter hinter dem Zeugen Pelossi, einem ehemaligen Weggefährten Schreibers, also quasi „im Nacken“ saß. Siehe hierzu auch die treffende Karikatur in der FAZ vom 29.09.2000, S. 4; ähnlich *Rogall* Sachverständigenanhörung S. 72.

2. Erhöhung der Schutzwürdigkeit

Nimmt man das Kriterium des Grades der jeweiligen Beeinträchtigung als Ausgangspunkt für die Bestimmung der Schutzwürdigkeit und kommt dabei zu dem (vorläufigen) Ergebnis, daß der nemo-tenetur-Grundsatz in der Regel schutzwürdiger als das parlamentarische Aufklärungsinteresse ist, sollen nunmehr weitere Abwägungsfaktoren aufgestellt werden, die gegebenenfalls die Schutzwürdigkeit beider divergierender Interessen erhöhen könnten. Ein solches Vorgehen wird dazu führen, daß das bisherige Ergebnis entweder relativiert werden muß oder aber eine weitere Fundierung erlangt.

a. Kernbereich

Als wichtige Abwägungsdeterminante wird bei echten Grundrechtskollisionen von der wissenschaftlichen Literatur[590] und der Rechtsprechung[591] regelmäßig die potentielle Beeinträchtigung des jeweiligen *Kernbereichs* des in Rede stehenden Grundrechts hervorgehoben. Wie *Rüfner* zutreffend konstatierte[592], sei allgemein anerkannt und auch vom Schutz des Wesengehaltes der Grundrechte in Art. 19 II GG vorausgesetzt, daß der Schutz eines Grundrechts in seinem Kernbereich stärker sei als in den Randzonen.[593] Demnach ist der Ausgleich zwischen kollidierenden Grundrechten dadurch herzustellen, daß dem Träger des einen, nur in seinem Randbereich berührten Grundrechts der Verzicht auf gewisse Modalitäten der Grundrechtsausübung zugemutet wird.[594] Solche Einbußen im Randbereich sind nach allgemeiner Meinung um der Gewährleistung des zentral betroffenen Grundrechts willen zu rechtfertigen.[595]

So stellt das *Bundesverfassungsgericht* in der ersten Entscheidung zur Zulässigkeit des Schwangerschaftsabbruches darauf ab, daß die Mutter in manchen persönlichen Entfaltungsmöglichkeiten beeinträchtigt sein könne, das ungeborene Leben hingegen durch den Schwangerschaftsabbruch vernichtet werde.[596] Dieses Judikat stellt demnach gegenüber: Die teilweise Beeinträchtigung (also nur Randbereich) des Selbstbestimmungsrechts der Mutter, das also nur mit einem Teil seines Gewichts auf dem Spiel steht und die völlige Vernichtung (also

---

[590] *Misera-Lang* S. 403; *Rüfner* Festgabe Bundesverfassungsgericht, 453 (468 f.); *Wendt* AöR 104 (1979), 414 (463); *Gern* DÖV 1986, 462 (467); *Müller-Volbehr* DÖV 1995, 301 (307); sinngemäß *Stern* § 82 IV 8 = S. 679.

[591] *BVerfGE* 28, 243 (262); 32, 40 (46 f.).

[592] *Rüfner* Festgabe Bundesverfassungsgericht, 453 (466).

[593] Ebenso *Misera-Lang* S. 403.

[594] *Rüfner* Festgabe Bundesverfassungsgericht, 453 (468).

[595] *Rüfner* Festgabe Bundesverfassungsgericht, 453 (468); *Misera-Lang* S. 403.

[596] *BVerfGE* 39, 1 (43).

der Kernbereich) des ungeborenen Lebens und gibt dem Schutz des Lebens den Vorzug.

Diese Erwägungen hat *Stern* auch auf unechte Grundrechtskollisionen, also auf Kollisionen zwischen Grundrechten und anderen Verfassungsrechtsgütern der Gemeinschaft bzw. des Staates übertragen.[597] Eine derartige Übertragung ist für die hiesige Untersuchung gerade deshalb bedeutsam, weil sich auch die Kollision zwischen individueller Selbstbezichtigungsfreiheit und öffentlichem Aufklärungsinteresse als unechte Grundrechtskollision klassifizieren läßt. Nach *Sterns* zutreffender und in der Wissenschaft unwidersprochener Feststellung seien die oben dargelegten Grundsätze auf die klassische Konfrontation Grundrecht versus Staat anzuwenden.[598] Daher müsse bei der Abwägung berücksichtigt werden, ob einer der kollidierenden Verfassungswerte in seinem Kernbereich betroffen sei. Demgegenüber sei dem Berechtigten eines nur in seinem Randbereich betroffenen Grundrechts ein Zurücktreten um der Sicherung eines zentralen Gemeinwohlinteresses willen zumutbar.[599]

Dabei stützt sich *Stern*[600] auf den in Bezug auf die Begrenzung vorbehaltloser Grundrechte bahnbrechenden Beschluß des *Bundesverfassungsgerichts* vom 26.05.1970 zu Art. 4 III S. 1 GG. Danach sei die vorläufig aufrechterhaltene Dienstbeanspruchung für die Dauer des Anerkennungsverfahrens mit dem Sinn und Inhalt des gewährten Grundrechts vereinbar, weil diese Inanspruchnahme „den Kern der Kriegsdienstverweigerung unberührt lasse“ und die vorläufige weitere Dienstleistung dem Soldaten deshalb „zugemutet“ werden könne. Ein Kriegsdienstverweigerer würde durch das Verlangen, im Frieden bis zur rechtskräftigen Anerkennung Waffendienst zu leisten, nicht gezwungen, entgegen seiner Gewissensüberzeugung in einer Kriegshandlung einen anderen zu töten. Es sei ihm deshalb zuzumuten, für eine „kurze Übergangszeit“ den bisher geleisteten Dienst noch fortzusetzen.[601]

Transferiert man vorstehende Überlegungen auf die vorliegende Konfliktlage, ergibt sich: Beim Zurücktreten der Selbstbelastungsfreiheit würde diese leerlaufen, also „völlig vernichtet“. Ihr Kernbereich würde in denkbar höchster Intensität berührt. Demgegenüber ergibt sich ein etwas anderes Bild beim parlamentarischen Untersuchungsinteresse. Zunächst muß konzediert werden, daß das parlamentarische Beweiserhebungsrecht, wie einleitend herausgearbeitet wurde[602], die Funktion hat, das Informationsinteresse des Untersuchungsausschusses effektiv zu gewährleisten. Ohne eine derartiges Recht wäre der Untersuchungsausschuß auf die Freiwilligkeit der Behörden sowie insbesondere der jeweili-

---

[597] *Stern* § 82 IV 8 = S. 679.
[598] *Stern* § 82 IV 8 = S. 679.
[599] *Stern* § 82 IV 8 = S. 679.
[600] *Stern* § 82 IV 8 = S. 679.
[601] *BVerfGE* 28, 243 (262).
[602] 1. Teil § 1 B u. C = S. 11 ff.

fektiv zu gewährleisten. Ohne eine derartiges Recht wäre der Untersuchungsausschuß auf die Freiwilligkeit der Behörden sowie insbesondere der jeweiligen Amtsträger, aber auch der Privatperson angewiesen. So wurde bereits oben ein Schwerpunkt darauf gelegt, darzulegen, daß mit Hilfe des in Art. 44 II GG verankerten parlamentarischen Beweiserhebungsrechts der „Kern des parlamentarischen Enqueterechts" verwirklicht wird. Folglich können sowohl die Anhänger des Schweigeinteresses als auch diejenigen des Aufklärungsinteresses geltend machen, bei Zurücktreten in ihrem Kernbereich betroffen zu sein.

Betrachtet man jedoch die Intensität der jeweiligen Betroffenheit im Kernbereich, so kann auf die Erwägungen hinsichtlich des Grades der Betroffenheit rekurriert werden. Dementsprechend wäre das Ausmaß der Betroffenheit bei der Selbstbelastungsfreiheit maximal, während dies beim parlamentarischen Untersuchungsrecht insbesondere aufgrund noch weiterer zur Verfügung stehender Beweismittel vom Einzelfall abhängig ist.

Es wäre falsch, aus dem soeben Gesagten den voreiligen Schluß zu ziehen, die Schutzwürdigkeit der Selbstbelastungsfreiheit habe sich allein aufgrund des Kriteriums „Kernbereich/Randbereich" erhöht. Denn es ergaben sich keine wesentlich neuen Aspekte. Gleichwohl haben die vorstehenden Ausführungen ihre Berechtigung, da das obige Ergebnis – prinzipiell höhere Schutzwürdigkeit der Selbstbelastungsfreiheit – mit Hilfe des Kriteriums „Kernbereich/Randbereich" bestätigt und somit auf ein weiteres Fundament gestützt wurde.

b. Interessenhäufung und Folgerisiken

Im Gegensatz dazu konnten entscheidungsdeterminierende Abwägungsgesichtspunkte mit Hilfe der Darlegung von sog. Interessenhäufungen bzw. der Analyse von mittelbaren Folgewirkungen gewonnen werden. Diesbezüglich hob *Stern*, der bisher als einziger den ausdrücklichen Versuch unternahm, Abwägungskriterien für die Kollision zwischen individuellen Grundrechten und Verfassungsgütern der Gemeinschaft bzw. der Staates zu entwickeln, hervor, daß für die Schutzwürdigkeit eines Interesses eine große Rolle spielt, ob „noch ein zweiter verfassungsmäßig anerkannter Wert zu seinen Gunsten in die Waagschale fällt".[603] Demnach ist sowohl das Zusammentreffen grundrechtlicher Wertgehalte zu beachten als auch ein solches mehrerer Gemeinwohlinteressen. Besonders deutlich formuliert *Hubmann*, auf den *Stern*[604] verweist:

---

[603] *Stern* § 82 IV 8 = S. 677 f.; ebenso *Larenz* FS Klingmüller 235 (239); *Wendt* AöR 104 (1979), 414 (465); *Rüfner* Festgabe Bundesverfassungsgericht Bd. II, 453 (476 f.).
[604] *Stern* § 82 IV 8 = S. 677 f.

„Die Güter und Werte eines Menschen hängen eng zusammen. Vielfach bringt die Verletzung eines Gutes auch eine Beeinträchtigung anderer mit sich. Bei der Interessenabwägung müssen ... alle in Mitleidenschaft gezogenen Güter und Werte berücksichtigt werden; denn der Achtungsanspruch eines Interesses wird durch das Hinzutreten eines weiteren verstärkt. Ihr vereintes Gewicht wird oft ein Gegeninteresse überwiegen, das an sich wertvoller ist als jedes von ihnen allein.[605]"

Dabei muß allerdings auch berücksichtigt werden, daß zwar eine solche Interessenhäufung die Schutzwürdigkeit steigen läßt, jedoch nicht im Sinne einer schlichten mathematischen Addition.[606] Zur Unterstützung einer so verstandenen Interessenhäufung stellen *Stern*[607], *Hubmann*[608] und weitere *Autoren*[609] im wesentlichen auf drei Entscheidungen des *Bundesverfassungsgerichts* ab. So legt das *Bundesverfassungsgericht* in der Entscheidung „Heinrich Böll" dar, daß – gewichtsverstärkend – mehrere persönliche Interessen des Beschwerdeführers durch den Rundfunkkommentar beeinträchtigt wurden, nämlich seine Ehre und sein Recht am eigenen Wort.[610] Im berühmten Lebach-Fall kommt das *Bundesverfassungsgericht* zu dem Ergebnis, daß zwar Interesse an der aktuellen Berichterstattung prinzipiell das persönliche Interesse des Straftäters, nicht durch eine Fernsehsendung öffentlich dargestellt zu werden, überwiegt, daß aber dieses persönliche Interesse dann, wenn die Darstellung in zeitlicher Nähe zur Entlassung des Straftäters aus dem Gefängnis erfolgen soll, durch das Resozialisierungsinteresse derart verstärkt werde, daß die öffentliche Darstellung unzulässig werde.[611] Und: Daß eine Verstärkung des persönlichen Interesses auch durch ein hinzutretendes sonstiges schutzwürdiges Interesse möglich ist, belegen *Stern*[612] und *Hubmann*[613] mit der Briefkontrollen-Entscheidung. So erfährt bei der Frage der Zulässigkeit von Briefkontrollen im Gefängnis das Gebot der Entfaltungsfreiheit im privaten Lebensbereich durch die Verfassungsgarantie von Ehe und Familie eine besondere Verstärkung.[614]

---

605 *Hubmann* AcP 155 (1956), 85 (107).
606 *Wendt* AöR 104 (1979), 414 (465); in diesem Sinne auch *Kimminich* FS Raschhofer 105 (120).
607 *Stern* § 82 IV 8 = S. 678.
608 *Hubmann* FS Obermayer 43 (46).
609 *Wendt* AöR 104 (1979), 414 (465).
610 *BVerfGE* 54, 208 (218).
611 *BVerfGE* 35, 202 (236).
612 *Stern* § 82 IV 8 = S. 678.
613 *Hubmann* FS Obermayer 43 (46).
614 *BVerfGE* 57, 170 (178).

Bevor das Kriterium der Interessenhäufung im hier bezeichneten Sinne auf die jeweilige Schutzwürdigkeit von Schweige- und Aufklärungsinteressen angewendet wird, soll mit dem Topos „Folgerisiken“ ein weiterer hier gewählter Abwägungsfaktor erläutert werden, der mit der „Interessenhäufung“ in einem derart engen Zusammenhang steht, daß dieser nicht immer streng konturiert werden kann. So läßt sich auch bei der hiesigen Abwägung der im wesentlichen von *Wendt* entwickelte Gedanke[615] fruchtbar machen, daß bestimmte Grundrechte „die Basis oder Voraussetzung anderer Grundrechte bilden[616]“. Ebenso hat vor allem das *Bundesverfassungsgericht* in seiner berühmten ersten Schwangerschaftsentscheidung dem menschlichen Leben innerhalb der grundgesetzlichen Ordnung einen Höchstwert beigemessen[617], weil es „die vitale Basis der Menschenwürde und die Voraussetzung aller anderen Grundrechte[618]“ ist. In anderen Judikaten stellte es zu Art. 2 II S. 2 und Art. 104 GG fest, „die persönliche (körperliche) Freiheit“ sei die „erste Voraussetzung für jede freiheitliche Betätigung des Menschen überhaupt[619]“ und zu dem Grundrecht der freien Meinungsäußerung des Art. 5 GG heißt es, es sei „die Grundlage jeder Freiheit überhaupt[620]“. Somit ist klar, daß dem Kriterium der *Folgerisiken* im Gegensatz zu seinem etwas lapidaren Wortlaut auch unter Umständen erhebliches Gewicht bei der Abwägung zwischen individueller Selbstbelastungsfreiheit und dem Aufklärungsinteresse des Untersuchungsausschusses zukommen kann.

aa. Interessenhäufung beim Untersuchungsausschuß

Um die auf dem Spiel stehenden *mittelbaren* Interessen des Untersuchungsausschusses aufzeigen und gewichten zu können, muß zunächst verdeutlicht werden, daß der Untersuchungsausschuß über seine einleitend dargestellte Funktion als klassisches Kontrollinstrument der Regierung hinaus einem weiteren – zumindest mittelbaren – Zweck dient. Wenn auch nicht verfassungsrechtlich verankert, fungiert der Untersuchungsausschuß in der Verfassungswirklichkeit in jedem Falle als „politische Selbstreinigungskraft“.[621] Dementsprechend ist es

[615] Aber auch *Larenz* FS Klingmüller 235 (244).
[616] *Wendt* AöR 104 (1979), 414 (466).
[617] Wie die Problematik um den finalen Rettungsschuß zeigt, ist dieser Höchstwert jedoch nicht absolut. Siehe auch die Schleyer-Entscheidung des Bundesverfassungsgerichts; *BVerfGE* 46, 160 ff.; http://www.uni-wuerzburg.de/dfr/bv046160.html.
[618] *BVerfGE* 39, 1 (42).
[619] *BVerfGE* 10, 302 (322).
[620] *BVerfGE* 7, 198 (208).
[621] *Schneider* NJW 2001, 2604 (2605); *Mayntz* in: Deutscher Bundestag – Blickpunnkt Bundestag 05/2000, S. 1; in diesem Sinne auch *Neumann*, der Untersuchungsausschußvorsitzende des Parteispenden-Untersuchungsausschusses, im Interview mit dem Deutschlandfunk am 19.12.1999; www.dradio.de/cgi-bn/es/neu-interviewwoche/105.html; ebenso *Schneider* SPIEGEL ONLINE am 06.07.2000; www.spiegel.de/druckversion/0,1588,83936,00.html.

mittelbares und häufig unausgesprochenes Interesse des parlamentarischen Untersuchungsausschusses, gebrochenes Vertrauen des Bürgers an den politischen Entscheidungsträgern wiederherzustellen. Mißlingt dieser Versuch, leistet man dagegen der Politik-, Partei- und gegebenenfalls sogar der Staatsverdrossenheit (weiter) Vorschub. Als – jedenfalls denkbarer – „worst case" ließe sich das Szenario einer Bestandsgefährdung des deutschen Rechts- und Parteienstaates an die Wand malen.

Inwieweit bei Zurücktreten des parlamentarischen Untersuchungsinteresses gegenüber dem Schweigeinteresse des Individuums ein solches Folgerisiko realistisch oder nicht vielleicht eher utopisch ist, läßt sich anhand der deutschen Geschichte parlamentarischer Untersuchungsausschüsse und der damit ganz wesentlich verbundenen bundesrepublikanischen „Skandalchronik" beurteilen. Denn nach der bisherigen Praxis der parlamentarischen Untersuchungsausschüsse wird der Auskunftsperson zumindest in analoger Anwendung des § 55 StPO ein Schweigerecht gewährt und somit die Selbstbelastungsfreiheit gegenüber dem öffentlichen Aufklärungsinteresse bevorzugt. Demnach läßt die Historie durchaus einen Blick in eine solche Zukunft zu, die ebenfalls der Selbstbelastungsfreiheit den Vorzug einräumt.

Alle großen Krisen und Affären der Bundesrepublik Deutschland seit der Gründung am 23. Mai 1949 waren Gegenstände parlamentarischer Untersuchungen. Dies gilt sowohl für die Spiegelaffäre (1962) als auch für die Flick-Affäre 20 Jahre später, deren Nachwehen mit der Parteispendenaffäre bis ins dritte Millenium reicht. Auch die Barschelaffäre war Gegenstand des bisher wohl erfolgreichsten Untersuchungsausschusses. Selbst wenn der Untersuchungsausschuß in dem einen oder anderen Falle nur lückenhaft aufklären konnte, dürfte die These nur schwer zu widerlegen sein, daß bisher aus solchen Skandalen und den hieraus resultierenden politischen Auseinandersetzungen die Demokratie der Bundesrepublik Deutschland – wie auch die der anderen westlichen Demokratien[622] – letztlich gestärkt hervorgegangen ist.[623] So sind die wirklichen Skandale, deren Aufdeckung und politische sowie rechtsstaatliche Bewältigung mit Hilfe von Untersuchungsausschüssen, mit Hilfe der Medien und nicht zuletzt der Strafverfolgung eher ein Beweis dafür, daß demokratische Kontrollen funktionieren.[624]

---

[622] Zu den Strukturproblemen der Demokratien zu Beginn des 21. Jahrhunderts *Kraus* Aus Politik und Zeitgeschichte 1998, 29-30, 17 ff.

[623] Sinngemäß www.dadalos.org/deutsch/Demokratie/Demokratie/Grundkurs4/skandale.htm; *Bresser* formuliert in diesem Zusammenhang: „Der Skandal gehört zur Demokratie, wie die Sünde zum Christenmenschen"; Demokratien würden auf die Probe gestellt und durch Affären letztlich gestärkt; http://www.djv.de/Montepulciano/redebresser.pdf.

[624] www.dadalos.org/deutsch/Demokratie/Demokratie/Grundkurs4/skandale.htm; in diesem Sinne auch *Maier* in: http://www.phil.uni-passau.de/politik/apuk/inhalt /abstracts /abs_ maier.doc.

Es ist kein Zufall, daß demgegenüber mangels Kontrollmechanismen in den Diktaturen Skandale gerade nicht ans Tageslicht kommen.[625] In diesem Zusammenhang spricht *Sontheimer* auch „Vom Unheil und Segen einer Affäre".[626]

Auch wenn der Spendenskandal und das sog. „System Kohl[627]" von vielen Beobachtern als dramatischstes und kritischstes Ereignis der 50-jährigen Bundesrepublik gewertet und dementsprechend hochstilisiert wurde[628], kann wohl schwer davon die Rede sein, daß der Bestand der Bundesrepublik bzw. deren Institutionen ernsthaft gefährdet war bzw. ist[629]. Im Gegenteil: Vor allem im Hinblick auf NS-Diktatur, Faschismus und Weltkrieg darf man heute uneingeschränkt die deutsche Demokratie als Erfolgsgeschichte beschreiben.[630] Die deutsche Demokratie hat die Spiegelaffäre, die 68er-Unruhen, Steiner, Guilleaume, Flick-Affäre, Neue-Heimat-Skandal, Barschelaffäre und vor allem die zweite große Parteispendenaffäre verkraftet.[631] Da es trotzdem bisher nicht zu einer wirklich ernsthaften Regierungs- resp. Staatskrise gekommen ist, scheint es auch eher unrealistisch, einen derartigen „GAU", der zudem auch noch auf mangelnder Untersuchungskompetenz des Untersuchungsausschusses basiert, zu prophezeien.

Hinzu kommt, daß sich mit wachsender zeitlicher Distanz fast automatisch der Stellenwert des Skandals und damit auch das Gefährdungspotential für die Vitalität der Demokratie relativiert.[632] So wurde beispielsweise Nixon, Hauptakteur im Watergate-Skandal, nach langen Jahren im politischen Exil als Bücherschreiber und Weltreisender in höherem Alter respektvoll als elder statesman behandelt. Auch die Affäre um den DDR-Spion Guilleaume, die den damaligen Bundeskanzler Brandt zum Rücktritt veranlaßt hatte, ist heute in Anbe- tracht seiner Verdienste gerade in der Ostpolitik überwiegend eine schon halb vergessene Episode in seiner Vita. Schließlich ist die Frage berechtigt, wer heute noch Bismarcks geheimen Reptilienfonds kritisiert, mit dessen Hilfe er den tief in Geldnöten steckenden Bayernkönig Ludwig II dazu brachte, der Gründung des deutschen Reiches zuzustimmen.

Folglich liegt die Vermutung nahe, daß auch die beharrliche Verweigerung Kohls, die Spendernamen zu nennen, sowie das angelegte Schwarzkontensystem in nächster Zeit ad acta gelegt wird und in Kohls Vita lediglich als Fußnote in

---

625 www.dadalos.org/deutsch/Demokratie/Demokratie/Grundkurs4/skandale.htm; in diesem Sinne auch *Bresser* http://www.djv.de/Montepulciano/redebresser.pdf.

626 So die Überschrift seines Aufsatzes in: Aus Politik und Zeitgeschichte 2000, 16, 3.

627 Siehe nur *Zastrow* FAZ vom 01.07.2000, S. 1 und *Neander* DIE WELT vom 10.10.2000; www.welt.de/daten/2000/10/10/1010de195518.htx.

628 In diesem Sinne etwa *Hefty* FAZ vom 05.07.2000, S. 1.

629 Bundeskanzler Schröder hatte stets betont, daß eine Regierungskrise nicht vorliegt.

630 Ähnliche Einschätzung von *Ismayr* Aus Politik und Zeitgeschichte 1999, 20, 1.

631 Zudem auch die großen außenpolitischen Krisen, wie insbesondere der Ost-West-Konflikt.

632 www.dadalos.org/deutsch/Demokratie/Demokratie/Grundkurs4/skandale.htm; ähnlich auch *Sontheimer* Aus Politik und Zeitgeschichte 2000, 16, 3.

der bewegten Epoche der deutschen Wiedervereinigung eingeht.[633] Schon vor seiner abschließenden vierten Vernehmung im Dezember 2001 beherrschten andere Themen, wie die sog. K-Frage, die hohe Arbeitslosigkeit, die Wirtschafts- und Finanzpolitik der Bundesregierung, die etwaige Spaltung der Grünen, der Nahost-Konflikt und vor allem der Kampf gegen den Terrorismus die politische Tagesordnung.

Mithin ergibt sich aus den vorstehenden Überlegungen, daß bei einem Zurücktreten des parlamentarischen Aufklärungsinteresses die Wahrscheinlichkeit äußerst gering ist, daß gerade *aufgrunddessen* das worst-case-Szenario eintritt und demgemäß die Bestandsfähigkeit der deutschen Demokratie, des deutschen Rechts- und Parteienstaates ernsthaft substantiell erschüttert wird. Allerdings ist eine kurz- bzw. mittelfristige Vertrauenskrise nicht auszuschließen.[634]

Ob diese indes im Zurücktreten des parlamentarischen Aufklärungsinteresses gegenüber der individuellen Selbstbelastungsfreiheit ihre Ursache hat, ist zwar nicht gänzlich von der Hand zu weisen, jedoch ebenfalls ziemlich zweifelhaft. Denn Vertrauenskrisen entstehen in der Regel bereits schon vorher, insbesondere durch Ermittlungen des investigativen Journalismus[635], werden durch die Medienöffentlichkeit noch verstärkt und beruhen gerade nicht im Sinne der Kausalität auf unzulänglichen Beweiserhebungsrechten des parlamentarischen Untersuchungsausschusses.

Festzuhalten bleibt jedoch, daß jedenfalls eine schon vorhandene Vertrauenskrise durch die Einräumung von Schweigerechten für politische Entscheidungsträger wenigstens temporär verstärkt werden kann.

bb. Interessenhäufung bei der Auskunftsperson

Erhöht sich also die Schutzwürdigkeit des parlamentarischen Aufklärungsinteresses bei der Anwendung des Kriteriums Interessenhäufung/Folgerisiken in einem eher wohl bescheidenen Maße, ergibt sich im Gegensatz dazu ein ganz anderes Bild bei der nun aufzuzeigenden Interessenhäufung auf Seiten der Auskunftsperson. Vor allem dieser Gesichtspunkt wird mit einem ganz erheblichen Gewicht zu deren Gunsten in die Waagschale fallen.

---

[633] In etwa auch *Sontheimer* in: Aus Politik und Zeitgeschichte 2000, 16, 3; ähnlich auch *Bresser* http://www.djv.de/Montepulciano/redebresser.pdf.

[634] Zu Glaubwürdigkeitsproblemen in der Politik siehe *Wernstedt* Recht und Politik 2000, S. 137 ff.

[635] Demgegenüber wurde die zweite große Parteispendenaffäre aufgrund der laufenden Bemühungen der Augsburger Staatsanwaltschaft ins Rollen gebracht.

aaa. Interessenhäufung aufgrund des Abschlußberichts

Bereits und namentlich durch eine Analyse der bisherigen Abschlußberichte parlamentarischer Untersuchungsausschüsse wird besonders augenscheinlich, in welch hohem Maße weitere Interessen der Auskunftsperson in grundrechtsrelevanter Weise beeinträchtigt werden können. Ein solches Vorgehen erlaubt dann einen Ausblick auf die erheblichen Negativwirkungen für die hier in Rede stehende Auskunftsperson, die nicht nur häufig im Zentrum der öffentlichen Kritik stehen dürfte, sondern sich auch noch selbst belasten müßte. Angesichts der Fülle des zur Verfügung stehenden Materials soll vorliegend nur eine beschränkte, aber repräsentative Auswahl dargestellt werden.

(1) Barschel-Untersuchungsausschuß

So heißt es etwa im Abschlußbericht des Barschel-Untersuchungsausschusses, der in Buchform weitverbreitet veröffentlicht wurde, über die Mitglieder und Mitarbeiter der Landesregierung Schleswig-Holsteins:

> „Ohne die aktive oder passive Teilnahme von Mitgliedern und Mitarbeitern der Landesregierung ... sowie von Funktionären der CDU wären die skandalösen Machenschaften des ehemaligen Ministerpräsidenten Dr. Barschel beziehungsweise sein Versuch ihrer Vertuschung nicht möglich gewesen. Sie sind verantwortlich, weil sie bereit waren, aus freien Stücken für den Machterhalt von Dr. Barschel und der CDU schlimme Aktionen zu betreiben, zu unterstützen, zu fördern oder wenigstens zu dulden.[636]“

Ähnlich und verschärfend an anderer exponierter Stelle:

> „Willfährigkeit, Bedenkenlosigkeit und Kritiklosigkeit auf Seiten von Mitgliedern und Mitarbeitern der Landesregierung sind der Boden gewesen, auf dem sich die politisch-kriminellen Machenschaften Dr. Barschels und seiner Gehilfen entfalten konnten. Unter den früheren Ministerpräsidenten Dr. Stoltenberg und Dr. Barschel hatte sich keine Atmosphäre gebildet, in der sich Mitglieder und Mitarbeiter der Landesregierung zu Kritik ermuntert fühlten. Von Mitarbeitern des öffentlichen Dienstes, und erst recht von Kabinettsmitgliedern aber kann die Öffentlichkeit Bereitschaft zur Kritik selbst dann erwarten, wenn der Chef der Regierung zu solcher Kritik nicht ermuntert.[637]“

---

[636] Schleswig-Holsteiner Landtag, Der Kieler Untersuchungsausschuß, S. 204.
[637] Schleswig-Holsteiner Landtag, Der Kieler Untersuchungsausschuß, S. 219.

Zur Tätigkeit Pfeiffers in der Presse- und Informationsstelle der Landesregierung heißt es etwa:

> „Es verbietet sich, Pfeiffer als willenloses Werkzeug Dr. Barschels zu betrachten. Wenngleich die Formulierung Pfeiffers in einem Brief an Dr. Barschel .. die Bereitschaft ausdrückt, sich von Barschel einsetzen zu lassen, trägt Pfeiffer die volle persönliche Verantwortung für seine Handlungen. ... Pfeiffer hat die anonyme Anzeige gegen Engholm erstattet. Er hat das Detektivbüro ... mit der Bespitzelung Engholms beauftragt. Als „Dr. Wagner" hat er zweimal mit Engholm telefoniert und ihm glaubhaft zu machen versucht, es lägen ärztliche Hinweise auf eine AIDS-Infektion vor. Pfeiffer hat sich ... auf den Wunsch Dr. Barschels eingelassen, für ihn ein Abhörgerät zu beschaffen.[638]"

Zu Ahrendsen, dem engsten Mitarbeiter Barschels, wird formuliert:

> „Es ist erwiesen, daß ... Ahrendsen eine Schlüsselfigur der Barschelaffäre ist. Er war als sein engster Mitarbeiter und Intimus ... neben Pfeiffer der wichtigste Gehilfe Dr. Barschels. Nach dem Wahltag erwies sich Ahrendsen als Verschworener des ehemaligen Ministerpräsidenten, für den er über Wochen log. ... Die Glaubwürdigkeit Ahrendsen ist sehr gering. Er hat den Ausschuß wochenlang belogen, und er hat in einer Reihe von Fällen unvollständig ausgesagt und erst nach mehrmaligen Nachfragen Auskünfte gegeben. ... Er gestand erst, als seine Behauptung widerlegt war und nicht mehr dazu dienen konnte, Dr. Barschels Glaubwürdigkeit vorzutäuschen.[639]"

Auch Hebbeln, der ehemalige Chef der Staatskanzlei, sah sich erheblichen Vorwürfen konfrontiert:

> „Sein erstaunlich schlechtes Erinnerungsvermögen und seine merkliche Unkenntnis von Vorgängen in seinem Zuständigkeitsbereich als Chef der Staatskanzlei läßt zwei Deutungen zu. Entweder ist der Ruf des Staatssekretärs als eines Mannes mit untrüglichem Gedächtnis falsch gewesen und er war in seinem Amt überfordert, oder aber er enthielt dem Ausschuß sein Wissen vor. Darüber hinaus ist dem Zeugen Hebbeln vorzuwerfen, daß er zumindest in den Fällen Lambrecht und Asmussen die ihm obliegende Dienstaufsicht nicht wahrgenommen hat. Schließlich trägt der ehemalige Chef der Staatskanzlei Verantwortung dafür, daß für den Untersuchungsausschuß wichtige Unterlagen vernichtet wurden.[640]"

---

[638] Schleswig-Holsteiner Landtag, Der Kieler Untersuchungsausschuß, S. 205 u. 207.
[639] Schleswig-Holsteiner Landtag, Der Kieler Untersuchungsausschuß, S. 208.
[640] Schleswig-Holsteiner Landtag, Der Kieler Untersuchungsausschuß, S. 213.

(2) Parteispenden-Untersuchungsausschuß

Besonders deutlich und schonungslos formuliert auch der jüngst veröffentlichte Abschlußbericht des Parteispenden-Untersuchungsausschusses:[641]

> „Der Verdacht, den das heimliche Geldgebaren der CDU und ihres langjährigen Vorsitzenden Dr. Kohl bei weiten Teilen der Öffentlichkeit ausgelöst und der schließlich zur Einsetzung dieses parlamentarischen Untersuchungsausschusses geführt hat, reicht deshalb über die von Dr. Kohl und seinen Mithelfern zu verantwortende Missachtung von Verfassung und Parteiengesetz hinaus. Dr. Kohls "Fehler" bestand eben nicht nur darin, dass *"ich diese Spenden nicht ordnungsgemäß in die Rechenschaftsberichte der Bundespartei eingegeben habe"*, wie er sein rechtswidriges Handeln in einer von ihm herausgegebenen Rechtfertigungsschrift zu verharmlosen suchte, nicht ohne den zusätzlichen Hinweis anzubringen, dass es sich hierbei - nach altem und insoweit inzwischen veränderten Parteiengesetz - um "keinen strafbaren Tatbestand" handelte.
>
> Dr. Kohl hat vielmehr sein gesamtes von ihm zu verantwortendes politisches Handeln - ungeachtet der Frage, ob in dem einen oder anderen Fall die Straftatbestände der Vorteilsgewährung oder der Bestechlichkeit verwirklicht wurden - dem Verdacht von politischer Korruption großen Ausmaßes ausgesetzt. Schon der böse Schein, der bei öffentlichem Bekanntwerden der dunklen Geldwege gerade auf das politische Handeln der von ihm geführten Bundesregierung gefallen ist, hätte Dr. Kohl von seinem verfassungs- und gesetzwidrigen Vorgehen abhalten müssen. Diesen Verdacht von Anfang an auszuschließen, wäre gerade durch die lückenlose Ausweisung erhaltener Gelder und Großspenden möglich und geboten gewesen. Selbst für den "Normalfall", dass die Veröffentlichung von Spendern im Einzelfall kritisches Nachfragen in der Öffentlichkeit ausgelöst hätte: Gegen einen unzulässigen Zusammenhang von Regierungshandeln und Spenden soll an erster Stelle die korrekte öffentliche Ausweisung der Geldgeber sprechen.
>
> Diese Offenlegung ist bis heute bei der CDU und Dr. Kohl nicht erfolgt. ...
>
> Der Ausschuss vermisst bei einer Reihe für die Aufklärung maßgeblicher Zeugen schon die Bereitschaft, zur Aufklärung beizutragen.
>
> Für ihre weitreichenden Auskunftsverweigerungen machten Dr. Kohl, Dr. Kiep, Weyrauch und Terlinden eine Vielzahl von Gründen geltend, die sie zum Teil auch miteinander kombinierten. Teilweise hatte der Ausschuss diese Gründe hinzunehmen, insbesondere soweit auf laufende strafrechtliche Ermittlungen gegen diese Zeugen hingewiesen wurde.
>
> Der Ausschuss hat aber insgesamt den Eindruck gewonnen, dass diese Zeugen **nicht gerechtfertigt** Aussagen zur Sachverhaltsaufklärung selbst dann verweigern, wenn sie ohne Gefahr einer Selbstbelastung Auskünfte geben könnten. **Auf die Spitze getrieben** hat dies der Zeuge Terlinden, der die Aussage verweigerte, ohne seine Gründe hierfür

---

[641] BT-Drs. 14/9300, S. 361 ff. vom 13.06.2002. Im folgenden werden einige Auszüge dargestellt; kursive Hervorhebung im Bericht, Hervorhebung durch Fettdruck durch den Verfasser.

glaubhaft darzulegen. Hierfür mögen eine Reihe unterschiedlichster Motive eine Rolle spielen. Im Fall der Zeugen Dr. Kiep, Weyrauch, Terlinden und wahrscheinlich auch Dr. Lüthje **können steuerliche bzw. steuerstrafrechtliche Hintergründe** ursächlich sein, für den Fall nämlich, dass nicht nur die Herkunft von Geldern, sondern vor allem auch deren letztlicher Verbleib offenbar würde. **Möglich ist auch, dass** bei wahrheitsgemäßer Aussage die Gefahr der Entdeckung weiterer bisher unbekannter Konten bzw. Geldquellen bestehen würde.

Der Zeuge Dr. Kohl war bei seinen umfangreichen Auskunftsverweigerungen, die in der Version **angeblich abgeleisteter Ehrenworte ihren Höhepunkt fanden**, offensichtlich in erster Linie an der Erhaltung seiner Integrität in der Öffentlichkeit interessiert. Seiner "*Ehre und seiner Würde wegen*" habe er so handeln müssen und auch, um vor der "*Weltöffentlichkeit*" sein "*Gesicht*" zu wahren. Dies mag ihn dazu bewogen haben, seine Version eines Schweigegelübdes **selbst um den Preis der eigenen Lächerlichkeit** vor dem Ausschuss und der Öffentlichkeit aufrecht zu erhalten. Der Wahrheit jedenfalls und der Entkräftung der gegen ihn erhobenen Vorwürfe ist Dr. Kohl damit nicht näher getreten.

Nicht wenige der vom Ausschuss gehörten Zeugen, allen voran wiederum Dr. Kohl, aber auch die Zeugen Dr. Kiep, Weyrauch, Dr. Lüthje, Terlinden sowie der Zeuge Holzer und der Zeuge Schreiber zeigten sich gegenüber den Medien bei weitem auskunftsfreudiger als gegenüber einem Untersuchungsausschuss des Deutschen Bundestages. Die wesentliche Ursache dieser Scheinaufklärung ist sicherlich darin zu finden, dass Zeugen vor Untersuchungsausschüssen, nicht aber vor den Medien an die Wahrheitspflicht gebunden sind. Der Ausschuss **missbilligt das Verhalten** dieser Zeugen, wenn sie sich zwar ausführlichst in den Medien zu untersuchungsrelevanten Sachverhalten äußerten, aber dem Ausschuss und dem Deutschen Bundestag Rede und Antwort weitestgehend schuldig blieben.

In einigen Fällen aber verfehlte selbst die nach dem Grundgesetz und der Strafprozessordnung bestehende Verpflichtung zur wahrheitsgemäßen Aussage ihre Wirkung. So stehen die Zeugen Dr. Kiep sowie Baumeister und Dr. Schäuble aus den in der Öffentlichkeit ausgiebig erörterten Gründen im Verdacht einer wahrheitswidrigen Aussage vor dem Ausschuss. ...

Der Ausschuss stellt weiterhin fest, dass Dr. Kohl den Deutschen Bundestag **getäuscht** hat, in dem er entgegen seinem **Amtseid**, den er anlässlich seiner Wahl als Bundeskanzler der Bundesrepublik Deutschland mehrmals vor dem Deutschen Bundestag leistete, fortgesetzt das Transparenzgebot des Grundgesetzes **missachtet und das Parteiengesetz gebrochen hat**. Im Rahmen dieses Amtseides hatte Dr. Kohl dem Deutschen Bundestag versichert, dass er das Grundgesetz und die Gesetze des Bundes wahren und verteidigen werde.

Der Ausschuss **missbilligt** dieses Verhalten Dr. Kohls. **Ein solches Verhalten ist eines deutschen Bundeskanzlers unwürdig und beschädigt das Amt.** Dr. Kohl ging offenbar davon aus, dass er den Amtseid trotz seines verfassungs- und gesetzwidrigen Verhaltens schwören kann, weil dieser Eid nach unserer Rechtsordnung nicht strafbewehrt ist. **Ein ähnlich gestörtes Verhältnis zum Recht und zu demokratischen Verhaltensregeln zeigte** Dr. Kohl, wenn er betonte, seine rechtswidrigen Verstöße gegen das Parteiengesetz seien nicht strafbar. Der Ausschuss hält diese Auffassung Dr. Kohls für fatal in ihrer Wirkung auf das allgemeine Rechtsbewusstsein. In ihr zeigt sich die für das Gemeinwesen überaus schädliche Haltung, dass alles erlaubt sei, was staatlicherseits nicht unter Strafe gestellt ist...

Auch der von 1972 bis 1992 amtierende Schatzmeister der CDU, Dr. Kiep, **hat aus den damaligen Ermahnungen keine Lehren gezogen**. Er war maßgeblich beteiligt an der fortgesetzten Vereinnahmung verdeckter Gelder für die CDU und Mitbeteiligter am Geldverschleierungs-System über die Schweiz, über das Anderkontensystem sowie nicht zuletzt sogar über eigene, von Dr. Kiep gehaltene Konten. Sein Bestreiten, hiervon Kenntnis gehabt zu haben, **hält der Ausschuss für völlig unglaubhaft und für eine bloße Schutzbehauptung, wie die Einlassungen des Zeugen Dr. Kiep überhaupt in vielerlei Hinsicht zweifelhaft sind**. Der Ausschuss ist nach Abwägung aller Aussagen Dr. Kieps und anderer zu Dr. Kieps Angaben der festen Überzeugung, dass Dr. Kiep nicht in allen Punkten vollständig und wahrheitsgemäß ausgesagt hat.

Es war schließlich Dr. Kiep, der ...

Nach Überzeugung des Ausschusses steht fest, dass Dr. Kiep im Verlauf seiner Schatzmeistertätigkeit **offenbar jegliches Unrechtsbewusstsein abhanden gekommen ist**. Der Ausschuss geht auch davon aus, dass der Zeuge Dr. Kiep entgegen seinen Aussagen vor dem Ausschuss in die Gründung der in Liechtenstein verborgenen CDU-Stiftung Norfolk und deren Konten in der Schweiz einbezogen und umfänglich informiert war.

Bei Dr. Lüthje **scheint wenigstens** seine Verurteilung im Jahr 1991 vor dem Landgericht Düsseldorf Wirkung gehabt und sein Unrechtsbewusstsein wiederhergestellt zu haben. Aufkeimende Skrupel und die öffentliche Belastung durch das Verfahrens veranlassten ihn denn auch zu einem dem Ausschuss vorliegenden kritischen Vermerk an Dr. Kohl und letztlich wohl zu seinem Ausscheiden aus den Diensten der CDU-Schatzmeisterei. ...

Der Ausschuss hat grundlegende Zweifel, dass die deutschen Geldspender Dr. Kohls tatsächlich existieren und Dr. Kohl jemals Ehrenworte gegenüber Geldgebern abgab. Nach Überzeugung des Ausschusses ist es sogar wahrscheinlicher, dass Dr. Kohl diese Spender frei erfunden hat, um im Wege dieser Legende weiteren Fragen des Ausschusses und der Öffentlichkeit nach der wahren Herkunft der Gelder zu begegnen.

Indem Dr. Kohl in Kauf genommen hat und weiter in Kauf nimmt, dass durch das Verschweigen seiner Geldgeber sein persönliches Ansehen und seine Glaubwürdigkeit in der Öffentlichkeit Schaden nehmen und seiner Partei erheblicher finanzieller und politischer Schaden entsteht, ist davon auszugehen, dass der Ansehensverlust für ihn und der Schaden für seine Partei erheblich größer sein muss, wenn Ausschuss und Öffentlichkeit die wahre Herkunft der Millionenbeträge erfahren. Diese Überlegung führt zu berechtigten Spekulationen über Namen der Spender, Grund und Herkunft der Zahlungen."

(3) Neue-Heimat-Untersuchungsausschuß

Daß so mancher Betroffene in der Vergangenheit wohl lieber ein Strafverfahren über sich ergehen lassen hätte, das in der Regel nicht mit so einem Medieninteresse begleitet wird[642], zeigt in bemerkenswerte Weise auch der „Fall Orgaß"[643] im Untersuchungsausschuß „Neue-Heimat" der Hamburger Bürgerschaft. Orgaß war „einer ihn tief treffenden und persönlich sehr verletzenden Verleumdungskampagne[644]" seitens der Medien, des Untersuchungsausschusses, seiner politischen Gegner und seiner ehemaligen Parteifreunde ausgesetzt. Vorgeworfen wurde ihm eine „korrupte Handlungsweise[645]". Als Angestellter der Neuen Heimat und Mitglied des Deutschen Bundestages soll er sein politisches Mandat mißbraucht haben, um Vergünstigungen beim Erwerb seines Eigenheimes erhalten zu können. Tatsächlich hatte Orgaß jedoch einen rechtmäßigen arbeitsvertraglichen Anspruch auf diese materiellen Vorteile. Ohne ihn selbst dazu gehört zu haben, wurden die Vorwürfe in unmittelbarer Interaktion mit den Medien[646] wahrheitswidrig im Untersuchungsausschußbericht festgeschrieben. Alle seine Versuche und Ansätze, auf politischem und sonstigem außergerichtlichen Wege mit den Akteuren des Untersuchungsausschusses ins Gespräch zu kommen, scheiterten an dessen vorgefaßter Meinung und konsequenter Weigerung.[647] *Jekewitz*[648], damaliger Ministerialrat im Bundesjustizministerium und Mitarbeiter der SPD-Fraktion im „Neue-Heimat"-Ausschuß des Bundestages führte hierzu aus:

> „Ich erinnere ... nur an den Bericht des Hamburger Untersuchungsausschusses zur Neuen Heimat, der ... für mich ein wirklich schlimmes Machwerk ist; ich sage das ganz bewußt. In dem Bericht sind nämlich unreflektiert Meinungen zusammengeschrieben und die einzelnen Teile, die nur zur Vorbereitung der Beweisaufnahme dienen sollten – das merkt man an mehreren Stellen, wenn man den Bericht durchliest -, aneinandergereiht worden. Dabei sind einige Personen und Persönlichkeiten in einer Weise unter die Räder geraten, die mit Grundrechtsschutz und mit der Respektierung von Grundrechten nichts mehr zu tun hat. Das betraf auch politische Freunde.

---

642 So etwa *Buchholz* S. 83; *Quaas/Zuck* NJW 1988, 1873 (1874).

643 Zum Fall Orgaß siehe insbesondere: *Frey* S. 232 ff.; *Steffani* ZParl 1989, S. 54 ff.; *Redeker* in: Thaysen S. 189; *Jekewitz* FS Partsch 403 (409).

644 *Steffani* ZParl 1989, 54 (57).

645 *Frey* S. 233.

646 Auslöser des „Falles Orgaß" war ein Artikel des Spiegel-Journalisten *Spenneberg* vom 08.07.1985, Nr. 28, S. 75 ff.

647 *Jekewitz* FS Partsch 403 (410).

648 Jekewitz kämpfte dafür, daß die Sichtweise von Orgaß wenigstens als Memorandum im Abschlußbericht des Ausschusses „Neue Heimat" des Bundestages aufgenommen wurde; BT-Drs. 10/6779, S. 438-483.

> Der Hauptbetroffene [scil.: Orgaß] hat in diesem Falle versucht, in unzähligen gerichtlichen und außergerichtlichen Schritten nicht nur seine eigenen Parteifreunde, sondern auch den Ausschuß und die Hamburger Bürgerschaft insgesamt zum Einlenken, zur Korrektur und zur Abschwächung zu bewegen. Es ging nicht; man hatte sich einmal auf diese Linie festgelegt. Er hat dann eine Dokumentation darüber erstellt, die er demselben Personenkreis zur Verfügung gestellt und darüber hinaus bekanntgemacht hat. Auch das ist natürlich von niemanden beachtet worden.[649]"

In diesem Zusammenhang gestand auch der damalige SPD-Fraktionsvorsitzende *Henning Voscherau* in der abschließenden Plenardebatte ein:

> „Als Jurist, der auch Artikel 1 des Grundgesetzes verpflichtet ist, ziehe ich daraus die Schlußfolgerung, daß wir alle neu lernen müssen. Untersuchungsausschüsse sind in besonderem Maße zur Sorgfalt und zur Behutsamkeit im Umgang mit der Menschenwürde der von ihrer Tätigkeit Betroffenen verpflichtet. Es ist kein Geheimnis, daß ich zuweilen der Auffassung war, daß dies nicht immer hinreichend beachtet worden ist.[650]"

Dementsprechend nimmt es nicht Wunder, daß dieser Abschlußbericht als zu den „schwärzesten Kapiteln parlamentarischer Untersuchungspraxis in der Bundesrepublik Deutschland[651]" gerechnet wurde.[652]

(4) Rechtliche Eingriffswirkungen des Abschlußberichts

Freilich muß gesehen werden, daß durch den Abschlußbericht des Untersuchungsausschusses, dem Pendant zum Strafurteil, der Auskunftsperson zwar keine unmittelbare (grund-)rechtliche Beschwer droht, weil ein Untersu-

---

[649] *Jekewitz* in: Thaysen S. 188 f.

[650] Plenarprotokoll 11. WP/99. Sitzung, S. 5939 zitiert nach: *Steffani* ZParl 1989, 54 (63).

[651] *Steffani* ZParl 1989, 54 (57); *Köhler*, S. 216, formuliert: „Der sog. Fall Orgaß ist eines der dunkelsten Kapitel in der Nachkriegsgeschichte parlamentarischer Untersuchungsausschüsse."

[652] Wagt man einen kurzen Ausblick in die zukünftige Untersuchungspraxis und somit auf die potentiellen Gefahren für die Auskunftsperson, muß nicht gleich gefolgert werden, daß Bloßstellungen durch parlamentarische Untersuchungsausschüsse wie beispielsweise die antikommunistischen Loyalitätsenqueten unter dem Vorsitz des Senators McCarthy dazu führen könnten, daß sich einige Auskunftspersonen auch in Deutschland nur durch Selbstmorde den Anprangerungen und Inquisitionen glauben entziehen zu können. Auch ist es eher unwahrscheinlich, daß sich die politische Kultur in der Bundesrepublik Deutschland in den nächsten Jahren so entwickeln wird, wie sie in den Vereinigten Staaten üblich ist. Ein Untersuchungsausschußbericht, der inhaltlich dem Starr-Report mit seinen sexuellen Inhalten über die Beziehung zwischen Bill Clinton und Monika Lewinsky gleichkommt und über das Internet weltweit verbreitet wird, ist heute in Deutschland noch undenkbar. Auszuschließen sind derartige Entwicklungen allerdings nicht.

chungsausschuß keine rechtsgültigen Entscheidungen trifft, sondern „nur“ eine Parlamentsentscheidung vorbereitet.[653] Gleichwohl sind die mittelbaren grundrechtsrelevanten Folgewirkungen des Abschlußberichtes, vorwiegend die *rechtsförmigen* Anschlußverfahren von beträchtlicher Intensität.

So würde bei einem Zurücktreten der Selbstbelastungsfreiheit der Abschlußbericht die selbstkompromittierende Aussage der Auskunftsperson enthalten. Der inkriminierte Sachverhalt würde bekannt. Die Strafverfolgungsorgane erhielten die entscheidenden Informationen, so daß eine Aussageverweigerung der Auskunftsperson im Strafprozeß, die sich nun in der Rolle des Angeklagten befindet, nicht mehr nützen, sondern hinsichtlich der Strafzumessung eher schaden würde. Die Auskunftsperson würde sich letztlich der Strafjustiz ausliefern. Demnach ergibt sich als ganz erhebliches rechtliches Folgerisiko für diese Person, daß sie ein Strafurteil zu gewärtigen hat, das sanktionsbewehrt ist. Eine etwaige Geldstrafe würde zu einem Vermögensverlust führen, der im Einzelfall existenzbedrohende und resozialisierungsbehindernde Ausmaße annehmen kann. Vor allem aber eine Freiheitsstrafe würde zu einem gravierenden Lebenseinschnitt für die Auskunftsperson führen. Seine persönliche bzw. körperliche Freiheit, seine Grundrechtsverbürgung in Art. 2 II S. 2 und Art. 104 GG, die man ja mit dem Bundesverfassungsgericht als „erste Voraussetzung für *jede*[654] freiheitliche Betätigung des Menschen überhaupt“ sehen kann, ist ganz erheblich beeinträchtigt.

Zudem schließen sich häufig nicht nur Strafprozesse an die parlamentarischen Untersuchungen an, sondern auch Disziplinarverfahren.[655] So ist es für das heutige Wesen parlamentarischer Untersuchungsausschüsse typisch, daß sie im Rahmen einer Skandal- bzw. Mißstandsenquete der Verwaltungskontrolle dienen[656] und demgemäß zu untersuchen haben, ob Beamte gegen ihre Dienstpflichten verstoßen haben. Unterliegen diese einer zwangsmittelbewehrten Aussagepflicht im Untersuchungsausschuß, drohen dem Beamten weitere Disziplinarmaßnahmen wie Geldbußen, Gehaltskürzungen, Aberkennung des Ruhegehaltes bis hin zur Entfernung aus dem Dienst.[657] Dementsprechend kann es bei entsprechend intensiver Beeinträchtigung durchaus im Einzelfall zu ganz erheblichen – wenn auch mittelbaren – Eingriffen in die Berufsfreiheit (Art. 12 GG) kommen.

---

[653] *Beckedorf* ZParl 1989, 35 (42).

[654] *BVerfGE* 10, 302 (322); Hervorhebung nur hier.

[655] Auch können Sanktionen aufgrund verübter Ordnungswidrigkeiten oder Standesverfehlungen drohen.

[656] Das ist die heutige Normalform eines Untersuchungsausschusses; *Morlok* Recht und Politik 2000, 208; ebenso *Kipke* Recht und Politik 2000, 202.

[657] Siehe hierzu nur § 5 BDO.

(5) Faktische Eingriffswirkungen des Abschlußberichts

Nicht minder schwerwiegend, sondern aufgrund ihrer Beeinträchtigungsintensität zumindest ebenso grundrechtsrelevant sind im Einzelfall die mittelbar-*faktischen* Folgewirkungen der jeweiligen Abschlußberichte. So zeigen die soeben dargestellten Berichte, daß die Feststellung bzw. Bewertung von politischer Verantwortlichkeit und insbesondere von persönlicher Schuld politischer Entscheidungsträger, aber auch das Fehlverhalten außenstehender Dritter häufig eine herausragende Rolle spielten. Zumeist unter parteitaktischem Blickwinkel[658] ist sowohl die Aufdeckung als auch die Brandmarkung von Fehlverhalten, von Versäumnissen bzw. politischem Versagen oberstes Ziel. So geht es – salopp formuliert – häufig einfach nur darum, den politischen Gegner im Abschlußbericht „fertig zu machen".

Folglich kann nicht geleugnet werden, daß auch ein Abschlußbericht für die Betroffenen eine sanktionsgleiche Wirkung zeitigen kann[659], die im Einzelfall faktisch sogar über die Konsequenzen eines Strafurteils hinausgehen. Dies ist mittlerweile allgemein anerkannt.[660] Die politischen, beruflichen und vor allem auch gesellschaftlichen Folgen können überaus schwerwiegend sein. So kann ein erheblicher Ansehensverlust das Ende der politischen Karriere bedeuten. Und eine etwaige Bezichtigung eines unehrenhaften Verhaltens kann den gesellschaftlichen Achtungsanspruch derart tangieren, daß der Ruf irreversibel ruiniert ist. Die Folgen einer Ehrminderung wiederum können unter Umständen für die Betroffenen und insbesondere für ins Zwielicht geratene Unternehmen zur völligen Vernichtung der wirtschaftlichen Existenz führen. Damit kommt es bei entsprechend intensiver Beeinträchtigung im Einzelfall häufig zu Grundrechtseingriffen in das Allgemeine Persönlichkeitsrecht aus Art. 2 I i.V.m. Art. 1 I GG, sowie insbesondere in den Ehrenschutz sowie in die Grundrechte aus Art. 12, 14 GG mit der Konsequenz, daß ein derartiges Szenario eine erhebliche Interessenhäufung auf Seiten der Auskunftsperson nach sich zieht.

---

[658] Siehe hierzu nur den jüngst veröffentlichten (13.06.2002) Abschlußbericht des Parteispenden-Untersuchungsausschusses (BT-Drs. 14/9300); namentlich die Bewertungen, die Abweichenden Berichte und die Sondervoten (BT-Drs. 14/9300, S. 361 ff.).

[659] Der Strukturunterschied reduziert sich demnach darauf, daß der Ausschuß nicht unmittelbar eine Geldstrafe verhängt und kein Freiheitsentzug droht; zitiert nach *Buchholz* S. 136.

[660] *Buchholz* S. 85 u. 135; *Gollwitzer* BayVBl 1982, 417 (423); darauf wiesen auch schon die Parlamentspräsidenten in ihren Empfehlungen vom 19.12.1979 in Nr. III. 7 hin; auch *Wagner* GA 1976, 257 (263, Prangerstrafe); *Beckedorf* ZParl 1989, 35 (42 f.); ähnlich *Wohlers* NVwZ 1994, 40 (41).

bbb. Interessenhäufung aufgrund fehlenden Rechtsschutzes gegen den Abschlußbericht

Zudem kommt ein weiterer Faktor hinzu, der deren Schutzwürdigkeit noch weiter verstärkt. So hat die Auskunftsperson nicht die Möglichkeit, den Untersuchungsausschußbericht als verfahrensbeendende Entscheidung einer gerichtlichen Nachprüfung zuzuführen. Während im Strafverfahren die Interessen des Angeklagten bzw. Verurteilten durch Rechtsmittel zur Geltung gebracht werden können, ist der Abschlußbericht eines Untersuchungsausschusses entgegen der Rechtsschutzgarantie des Art. 19 IV GG durch Art. 44 IV GG der richterlichen Erörterung entzogen. Demnach ist der Ausschußbericht völlig gerichtsfrei. Dementsprechend waren auch die gerichtlichen Bemühungen von Orgaß fruchtlos. So führte das im Wege der einstweiligen Anordnung angerufene Verwaltungsgericht lediglich lapidar aus, „daß die Beschlüsse der Untersuchungsausschüsse der richterlichen Erörterung entzogen[661]" seien. Obwohl diese Lücke im Rechtsschutz von wissenschaftlicher Seite häufig moniert wurde[662] und angesichts der vorherigen Ausführungen grundrechtlich kaum zu halten sein scheint, blieb es bisher bei der Ausnahme zur Garantie des Art. 19 IV GG.

Der „Fall Orgaß" hat lediglich dazu geführt, daß im neuen Untersuchungsausschußgesetz den von den Untersuchungen „betroffenen" Personen eine Art Schlußgehör gewährt wurde. In § 33 PUAG heißt es:

> „(1) Personen, die durch die Veröffentlichung des Abschlussberichts in ihren Rechten erheblich beeinträchtigt werden können, ist vor Abschluß des Untersuchungsverfahrens Gelegenheit zu geben, zu den sie betreffenden Ausführungen im Entwurf des Abschlussberichtes innerhalb von zwei Wochen Stellung zu nehmen, soweit diese Ausführungen nicht mit ihnen erörtert worden sind. (2) Der wesentliche Inhalt der Stellungnahme ist in dem Bericht wiederzugeben."

Zwar ist dadurch sicherlich der Rechtsschutz der Auskunftspersonen sowie sonstiger Dritter ein wenig verbessert worden. Denn sie erhalten neuerdings – indes unter eingeschränkten Voraussetzungen – eine Art Gegendarstellungsrecht, welches über den presserechtlichen Gegendarstellungsanspruch hinausgeht, weil es sich nicht nur auf Tatsachen, sondern auch auf (subjektive) Bewertungen erstreckt. Die kompromittierenden Passagen bleiben jedoch bestehen. Bei Abschlußberichten, die nicht selten Tausend Seiten umfassen[663], fällt die Gegendarstellung schon angesichts der zur Verfügung stehenden Zeit häufig

---

[661] Zitiert nach *Steffani* ZParl 1989, 54 (61).

[662] *Kipke* hält diese Regelung für „bedenklich", in: Recht und Politik 2000, 202 (204).

[663] ZB folgende Abschlußberichte: „Transnuklear" (1420 Seiten, BT-Drs. 11/7800), „Plutonium" (1196 Seiten, BT-Drs. 13/10800), „Kommerzielle Koordinierung" (1095 Seiten, BT-Drs. 13/10900).

eher kurz aus und droht „unterzugehen". Da zudem den betroffenen Personen sonstige verfahrensrechtliche Mitwirkungsrechte nach dem neuen Gesetz nicht eingeräumt werden, konnten sie auf den Gang und vor allem das Ergebnis des Untersuchungsverfahrens keinen Einfluß nehmen. Ebenso ist eine Neuaufnahme der Beweiserhebung nach dem Schlußgehör ausgeschlossen.

Demnach ist die Effektivität einer derartigen Regelung eher zweifelhaft, um Grundrechtsbeeinträchtigungen oder gar Verletzungen kompensieren zu können. Ein Surrogat für die Gerichtsfreiheit der Abschlußberichte kann es nicht liefern.

In Anbetracht dessen bleibt es dabei, daß die betroffenen Personen nur sehr beschränkte Verteidigungsmöglichkeiten haben. Sie benötigen eine ausgezeichnete Lobby, hilfreiche und befreundete Journalisten, die ihre Interessen medienwirksam zur Geltung bringen. Sie müssen auf die breite Unterstützung ihrer Parteifreunde hoffen. Eine solche hat sicherlich Helmut Kohl erhalten. Dies läßt sich nicht nur durch die Abneigung des CDU-Präsidiums belegen, gegen ihren ehemaligen Vorsitzenden eine erfolgversprechende zivilrechtliche Auskunftsklage hinsichtlich der sog. Spendernamen zu erheben[664], sondern auch durch die fortwährende moralische Rückendeckung der sog. „Gruppe 94[665]" sowie vor allem durch die viel kritisierten Absprachen mit den Untersuchungsausschußmitgliedern der CDU[666]. Derartige Hilfe hat demgegenüber Orgaß, der bereits vor Beginn der Affäre aus der aktiven Politik ausgeschieden war, nicht bekommen. Er war das so häufige „obligatorische Bauernopfer" eines Skandals. Typischerweise bleibt den betroffenen Personen nur eine Möglichkeit: Sie müssen hoffen bzw. dafür sorgen, daß derselbe Sachverhalt durch ein unabhängiges Gericht erneut aufgerollt und so auf diesem Wege ihre Ehre wiederhergestellt wird.

---

[664] Diese Möglichkeit wurde erwogen, jedoch mit Beschluß des CDU-Präsidiums verworfen, obwohl sich aufgrund Kohls beharrlichen Schweigens der Rückforderungsbescheid der Bundestagsverwaltung auf weitere 6,5 Mio. DM erhöhte. In den nächsten Monaten hieß es lediglich, daß Kohls Schweigen bedauert würde. CDU-Obmann Schmidt im Untersuchungsausschuß betonte stets, daß „keine Möglichkeit gesehen" werde; www.ndr4.de/interviews/archiv/200001201.html. Zu den Erfolgsaussichten einer zivilrechtlichen Auskunftsklage siehe nur: *Bachmaier* in: Recht und Politik 2000, 197 (199) und *Morlok*, mehrfacher Prozeßvertreter der SPD in Untersuchungsfragen, in: Frankfurter Rundschau vom 19.01.2000, www.fr-aktuell.de/fr/spezial/cdu/753/t753086.htm und in: taz vom 22.01.2000, www.taz.de/tpl/2000/01/22/a0050.fr/text?Name=ask07199aaa; ebenso auch *Graßhof* laut Focus vom 24.01.2000, S. 23 und im Interview mit der taz am 26.01.00; www.taz.de/tpl/2000/01/26/a0069.fr/text?Name=ask08705aaa; ebenso vor allem die Presseerklärung von *Ströbele* am 24.01.2000, NR 0031/2000; www.gruene-fraktion.de/archiv/pm/2000/00%2D0031.htm.

[665] Dieser Kreis war 1994 von einer Reihe von Abgeordneten als Gegengewicht zu den Kohl-kritischen „Jungen Wilden" in der Union gegründet worden.

[666] 3. Teil § 2 C II 4 b = S. 166.

Daß dieses ein mühseliges und angesichts des Semper-aliquid-haeret-Syndroms ein häufig hoffnungsloses Unterfangen ist, liegt vor allem daran, daß das anschließende Verfahren in der Regel nicht nur annähernd das gleiche öffentliche (Medien-)Interesse hervorruft wie das medienwirksame Untersuchungsausschußverfahren. Wie die Ausführungen von *Redeker* zeigen, sind diese Erwägungen keineswegs lebensfremd:

> „Alle Parteien hatten den Wunsch, einen außenstehenden Dritten dafür verantwortlich zu machen, daß die NTG ... in Konkurs gegangen war. Der Ausschuß hat dieses Ergebnis in seinem Bericht auch festgestellt. Für diesen Dritten, der dem Ausschuß sinnigerweise aus der Untersuchungshaft vorgeführt wurde, waren die Möglichkeiten, sich dagegen zu wehren, gleich Null. Ich habe dann versucht, den Bericht anzugreifen. Das Ergebnis war ebenfalls gleich Null, weil das Bundesverfassungsgericht dem nicht folgte und auf Art. 44 IV GG verwies. Der Dritte ist später in dem Strafverfahren wegen erwiesener Unschuld freigesprochen worden. Die zivilrechtliche Klage der Gesellschaft auf Schadensersatz ist in allen Instanzen abgewiesen worden. Die Entscheidungen beider Gerichte stellten im Ergebnis ungefähr das Gegenteil dessen fest, was im Bericht des Untersuchungsausschusses stand.[667]"

Oder:

> „Daß dieses Verdikt [scil.: der Abschlußbericht] falsch war und inzwischen durch die Strafverfolgungsbehörden korrigiert wurde, hat die Öffentlichkeit kaum erreicht: In einer kleinen Pressenotiz teilte die Staatsanwaltschaft Mainz mit, daß sich der Verdacht der Untreue bei der Errichtung eines Privathauses im Falle Lappas nicht bestätigt habe. Zu dieser Zeit hatte der aber schon alle seine Gewerkschaftsämter verloren![668]"

Mithin ist für die Auskunftsperson der Schutz gegen den verfahrensabschließenden Bericht völlig unzureichend bzw. de facto nicht existent. Allein dieser Bericht vermag eine enorm hohe Beeinträchtigungsintensität erlangen, ohne daß gegen ihn effektiv vorgegangen werden kann.

ccc. Interessenhäufung aufgrund mangelnder Verfahrensrechte

Vor diesem Hintergrund ist es demzufolge nur umso verständlicher, daß für die Auskunftsperson das überaus dringende Bedürfnis besteht, die fehlenden Rechtsschutzmöglichkeiten gegen den Abschlußbericht durch effektive *verfah-*

---

[667] *Redeker* in: Thaysen S. 178.

[668] *Jekewitz* FS Partsch 403 (409); Lappas war bisher der einzige der – zudem unter großen Medieninteresse – in Beugehaft genommen wurde. Im Parteispenden-Untersuchungsausschuß wurde Beugehaft gegen Terlinden beantragt, jedoch vom Amtsgericht Tiergarten und dem LG Berlin abgelehnt.

rensrechtliche Mitwirkungsbefugnisse zumindest ein wenig zu kompensieren. Hierzu zählen vornehmlich Anwesenheitsrechte, Fragerechte und Beweisantragsrechte. Der Gedanke, daß Verfahrensschutz um so wichtiger ist, je weniger Rechtsschutz gegen die verfahrensabschließende Entscheidung besteht, wird auch unterstützt durch verfassungsrechtliche Vorgaben des *Bundesverfassungsgerichts*[669]. Dieses hat unterstrichen, daß ein Schutz gegen beeinträchtigte Rechtspositionen, insbesondere solche, die durch Grundrechte gewährleistet werden, auch und namentlich durch die Gestaltung von Verfahren zu bewirken sei und daß diese demgemäß nicht nur das gesamte materielle, sondern ebenso das Verfahrensrecht beeinflussen würden.[670] Dabei sind, wie bereits *Buchholz* analysiert hat[671], zwei Fallgruppen herausgeschält worden, in denen Rechtsschutz durch eine besondere Verfahrensgestaltung erforderlich ist. Zum einen ist dies der Fall, wenn aufgrund ernster Gefährdungen wichtigster Rechte der Bürger ein effektiver Rechtsschutz nötig ist, oder zum anderen wenn der gerichtliche Rechtsschutz bezüglich der Sachentscheidung eine verminderte Kontrolldichte aufweist, weil ihm Ermessens-, Prognoseentscheidungen oder Beurteilungsspielräume zugrunde liegen.[672] Gerade jedoch weil im parlamentarischen Untersuchungsverfahren der Rechtsschutz nicht nur durch eine verminderte Kontrolle erschwert, sondern überdies sogar gänzlich versagt wird, sollte der Schutz vor Beeinträchtigungen durch vorgelagerten Rechtsschutz im Verfahren selbst gewährleistet werden.

Auch wenn dieses von wissenschaftlicher Seite[673] in der Geschichte parlamentarischer Untersuchungsausschüsse regelmäßig vehement gefordert und eine solche Gewährleistung zum Teil landesrechtlich[674] positiviert wurde, ist gleichwohl im neuen Untersuchungsausschußgesetz des Bundes auf derartige Verfahrensrechte in Gänze verzichtet worden.

Hätte die Auskunftsperson in ihrer Rolle als „Betroffener der Untersuchung" dagegen ein Beweisantragsrecht, könnte sie Gang und Ergebnis des Verfahrens beeinflussen. Durch die Entscheidung des Ausschusses über Beweiserhebung oder Ablehnung des Antrags könnte sie daraus Konsequenzen ziehen und ggf. weitere Beweismittel vorlegen.[675] Hätte sie das Recht, Fragen an die jeweiligen Zeugen stellen zu dürfen, könnte sie die Glaubwürdigkeit der Zeugen in Zweifel ziehen und damit belastende Aussagen direkt widerlegen. Ansonsten stünden angesichts des großen Medieninteresses belastende Einlassungen von Zeugen

---

669 *BVerfGE* 53, 30 (69).
670 *BVerfGE* 53, 30 (65).
671 *Buchholz* S. 144.
672 *Buchholz* S. 144.
673 *Buchholz* S. 144; *Kohl* S. 204 ff.; *Vetter* ZParl 1989, 345 (352 f.).
674 § 15 III Rh-PfUAG (Anwesenheitsrecht, Fragerecht); § 19 III HamUAG (Recht der Stellungnahme, Anwesenheitsrecht).
675 *Buchholz* S. 145.

tage-, wochen- oder gar monatelang unwidersprochen im Raum und könnten somit eine zusätzliche Beeinträchtigung schaffen.[676] Nur durch ein Anwesenheitsrecht könnte die Auskunftsperson Frage- und Beweisantragsrecht sachgemäß ausüben. Eine nachträgliche Information durch den Ausschußvorsitzenden genügt demgegenüber nicht, weil vornehmlich persönliche Eindrücke während der Vernehmung Einfluß auf die Meinungsbildung der Untersuchungsausschußmitglieder haben können. Nur durch ein Anwesenheitsrecht könnte die Auskunftsperson durch eigenes Handeln einen durch die Vernehmung auftretenden verfälschten Eindruck sofort korrigieren.[677]

In Anbetracht dieser durch mangelnde Verfahrensbeteiligungsrechte geprägten Situation kann demnach von einer verfahrensrechtlichen Waffengleichheit im Sinne des Fair-trial-Grundsatzes von Auskunftsperson und Untersuchungsausschuß mangels effektiver Verteidigungsmöglichkeiten der Auskunftsperson keine Rede sein; im Gegensatz dazu genießt der „einfache Ladendieb" im modernen Strafprozeß eine effiziente Subjektstellung.

Diese Erkenntnis ist zudem deswegen problematisch, weil dem Untersuchungsverfahren nicht, wie im Strafprozeß, ein Vorverfahren vorausgeht, bei dem irrelevante Beweismittel, also unnötige, aber häufig selbstkompromittierende Auskünfte ausgeschieden werden können. Anschaulich ist hierzu folgendes von *Schäfer*, dem Vorsitzenden des Steiner-Ausschusses, gewähltes Beispiel:

> „Ein Zeuge hat gesagt – ich gebe es jetzt mit meinen Worten wieder; ich nenne auch keine Namen: Wissen Sie, was Sie mit mir hier machen? Wissen Sie, daß Sie mich hier in eine Situation bringen, in der meine Existenz bedroht wird, wenn Sie mich hier als Zeugen hören und mich damit gleichzeitig in einen halben Verdacht bringen, etwas Unlauteres getan zu haben? Sie bringen meine Existenz in Gefahr. Ich glaube, in dieser Beziehung waren wir uns einig: In jedem anderen Verfahren – nehmen Sie etwa an, Sie sind zufällig Zeuge bei einem Verkehrsunfall – werden Sie nicht unmittelbar vor Gericht gestellt, sondern durch die Polizei gehört. Möglicherweise ist dann Ihre Aussage so unbedeutend, daß der Staatsanwalt Sie gar nicht als Zeuge vorlädt. Auf jeden Fall gibt es ein echtes Sondierungsverfahren, in dem festgestellt wird, ob Ihre Aussage von Bedeutung ist oder nicht.[678]"

In diesem Zusammenhang kommt erschwerend noch hinzu, daß der Untersuchungsauftrag bewußt offen bis an die Grenze der Rechtsstaatlichkeit (Bestimmtheitsgebot, Art. 103 II GG) und wohl auch über die Grenze hinaus gehalten wird. *Depenheuer/Wienands* formulieren:

---

[676] *Buchholz* S. 145 f.
[677] *Buchholz* S. 146.
[678] *Schäfer* ZParl 1974, 496 (499).

„Da Untersuchungsausschüsse nicht zuletzt als „politische Kampfinstrumente“ dienen, ist es für die Initiatoren des Ausschusses naturgemäß ärgerlich, wenn ihnen durch eine detaillierte Auftragsumschreibung verwehrt wird, die Schlagzeilen der Zeitungen mit den neuen Skandalen und ihrer Aufarbeitung im Ausschuß zu füllen.[679]“

ddd. Interessenhäufung aufgrund struktureller Befangenheit der Untersuchungsausschußmitglieder

Schließlich fällt zugunsten der Auskunftsperson vor allem ins Gewicht, daß es im Untersuchungsverfahren keinen objektiven und unparteiischen Richter gibt. Eine Ablehnung eines Untersuchungsausschußmitgliedes wegen Befangenheit[680] ist genauso rechtlich unmöglich[681] wie sonstige Beschwerdemöglichkeiten bei einer anderen bzw. höheren Instanz. Vor allem aber nehmen die Untersuchungsausschußmitglieder eine „Dreifach-Funktion“ wahr, da sie gleichzeitig quasi als Ankläger, Ermittler und Verteidiger auftreten, die im Anschluß an das Verfahren auch noch in einer Art richterlichen Stellung die politische Bewertung vornehmen. Aufgrund dieser Funktionenkumulation wurde die Situation der Auskunftsperson zu Recht mit der eines Angeklagten verglichen, der ein Urteil von der Staatsanwaltschaft zu erwarten hat.[682]

Folglich hängt der Schutz einer solchen Verfahrensgestaltung ausschließlich von der *Integrität der Parlamentarier* ab.

Hieraus ergibt sich wiederum für die weitere Untersuchung die Konsequenz, daß die Schutzwürdigkeit der Auskunftsperson nur dann angemessen beurteilt werden kann, wenn eine ganz konkrete Vorstellung darüber besteht, in welchem Maße die Untersuchungsausschußmitglieder integer, also willens und fähig sind, die Auskunftspersonen zu schützen. Mit andern Worten: Sind sie wirklich bereit, entlastende Umstände heranzuziehen oder geht es ihnen ausschließlich um die Fortsetzung des politischen Kampfes mit anderen Mitteln? Gilt auch im Untersuchungsausschuß eine Fraktionsdisziplin, die die Untersuchungsausschußmitglieder häufig an einer sachorientierten Aufklärung hindern?

Bei der Analyse der rechts- und politikwissenschaftlichen Literatur, vor allem aber bei der Durchsicht der Medienberichte und nicht zuletzt bei der eigenen Beobachtung von Zeugenvernehmungen im Parteispenden-Untersuchungsausschuß in Berlin, wurde jedoch der verstärkte Eindruck ge-

---

679 *Depenheuer/Wienands* ZRP 1988, 258 (259).

680 In der Untersuchungspraxis wurde bisher, soweit ersichtlich, keinem Befangenheitsantrag stattgegeben. Siehe hierzu vor allem den Streit um den Befangenheitsantrag von Christian Richter II gegen den Untersuchungsausschußvorsitzenden der Flugaffäre in Nordrhein-Westfalen; www.beucker.de/artikel/taz00-02-05.htm; und vor allem das Gutachten von *Partsch* zum 45. DJT Bd. I Teil 3, S. 51 ff.

681 *Brocker* ZParl 1999, 739 (746); *Kipke* S. 86.

682 *Buchholz* S. 142.

wonnen, daß die Ausschußmitglieder weniger an den Schutz der jeweiligen Auskunftsperson denken als vielmehr an die „Parteiräson[683]“. Dies liegt nicht zuletzt daran, daß der Untersuchungsausschuß häufig der parlamentarischen Bewährung[684] und der Proflilierungsmöglichkeit einzelner Parlamentarier dient.[685] Dabei sei lediglich an die inquisitorische und medienwirksame Tätigkeit von *Schily* im Flick-Untersuchungsausschuß erinnert.[686] Nur dann, wenn einmal „Parteiräson“ und Schutz der Auskunftsperson zufälligerweise zusammenfallen, kann diese zumindest auf die Unterstützung „ihres“ Parteilagers hoffen.

Besonders deutlich tritt die Unlust bzw. Unfähigkeit der Ausschußmitglieder, die Auskunftspersonen zu schützen oder wenigstens die Beeinträchtigungsintensität zu verringern, zu Tage, wenn man deren öffentliche Beweiswürdigungen betrachtet, die regelmäßig und vor allem noch vor Abschluß des Verfahrens mit Vorverurteilungen der Auskunftspersonen verbunden werden. Dabei geht es um Vorabwertungen, die zumeist schon ihren irreversiblen Ursprung in der Plenardebatte haben, die dem Einsetzungsbeschluß zugrunde liegt. Häufig steht bereits schon ab diesem Zeitpunkt das Ergebnis der Untersuchung und die Bewertung der jeweiligen Aussage fest.[687] Zumindest werden unter parteipolitischem Blickwinkel Vermutungen geäußert und Verdächtigungen geschürt, und zwar immer mit Hilfe der Medienvertreter. Dies geschieht sowohl bereits vor, häufig sogar noch während, als auch in jedem Falle nach der Vernehmung. Stunden vor der Vernehmung werden Untersuchungsausschußmitglieder (vor allem der Vorsitzende) interviewt und um (Vorab-)Bewertungen gebeten.

Stellvertretend soll an dieser Stelle nur ein Interview des Focus mit dem Vorsitzenden des Parteispenden-Untersuchungsausschusses herausgestellt werden: Auf die Frage, ob es überhaupt die anonymen Spender Kohls gebe, antwortete Neumann:

> „Ich persönlich glaube das nicht. Ich kann mir nicht vorstellen, dass so viele Leute vom Bundeskanzler ein Ehrenwort verlangen. Außerdem kamen die Spendengelder genau zu der Zeit, in der die schwarzen Kassen leer waren. Kohl hatte anscheinend die Möglichkeit, von einer Quelle Geld abzurufen – das kann ein Konto, aber auch eine Person ge-

---

683 Genaugenommen müßte es eigentlich „Fraktionsräson“ heißen, weil es im Bundestag bzw. im Untersuchungsausschuß keine Parteien gibt, sondern nur Fraktionen, Gruppen, Einzelkämpfer.

684 So wohl bei Evelyn Kenzler (PDS) im Parteispenden-Untersuchungsausschuß.

685 *Engelhard* 8. WP/63.Sitzung, S. 4827 f. am 15.12.1977.

686 Siehe hierzu die Karikatur in: DER SPIEGEL, Nr. 43/1985, S. 45.

687 Stellvertretend für viele Plenarbeiträge siehe nur: *Marschewski* am 26.04.1995 in der dem Einsetzungsbeschluß des Plutonium-Untersuchungsausschusses zugrundeliegenden Plenardebatte: „Die Bewertung der Sachverhaltsaufklärung ist völlig eindeutig: keine deutsche Behörde hat den Schmuggel von Nuklearmaterial inszeniert. ... Für mich steht jetzt schon fest ...“ (13. WP/33. Sitzung, S. 2565).

wesen sein. Wenn es die Kohl-Spender gäbe, hätten sie ihn sicherlich vom Ehrenwort entbunden – um Schaden von der CDU abzuwehren.[688]"

Zudem konnten bei der Beobachtung von ungefähr 20 Zeugenvernehmungen in Berlin folgende Eindrücke von *Dahs* und *Schaefer* nur bestätigt werden:

„Die Beweiswürdigung findet nicht erst statt, wenn der Zeuge geendet hat, sondern nach meinen Erfahrungen und Beobachtungen schon während der noch andauernden Vernehmung. Denn während noch der Zeuge unter Umständen stundenlang vernommen wird, gehen Abgeordnete nach draußen, teilen der Presse den Inhalt der Aussage, ihre Würdigung der Aussage und die daraus zu ziehenden politischen Konsequenzen mit. Und wenn ein Mitglied der Partei A draußen war, hält es die Partei B natürlich nicht, sondern deren Vertreter kommt gleich hinterher und dann spielt sich außerhalb des Ausschusses vor den Medien die kontroverse Beweiswürdigung ab. Welche Selbsteinschätzung eines parlamentarischen Untersuchungsgremiums steht wohl hinter einer solchen Praxis?[689]"

Und:

„Die Mitglieder des Untersuchungsausschusses – genauer die Sprecher der Fraktionen im Untersuchungsausschuß – traten vor die Fernsehkameras und bewerteten die eben gehörte Zeugenaussage. Es verwundert dabei nicht, daß Oppositionsabgeordnete deutliche Zweifel an der Glaubwürdigkeit der Aussage des Kanzlers äußerten („kann eigentlich nicht sein, daß...), Vertreter der Regierungsfraktionen meinten dagegen, von dem Zeugen die Bestätigung gehört zu haben, alles sei nach Recht und Gesetz abgelaufen und er, der Bundeskanzler, habe (natürlich) keine Details mitgeteilt bekommen. ... Wie kommen Abgeordnete eigentlich dazu, lange vor Fertigung des Abschlußberichts und der davor erfolgten Gesamtbewertung der Vorgänge durch den gesamten Untersuchungsausschusses eine individuelle Vorabbewertung eines Teils (eben einer Zeugenaussage) der Beweisaufnahme abzugeben?[690]"

Oder auch die Bekenntnis von *Halstenberg*:

„Wie wir den Beweis gewürdigt haben, längst bevor er erhoben worden ist. Wenn er erhoben worden ist, bevor die Sitzung zu Ende ist, stehlen sich zwei Kollegen hinaus und spicken ihre Freunde von der Presse mit dem Ergebnis der Beweisaufnahme und der

---

[688] Focus 49/2000, S. 40; zum Verhalten Neumann auch instruktiv die Darstellung von *Prantl* „Redseliger Neumann" SZ vom 27.01.2001, S. 2; ähnlich auch das Interview von Neumann mit dem SPIEGEL; www.spiegel.de/druckversion/0,1588,108240,00.html.
[689] *Dahs* 57. DJT Bd. II, M 115.
[690] *Schaefer* NJW 1998, 434.

> Vorabwürdigung. Und am Abend würdigen wir die Sache noch mal; zwischendurch würdigen wir die Sache noch einmal und dann noch im Bericht.[691]"

Vor allem bei der berüchtigten Gegenüberstellung von Baumeister und Schäuble am 29.08.2000 konnte beobachtet werden, daß zuweilen mehr Untersuchungsausschußmitglieder außerhalb des Raumes den Journalisten ihre Bewertung ins Diktiergerät sprachen, als im Untersuchungssaal anwesend waren. Es entstand der Eindruck eines bedenklichen Wettrennens, bei denen die Persönlichkeitsrechte von Baumeister und Schäuble in einem erheblichen Maße tangiert wurden. Bei dieser und auch anderen Vernehmungen fragte man sich – wie viele Medienvertreter später auch schrieben – ob alle Mitglieder der Regierungs- und Oppositionsfraktionen überhaupt bei derselben Vernehmung waren. Völlig unterschiedlich wurden im Foyer Tatsachen festgestellt und Bewertungen vorgenommen.

Nicht zuletzt deshalb wurde immer wieder in Anlehnung an die Untersuchungsausschußgesetze der Länder[692] ein Zurückhaltungsgebot gefordert.[693] Demnach sollte vor Abschluß der Beratungen über ein Beweisthema, teilweise vor Beendigung des Abschlußberichtes eine Beweiswürdigung unzulässig sein. Im Gesetzgebungsverfahren des neuen Untersuchungsausschußgesetzes ist auf diese Empfehlung in keiner Weise eingegangen worden. Bereits 1987 äußerte sich der derzeitige Verteidigungsminister *Struck* zu dieser Problematik:

> „Sie [scil. die Erfahrung] zeigt, daß die Abgeordneten sogar in den Pausen von Untersuchungsausschußsitzungen auf die Journalisten zugehen – Abgeordnete sind ja sehr darauf bedacht, in der Öffentlichkeit zu erscheinen – und diesen ihre Kommentare zu Aussagen irgendwelcher Zeugen oder Personen, die im Ausschuß gesprochen haben, abgeben. Umgekehrt fragen natürlich auch die Journalisten danach. Es wäre also völlig naiv anzunehmen, daß ein Untersuchungsausschuß seine Arbeit beginnt und Zeugenbefragungen, Vernehmungen und Beweisaufnahmen durchführt und der Vorsitzende nach Ende der Sitzung eine Pressekonferenz abhält. Das heißt, es wäre ideal, wenn man das könnte, damit das Verfahren möglichst objektiv ist, aber es ist praktisch nicht durchführbar, wie jeder Parlamentarier weiß. Deshalb sollte man so etwas in ein Gesetz gar nicht hineinschreiben, da es der Verfassungswirklichkeit nicht standhält."[694]

---

[691] *Halstenberg* 57. DJT Bd. II, M 121.
[692] Ein Zurückhaltungsgebot ist explizit in sechs Bundesländern verankert: Rheinland-Pfalz (§ 25 II UAG), Thüringen (§ 25 II UAG), Nordrhein-Westfalen (§ 10 III UAG), Baden-Württemberg (§ 9 V UAG), Brandenburg (§ 12 III UAG) und Sachsen (§ 9 V UAG). Danach sollen sich Mitglieder und Ersatzmitglieder „vor Abschluß der Beratung über die Abfassung des schriftlichen Berichts" – bzw. in Nordrhein-Westfalen, Baden-Württemberg, Brandenburg und Sachsen „vor Abschluß der Beratung" bzw. „Verhandlung" über einen „Gegenstand der Untersuchung" einer „öffentlichen Beweiswürdigung" enthalten.
[693] *Glauben* DRiZ 2000, 122 (122 f.).
[694] *Struck* in: Thaysen S. 63.

Bereits hieraus kann geschlußfolgert werden, daß eine Implementierung eines Zurückhaltungsgebotes im Untersuchungsausschußgesetz des Bundes ziemlich unwahrscheinlich ist. Hinzu kommt, daß sich eine Art „symbiotische Beziehung" zwischen Politik und Medien entwickelt hat, die einem Zurückhaltungsgebot in der Zukunft zumindest hinter vorgehaltener Hand entgegenhalten wird.

Der Auskunftsperson bleibt somit nichts anderes übrig, als zu hoffen, von den Ausschußmitgliedern „fair" behandelt zu werden. Im Regelfall kann sie – vor allem gegenüber dem politischen Kontrahenten – mit einer derartigen Rücksichtnahme nicht rechnen. Sie wird stets Verdächtigungen und Verleumdungen ausgesetzt sein, unabhängig davon, ob diese substantiiert worden sind.

Parlamentarier verweisen gern darauf, daß der Untersuchungsausschuß die privaten Geheimhaltungsinteressen von Auskunftspersonen durch den Ausschluß der Öffentlichkeit effektiv schützen könne.[695] Sicherlich kann eine derartige Durchbrechung des in Art. 44 I 1 GG verankerten Öffentlichkeitsgrundsatzes parlamentarischer Untersuchungen den Grad der Gefährdungen eines Privatgeheimnisses ein wenig herabsetzen, da mit der Verringerung der anwesenden Personen bei der Vernehmung der Auskunftsperson die Gefahr einer Weitergabe an unbefugte Dritte abnimmt.[696]

Gegen eine wirklich effektive Schutzwirkung eines Ausschlusses der Öffentlichkeit spricht jedoch entschieden, daß der wesentliche Inhalt der nichtöffentlichen Beweisaufnahme durchaus der Öffentlichkeit bekanntgegeben werden darf; lediglich eine *wörtliche* Wiedergabe von Äußerungen der Sitzungsteilnehmer ist unzulässig.[697] Erfahrungsberichte einzelner Politiker, von Journalisten[698] sowie eigene Beobachtungen[699] zeigen, daß stets von den Untersuchungsausschußmitgliedern die Möglichkeit genutzt wird, die wesentlichen Inhalte der nichtöffentlichen Vernehmung einer Heerschar von Medienvertretern zu übermitteln und vor allem mit „parteipolitischer Brille" zu würdigen. Aber auch einzelne Mitarbeiter der jeweiligen Fraktionen nutzen die Chance, um häufig noch während der Zeugenaussage – sozusagen „im Windschatten der Parlamentarier" – *ihre* Journalisten rechtzeitig zu unterrichten. Indiskretionen sind nicht selten. Dies zeigt auch die rege „Geschwätzigkeit" des Mitarbeiters von SPD-Obmann Hoffmann, der noch während einer Zeugenaussage am 18.10.2000 sich aus dem Untersuchungssaal stahl und lauthals verkündete, gerade eben hätte ein Zeuge eindrucksvoll belegt, daß die „Regierung Kohl käuflich gewesen" sei.[700] Zudem paßt ins Bild, daß gerade gegen diesen Mitarbeiter wegen Indiskretionen ein

---

[695] So zB *Ströbele* Presseerklärung Nr. 0252/2000 am 04.05.2000.

[696] In diesem Sinne auch *Richter* S. 107.

[697] *Richter* S. 107 f.; *Linck* ZRP 1987, 11 (17).

[698] Dies wurde dem Verfasser in mehreren Gesprächen mit Ausschußmitgliedern und Journalisten mitgeteilt.

[699] Namentlich bei der Gegenüberstellung Schäuble/Baumeister am 29.08.2000.

[700] So die eigene Beobachtung am 18.10.2000.

Strafverfahren anhängig ist, weil dieser der Süddeutschen Zeitung vertrauliche Unterlagen hat zukommen lassen sollen.[701] Typisch ist auch folgende Unmutsäußerung von SPD-Untersuchungsausschußmitglied *Wend*: „Wenn Ströbele immer wieder nichtöffentliche Inhalte rausposaunt, fragt man sich, wozu man die Vernehmung überhaupt noch nichtöffentlich macht[702]".

Folglich sollte klar sein, daß die Schutzwirkung eines Ausschlusses der Öffentlichkeit zugunsten privater Geheimhaltungsinteressen ziemlich fragwürdig ist. Sie ist eher gering.[703].

Nicht zuletzt unter Berücksichtigung dieses gravierenden Gefährdungspotentials ist die mögliche Beeinträchtigungsintensität für die Auskunftsperson mithin äußerst hoch zu veranschlagen.

eee. Zwischenergebnis

Somit bleibt festzuhalten, daß die Analyse der „Interessenhäufung" und „Folgewirkungen" auf Seiten der Auskunftsperson deren überaus hohes Schutzbedürfnis verdeutlicht hat. Wie dargelegt, sind vornehmliche Ursachen hierfür die gravierenden rechtlichen und faktischen Folgewirkungen der Abschlußberichte sowie der mangelnde Rechtsschutz gegen diese. Hinzu kommen vor allem die mangelnden verfahrensrechtlichen Mitwirkungsbefugnisse und schließlich die strukturelle Befangenheit der Parlamentarier.

Es sollte dabei deutlich geworden sein, daß demgegenüber die Schutzwürdigkeit des parlamentarischen Aufklärungsinteresses unter dem Gesichtspunkt „Interessenhäufung/Folgerisiken" eher bescheiden ausgefallen ist.

c. Investigativer Journalismus/Symbiotische Beziehung

Die Schutzwürdigkeit der Auskunftsperson wird noch durch einen weiteren wichtigen Gesichtspunkt gesteigert. Dieser wird dazu – wie in diesem Teil der Untersuchung gezeigt werden soll – in der zukünftigen Entwicklung der parlamentarischen Untersuchungsausschüsse noch umso mehr Geltung beanspruchen als ohnehin schon in der gegenwärtigen Untersuchungspraxis. So fallen mit ganz erheblichem Gewicht die omnipräsenten Massenmedien[704], der investigative Journalismus und namentlich die symbiotische Beziehung zwischen Politik und

[701] FAZ vom 15.03.2001, S. 2.
[702] So *Wend* am 18.10.2000 im Gespräch mit dem Verfasser.
[703] Ebenso *Richter* S. 107.
[704] Zum medialen Interesse siehe nur den Vorsitzenden des Parteispenden-Untersuchungsausschusses *Neumann* auf seiner Homepage; http://www.neumann.spd-lkos.de/index.htm.

Medien zum Vorteil der Auskunftsperson in die Waagschale bei der Abwägung beider Positionen.

Es ist bereits mehrfach angeklungen, daß Untersuchungsausschüsse im Regelfall mit einem weitaus höheren Grad an Publizität begleitet werden als Strafverfahren. Dabei kommt es nicht nur zu den beschriebenen Anschuldigungen und Vorverurteilungen durch die Untersuchungsausschußmitglieder, sondern vor allem häufig auch zu *publizistischen* Negativbewertungen, die nicht selten existenzbedrohende Auswirkungen für die Auskunftsperson zeitigen können.[705] Gerade die Medien sorgen – intendiert oder auch nicht – zwangsläufig dafür, daß Untersuchungsverfahren häufig zu einem öffentlichen Tribunal für die jeweiligen Auskunftspersonen degenerieren. Jene faktischen Folgen sind für diese, wie bereits herausgestellt wurde[706], namentlich wegen des Semper-aliquid-haeret-Syndroms normalerweise irreversibel und können wirtschaftlich weder bemessen noch ausgeglichen werden. Im Zuge parlamentarischer Ermittlungen wie auch in der normalen Tagespolitik fungieren die Medien dabei heutzutage nicht selten weniger als seriöse „vierte Gewalt" im Sinne sachlicher Kontrolle und Kritik an mächtigen Personen und Institutionen. Vielmehr ist derzeit zu beobachten, daß sich viele Medienvertreter immer mehr vorrangig an Nachrichtenwert-Kriterien wie Neuigkeit, Überraschung, Dramatik und Negativismus[707] orientieren.[708] Zudem sind in der Bundesrepublik Deutschland – wie auch in fast allen liberalen Staaten – Medien und Politik derart miteinander verflochten und voneinander abhängig, daß gerade mit Hilfe der Medienvertreter in erster Linie politische Machtinteressen verfolgt werden[709]. Dies hat zur Folge, daß dabei häufig die Belange einzelner Personen auf der Strecke zu bleiben drohen. Diese Konsequenz kommt insbesondere im „Politskandal" zum Tragen.

Über die beiden letztgenannten Aspekte sind im allgemeinen schon ganze Bibliotheken geschrieben worden, so daß es nicht Aufgabe dieser Untersuchung sein soll und kann, neue Erkenntnisse zu gewinnen. Ein derartiges Unterfangen ist auch nicht notwendig, zumal offensichtlich ist, daß beide Aspekte häufig dazu führen, daß Persönlichkeitsrechte im allgemeinen und solche der jeweils in Rede stehenden Auskunftsperson im besonderem die Medien wohl eher nur am Rande interessieren.

---

[705] Siehe nur die sog. „Affäre Blaul" im September 1995 in Hessen. Die hessische Opposition und vornehmlich die Presse behauptet, daß wichtige Entscheidungen eines Ministeriums „im Bett der Ministerin" getroffen worden seien; ausführlich *Horn/Herbert* VR 1997, 163.

[706] 3. Teil § 2 C II 2 b bb = S. 123 ff.

[707] „Bad news are good news"; *Bresser* führt aus: "Affären sind ... für kommerziell ausgerichtete Medienunternehmen ... ein Segen"; http://www.djv.de/Montepulciano/redebresser.pdf.

[708] *Schulz* Aus Politik und Zeitgeschichte 1997, 42, 3 (10); *Wolf* Aus Politik und Zeitgeschichte 1996, 32, 26 (30).

[709] *Bresser* beschreibt in diesem Zusammenhang die Journalisten gar als „Souffleure"; http://www.djv.de/Montepulciano/redebresser.pdf.

Vielmehr sollen die folgenden Ausführungen lediglich veranschaulichen, welchen Einfluß, ja welche Macht den Medien in parlamentarischen Untersuchungsfragen de facto zukommt und wie hoch damit die einhergehende potentielle Beeinträchtigungsintensität für die Auskunftsperson in dieser Abwägungsfrage zu veranschlagen ist.

Die Medien recherchieren ständig mit[710], nicht selten übernehmen sie sogar federführend die Ermittlungen[711]. Grund hierfür ist vor allem die Tatsche, daß der Untersuchungsausschuß seinerseits nicht über die notwendigen Ressourcen verfügt, um die Ermittlungen effektiv voranzutreiben. *Schäuble*[712] hat bereits 1974 zu Recht bemängelt, daß dem Untersuchungsausschuß keine Vorermittlungsbehörde zur Seite steht. Dessen Mitglieder können ihre Arbeitskraft nicht allein auf das Untersuchungsverfahren konzentrieren, da sie anderen Verpflichtungen aus ihren Abgeordnetenmandaten nachkommen müssen und in den Wochenrhythmus des Parlamentsbetriebes eingebunden sind.[713] Zudem steht jedem Ausschußmitglied im Regelfall nur ein Fraktionsmitarbeiter zur Verfügung, der bei der Ermittlung hilft[714].

Hinzu kommt der stets drohende Zeitdruck aufgrund des Diskontinuitätsgrundsatzes[715] und aufgrund der Tatsache, daß der Untersuchungsausschuß regelmäßig nur in den Sitzungswochen tagt bzw. tagen kann.[716] Bezogen auf die aktuelle Parteispendenaffäre – beispielsweise – sind somit durchaus ganz erhebliche Zweifel angebracht, wie denn der Untersuchungsausschuß in der Lage sein soll, in einigen Dutzend Sitzungswochen das zu erforschen, was die Augsburger Staatsanwaltschaft nur in mehreren Jahren intensiver Ermittlungsbemühungen zusammenbringen konnte.[717]

Dementsprechend ist es nicht verwunderlich, wenn *Schäuble*[718] (1974) und der heutige Bundeskanzler *Schröder*[719] (1983) zugaben, zum Großteil von den Er-

---

710 *Nack* Sachverständigenanhörung S. 38.

711 *Bresser* formuliert: „Sie [scil. die Medien] werden in einer demokratischen Gesellschaft so etwas wie ein Notdienst. Vierte Gewalt im Sinne einer Ersatzgewalt. Und in diesem Fall, dem Notfall, zeigt sich, die schwachen Stunden der Demokratie sind oft große Stunden ihrer Medien.“ http://www.djv.de/Montepulciano/redebresser.pdf.

712 *Schäuble*, Untersuchungsausschußmitglied im Steiner-Untersuchungsausschuß, 7. WP/90. Sitzung am 27.03.1974, S. 5976.

713 *Jekewitz* Recht und Politik 2000, 215 (217).

714 Und dies noch angesichts „der oftmals unermeßlichen Fülle der zu sichtenden Akten“; *Bachmaier* ZParl 2000, 197 (198) sowie in NJW 2002, 438; hierzu auch: *Jekewitz* Recht und Politik 2000, 215 (217).

715 Häufig werden Untersuchungsausschüsse zum Ende einer Legislaturperiode angesichts des Diskontinuitätsgrundsatzes gar nicht mehr einberufen.

716 *Gres* Sachverständigenanhörung S. 20.

717 Ebenso *Leithäuser* FAZ vom 12.01.2002, S. 3.

718 *Schäuble*, Untersuchungsausschußmitglied im Steiner-Untersuchungsausschuß, 7. WP/90. Sitzung am 27.03.1974, S. 5976.

719 *Schröder* 10. WP/8. Sitzung am 19.05.1983, S. 429 f.

mittlungen und Recherchemöglichkeiten der Journalisten abhängig zu sein. Daß sowohl *Schäuble* als auch *Schröder* die Presse als „Ersatzstück[720]“ für mangelnde Aufklärungsmöglichkeiten des Untersuchungsausschusses ansahen, führte sogar dazu, daß sich beide in Plenardebatten ausdrücklich bei der Presse für ihre Hilfe „bedankten[721]“. Sinnfälliger Ausdruck des immensen Einflusses der Medien auf Untersuchungsverfahren ist ferner die Tatsache, daß die Mehrzahl der Untersuchungsausschüsse erst durch investigativen Journalismus in den Gang gekommen ist.[722] *Partsch* hat dies bereits 1964 empirisch belegt.[723] Wie der Fall „Orgaß“, der Neue-Heimat-Skandal sowie der Plutoniumskandal[724] zeigen, gilt diese Erkenntnis auch heute noch. So ist der Ausspruch „Es stand im SPIEGEL“ für ein Ausschußmitglied heute typisch.[725] Insgesamt ergibt sich demnach eine derartig herausragende Machtfülle der Medien, daß sie aus der Verfassungswirklichkeit nicht mehr wegzudenken ist.

In Anbetracht dieses Faktums sieht sich eine Auskunftsperson, namentlich wenn sie in der Öffentlichkeit als „die Zentralfigur der Affäre“ angesehen wird, nicht nur Ermittlungen seitens des Untersuchungsausschusses sowie seitens der Staatsanwaltschaft, sondern vor allem seitens der überaus einflußreichen Medien ausgesetzt. Damit ist aus der Perspektive der Auskunftsperson die Sorge verständlich, in eine Affäre – ob zu Recht oder zu Unrecht sei dahingestellt – durch den investigativen Journalismus hineingezogen zu werden und damit der Medienschelte ausgesetzt zu sein. Aus deren Sicht steht zu befürchten, daß ihre Interessen nachhaltig berührt und Grundrechtspositionen mit den dargelegten Folgen gar verletzt werden. Dabei ist evident, daß deren Beeinträchtigungsintensität noch um so größer wäre, wenn man überdies mit den obigen Vertretern das Auskunftsverweigerungsrecht aufgeben würde, weil auf diese Weise sensible Sachverhalte durch die Auskunftsperson selbst an die Medienöffentlichkeit gelängen.

Schließlich müssen die vorstehenden Ausführungen umso mehr noch unter zukünftigem Blickwinkel gelten. Betrachtet man in diesem Zusammenhang – wie häufig – die derzeitigen amerikanischen Verhältnisse, um Rückschlüsse auf

---

720 So *Heinemann* 45. DJT Bd. II, E 56.

721 *Schäuble*, Untersuchungsausschußmitglied im Steiner-Untersuchungsausschuß, 7. WP/90. Sitzung am 27.03.1974, S. 5976; *Schröder* 10.WP/8.Sitzung am 19.05.1983, S. 429 f.

722 Nach *Bresser* seien die meisten Affären von Zeitschriften aufgedeckt worden, „die mehr als Zeitungen unter dem Druck stehen, ihre Auflagen verkaufen zu müssen“; http://www.djv.de/Montepulciano/redebresser.pdf; dagegen wurde die zweite Parteispendenaffäre durch die Bemühungen der Augsburger Staatsanwaltschaft ausgelöst. Ohne diese wären illegale Spenden, schwarze Konten und „falsche“ Rechenschaftsberichte wohl nicht an die Öffentlichkeit gelangt; siehe vor allem *Goetz/Neumann/Schröm*, Allein gegen Kohl, Kiep&Co.

723 *Partsch* 45. DJT Bd. I Teil 3, S. 67.

724 BT-Drs. 13/10800, S. 20.

725 *Kipke* ZParl 2000, 208 (209).

die spätere Entwicklung in Deutschland zu schließen, zeigt bereits ein Blick auf die politische Wirklichkeit der Vereinigten Staaten die vielfältigen Möglichkeiten auf, Personen mit Hilfe neuer Informationstechnologien an den Pranger zu stellen. So war namentlich die sofortige Internet-Einstellung des Abschlußberichts[726] für Clinton in Sachen Lewinsky durch den Untersuchungsausschuß des amerikanischen Kongresses hochgradig peinlich und angesichts sensibler sexueller Details – jedenfalls nach deutschen Maßstäben – in hohem Maße persönlichkeitsverletzend.

Daß eine derartige Entwicklung auch hierzulande nicht völlig ausgeschlossen werden kann, zeigt in erster Linie der fortschreitende tiefgreifende Strukturwandel des deutschen Mediensystems[727]. So sind mit der Deregulierung der deutschen Medienordnung die Zeiten der Monopolstellung von ARD und ZDF längst vorbei. Deren klassischen TV-Magazine wie „Monitor", „Report", „Panorama" drohen als Idee von der „vierten Macht" im Staate angesichts der heutigen Vielfalt immer mehr an Einfluß zu verlieren.[728] Heute und vor allem wohl in der Zukunft passen sich eine neue Generation von Nachrichtenmagazinen („Frontal", „Explosiv", „Exclusiv", „Zak") einem veränderten Zeitgeist an.[729] Daher ist anzunehmen, daß zukünftig eher „modernes Infotainment" im Vordergrund stehen wird und gerade nicht die sachorientierte Berichterstattung. Es geht dann nicht mehr um die primär kontrollierende publizistische Kraft, sondern vielmehr um das „blitzschnelle Überbringen von aufregenden Nachrichten[730]". Daß dabei die sorgfältig recherchierte Nachricht gegenüber der brandaktuellen Sensation in den Hintergrund tritt und das Beeinträchtigungspotential von „Personen der Zeitgeschichte" immer mehr zu steigen droht, liegt auf der Hand. Diese Überlegungen gelten auch und gerade für die hier interessierende Auskunftsperson, die bei einem etwaigen Vorrang des Aufklärungsinteresses gegen sich selbst aussagen müßte. Sie würde in der Öffentlichkeit höchstwahrscheinlich „zerrissen"; nicht nur heute, sondern vor allem in der Zukunft.

Vor diesem Hintergrund kommt schließlich überdies hinzu, daß durch das neue Untersuchungsausschußgesetz eine derartige Entwicklung auch noch begünstigt wird, weil mittlerweile sogar im Gegensatz zum Strafverfahren Fernsehübertragungen im parlamentarischen Untersuchungsverfahren prinzipiell zugelassen werden (§ 13 PUAG). Auch wenn diese nach dem Willen des Bundesgesetzgebers nur dann zulässig sein sollen, wenn hierfür eine 2/3 Mehrheit im Ausschuß besteht und die jeweilige Auskunftsperson ausdrücklich zugestimmt

---

726 Unzählige Homepages und Websites haben den Starr-Report veröffentlicht; siehe beispielsweise nur www.cnn.com/starr.report.

727 Siehe hierzu: *Werth* Aus Politik und Zeitgeschichte 1998, 40, 22 ff.; *Wilke* Aus Politik und Zeitgeschichte 1996, 32, 3 ff.; *Schulz* Aus Politik und Zeitgeschichte 1997, 42, 3 ff.

728 *Wolf* Aus Politik und Zeitgeschichte 1996, 32, 26 (30).

729 *Wolf* Aus Politik und Zeitgeschichte 1996, 32, 26 (30).

730 *Wolf* Aus Politik und Zeitgeschichte 1996, 32, 26 (30).

hat, wird für diese der moralische Druck, der Fernsehübertragung zuzustimmen, überaus groß sein. Sollte sie sich hartnäckig weigern, ist davon auszugehen, daß Politik und Medien alles daran setzen werden, die Auskunftsperson zu kompromittieren. Einen ersten nachhaltigen Eindruck dürfte diesbezüglich Kohl in der aktuellen Spendenaffäre gehabt haben. Noch vor Inkrafttreten des neuen Gesetzes haben viele Journalisten und allen voran der Ausschußvorsitzende Neumann[731] vehement gefordert, dessen Vernehmungen jeweils live zu übertragen. Dabei entstand durchaus für den Durchschnittszuschauer und Zeitungsleser das Bild des „ignoranten Ex-Kanzlers". Somit würde häufig für die jeweilige Auskunftsperson ein derartig faktischer Zwang entstehen, daß diese nolens volens in eine Fernsehübertragung einwilligen würde.[732]

Dann jedoch würde sie sich häufig einem veränderten Verhalten seitens der Ausschußmitglieder aussetzen. Waren bisher Beleidigungen, Vorverurteilungen und Verleumdungen an die Adresse der Auskunftsperson allzu oft an der Tagesordnung, ist zu vermuten, daß der Ton angesichts der Live-Übertragungen noch rauher wird, um via Äther parteipolitische Siege zu erringen. Zum einen werden die Ausschußmitglieder in der Zukunft wohl eher nach „modernen" Kriterien wie Telegenität, Charisma, Polemisierungskompetenz und Durchsetzungskraft ausgewählt werden. Zum anderen besteht in diesem Zusammenhang die Gefahr, daß auf dem Rücken der Auskunftsperson medienwirksame Fensterreden gehalten werden. Es ist offensichtlich, daß eine solche Negativentwicklung eine notwendige sachliche Aufklärungsarbeit, die zum Teil auch im Interesse der Auskunftsperson erfolgt, ziemlich erschwert – wenn nicht gar unmöglich macht. Ferner ist zu befürchten, daß sich das Medieninteresse noch mehr auf einen bestimmten „Zeugen" fokussieren und ein mediengerechtes öffentliches Tribunal errichtet werden könnte. Denn es wäre lebensfremd anzunehmen, daß die Live-Bilder lediglich von seriösen Medien, wie derzeit vom Dokumentations- und Ereigniskanal Phönix, übertragen würden. Vielmehr besteht die Gefahr des Mißbrauchs seitens sog. Comedy-Sendungen, der weiteren Tendenz zum Infotainment sowie zunehmender Boulevardisierung.[733] Die Auskunftsperson würde in diesen Fällen häufig zum bloßen Objekt degradiert.

In Anbetracht dieser für die jeweilige Auskunftsperson ohnehin schon zu erwartenden mißlichen Situation ist die – einstimmige (!) – gesetzgeberische Ent-

---

731 Vor der ersten Vernehmung: *Nink* taz vom 22.06.2000; www.taz.de/tpl/2000/06/22/a0052.fr /text?Name=ask08705aaa; zudem im Interview NDR 4 am 22.06.2000; www.ndr4.de/interviews /archiv/200006221.html; vor allem vor der dritten Vernehmung: siehe hierzu das medienwirksame Interview von *Neumann* im Focus 49/2000, S. 40 und die Pressemitteilung von *Schmidt* vom 04.12.2000; www.cducsu.bundestag.de/texte/schm129i.htm.

732 Nicht jeder wird so standfest sein wie Kohl.

733 Diese Befürchtung äußerte vor allem *van Essen*; ebenso auch im Berichterstattergespräch vom 15.09.2000.

scheidung ferner im Hinblick auf die von *Nack* in der Sachverständigenanhörung gemachten Ausführungen sehr bedenklich. Dieser hatte vor „amerikanischen Verhältnissen" gewarnt. Dort würde häufig auf pseudowissenschaftliche Weise ein „visueller Lügendetektor" eingesetzt, um zu ermitteln, ob die Aussageperson die Wahrheit gesagt hätte.[734] Auch in Deutschland könne nach *Nack* die Entwicklung dahin gehen, daß „ein Professor Undeutsch oder wer auch immer" mittels Fernsehkamera Körper und Gesicht der Auskunftsperson „heranzoome", um diese an Hand von Körpersprache, Mimik und Pupillendilatation zu sezieren.[735] Auch *Bachmaier* warnte davor, den Zeugen „porentief auszuleuchten[736]".

Daß der Gesetzgeber gleichwohl einer derartigen Regelung keine klare Absage erteilte, führt mithin in der hiesigen Abwägung dazu, daß sich die Beeinträchtigungsintensität der Auskunftsperson und damit vor allem ihre Schutzwürdigkeit noch weiter gesteigert hat. Im Regelfall bleibt ihr nichts anderes übrig, als zu hoffen, von den Untersuchungsausschußmitgliedern und den Medienvertretern fair behandelt zu werden. Schließlich könnte es – wie *Gres* in der Anhörung in Aussicht stellte – darauf hinauslaufen, daß die Auskunftsperson, wie in den Vereinigten Staaten nicht ganz selten, eine PR-Agentur einschaltet, um sich auf die Fernsehöffentlichkeit zum eigenen Schutz vorzubereiten. Diese beginne „bei der Frisur", setze „sich fort bei der Kleidung" und höre auf „bei der Form, wie man sich verbal auszudrücken" habe.[737] Nur dies kann offensichtlich nicht der Weisheit letzter Schluß bleiben.

3. Verringerung der Schutzwürdigkeit

Ergibt sich mithin aus der Gesamtschau der bisher entwickelten Abwägungskriterien eine gegenüber dem parlamentarischen Erkenntnisinteresse deutlich höhere Schutzwürdigkeit der individuellen Selbstbezichtigungsfreiheit, sollen nunmehr solche Abwägungsfaktoren analysiert werden, die unter Umständen das Schutzinteresse der konfligierenden Güter verringern können. Bisher dienten die Teilkriterien des Beeinträchtigungsgrades, der Kernbereichsrelevanz, der Interessenhäufung, Folgerisiken und investigativer Journalismus einer ersten Bestimmung bzw. der Erhöhung der Schutzbedürftigkeit von Informations- und Schweigeinteressen. Im Gegensatz dazu geht es bei den folgenden Gesichtspunkten darum, zu überprüfen, ob und gegebenenfalls inwieweit sie geeignet sind, die Schutzwürdigkeit der jeweiligen Interessen in Zweifel zu ziehen. Auf diesem Wege ließe sich entweder das bisherige Ergebnis weiter zementieren,

---

[734] *Nack* Sachverständigenanhörung S. 73 f.; davor warnte laut SZ vom 09.08.2000, S. 2, auch *Bachmaier*.

[735] *Nack* Sachverständigenanhörung S. 73 f.

[736] *Bachmaier* Sachverständigenanhörung S. 54.

[737] *Gres* Sachverständigenanhörung S. 62.

sofern sich die Schutzwürdigkeit des Aufklärungsinteresses verringern ließe oder aber ganz erheblich in Frage stellen, wenn neue Faktoren es zwingend erforderlich machen würden, die erhöhte Schutzwürdigkeit der individuellen Selbstbelastungsfreiheit im gravierenden Umfang wieder zu verringern.

a. Randbereich

Oben ist bereits ein Gesichtspunkt hervorgehoben worden[738], der von der wissenschaftlichen Literatur und der Rechtsprechung häufig bemüht wird, um ein geringeres Schutzbedürfnis eines Rechtsgutes in Kollisionslagen zu belegen. So soll ein Rechtsgut, insbesondere ein Grundrecht dann zurücktreten, wenn lediglich dessen Randbereich tangiert würde.[739] Indirekt wurde allerdings diesem Rechtsgedanken im bisherigen Abwägungsvorgang bereits Rechnung getragen. Denn wenn betont wurde, daß die Wertigkeit von Aufklärungs- und Schweigeinteressen steigt, sofern deren Kernbereich berührt werde, bedeutet dies im Umkehrschluß, daß mittelbar auch dem Gesichtspunkt der Randbereichstangierung bereits ausreichend Aufmerksamkeit geschenkt wurde. Sprach dieser Aspekt, wie dargelegt[740], eher für eine höhere Schutzwürdigkeit der Selbstbelastungsfreiheit, darf hier nicht der Fehler unterlaufen, den quasi selben Gesichtspunkt unter umgekehrten Vorzeichen noch einmal zum Nachteil des öffentlichen Informationsinteresses zu verwerten. Gleiches würde natürlich auch für die Behauptung gelten, die Schutzwürdigkeit eines Gutes würde sich immer dann verringern, wenn keine zusätzlichen Interessen, Güter in die Waagschale geworfen werden könnten. Auch derartige Faktoren wurden ja soeben umfassend zugunsten der Selbstbelastungsfreiheit eingeführt und führen somit an dieser Stelle nicht wirklich weiter.

b. Veranlasserprinzip

Als gewichtsverringernde Abwägungsdeterminante könnte das sog. „Veranlassungsprinzip" greifen. Es ist vor allem das Verdienst von *Hubmann*, dieses Kriterium entwickelt zu haben.[741] Er leitet es vornehmlich aus der Rechtsprechung des *Bundesverfassungsgerichtes* ab.[742] Auch *Stern* konstatiert heute, daß dieses Prinzip im Abwägungsprozeß „durchaus eine erhebliche Rolle" spielen könn-

---

[738] 3. Teil § 2 C II 2 a = S. 116-118.

[739] *Misera-Lang* S. 403; *Rüfner* Festgabe Bundesverfassungsgericht, 453 (468 f.); *Wendt* AöR 104 (1979), 414 (463); *Gern* DÖV 1986, 462 (467); *Müller-Volbehr* DÖV 1995, 301 (307); sinngemäß *Stern* § 82 IV 8 = S. 679; *BVerfGE* 28, 243 (262); 32, 40 (46 f.).

[740] 3. Teil § 2 C II 2 a = S. 116-118.

[741] *Hubmann* FS Obermayer 43 (47 ff.).

[742] *Hubmann* FS Obermayer 43 (48 ff.).

te.[743] Danach müsse derjenige, der einen Interessenkonflikt veranlaßt habe, sich eine Zurücksetzung seiner Interessen gefallen lassen.[744] Dabei sei zu beachten, daß das Veranlassungsprinzip nicht identisch mit der Kausalität sei. *Hubmann* führt hierzu aus:

> „Veranlassung ist nicht bloße Verursachung im Sinne einer conditio sine qua non, sondern zurechenbare Verursachung. ... Schon derjenige, der einen Wertkonflikt in zurechenbarer Weise herbeigeführt hat, muß eine gewisse Zurücksetzung seiner Belange hinnehmen.[745]"

Demnach kommt ein so verstandenes Veranlassungsprinzip dem Veranlassungsbegriff des Gefahrenabwehrrechts sehr nahe. *Hubmann* und *Stern* rekurrieren in diesem Zusammenhang auf folgende Passage der Lebach-Entscheidung:

> „Wer den Rechtsfrieden bricht, durch diese Tat und ihre Folgen Mitmenschen oder Rechtsgüter der Gemeinschaft angreift oder verletzt, muß sich nicht nur den hierfür in der Rechtsordnung verhängten strafrechtlichen Sanktionen beugen. Er muß grundsätzlich auch dulden, daß das von ihm selbst durch seine Tat erregte Informationsinteresse der Öffentlichkeit in einer nach dem Prinzip freier Kommunikation lebenden Gemeinschaft auf dem dafür üblichen Weg befriedigt wird.[746]"

Zudem stellen sie auf die Rechtsprechung des Bundesverfassungsgerichts zum öffentlichen Meinungskampf ab.[747] Kurz zusammengefaßt, beinhaltet diese im wesentlichen, daß derjenige, der zuerst verbal angreift, mit heftigen Reaktionen und Gegenschlägen rechnen muß. Diese muß er eher dulden, als wenn er im Meinungskampf passiv geblieben wäre.[748]

Fraglich ist allerdings, ob dieses Abwägungsprinzip für die hiesige Kollisionslage weiterführt. Man könnte zunächst daran denken, die Auskunftsperson als „Veranlasser" anzusehen; und zwar mit der Begründung, diese habe die parlamentarische Untersuchung aufgrund ihres Fehlverhaltens zurechenbar verursacht, weil sie den (Rechts-)Frieden gebrochen habe. Ein Vergleich mit der Lebach-Entscheidung hinkt jedoch. Denn dort hatte bereits ein Erkenntnisprozeß erfolgreich stattgefunden, es interessierten vielmehr Fragen nach bzw. zum Ende der Strafvollstreckung. Bei der dieser Untersuchung zugrunde liegenden Konfliktlage geht es indes um ein Erkenntnisverfahren auf politischer Ebene. Es steht doch noch gar nicht fest, ob überhaupt ein Fehlverhalten der Auskunftsper-

---

[743] *Stern* § 82 III 4 = S. 654 f.
[744] *Stern* § 82 IV 8 = S. 679; ebenso *Gern* DÖV 1986, 462 (467).
[745] *Hubmann* AcP 155 (1956), 85 (121).
[746] *BVerfGE* 35, 202 (231 f.).
[747] *Hubmann* FS Obermayer 43 (48); *Stern* § 82 III 4 = S. 655.
[748] *BVerfGE* 12, 113 (131); 24, 278 (286); 54, 129 (138); 68, 226 (232); 82, 272 (282).

son vorliegt und ob dieses im Abschlußbericht mit sanktionsgleicher Wirkung überhaupt dargelegt wird. So käme ja auch niemand auf die Idee, im reformierten strafprozessualen Erkenntnisverfahren die Forderung zu erheben, daß sich der Angeklagte bei einer Kollision von Schweigeinteressen und dem Interesse an der materiellen Wahrheitsermittlung vorhalten lassen müsse, er hätte den Rechtsfrieden gebrochen und demzufolge das Strafverfahren „veranlaßt". Bei den vielen verfassungsrechtlichen Abwägungsfragen des Strafverfahrensrechts würde die Einführung eines „Veranlassungsprinzips" die Grundfesten des Rechtsstaates erheblich in Frage stellen. Gleiches muß auch für die Kollision zwischen individueller Selbstbelastungsfreiheit und parlamentarischem Aufklärungsinteresse gelten.

Auf der anderen Seite wäre es aber auch untragbar, dem Untersuchungsausschuß seinerseits vorzuwerfen, dieser habe den Konflikt veranlaßt. Er könne ja auf die Aussage der Auskunftsperson verzichten. Verkannt würde, daß dieser lediglich von seinem verfassungsrechtlich verbürgten Recht (Art. 44 I, II GG) Gebrauch macht, vielmehr kommt er seiner Kontrollpflicht nach. Es leuchtet ein, daß hieraus dem Untersuchungsausschuß keine Nachteile erwachsen dürfen.

Demnach läßt sich folgendes festhalten: Wenngleich das Veranlassungsprinzip vom Bundesverfassungsgericht bei Kollisionen zwischen Verfassungsgütern häufig als Abwägungsfaktor bemüht wird und demzufolge auf den ersten Blick auch auf vorliegende Kollision übertragbar scheint, paßt der dem Veranlassungsprinzip zugrundeliegende Rechtsgedanke für diese Konfliktlage nicht. Für diese Untersuchung ist er ungeeignet. Mithin können aus dem Veranlassungsprinzip keine neuen Erkenntnisse gezogen werden.

c. Ausweichprinzip

Etwas anderes könnte sich aus dem ebenfalls von *Hubmann*[749] eingeführten Ausweichprinzip (zuweilen auch Vermeidbarkeitsprinzip genannt) ergeben. Nach seiner Deutung beruhe dieses Prinzip auf folgenden Erwägungen: Erkläre die Rechtsordnung ein Interesse für schutzwürdig, so bestimme sie damit zugleich, daß es zu berücksichtigen sei.[750] Aus der Beachtung von Interessen ergebe sich wiederum, daß im Konfliktfall ein zumutbarer Weg zu suchen sei, der keines von ihnen verletze. Jeder müsse also einem kollidierenden geschützten Interesse nach Möglichkeit ausweichen, „gleichgültig, ob dessen Schutzwürdigkeit groß oder gering" sei.[751] Etwas treffender könnte man *Hubmanns* Kriterium wohl als „Grundsatz des zumutbaren Ausweichens" bezeichnen. In diesem Sinne hat das *Bundesverfassungsgericht* in der Mephisto-Entscheidung die Lö-

---

[749] *Hubmann* FS Obermayer 43 (49-51); *Hubmann* AcP 155 (1956), 85 (123-125); ähnlich *Misera-Lang* S. 404.

[750] *Hubmann* FS Carolsfeld 173 (179).

[751] *Hubmann* FS Carolsfeld 173 (179); ebenso *Stern* § 82 III 4 = S. 654.

sung des Konflikts zwischen Kunstfreiheit und Persönlichkeitsschutz darin gesehen, daß der Künstler einen dem wirklichen Leben entnommenen Stoff verfremden müsse, um eine Persönlichkeitsverletzung zu vermeiden.[752] Ebenso hat das Bundesverfassungsgericht entschieden, daß bei der Berichterstattung über kleinere Straftaten bzw. solche, die von Jugendlichen begangen wurden, grundsätzlich eine Namensnennung, Abbildung oder sonstige Identifikation der Täter vermieden werden müsse.[753]

Wendet man den Grundsatz des zumutbaren Ausweichens auf die hier in Rede stehende Kollision an, ergibt sich folgendes Bild:

Die Auskunftsperson, die strafrechtsrelevante Sachverhalte offenbaren soll, kommt in der Regel nicht freiwillig zur Vernehmung vor dem Untersuchungsausschuß. Sie hat vielmehr eine Ladung erhalten, die mit Zwang durchsetzbar ist. Erscheint somit die Auskunftsperson vor dem Untersuchungsausschuß, kommt sie lediglich ihrer staatsbürgerlichen Pflicht nach. Ein Ausweichen dahingehend, daß sie nicht erscheint, um dem Konflikt aus dem Wege zu gehen, würde eine Pflichtverletzung darstellen und Beugemaßnahmen zeitigen. Es ist offensichtlich, daß ihr ein Ausweichen im oben verstandenen Sinne unzumutbar und wohl auch tatsächlich unmöglich ist.

Demgegenüber muß man auf Seiten des Untersuchungsausschusses die Lage weit differenzierter betrachten. Es kann sein, daß die Auskunftsperson im Zentrum der öffentlichen Kritik steht und im Untersuchungsverfahren als die zentrale Schlüsselfigur angesehen wird. In diesem Fall erhofft sich der Untersuchungsausschuß einen ganz entscheidenden, vielleicht den bahnbrechenden Aufklärungsbeitrag. Ohne eine derartige Aussage liefe unter Umständen der Untersuchungsauftrag völlig leer. Den Untersuchungsausschuß auf andere unergiebige Beweismittel zu verweisen, um den Konflikt mit der Auskunftsperson zu vermeiden, wäre nicht zumutbar. Es muß dann nach wie vor bei der bestehenden Konfliktlage bleiben, die es dann in dieser Untersuchung aufzulösen gilt. Allerdings ergibt sich dann ein andere Interessenlage, wenn es sich bei der Auskunftsperson (offensichtlich) um eine bedeutungslose Randfigur der Affäre handelt. Ist wirklich für alle Verfahrensbeteiligten offensichtlich, daß ein weiterführender Aufklärungsbeitrag nicht zu erwarten ist, wäre es für die Auskunftsperson völlig unzumutbar, sich auch noch selbst zu belasten. In diesem Fall ist der Untersuchungsausschuß gehalten, von der Befragung abzusehen. Diese wäre von vornherein völlig unverhältnismäßig. Letztlich ist die Forderung nach einem zumutbaren Ausweichen des Untersuchungsausschusses eine Frage des Einzelfalles.

---

[752] *BVerfGE* 30, 173 (195).
[753] *BVerfGE* 35, 202 (232).

Mithin kann nicht ausnahmslos der Schluß gezogen werden, daß das Abwägungskriterium des Ausweichprinzips stets zu einer Verringerung der Schutzbedürftigkeit des Aufklärungsinteresses führt und die Schere zwischen der Schutzwürdigkeit der Selbstbelastungsfreiheit einerseits und dem Aufklärungsinteresse andererseits noch weiter auseinandergeht. Allerdings kann auch keineswegs aufgrund der Abhängigkeit vom Einzelfall davon die Rede sein, daß sich die Schutzwürdigkeit der Selbstbelastungsfreiheit minimiert hätte. Im Gegenteil: Dem Untersuchungsausschuß wäre bei einer etwaigen gesetzlichen Regelung eine weitere Argumentationslast auferlegt, und zwar dahingehend, daß er substantiieren müßte, daß gerade die Aussage der Auskunftsperson für den Aufklärungserfolg elementar wäre.

Damit wurde auch solchen Gesichtspunkten Rechnung getragen, die unter den genannten Voraussetzungen geeignet waren, die Schutzwürdigkeit der konträren Interessen zu *verringern.*

4. „Verwirkung" der Schutzwürdigkeit

Im Unterschied zum vorherigen Abschnitt, in dem verschiedene Aspekte im Hinblick auf eine reduzierte Schutzwürdigkeit von Schweige- und Aufklärungsinteressen beleuchtet wurden, ist es ferner für diesen Abwägungsvorgang im hohen Maße erhellend, nicht nur Kriterien heranzuziehen, welche das jeweilige Schutzbedürfnis reduzieren, sondern auch solche Faktoren darzulegen, die eventuell die Schutzwürdigkeit eines Interesses sogar völlig in Frage stellen können.

a. Verwirkung der individuellen Selbstbelastungsfreiheit

Es fällt überaus schwer, darüber ernsthaft nachzudenken, ob ein Individuum in einem demokratischem Rechtsstaat mit modernem reformierten Strafprozeß sein elementares Schweigerecht verwirken könnte. Aus welchen Gründen sollte die Errungenschaft der Aufklärung und des Liberalismus aufgegeben werden? Völlig unstreitig dürfen mutmaßliche Massenmörder oder Terroristen von ihren Schweigerechten Gebrauch machen. Einer etwaigen Verwirkung schiebt zudem das Grundgesetz in Art. 18 GG einen eindeutigen Riegel vor. Selbst wenn der mutmaßliche Täter Grundrechte im Kampf gegen die freiheitlich demokratische Grundordnung mißbraucht, wäre eine Verwirkung der Selbstbelastungsfreiheit ausweislich des eindeutigen Wortlautes verfassungsrechtlich unmöglich, da diese bekanntlich aus Art. 2 I GG i.V.m. Art 1 I GG sowie Art. 20 III GG abgeleitet wird und somit nicht vom enumerativen Katalog des Art. 18 GG umfaßt wird.

Demzufolge ist der Vorschlag *Hofmanns*[754], wonach eine Auskunftsperson ihr Schweigerecht schon dann verwirkt habe, wenn sie sich vorher in der Öffentlichkeit zum Untersuchungsgegenstand geäußert hätte, verfassungswidrig und demzufolge abzulehnen.

b. Verwirkung des parlamentarischen Aufklärungsinteresses

Während eine Verwirkung der Selbstbelastungsfreiheit ausgeschlossen ist, ergeben sich hingegen unter dem Aspekt des Rechtsmißbrauches erhebliche Zweifel an einer „uneingeschränkten Schutzwürdigkeit" des parlamentarischen Informationsinteresses. So drängt sich der verstärkte Eindruck auf, daß Untersuchungsausschüsse häufig gar nicht der Aufklärung im Sinne einer materiellen Wahrheitsermittlung dienen, sondern vielmehr vorwiegend der Diffamierung des politischen Gegners, mit der Folge, daß es hier sogar schon an einem schutzwürdigen Eigeninteresse des Ausschusses fehlt.

Denn seit langem wird *allseits*[755] heftig die Entwicklung eines „real existierenden Untersuchungsausschußparlamentarismus[756]" moniert, bei dem es den Akteuren nicht selten primär um die Inszenierung einer „politische Schlammschlacht", um die „Fortsetzung der Politik mit anderen Mitteln[757]" auf dem Rücken Dritter[758], insbesondere der Auskunftspersonen geht und gerade nicht um das redliche Interesse an materieller Aufklärung.

---

754 *Hofmann* Pressemitteilung vom 24.03.2000; www.spd-norden.de/aktuell/mit-240300-2.htm; siehe hierzu: 3. Teil § 1 A I = S. 70 f.

755 Stellvertretend für die wissenschaftliche Literatur lassen sich auch die Ausführungen von *Partsch* und *Hirsch* auf dem 45. Deutschen Juristentag im Jahre 1964 anführen, die mit der Einschätzung *Engels* korrespondieren. Nach *Partsch* bestimme sich das Arbeitstempo eines Ausschusses weitgehend durch die politische Situation, das politische Interesse der Parlamentsfraktionen an dem Untersuchungsgegenstand und die jeweilige Verhandlungslage im Ausschuß. So ließe sich etwa beobachten, wie politische Gruppen durch wahltaktische Rücksichten in ihrer Arbeit beeinflußt würden (Bd. I Teil 3, S. 67). *Hirsch* unterstrich, daß hinter dem Ausschuß die jeweiligen Parteifreunde der Ausschußmitglieder stünden, die häufig die Einzelheiten gar nicht so genau kennen würden, sondern nur vom Hören-Sagen oder durch Zeitungsberichte. Wenn sich nun ein Ausschußmitglied entschlösse, einem höchst vernünftigen Beweisantrag der Minderheit stattzugeben, laufe dieser große Gefahr, von seiner eigenen Partei „zerrissen" zu werden (Bd. II, E 142).

756 So bezeichnet vom Vorsitzenden des Flick-Untersuchungsausschusses *Langner* (CDU/CSU) in der Parlamentsdebatte; 11. WP/95. Sitzung am 23.09.1988, S. 6506.

757 In Anlehnung an die Formulierung von v.Clausewitz.

758 Ebenso formuliert *Linck*, daß Untersuchungsausschüsse „politische Kampffelder" seien, auf denen es gelte, für die eigene Person oder Partei politische Siege zu erringen. Dabei könnte sich das Gesichtsfeld derart verengen, sich die Gewichte so verschieben, daß Grundrechte Privater leicht unter die Räder kämen (Anm. zu BVerfG DÖV 1988, 265 (267).

Vor allem *Engels*[759] hat auf anschauliche Weise und wohl auch am treffendsten die gängige Arbeitsweise eines Untersuchungsausschusses skizziert. Nach seiner Einschätzung würden stets parteitaktische Sichtweisen „die entscheidende Rolle spielen".[760] Ebenso wie die Einsetzung des Untersuchungsausschusses durch parteipolitische Komponenten bestimmt sei, würde auch das Verfahren durch sie überlagert. Insoweit sei der hochgesteckte Rahmen, Wahrheit zu erforschen „a priori relativiert, weil die Wahrheit regelmäßig mit durchaus unterschiedlichen Brillen betrachtet" würde. Dies wirke sich so aus, daß Untersuchungsausschüsse sich meist in zwei Lager teilen würden: auf der einen Seite die oppositionelle Minderheit, auf der anderen die Mehrheit; hier die Angreifer, dort die Verteidiger, wobei diese Rollenverteilung freilich keine statische, sondern eine dynamische sei, die je nach Verfahrensgang bzw. -stand auch wechseln könne. Demzufolge seien Untersuchungsausschüsse als „Kampfesforen" politischer Interessen zu bezeichnen, in denen lediglich Proporzwahrheiten gefördert würden.[761] Ausschlaggebend für das Arbeitstempo sei demnach „die politische Situation, das politische Interesse der Fraktionen an dem Untersuchungsgegenstand sowie die Verhandlungslage im Ausschuß. Die Gruppe, die den Einsetzungsantrag gestellt habe, verfolge dabei „das Interesse, den Untersuchungsauftrag zügig zu erledigen, schnell in medias res zu gehen und öffentlichkeitswirksame Erfolge zu erzielen", während die Taktik derjenigen Gruppe, gegen deren Lager sich die Untersuchung richtete, tendenziell auf weniger Eile angelegt sei.[762] Besonders deutlich hebt auch *Di Fabio*[763] hervor, daß der Zweck des Untersuchungsverfahrens nicht in der Aufklärung im Sinne einer Wahrheits-

[759] Engels war lange Leiter des Untersuchungsausschußsekretariats und damit Intimus.
[760] *Engels* S. 71.
[761] *Engels* S. 71; ebenso *Germis* S. 62; siehe hierzu auch rechtsvergleichend (Vereinigte Staaten) *Van Cleve* http://www.ou.edu/special/albertctr/extensions/fall98/vancleve.html.
[762] *Engels* S. 143. Dies müsse nach *Engels* (S. 143 f.) jedoch nicht immer so sein. So könne die angegriffene Seite ein Interesse daran haben, die Sache kurz, aber schmerzhaft hinter sich zu bringen, weil ihr insbesondere im Blick auf Wahltermine nicht daran gelegen sei, daß die Vorgänge zu lange in aller Munde seien. Umgekehrt ließe sich nach *Engels* beobachten, wie politische Gruppen, die zunächst energisch eine Untersuchung vorangetrieben hätten, daran sichtlich erlahmen würden, nachdem es der Gegenseite gelungen sei, die Untersuchung auch gegen sie selbst zu kehren. Auch gehöre hierzu das sogenannte „Strecken", das darin bestehe, die Untersuchungen bis unmittelbar vor eine Bundestags- oder Landtagswahl auszudehnen, um für den Wahlkampf Munition aus dem Verfahren zu beziehen. Dementsprechend entzünde sich der aus-schußinterne Streit, hinter dem sich häufig die politischen Verfahrensinteressen mit ihren differierenden zeitlichen Vorstellungen verbergen würden, häufig an rechtlichen Fragen. Und zwar daran, welche Sachverhaltskomplexe wie intensiv aufzuklären seien und welche Beweismittel hierzu zulässigerweise herangezogen werden müßten und zum anderen an geschäftsordnungsrechtlichen Materien, in welcher Reihenfolge, zu welchem Zeitpunkt welche Beweismittel zu verwenden seien und wer im Streitfall über diese Fragen zu entscheiden habe.
[763] *Di Fabio* S. 67.

ermittlung läge, sondern vielmehr im parlamentarischen-politischen, häufig sogar auch im propagandistischen Raum siedele und in unmittelbarer Interaktion mit Erwartungen und Resonanzen der öffentlichen Meinung stehe. Angesichts des Grundsatzes parlamentarischer Diskontinuität könne sich dieser Eindruck noch verschärfen.[764]

Daß nicht selten das parlamentarische Untersuchungsrecht rechtsmißbräuchlich genutzt wird, zeigen namentlich die Aussagen der Ausschußmitglieder.[765] So fiel beispielsweise in der 4. Wahlperiode anläßlich des Berichts des FIBAG-Untersuchungsausschusses der Ausspruch des Ausschußvorsitzenden *Hoogen* (CDU/CSU) in Anspielung auf die Äußerung vom Ex-Bundeskanzler Schmidt, ein Untersuchungsausschuß sei ein „Mannschaftswettbewerb[766]":

> „Eigentore in diesem Haus haben andere geschossen; wir schießen sie nicht. Wir stellen uns geschlossen vor den Bundesverteidigungsminister [scil.: Strauß].[767]"

---

[764] In der im Hinblick auf den Parteispenden-Untersuchungsausschuß veröffentlichten jüngsten Literatur haben *Morlok* (ZParl 2000, 208 (208 f.), *Jekewitz* (ZParl 2000, 215 (216-218)), *Kipke* (ZParl 2000, 202 (202 f.) und *Vorrnbaum* (JZ 2002, 166 (168 f.) die vorstehenden Ausführungen bestätigt, ohne wesentlich neue Aspekte ins Feld zu führen.[764] Zum älteren Schrifttum siehe: *Germis* S 62 u. 65; *Steinberger* BT-Drs. 11/7800, 1181 (1216); *Kästner* NJW 1990, 2649 (2651); *Depenheuer/Wienands* ZRP 1988, 259; *Linck* ZRP 1987, 19; *Jagau/Wessels* in: Bachmann/Schneider S. 43; *Kerbein* ZRP 2001, 302; *Schröder* in: Schäffer 11 (14 u. 20).

[765] Typisch sind auch die Einschätzungen *Langner* und *Eylmann* im Hinblick auf das Selbstverständnis parlamentarischer Untersuchungsausschüsse in der 11. Wahlperiode. Als Vorsitzender des Flick-Untersuchungsausschusses räumte *Langner* jede Illusion aus, Untersuchungsausschüsse seien politische Kampfinstrumente. Jede Betrachtung, die an diesem Phänomen vorbeigehe, führe zwangsläufig zu unakzeptablen Vorschlägen (11. WP/95. Sitzung vom 23.09.1988, S. 1584). Auch *Eylmann* (11. WP/232. Sitzung vom 26.10.1990, S. 18433), Vorsitzender des U-Boot-Untersuchungsausschusses, räumte ein, daß Untersuchungsausschüsse „eigentlich" die Aufgabe hätten, einen politisch relevanten Sachverhalt aufzuklären. In der Verfassungswirklichkeit sei seitens der Politik jedoch allgemeine Meinung, daß sie politische Kampfinstrumente seien. Hätten sie nur noch „die Funktion, ein besonderes Forum für die parteipolitische Auseinandersetzung zu bieten", würden sie nicht selten zu einem „Schmierentheater" entarten. Der U-Boot-Untersuchungsausschuß sei dafür ein abschreckendes Beispiel gewesen. Siehe auch *Bachmaier*, Vorsitzender des Plutonium-Untersuchungsausschusses, in: NJW 2002, 348. In diesem Sinne hat sich auch die *Enquete-Kommission Verfassungsreform* geäußert, die den Schwerpunkt der Funktion der Ausschüsse auf dem Aspekt des politischen Meinungskampfes legt; Abschlußbericht, BT-Drs. 7/5924, S. 52; ebenso *Bötsch* bereits 1984 in: FS Schnellknecht, 9 (10).

[766] So *Lenz* in 8. WP/63.Sitzung, S. 4822; auch *Steffani* ZParl 1989, 570 spricht vom „Eigentor".

[767] 4. WP/37. Sitzung am 28.06.1962, S. 1584.

Zum Steiner-Untersuchungsausschuß der 7. Wahlperiode gestand der stellvertretende Vorsitzende *Vogel* ein, es sei diesem Ausschuß niemals gelungen, nach außen den Eindruck zu vermitteln, als ginge es um Objektivität.[768] Er führte aus:

> „Er [scil. der Ausschuß] ist in der Öffentlichkeit, von vornherein als ein politischer Kampfausschuß angesehen worden, und ich meine, daß er sich im wesentlichen auch so betätigt hat. Das liegt in der Institution des Untersuchungsausschusses begründet". Das ist gar keine Kritik meinerseits[769]"

Daß diese realistische Selbsteinschätzung auch heute noch aktuell ist, verdeutlichen namentlich die ständigen Aussprüche des CDU-Obmanns *Schmidt* zum Parteispenden-Untersuchungsausschuß. Nicht nur auf dem 51. Anwaltstag[770], sondern auch in zahlreichen Interviews[771] und Presseerklärungen[772] betonte er stets, daß dieser Untersuchungsausschuß ein politisches Kampfinstrument sei. Die öffentliche Untersuchung mit der entsprechenden Medienpräsenz sei der eigentliche Zweck. Und: „Der unbedingte Wille zur Attacke auf den politischen Gegner dominiert die Bereitschaft zur Neutralität und objektiven Wahrheitssuche[773]".[774] *Friedrich*, stellvertretender Vorsitzender des Parteispenden-Ausschusses und „Teamkollege" Schmidts, nannte den Obmann der Fraktion Bündnis90/Die Grünen sogar „Terroristenunterstützer Ströbele, der in Ausschußsitzungen bisher nicht mit intelligenten Fragen aufgefallen" sei[775].

---

[768] *Vogel* ZParl 1974, 503.

[769] *Vogel* ZParl 1974, 503.

[770] *Quoirin* Kölner Stadt-Anzeiger vom 03.09.2000; http://ksta.de/politik/503834.html.

[771] Vor allem als es darum ging, Kiep zu vereidigen. Die Ausschussmehrheit hatte am 13.09.2001 dessen Vereidigung beschlossen

[772] Von insgesamt nahezu 100 im Rahmen der Affäre.

[773] *Quoirin* Kölner Stadt-Anzeiger vom 03.09.2000; http://ksta.de/politik/503834.html.

[774] Dabei konnte während dieses Ausschusses die Beobachtung gemacht werden, daß *Schmidts* Aussprüche verbundenen mit seinem Verhalten als Obmann oft Züge einer „selbsterfüllenden Prophezeiung" aufwiesen. Es entstand während der Untersuchung der verstärkte Eindruck, daß es gerade in dessen Konzept paßte, den Untersuchungsausschuß als Verleumdungskampagne der SPD zu brandmarken. Man konnte sich des Eindrucks nicht erwehren, daß Schmidt oft SPD und Grüne derart provozierte, daß es schlußendlich tatsächlich zu einer Schlammschlacht kam.

[775] www.hp-friedrich.de/presse/20000515.html. Mittlerweile hat Friedrich diese Äußerung vom Netz genommen. Politischen Kampf schürte Rot-Grün vor allem durch ihre Schelte am Einstellungsbeschluß (§ 153a StPO) des LG Bonn bzgl. einer etwaigen Untreue Kohl gegenüber seiner Partei. Kohl habe sich „aus den Ermittlungen herausgekauft und wolle mit Bimbes alles regeln" (Müntefering). Hofmann zweifelte, ob das LG Bonn „ein derartiges Verhalten auch jeder anderen Person zubilligen und in gleicher Weise billigen würden". Es entstehe der Eindruck „die Kleinen hängt man, die Großen können sich freikaufen". Neumann habe das Gefühl, „daß das Recht nicht für alle gleich" gelte. Ströbele nannte die Verfahrenseinstellung eine „ungerechte Bevorzugung". Siehe zu diesen Zitaten nur die FAZ vom 05.03.2001, S. 3.

Rechtsmißbräuchliches Verhalten der Ausschußmitglieder und die daraus resultierende mangelnde Schutzwürdigkeit des parlamentarischen Aufklärungsinteresses im Widerstreit mit der Selbstbelastungsfreiheit dokumentieren schließlich zwei signifikante Beispiele aus dem Parteispenden-Ausschuß, die schonungslos die Praxis parlamentarischer Untersuchungsausschüsse offen legen.

So besteht die berechtigte Vermutung, daß zwei Ereignisse die Öffentlichkeit mehr bewegt haben als die eigentliche Aufklärungsarbeit und deren Ergebnisse. Zunächst wurde bekannt, daß sich mehrere Untersuchungsausschußmitglieder der CDU/CSU – insbesondere Obmann Schmidt – vor wichtigen Zeugenvernehmungen stets am Abend davor[776] mit der „Zentralfigur der Affäre[777]", also mit Helmut Kohl auf konspirative Weise besprochen haben. Worum es dabei ganz genau ging, konnte trotz einer späteren Vernehmung Schmidts nie geklärt werden. Der Verdacht liegt nahe, daß eine Art Drehbuch geschrieben werden sollte.[778] U.a. sollte Kohl wahrscheinlich auf seine eigene Vernehmung umfassend vorbereitet werden.[779] Aber auch das Verhalten von SPD und Grüne deutete nicht selten darauf hin, daß diese zum Teil nicht immer um Sachaufklärung bemüht waren. Regelmäßig dann, wenn die Aufklärung ins Stocken geraten war, schien es so, als wollten sie medienwirksame Nebenkriegsschauplätze und Scheingefechte eröffnen. Bekanntes Beispiel wurde die Gegenüberstellung von Schäuble und Baumeister im Hinblick auf ihre Version zur berüchtigten 100.000 DM-Barspende Schreibers. Diese war hinsichtlich der Hoffnung auf neue Erkenntnisse völlig überflüssig.[780] Denn jedes Untersuchungsausschußmitglied und jeder Beobachter kannte die zu erwartenden Aussagen und die möglichen Widersprüche schon vorher. Beide signalisierten im Vorfeld, daß sie auf ihrer Version, die sie zudem(!) schon einmal vor dem Untersuchungsausschuß vorgetragen hatten[781], beharren würden. Zudem wurde bezüglich der

---

[776] Hierzu instruktiv der vom SPIEGEL veröffentlichte Kalender der Bürochefin Kohls; DER SPIEGEL 27/2000, S. 30.

[777] So die zutreffende Einschätzung von *Lölhöffel* Das Parlament 07.07.2000, S. 13.

[778] Vor allem *Ströbele* in der Aktuellem Stunde am 07.07.2000; 14. WP/115. Sitzung, S. 10999; ebenso *Schlauch/Müller* Pressemitteilung der Fraktion Bündnis90/Die Grünen vom 30.06.2000; www.gruene-fraktion.de/archiv/pm/2000/00%2D0398.htm.

[779] Jedenfalls gestand Schmidt ein, mit Kohl über die Leuna-Privatisierung und über den Panzerkauf nach Saudi-Arabien gesprochen zu haben; FAZ vom 07.07.2000, S. 2. Unverständlich ist, daß Schmidt auch noch stets betonte, er könne auch in Zukunft mit jedem potentiellem Zeugen über alles und so oft er wolle sprechen. Er sei „ein unabhängiger Abgeordneter" und lasse sich von niemandem vorschreiben, mit wem er rede und mit wem nicht. Zitiert nach: http://de.news.yahoo.com/000706/4/yofm.html.

[780] Dabei konnte am 29.08.2000 eigens beobachtet werden, daß zuweilen während der Gegenüberstellung mehr Ausschußmitglieder mit Journalisten sprachen, als im Verhandlungsraum zugegen waren. Ähnliche Einschätzung von *Kenzler* Pressemitteilung am 31.05.2000; www.2pds-online.de/bt/presse/2000/05/20000531-002.htm.

[781] Schäuble bei seiner Vernehmung am 13.04.2000.

Schreiber-Spende ein Verstoß durch deren Nichtangabe gegen das Parteiengesetz seitens der CDU überhaupt nicht bestritten[782], und allein darauf kam es an.[783]

Doch auch das neue Untersuchungsausschußgesetz tritt der Gefahr des Rechtsmißbrauches durch den Untersuchungsausschuß nicht entgegen. Zwar verspricht das neue Gesetz angesichts des Umstandes, daß endlich überhaupt eine Verfahrensgrundlage auf Bundesebene positiviert wurde, mehr Rechtssicherheit und damit ein weniger an Verfahrensstreitigkeiten. Gleichwohl muß gesehen werden, daß der Bundesgesetzgeber die bisherige Verfassungswirklichkeit, also das fraktionsübergreifende Verständnis vom Untersuchungsausschuß als primäres Kampf- und Diffamierungsinstrument, durch das neue Gesetz quasi als „Gesetzgeber in eigener Sache[784]" akzeptiert und vor allem de jure noch zementiert hat. Denn er hat – von § 17 III PUAG einmal abgesehen – keine geeigneten Maßnahmen getroffen, um der parteipolitischen Instrumentalisierung des Ausschusses entgegenzuwirken. Gesetzesentwürfe, Plenardebatten, Ausschußsitzungen und namentlich die Sachverständigenanhörung haben demgegenüber deutlich gemacht, daß die Frage nach dem Selbstverständnis von Untersuchungsausschüssen nicht auf der parlamentarischen Tagesordnung stand.[785] Mit keinem Wort wurde im Gesetzgebungsverfahren auf den traditionellen und konstruktiven Vorschlag[786] eingegangen, die Ausschußarbeit mit Hilfe parlamentsfremder Personen zu objektivieren.[787]

So erhob kein Politiker zudem die Forderung nach einem Zurückhaltungsgebot für Ausschußmitglieder, etwa nach nordrhein-westfälischem Vorbild[788]. Ebenso paßt ins Bild, daß die zunächst erwogenen Verhaltensregeln[789], deren Notwendigkeit der CDU/CDU-Obmann Schmidt durch seine mit Kohl getroffenen Absprachen verdeutlicht hat, in den Berichterstattergesprächen aufgegeben wurden.

---

782 *Friedrich* Pressemitteilung vom 15.05.2000; www.hp-friedrich.de/presse/20000515.html.

783 Die auch heute nicht geklärte Frage, ob das Geld im September 1994 direkt an Schäuble oder im Oktober 1994 an die Schatzmeisterin Baumeister gegeben und erst anschließend an Schäuble weiter geleitet wurde, ist nicht zuletzt angesichts des immensen Untersuchungsauftrages eine unerhebliche Marginalie.

784 Zu dieser Problematik siehe nur *Isensee* ZParl 2000, 402 ff.

785 Es ging im Gesetzgebungsverfahren weniger darum, das Rollenverständnis des Untersuchungsausschusses zu reflektieren als vielmehr die „Gunst der Stunde" zu nutzen und endlich ein Gesetz zu fertigen.

786 *Kipke* Recht und Politik 2000, 202 (205); siehe hierzu namentlich *Baum* ZParl 1974, 530 ff.; dagegen *Bötsch* FS Schnellknecht 9 (12 f.).

787 Diskussionswürdig wäre jedoch zumindest die Empfehlung gewesen, einen parteiunabhängigen Vorsitzenden, etwa einen pensionierten Richter zu schaffen oder diesen wenigstens dem Ausschußvorsitzenden das Stimmrecht zu entziehen, um das parteipolitische Element ein wenig zurückzudrängen.

788 § 10 III NRW-UAG. Siehe hierzu auch die Empfehlungen der anderen Länder unter Fn. 661.

789 Presseerklärung der Fraktion *Bündnis90/Die Grünen* am 24.08.2000.

Hinzu kommt schließlich die Befürchtung, daß mit der im neuen Gesetz (§ 13 PUAG) geschaffenen Möglichkeit von Fernsehübertragungen der Tendenz zu medialen Inszenierungen von einzelnen Ausschußmitgliedern irreversibel weiter Vorschub geleistet wird. Es liegt die Vermutung nahe, daß demnächst noch mehr medienwirksame Darstellungen und Fensterreden im Fraktionsinteresse vollzogen und die Fraktionen schon beim ersten Untersuchungsausschuß der nächsten Wahlperiode ihre Mitglieder nach mediengerechten Maßstäben aussuchen werden.

Somit bleibt festzuhalten, daß auch und gerade in der Zukunft die begründete Sorge besteht, daß Untersuchungsausschüsse zu politische Kampfesforen degenerieren. Ein derartiger Rechtsmißbrauch hat dementsprechend im Einzelfall den Verlust der Schutzwürdigkeit des parlamentarischen Aufklärungsinteresse zur Folge.

Damit ist auch dieser letzte abwägungsdeterminierende Faktor abgeschlossen.

III. Zwischenergebnis

Summa summarum ergibt ein derartiger Abwägungsvorgang folgendes *Abwägungsergebnis*:

Die Schutzwürdigkeit der individuellen Selbstbelastungsfreiheit ist weitaus höher als die des parlamentarischen Aufklärungsinteresses. Die Schere zwischen dem Schutzbedürfnis der Selbstbelastungsfreiheit und dem des Informationsinteresses klafft sehr weit auseinander; umso mehr noch unter zukünftigem Blickwinkel.[790]

Folgende Faktoren resp. Gründe waren für das Abwägungsergebnis ausschlaggebend:

---

[790] Hieraus darf indes keineswegs der Fehlschluß gezogen werden, daß die Schutzwürdigkeit des parlamentarischen Untersuchungsinteresses stets als „eher niedrig" einzustufen wäre. Eine derartige Einschätzung gilt selbstverständlich nur im relativen Vergleich zur Selbstbelastungsfreiheit. Wie hoch die Schutzwürdigkeit des Aufklärungsinteresses in anderen Konfliktlagen mit anderen Schutzgütern bzw. –interessen zu veranschlagen ist, entzieht sich völlig hiesigem Erkenntnisinteresse. Hierüber soll und kann in dieser Untersuchung keine Aussage getroffen werden.

Bereits das Kriterium des „potentiellen Beeinträchtigungsgrades" hat als Ausgangspunkt aller Überlegungen verdeutlicht, daß die Selbstbelastungsfreiheit bei einem Zurücktreten ausnahmslos völlig leer laufen würde. Demgegenüber ist die Beeinträchtigungsintensität auf Seiten des parlamentarischen Untersuchungsausschusses stets einzelfallbezogen und zudem äußerst hypothetisch. Diese Erkenntnis wurde zudem durch das Kriterium „Kernbereich" bestätigt.

Gerade mit Hilfe des Kriteriums der „Interessenhäufung/Folgerisiken" konnte die unterschiedliche Schutzwürdigkeit der divergierenden Interessen dargelegt werden. Das Schutzbedürfnis des parlamentarischen Aufklärungsinteresses ließ sich – relativ gesehen – nur gering erhöhen. So wurde die Wahrscheinlichkeit, daß bei einem Zurücktreten des Aufklärungsinteresses gerade *aufgrunddessen* die Bestandsfähigkeit der deutschen Demokratie substantiell erschüttert oder *aufgrunddessen* eine wirkliche Staatskrise ausgelöst wird, als „äußerst gering" veranschlagt. Im Gegensatz dazu konnte sich das Interessenhäufungskriterium auf Seiten der Auskunftsperson mit einem ganz erheblichen Gewicht in dessen Waagschale legen. Als Ursachen hierfür wurden vornehmlich herausgestellt: Die drohenden Anschlußverfahren, die parlamentarische Untersuchung selbst, der mangelnde Rechtsschutz gegen deren Abschlußberichte und insbesondere die mangelnden Mitwirkungsbefugnisse der Auskunftsperson sowie der mangelnde Schutz durch die Parlamentarier aufgrund deren struktureller Befangenheit. Als Folgen ergaben sich massive Grundrechtsbeeinträchtigungen des Persönlichkeitsschutzes der Auskunftsperson mit weitreichenden Konsequenzen wie Semper-aliquid-haeret-Syndrom, Verlust des gesellschaftlichen Achtungsanspruchs bis hin zur Vernichtung der wirtschaftlichen Existenz.

Ferner ließ sich deren ohnehin schon außerordentliche Schutzwürdigkeit durch das Kriterium „Investigativer Journalismus/Symbiotische Beziehung zwischen Politik und Medien" noch weiter steigern.

Schlußendlich wurde die Schutzwürdigkeit des parlamentarischen Aufklärungsinteresses unter dem Aspekt des Rechtsmißbrauches sogar ganz erheblich in Frage gestellt. Grund hierfür war der Umstand, daß der parlamentarische Untersuchungsausschuß nicht selten als politisches Kampf- bzw. Diffamierungsinstrument von den Politikern instrumentalisiert und mißbraucht wird. Diese Erkenntnis muß überdies angesichts der zunehmenden Tendenz zum Infotainment und der nun zulässigen Fernsehübertragungen umso mehr noch für die Zukunft gelten. Namentlich diese beiden letzten Gesichtspunkte heben demgegenüber die außerordentliche Schutzwürdigkeit der Selbstbelastungsfreiheit der Auskunftsperson hervor. Kriterien, die deren Schutzwürdigkeit sinken ließen, waren dagegen nicht ersichtlich.

Auf der Grundlage dieser kurzen Zusammenfassung der hier maßgeblichen Abwägungskriterien und der Darlegung des Abwägungsergebnisses – weitaus höhere Schutzwürdigkeit der Selbstbelastungsfreiheit – können nunmehr darauf aufbauend die vorgeschlagenen Optimierungsmodelle auf ihre Rechts- und Verfassungsmäßigkeit überprüft werden.

§ 3 Diskussion von Kollisionsschlichtungsmodellen

Dabei ist zuvorderst zu sehen, daß die Auseinandersetzung mit den einzelnen Lösungsvorschlägen aufgrund der soeben herausgearbeiteten Erkenntnisse uneingeschränkt auf folgende Grundprämisse gestützt werden muß:

So muß das jeweils in Rede stehende Optimierungsmodell, wenn es gleichwohl den nemo-tenetur-Grundsatz einschränken will, zugunsten der erheblich schutzwürdigeren Selbstbelastungsfreiheit volle kompensatorische Wirkung entfalten und deren lückenlosen Schutz gewährleisten. Denn es käme, wie der Abwägungsprozeß herausgestellt hat, einem Danaergeschenk gleich, wenn man auf der einen Seite der Auskunftsperson bei einer etwaigen Aussage „Schutz" versprechen würde, die Selbstbelastungsfreiheit indes dann doch „quasi durch die Hintertür" auf andere Weise ausgehebelt würde. Daß ausschließlich die Implementierung eines allumfassenden Schutzinstrumentariums als tragfähiges Kollisionsschlichtungsmodell in Betracht kommt, folgt nicht nur aus den oben entwickelten Abwägungskriterien und deren Konsequenzen. Zwei weitere Sachargumente erfordern eine derartig strenge Vorgabe:

Denn wenn zum einen, wie im *1. Teil* der Untersuchung hervorgehoben wurde, der nemo-tenetur-Grundsatz namentlich *aufgrund der Verstärkungsfunktion der Menschenwürdegarantie höchsten Rechtswert* genießt, wäre es in der Tat widersprüchlich, die Selbstbelastungsfreiheit einfach ohne weiteres, wenn auch „über Umwege", auszuhöhlen. So käme in diesem Falle dem individuellen Schweigerecht de facto nur ein ziemlich geringer Rechtswert zu. Zum anderen würde dann der notwendigen „Wechselwirkung" zwischen der grundrechtlich verbürgten Selbstbelastungsfreiheit und dem jeweiligen Optimierungsmodell, das das Schweigerecht nicht nur einschränken, sondern sogar über Gebühr unterminieren würde, keinerlei Rechnung tragen (*Wechselwirkungslehre*[791]).

Aus alledem folgt, daß jedes Lösungsmodell, das im Hinblick auf die Aussagefreiheit keinen umfassenden, also lückenlosen Rechtsschutz gewährleisten kann, als „*unangemessen*" im Sinne des Verhältnismäßigkeitsgrundsatzes zu bewerten ist. Ein derartiges Kollisionsschlichtungsmodell greift *unverhältnismäßig* in die Selbstbelastungsfreiheit ein und ist damit verfassungswidrig.

---

[791] Grundlegend *BVerfGE* 7, 198 (208 f.).

A. Einschränkung der individuellen Selbstbelastungsfreiheit

Unter dieser Vorgabe sind nunmehr diejenigen Kollisionsschlichtungsmodelle zu diskutieren, die das Schweigerecht der Auskunftsperson einschränken wollen.

I. Immunitätslösung

Die vorgeschlagene Immunitätslösung vermag eine allumfassende und lückenlose Immunität der jeweiligen Auskunftsperson im anschließenden Strafverfahren garantieren. Dabei dürfte diese Person indes mit keinerlei Vorleistungspflicht, wie sie in Deutschland namentlich durch die materiellen Kronzeugenregelungen[792] statuiert wird, beladen werden. Auch wäre selbst eine obligatorische Strafmilderungsmöglichkeit unzureichend, weil die Auskunftsperson zwar milder, aber dennoch bestraft würde. Sicherlich ließe sich die Auskunftsperson durch die Übernahme der amerikanischen „transactional immunity" umfassend schützen. Auch bekäme der Untersuchungsausschuß dadurch häufig einen weiteren elementaren oder sogar häufig den ganz entscheidenden Aufklärungsbeitrag.

Gleichwohl ginge man in der Annahme fehl, schon aus diesem Grunde die Prüfung bereits erfolgreich beenden zu können; nach dem Motto: Wenn sowohl das parlamentarische Aufklärungsinteresse als auch die individuelle Selbstbelastungsfreiheit durch eine Immunitätslösung optimal zur Geltung kämen, dann wäre das Ziel dieser Arbeit, die Herstellung praktischer Konkordanz dogmatisch zu gewährleisten, erreicht. Es wird nicht verkannt, daß jedes Kollisionsschlichtungsinstrument *in jeder Hinsicht* und nicht nur im bipolaren Verhältnis rechts- bzw. verfassungsmäßig sein muß.

So gilt im folgenden vornehmlich zu beachten, daß durch eine Immunitätslösung die *Funktionsfähigkeit der Strafrechtspflege* in die Abwägung hineingezogen würde. Die staatliche Strafverfolgungspflicht wäre dem parlamentarischen Aufklärungsinteresse eindeutig und ausnahmslos völlig nachgeordnet. Dies ist deshalb bemerkenswert, weil die Verpflichtung und das Bedürfnis des Rechtsstaates, die Sicherung des Rechtsfriedens durch Bereitstellung einer funktionstüchtigen Strafrechtspflege zu gewährleisten, zu den Grundfesten des deutschen Verfassungssystems gehört und demzufolge seit jeher mit äußerst hohem Verfassungsrang ausgestattet wird[793]. Demnach besteht begründeter Anlaß zu ernstlichen Bedenken, ob eine Immunitätslösung übermäßig und damit in verfassungswidriger Weise in die Erfüllung dieser staatlichen Pflicht zur Sicherung des Rechtsfriedens eingreifen würde.

---

[792] Siehe hierzu vor allem *Jeßberger* S. 35 ff.
[793] Siehe hierzu nur: BVerfGE 77, 65 (76), Fahl JuS 1996, 1013 (1017 f.).

Angesprochen ist hiermit wiederum der Verhältnismäßigkeitsgrundsatz (Übermaßverbot), der bei jeglichem[794] staatlichen Handeln zu beachten ist. Zwar hat dieser heute überwiegend sein Betätigungsfeld im Schutze der Grundrechte[795], indes ist der Verhältnismäßigkeitsgrundsatz auch außerhalb der Grundrechtsphäre, zumal bei Kollisionen mit sonstigen Verfassungsgütern[796] ein wichtiger, ja häufig der entscheidende Prüfungsmaßstab. Dies gilt anerkanntermaßen auch und gerade bei der Beeinträchtigung der Strafrechtspflege im allgemeinen[797] (z.B. bei Einschränkungen des Legalitätsprinzips[798]) als auch bei Eingriffen durch die bisherigen Kronzeugenregelungen, wie in der Literatur bereits dargelegt wurde[799], im besonderen. Damit wird auch ein etwaiges Immunitätsgesetz, das die umfassende Durchsetzung des materiellen Strafrechts suspendiert, unter dem Gesichtspunkt des *verhältnismäßigen* Eingriffs zu prüfen sein.

Als Einfallstor und zentraler Ausgangspunkt der Verhältnismäßigkeitsprüfung soll dabei folgender Erst-Recht-Schluß fungieren: Wenn schon die bekannten Kronzeugenregelungen wie etwa im Betäubungsmittelbereich streng am Verhältnismäßigkeitsgrundsatz gemessen werden, muß dies erst recht, also umso mehr und unter noch strengeren Maßstäben für ein Immunitätsgesetz gelten, welches die Strafverfolgung bei Aussagen vor dem Untersuchungsausschuß ausschließt. Denn die Argumentationslinien bei den geltenden und früheren Kronzeugenregelungen blieben stets „strafrechtsintern", also ausschließlich innerhalb des Argumentationstopos „Effektivität der Strafrechtspflege". So wird zwar durch die bisher bekannten Kronzeugenregelungen in die Strafrechtspflege eingegriffen, jedoch dienten derartige Regelungen immer der Effizienzsteigerung der „ins Stocken geratenen" Ermittlungsbemühungen der Strafverfolgungsbehörden.[800] Immer ging es um das Aufbrechen von kriminellen Strukturen, die durch Konspirativität und Abschottungsprinzip gekennzeichnet waren.[801] Einziges Ziel war es, einen „Ermittlungsnotstand" zu beseitigen, um auf diese Weise die damit einhergehende weitgehende faktische Straffreiheit in zahlreichen Deliktsbereichen zu vermeiden.[802] Die Funktionsfähigkeit der Strafrechtspflege sollte gerade gestärkt werden. Vom Gesetzgeber wurde der „Kronzeuge" für erforderlich gehalten, um der staatlichen Pflicht zur Durchsetzung bestimmter

---

[794] *BVerfGE* 23, 127 (133); 38, 348 (368); *Schnapp* JuS 1983, 850 (851); *Merten* FS Schambeck 349 (350); *Stern* I § 20 IV 7 = S. 861.
[795] Maunz/Dürig/*Herzog* Art. 20 VII Rn. 72.; *Degenhart* Rn. 323.
[796] In diesem Sinne siehe nur *Schnapp* JuS 1983, 850 (851); *Merten* FS Schambeck 349 (350).
[797] *Jung* ZRP 1986, 38 (40).
[798] *Denny* ZStW 103 (1991), 269 (271 f.).
[799] *Kunert/Bernsmann* NStZ 1989, 449 (456 ff.); *Lammer* ZRP 1989, 248 (250); *Bocker* S. 81 ff.; *Jung* ZRP 1986, 38 (40).
[800] *Jeßberger* S. 19 f.
[801] *Jeßberger* S. 19 f.; *Peglau* ZRP 2001, 103 (105).
[802] *Jeßberger* S. 100 ff.; *Meyer* ZRP 1976, 25 (26 f.); instruktiv zum Ermittlungsnotstand *Schlüchter* ZRP 1997, 65 (69 ff.); *Jung* ZRP 1986, 38 (40).

Strafnormen überhaupt erst gerecht werden zu können. Dabei wurde sozusagen als geringeres Übel die vollständige oder teilweise Nichtbestrafung des Kronzeugen bewußt in Kauf genommen.

Demgegenüber würden die Argumentationslinien bei einem speziellen Immunitätsgesetz gerade nicht „strafrechtsintern" verlaufen; im Gegenteil: Der Untersuchungsausschuß griffe quasi als externes politisches Gremium ganz elementar in die staatliche Strafverfolgungspflicht ein. Da der Untersuchungsausschuß bekanntermaßen keine Strafen verhängt und damit in keiner Weise der Strafrechtspflege dient, müßten derartige Eingriffe in deren Funktionstüchtigkeit für den Untersuchungsausschuß und damit für das rechtsstaatliche Gemeinwesen, dem der Untersuchungsausschuß letztlich ja auch dienen soll, von sehr hohem Nutzen sein. Denn das Interesse an einer wirksamen Strafrechtspflege würde dem politischen Aufklärungsinteresse geopfert. Dies liegt nicht zuletzt daran, daß die erwogenen Immunitätslösungen – wie herausgearbeitet – volle Straffreiheit garantieren müßten; im Gegensatz dazu konnte bei den bisherigen in Deutschland geltenden Kronzeugenregelungen der „Schaden" zumindest ein wenig geringer gehalten werden, weil in der Praxis nahezu ausschließlich lediglich von der fakultativen Straf*milderungs*möglichkeit Gebrauch gemacht wurde[803].

Beginnt man unter dieser Vorgabe mit der konkreten Verhältnismäßigkeitsprüfung, wird nachfolgend zu untersuchen sein, ob die staatliche Maßnahme – hier ein etwaiges Immunitätsgesetz – einem für sich genommen legitimen Zweck dient, zur Förderung dieses Zwecks geeignet und erforderlich, sowie angemessenes Mittel zur Erreichung des Zwecks ist.[804]

1. Legitimer Zweck

Aufgrund der bisherigen Analyse, namentlich im Hinblick auf das faktische Selbstverständnis des Untersuchungsausschusses als primäres Kampfinstrument, könnten schon Zweifel dahingehend bestehen, ob eine Immunitätslösung überhaupt legitimen Zwecken dient. Doch auch wenn gerade durch eine Immunitätslösung durchaus die Gefahr nicht gänzlich von der Hand zu weisen ist, daß Auskunftspersonen (reihenweise) vor den Untersuchungsausschuß unter sachfremden Erwägungen im Rahmen medialer Inszenierungen, also nicht zum Zwecke der Sachaufklärung, geladen werden, ist trotzdem – zumindest an dieser Stelle – zugunsten des Gesetzgebers davon auszugehen, daß einziges Ziel einer derarti-

---

[803] *Jeßberger* S. 92 u. 98.

[804] Ungeachtet unterschiedlicher verfassungsrechtlicher Herleitungen (allgemeiner Rechtsgrundsatz, Rechtsstaatsprinzip, Wesen der Grundrechte, Gleichheitssatz) herrscht im wesentlichen Einigkeit über die dogmatische Strukturierung und damit den rationalitätsverbürgenden Sinn der Verhältnismäßigkeitsprüfung; Dreier/*Dreier* Vorb. Rn. 91; *Jeßberger* S. 97; zur verfassungsrechtlichen Herleitung des Verhältnismäßigkeitsprinzips *Merten* FS Schambeck S. 349 ff. und *Krebs* Jura 2001, S. 228 ff.

gen Lösung ist, die Effizienz parlamentarischer Untersuchungsausschüsse als wirksames Kontrollinstrument und politische Selbstreinigungskraft mittels sachlicher Aufklärungsarbeit zu steigern. Jedenfalls wird man es den Bundestagsabgeordneten, die quasi als Gesetzgeber in eigener Sache fungieren, nicht nachweisen können, daß sie bereit sind, das staatliche Strafverfolgungsinteresse zugun- sten des rein politischen Kampfes zu opfern. Sicherlich würden einige Abgeordnete gerade dieses aus parteipolitischer Opportunität dem politischen Gegner vorwerfen, jedoch ist davon auszugehen, daß ein derartiger Mißbrauch rein tatsächlich offiziell von keiner Fraktion forciert betrieben wird. Daß diese Gefahr gleichwohl realiter bestünde, ist verstärkt vornehmlich im Rahmen der Angemessenheit der Immunitätslösung zu untersuchen. Es wäre – nicht zuletzt angesichts der grundsätzlich[805] autonomen Zwecksetzungskompetenz des Gesetzgebers[806] und dessen Prognosespielraums – nicht überzeugend, die Immunitätslösung bereits an dieser Stelle a limine aufgrund der Verfolgung (unterstellter) illegitimer Zwecke verwerfen zu wollen.

2. Geeignetheit

In Anbetracht des Umstandes allerdings, daß die Auskunftsperson nicht selten in den Skandal verwickelt ist und demzufolge mitunter trotz bzw. gerade wegen eines etwaigen Aussagezwanges geneigt sein wird, ihren „Beitrag" herunterzuspielen, könnten rechtliche Bedenken spätestens bei der Prüfung der Geeignetheit eines speziellen Immunitätsgesetzes für die Aufklärungsarbeit des Untersuchungsausschusses bestehen. Indes werden an den Maßstab der Geeignetheit von Gesetzen allgemeinhin nur äußerst geringe Anforderungen gestellt, was namentlich Ausdruck der funktionell-rechtlichen Grenzen des Bundesverfassungsgerichts bei der Überprüfbarkeit einer gesetzgeberischen Maßnahme ist.[807]

So reicht es bekanntermaßen für die Geeignetheit eines Gesetzes bereits aus, wenn mit Hilfe der staatlichen Maßnahme, also hier mittels des Immunitätsgesetzes das angestrebte Ziel, also die Effizienz der Sachaufklärung, zumindest gefördert werden kann.[808] Ob damit später der gewünschte Erfolg im konkreten Einzelfall tatsächlich eintritt, ist nicht entscheidend.[809] Vielmehr genügt schon

---

805 Ausnahmen namentlich bei den „schrankenlos" gewährleisteten Grundrechten.

806 Siehe zu den Unterschieden der Verhältnismäßigkeitsprüfung bei formellen Gesetzen einerseits und den Maßnahmen der Verwaltung andererseits *Degenhart* Rn. 327. Zur Frage der Bewertung des Eingriffsziels führt *Degenhart* aus: „Während der Verwaltung insoweit die Ziele ihres Handelns durch die Gesetze vorgegeben sind, kann der Gesetzgeber grundsätzlich die Ziele seines Handelns im Rahmen der Verfassung autonom bestimmen; hierzu auch *Schnapp* JuS 1983, 850 (854).

807 Siehe hierzu *Grabitz* AöR 98 (1973), 568 (572 f.).

808 *BVerfGE* 30, 250 (263); 33, 171 (187); *Grabitz* AöR 98 (1973), 568 (572); *Schnapp* JuS 1983, 850 (854); *Bocker* S. 82.

809 *BVerfGE* 67, 157 (175); auch unter www.uni-wuerzburg.de/dfr/bv067157.html.de.

die abstrakte Möglichkeit der Zweckerreichung.[810] Ein Gesetz wird nicht bereits deshalb als „ungeeignet" angesehen, wenn es den erstrebten Erfolg nicht voll zu ereichen vermag („Volleignung"); ausreichend ist schon die *teilweise* Verwirklichung des gesetzgeberischen Ziels, also eine „Teileignung".[811] Dementsprechend fragt das Bundesverfassungsgericht bei der Prüfung des Teilgebots der Geeignetheit lediglich danach, ob ein Gesetz – ex ante – zur Zweckerreichung „schlechthin ungeeignet[812]" ist. Formuliert wurde sogar, daß man dem Kriterium der Geeignetheit schon genüge getan habe, wenn „nicht ausgeschlossen[813]" sei, daß der Zweck erreicht würde. Oder: „Immerhin ist denkbar, daß...[814]". Ähnlich formuliert *Lammer* zur Geeignetheit der Kronzeugenregelung zur Terrorbekämpfung (Art. 4), daß Geeignetheit nur bedeute, daß „das Mittel nicht a priori völlig ungeeignet zur Zweckerreichung ist".[815]

In diesem Kontext ist der unmittelbare Wahrheits- und Beweiswert der *konkreten* Aussage der Auskunftsperson und damit deren Beitrag zur Sachaufklärung per se sicherlich ganz erheblich in Frage zu stellen bzw. zumindest mit großer Skepsis zu behandeln. Hierzu braucht man gar keine Parallelen zur Fragwürdigkeit des Zeugenbeweises im allgemeinen[816] und der strukturell fraglichen Glaubwürdigkeit des Kronzeugen im besonderen [817] groß zu bemühen. Es reicht vielmehr schon aus, sich einmal lediglich in die tatsächliche und rechtliche Lage der Auskunftsperson zu versetzen, die mit kompromittierenden Sachverhalten konfrontiert wird. So wird sie vermutlich in etwa folgende „Abwägung" treffen:

Sie weiß einerseits, daß sie für alle offenbarten Sachverhalte nicht mehr strafrechtlich belangt werden kann. Auf der rein strafrechtlichen Ebene könnte sie sich somit „frei reden", überaus „geschwätzig" sein und damit vielleicht sogar – quasi im Nebensatz – weitere Verfehlungen zugeben, mit denen keiner gerechnet hat. Ein überaus großes Privileg. Das Schlimmste, was ihr an Strafe drohen könnte, wäre eine Bestrafung wegen falscher uneidlicher Aussage vor dem Untersuchungsausschuß (§ 153 II StGB), falls sie nachweislich die Unwahrheit gesagt hat; eher ein geringes Druckmittel im Vergleich zum verführerischem Nutzen. Auf der rein menschlich-gesellschaftlichen Ebene wird ihre Entscheidung in der Regel durch folgende Erwägungen beeinflußt. Wenn sie „nach bestem Wissen und Gewissen" zur Aufklärung beiträgt und damit eigene menschli-

[810] *BVerfGE* 67, 157 (175); auch unter www.uni-wuerzburg.de/dfr/bv067157.html.de.
[811] *Grabitz* AöR 98 (1973), 568 (572); „objektiv untauglich" *BVerfGE* 16, 147 (181).
[812] *BVerfGE* 69, 1 (53); 19, 119 (127); 16, 147 (181).
[813] *BVerfGE* 67, 157 (175), auch unter www.uni-wuerzburg.de/dfr/bv067157.html.de.
[814] *BVerfGE* 67, 157 (176); auch unter www.uni-wuerzburg.de/dfr/bv067157.html.de.
[815] *Lammer* ZRP 1989, 248 (250).
[816] Seihe hierzu bereits die Ausführungen unter 3. Teil § 2 C II 1 a = S. 121.
[817] *Schlüchter* ZRP 1997, 65 (68); *Meyer* ZRP 1976, 25 (26 f.); *Turner/Gallandi* ZRP 1988, 117 ff.

che Verfehlungen offenbart, würde sie selbst ganz entscheidend zu ihrer eigenen gesellschaftlichen Ächtung beitragen. Hierzu kann auf die etwaigen Folgen umfassend auf den obigen Abwägungsprozeß verwiesen werden.[818] Diese gesellschaftlichen Folgen hätten für die Auskunftsperson regelmäßig „faktischen Strafcharakter“ und sind nicht selten schlimmer als die herkömmliche Strafe. Jedenfalls werden Auskunftspersonen kaum ein schweres Verbrechen begangen haben, sondern eher Delikte wie etwa Bestechung, Urkundenfälschung etc. Damit besteht häufig die Gefahr, daß die Auskunftsperson dazu neigen könnte, „ihre Wahrheit“ zu schönen und ihre Sicht der Dinge darzulegen. Sie wird sich eventuell auf Erinnerungslücken berufen, Schutzbehauptungen aufstellen, schlimmstenfalls bewußt lügen, um sich selbst zu entlasten und auch, um auf diese Weise andere zu denunzieren.

Daraus darf man indes nicht die Konsequenz ziehen, daß bereits angesichts dessen die Tauglichkeit einer derartigen Regelung für die Sachaufklärung in toto ausgeschlossen sei. Deutlich wird dies, wenn man sich einmal die potentiellen unterschiedlichen Wirkungen einer Immunitätslösung vor Augen führt. Dabei sollen drei verschiedene Konstellationen betrachtet werden.

Zum einen besteht – wie angedeutet – die Gefahr, daß die Auskunftsperson die Untersuchungsausschußmitglieder sowie die gesamte Öffentlichkeit durch ihre Aussage, durch eine (bewußte) Lüge hinters Licht führen möchte. Es wäre indes etwas voreilig zu glauben, daß dadurch die Sachaufklärung im Sinne einer materiellen Wahrheitsermittlung stets massiv beeinträchtigt würde. So zeigen die Erfahrungen im Strafprozeß, daß zumindest nicht selten Lügen mit anderen Beweismitteln widerlegt werden können, obwohl im Regelfall im *relativen* Vergleich zu Untersuchungsverfahren wenige Personen ermitteln, die die Glaubwürdigkeit der jeweiligen Auskunftsperson zu beurteilen haben, und die Sachaufklärung im Strafprozeß durch rechtsstaatliche Hindernisse erheblich erschwert wird. Demgegenüber sieht sich – wie dargelegt – die Auskunftsperson in politischen Untersuchungsverfahren regelmäßig einem immensen Ermittlungsapparat (Untersuchungsausschuß, Staatsanwaltschaft, investigative Medien etc.) gegenüber, so daß ihre Glaubwürdigkeit wohl besser überprüft werden kann als in Strafverfahren. Auch ergeben sich, nicht zuletzt durch „geschickte“ Fragen der Untersuchungsausschußmitglieder, regelmäßig neue Erkenntnisquellen, namentlich neue Zeugen, die angesichts einer Immunitätslösung uneingeschränkt vernommen werden können. Leugnet beispielsweise die Auskunftsperson ihre Verantwortlichkeit, muß sie diese häufig, um glaubhaft zu wirken, auf andere abwälzen. Diese werden dann auch vom Untersuchungsausschuß gehört, ggf. im Rahmen einer Gegenüberstellung. Sicherlich kann ein derartiges Szenario Ausmaße annehmen, wie die „100.000 DM-Show der Schäub-

[818] 3. Teil § 2 C II 2 b bb = S. 123 ff.

le/Baumeister[819]"-Gegenüberstellung, die hinsichtlich ihres Aufklärungswertes ziemlich fragwürdig war. Jedoch ist – um mit dem Bundesverfassungsgericht zu sprechen – „nicht auszuschließen", daß sich weitere Mosaiksteine finden, die letztlich dann doch der materiellen Wahrheitsfindung dienlich sind. So läßt sich für die hiesige Konfliktlage durchaus die These wagen, daß häufig eine „falsche Aussage" für die Sachaufklärung immer noch besser ist als „überhaupt keine", vor allem wenn sich – wie im aktuellen Untersuchungsverfahren – nahezu alle wesentlichen Schlüsselpersonen auf ihre Schweigerechte berufen und damit die Aufklärung (nahezu) vollends ins Leere läuft.

Zum anderen wäre ein spezielles Immunitätsgesetz dann besonders effektiv (sofern man den Irrtum als „größten Feind der Wahrheitsfindung" außen vor läßt), wenn die Auskunftsperson redlich ist und ihre subjektive Wahrheit bekundet. In diesem Fall kann uneingeschränkt von einer Eignung einer derartigen Regelung für die Aufklärungsarbeit parlamentarischer Untersuchungsausschüsse gesprochen werden. Doch auch wenn – drittens – im Einzelfall einmal die Aussage der Auskunftsperson kontraproduktive Wirkung zeigt, weil Ausschuß und Öffentlichkeit deren falsche Auskunft als subjektiv wahrhaft werten, kommt man nicht umhin, eine Immunitätslösung zumindest als „Schritt in die richtige Richtung" zu werten. Im „schlimmsten" Fall könnte man ein derartiges Gesetz immerhin als für den Zweck „teilgeeignet" bezeichnen.

Mithin kann nicht davon gesprochen werden, daß eine Immunitätslösung *„schlechthin"* ungeeignet wäre.

3. Erforderlichkeit

Bejaht man die Geeignetheit, ist als nächste Stufe des Verhältnismäßigkeitsgrundsatzes die Erforderlichkeit eines derartigen Immunitätsgesetzes zu untersuchen. Danach ist es dem Staat – auch – verwehrt, eine gesetzliche Maßnahme zu ergreifen, wenn sich die *gleiche* Wirkung *ebenso* auch auf anderem Wege mit für das betroffene Rechtsgut *weniger* beeinträchtigenden Mitteln erzielen läßt.[820] Ein Immunitätsgesetz wäre demnach nur dann erforderlich, wenn es kein mildere s, die umfassende Durchsetzung des materiellen Strafrechts weniger beeinträchtigendes sowie rechtlich zulässiges Mittel gibt, das die Effizienzsteigerung und Aufklärungsmöglichkeiten des Untersuchungsausschusses mindestens ebenso gut erreicht.

Daß die Aufklärungsarbeit des Untersuchungsausschusses nicht immer von Erfolg gekrönt war, hatte ihre Ursache bisher vornehmlich allein schon im Fehlen einer gesetzlichen Regelung. So führte die Rechtsunsicherheit dazu, daß viele Verfahren, etliche juristische Streitigkeiten das Untersuchungsverfahren teil-

---

[819] *Kerbein* ZRP 2001, 302.

[820] *Michael* JuS 2001, 148 (149); *Stern* I § 20 IV 7 = S. 866.

weise lahm legten. Heute jedoch kann man mit der erfolgreichen Verabschiedung des Untersuchungsausschußgesetzes nicht (mehr) darauf verweisen, daß eventuell schon die Implementierung einer gesetzlichen Regelung für sich selbst genommen bereits ein milderes Mittel darstellen würde.

Man könnte jedoch darüber nachdenken, ob eine Novellierung des neuen Untersuchungsausschußgesetzes Aufklärungshindernisse mit gleicher Wirkung beseitigen könnte. Auf den ersten Blick wäre dabei der Ansatz sicherlich denkbar, das parteipolitische Element zurückzufahren und so die Sachlichkeit der Aufklärung mehr in den Vordergrund zu stellen: z.B. durch die Einschaltung parlamentsfremder Personen oder durch die Kodifizierung eines Zurückhaltungsgebotes. Doch ist schon überaus fraglich, ob auf diese Weise überhaupt auch nur annähernd der gleiche Aufklärungserfolg wie bei einer Immunitätslösung erzielt werden könnte. Ob derartige Lösungen den gleichen Erfolg versprechen würden, ist schwer zu prognostizieren. Insbesondere ist ungewiß, wie die Abgeordneten mit Parlamentsfremden zusammenarbeiten werden bzw. ob Zurückhaltungsgebote oder andere Regelungen zur Zurückdrängung des kampfpolitischen Elementes überhaupt fruchten werden. Deshalb und nicht zuletzt aufgrund der Tatsache, daß ein Gesetz im Rechtssinne auch dann erforderlich bleibt, selbst wenn mit erheblich milderen Mitteln dieselben Zwecke (geringfügig) weniger wirksam erreicht würden, können derartige Überlegungen der Einschätzungsprärogative des Gesetzgebers vorbehalten bleiben.

Mithin bleibt nichts anderes übrig, als – nach wie vor – nach solchen Optimierungsmodellen zu suchen, die die Auskunftsperson zum Sprechen bringen, dem nemo-tenetur-Grundsatz trotzdem zur vollen Wirksamkeit verhelfen und gleichzeitig die effektive Strafrechtspflege weniger einschränken als die hier diskutierte Immunitätslösung.

Auf den ersten Blick könnte die Übertragbarkeit einer Kronzeugenregelung, wie sie im amerikanischen Strafverfahren im allgemeinen und für deren parlamentarisches Untersuchungswesen im besonderen sowie auch im deutschen Strafverfahren zumindest rudimentär gilt, als milderes Mittel greifen. Denn wenn man, wie beispielsweise in der Iran-Contra-Affäre, *lediglich* einer „Randfigur", wie damals Oliver North, Immunität zusichert, um aufgrund deren Informationen die maßgeblichen Entscheidungsträger, wie in diesem Fall Richard Nixon, zur Verantwortung ziehen zu wollen bzw. können, würde die Strafrechtspflege nicht in Gänze beeinträchtigt. Nicht alle bekämen Immunität, sondern nur ausgewählte (Kron-)Zeugen. Zudem bliebe die Hoffnung, daß gerade aufgrund der Aussage des Kronzeugen die Überführung des „Großen Fisches" gelingt, was ohne deren Aussage nicht selten mißlingt. Bei der Frage, inwieweit die Strafrechtspflege beeinträchtigt würde, kann im wesentlichen auf die einschlägige Literatur zur Kronzeugenproblematik verwiesen werden.[821] Eine nähe-

[821] Siehe hierzu namentlich *Jeßberger* S. 96 ff.

re Auseinandersetzung ist hier allerdings nicht erforderlich, da zwar angenommen werden kann, daß die Beeinträchtigung der Strafrechtspflege durch eine Kronzeugenregelung weitaus weniger intensiv wäre, allerdings ergeben sich bei näherem Hinsehen Bedenken aus einem anderen Grund. Und zwar ist die *gleiche* Wirksamkeit der Kronzeugenregelung in Relation zur Immunitätslösung zu verneinen, weil man – zumindest nach deutschem Rechtsverständnis – auf die *Freiwilligkeit* des Kronzeugen angewiesen ist. Wer wird denn schon aus freien Stücken seinen Parteifreund, seinen Steigbügelhalter, Ziehvater etc. denunzieren? Wer wird sich schon aus den „alten Seilschaften" lösen wollen? Und selbst wenn dies im Einzelfall passiert, an der generellen Notwendigkeit einer freiwilligen Mitwirkung des Kronzeugen käme man nicht vorbei. Mithin wäre eine so verstandene Kronzeugenregelung zwar ein weniger intensives, zugleich jedoch auch ein weniger wirksames Mittel.

Ebenso fraglich wäre als Alternativmittel eine Beweisverbotslösung, gleich welcher Art. Zwar würde sie in die Strafrechtspflege weitaus weniger intensiv eingreifen, weil ja eine Verurteilung weiter möglich bleibt bzw. unter Umständen sogar gefördert würde. Doch gerade deswegen bestehen zum einen erhebliche Zweifel an der gleichen Wirksamkeit einer Beweisverbotslösung. Denn die Auskunftsperson, die weiß, noch verurteilt oder gerade wegen ihrer Aussage verurteilt werden zu können, wird eher als bei einer Immunitätslösung geneigt sein, vom eigenen Tatbeitrag abzulenken und zu lügen. Zum anderen ist – wie noch zu zeigen sein wird – äußerst zweifelhaft, ob Beweisverbotslösungen überhaupt im Hinblick auf den notwendigen lückenlosen Schutz der Selbstbelastungsfreiheit rechtlich bestehen können.

Weitere alternative Lösungen in Gesetzesform, die in der Lage sind, die Durchsetzung des materiellen Strafanspruches des Staates weniger zu beeinträchtigen und zugleich die gleiche Effektivität wie eine etwaige Immunitätslösung gewährleisten würden, sind nicht ersichtlich. Folglich wäre ein Immunitätsgesetz als „erforderlich" im Sinne des Verhältnismäßigkeitsgrundsatzes zu werten.

4. Verhältnismäßigkeit im engeren Sinne

Durchgreifende Zweifel hinsichtlich der Rechtmäßigkeit eines derartigen Immunitätsgesetzes ergeben sich indes unter dem Gesichtspunkt der Proportionalität bzw. der Verhältnismäßigkeit im engeren Sinne. Betrifft der soeben dargelegte Grundsatz der Erforderlichkeit die Relation zwischen einem feststehenden Zweck und einem oder mehreren Mitteln, so geht es bei dem Aspekt des Zweck-Mittel-Verhältnisses um die proportionale Zuordnung zweier Variabler.[822] So darf – allgemein gesprochen – der mit dem Eingriff verbundene Nachteil nicht

---

[822] *Grabitz* AöR 98 (1973), 568 (575).

außer Verhältnis zu dem mit dem Eingriff angestrebten Erfolg stehen.[823] Belastet eine gesetzliche Maßnahme „übermäßig“, ist sie für die beeinträchtigte Rechtsposition „unzumutbar“, so hält sie sich nicht im Rahmen der Proportionalität und ist daher verfassungswidrig.[824] Vor diesem Hindergrund verlangt die Verhältnismäßigkeitsprüfung in ihrem Kern anerkanntermaßen ein Abwägen und Gewichten der gegenläufigen Interessen resp. Güter, ein Abwägen von Mittel und Zweck und beim Überwiegen der Nachteile des Mittels ein Unterlassen der staatlichen Maßnahme.[825] Bei einer derartigen Schaden-Nutzen-Analyse[826] muß strenggenommen darauf geachtet werden, daß eine solche Abwägung zwischen Mittel und Zweck nicht auf die positive Feststellung abzielt, daß beide Größen in einem *angemessenen* Verhältnis zueinander stehen.[827] Das Bundesverfassungsgericht prüft nämlich, wie vielfach verkannt wird[828], nur negativ, ob eine Maßnahme *unangemessen* ist.[829] Denn namentlich in Anbetracht der funktionell-rechtlichen Grenzen, die das Bundesverfassungsgericht gegenüber dem demokratischen Gesetzgeber zu achten hat, ist die Überprüfung eines Gesetzes unter dem Gesichtspunkt der Proportionalität allein auf eine bloße Übermaßkontrolle beschränkt.[830] Dementsprechend werden auch nur solche Gesetze für unverhältnismäßig erklärt, „bei denen die Wertung nicht auf des Messers Schneide steht[831]“.

Somit sind nachfolgend zur Prüfung einer richtig verstandenen „Verhältnismäßigkeitskontrolle“ – besser wäre es wohl mit *Michael*[832] von der Kontrolle der „Unverhältnismäßigkeit“ zu sprechen – die mit der Immunitätslösung geförderten Belange und das Ausmaß des angestrebten Nutzens für den politischen Untersuchungsauftrag der effektiven Strafrechtspflege als beeinträchtigte Rechtsposition und dem Gewicht ihrer Verkürzung unter Berücksichtigung aller erkennbaren Konsequenzen gegenüberzustellen. Auf diese Weise läßt sich eine gesicherte dogmatische Basis legen, um anschließend den potentiellen Nutzen für die sachliche Aufklärungsarbeit eines parlamentarischen Untersuchungsaus-

---

[823] *Stern* I § 20 IV 7 = S. 866; *Grabitz* AöR 98 (1973), 568 (575); *Bocker* S. 83.
[824] *Stern* I § 20 IV 7 = S. 866; vgl. *BVerfGE* 28, 264 (280).
[825] *Lammer* ZRP 1989, 248 (250); *Jeßberger* S. 100.
[826] Siehe auch weitere Begriffspaare bei *Stern* III/2 § 84 II 4 = S. 784; etwa „Ertrag/Aufwand“, „Schwere des Eingriffs und erstrebter Zweck“ etc.
[827] *Michael* JuS 2001, 148 (150, Fn. 13); sehr gut *Wendt* AöR 104 (1979), 414 (457); *Grabitz* AöR 98 (1973), 568 (576).
[828] Ungenau beispielsweise v.Münch/*v.Münch* Vorb. Art. 1-19 Rn. 55, „Mittel und Zweck müssen in einem angemessenen Verhältnis zueinander stehen“.
[829] *Michael* JuS 2001, 148 (150); *Grabitz* AöR 98 (1973), 568 (575); hinweisend auch: *Schnapp* JuS 1983, 850 (855).
[830] *Michael* JuS 2001, 148 (149 f.); *Michael* JuS 2001, 654 (658); *Wendt* AöR 104 (1979), 414 (457); andeutend *Stern* I § 20 IV 7 = S. 867.
[831] *Michael* JuS 2001, 148 (150); *Michael* JuS 2001, 654 (659).
[832] *Michael* JuS 2001, 148 (150, Fn. 13).

schusses gegen die zu erwartenden Nachteile bzw. Schäden für die effektive Strafrechtspflege interessengerecht abwägen zu können.

Wendet man sich bei der Schaden-Nutzen-Analyse zunächst der Beeinträchtigungsintensität, also dem potentiellen Schaden auf Seiten der Strafrechtspflege zu, wird schon auf diese Weise die Fragwürdigkeit eines etwaigen Immunitätsgesetzes besonders augenscheinlich; um einen zutreffenden Eindruck zu gewinnen, genügt hierzu bereits ein Blick in die Vergangenheit der parlamentarischen Untersuchungsausschüsse. Wie die Untersuchungsausschußberichte, namentlich unter der einleitenden Rubrik „Parallelverfahren[833]" zeigen, ist nahezu jeder Untersuchungsausschuß von zahlreichen parallel laufenden oder anschließenden Ermittlungs- bzw. Strafverfahren begleitet worden. Wünsche seitens der Strafverfolgungsbehörden, das parlamentarische Untersuchungsverfahren zunächst auszusetzen, wurden – wie in den Vereinigten Staaten auch – nahezu ausnahmslos von den Politikern ignoriert. Angesichts der notwendigen Effektivität einer parlamentarischen Untersuchung als Kontrollinstrument ginge diese vor. Untersuchungsausschüsse könnten, ad-hoc eingesetzt, nicht darauf warten, bis das Strafverfahren rechtskräftig abgeschlossen sei. Eine Analyse der Ausschußberichte[834] zeigt dabei, daß zwangsläufig etliche Auskunftspersonen Straffreiheit bei einer Immunitätslösung erlangt hätten. Viele im Untersuchungsausschuß behandelten Themenkomplexe waren (auch) strafrechtsrelevant.

In diesem Zusammenhang verdeutlicht nicht nur der Plutonium-Skandal mit seinen offenbarten Verstößen gegen das Kriegswaffenkontrollgesetz[835], in welch gravierendem Maße die Durchsetzung des staatlichen Strafanspruches beschnitten würde. So ist es keineswegs für einen Untersuchungsauftrag typisch, daß lediglich Delikte aus der „kleineren" oder „mittleren" Kriminalität aufzuklären sind. Sicherlich ist zu berücksichtigen, daß der Schaden für das staatliche Strafverfolgungsinteresse durch den Umstand ein wenig verringert oder relativiert wird, daß auch bei der derzeitigen Regelung die Auskunftsperson im Einzelfall faktisch Straffreiheit erlangt, sofern sie nicht überführt werden kann. Projiziert man indes ein Immunitätsgesetz in die Vergangenheit, darf nicht übersehen werden, daß die geladenen Auskunftspersonen wohl häufig viel „geschwätziger" gewesen wären und damit weitere, zum Teil überraschende Vergehen offenbart hätten, um in den Genuß von Straffreiheit zu kommen. Auch ist davon auszuge-

---

[833] ZB: BT-Drs. 10/6779, S. 21 ff. (Neue Heimat); BT-Drs. 11/7800, S. 12 ff. (Transnuklear); BT-Drs. 13/10800, S. 24 ff. (Plutonium); BT-Drs. 13/10900, S. 28 ff. (Kommerzielle Koordinierung).

[834] Siehe nur: BT-Drs. 10/6779, S. 21 ff. (Neue Heimat); BT-Drs. 11/7800, S. 12 ff. (Transnuklear); BT-Drs. 13/10800, S. 24 ff. (Plutonium); BT-Drs. 13/10900, S. 28 ff. (Kommerzielle Koordinierung).

[835] BT-Drs. 13/10800, S. 24 ff. (Plutonium).

hen, daß sich neue Zeugen angeboten hätten, um am „immunity bath[836]" zu partizipieren.

Ferner: Da die Tendenz zur politischen Diffamierung im Untersuchungsausschuß, zur propagandistischen Schwächung des politischen Gegners, zur Benutzung der Auskunftsperson als „Spielball politischer Interessen", zur Boulevardisierung der Medien sowie zu deren Symbiose mit der Politik durch das neue Untersuchungsausschussgesetz deutlich weiter steigen wird, läßt sich prognostizieren, daß die ohnehin schon dominante Rolle des Zeugenbeweises im Untersuchungsverfahren eine weitere immense Steigerung erfahren wird, und zwar qualitativ wie namentlich quantitativ. Sachbeweise werden demgegenüber weiter an Bedeutung verlieren, geht es den politischen Akteuren doch primär darum, medienwirksam politische Siege zu erringen. Nichts wäre politisch besser, als die Auskunftsperson als ihren politischen Gegner zu einer uneingeschränkten Aussage zwingen zu können, um diese und damit ihre Partei bzw. ihre Fraktion zu desavouieren. Begünstigt wird eine solche Vorgehensweise durch den zumeist weiten und unbestimmten Untersuchungsauftrag. Auskunftspersonen, die auch nur entfernt mit dem Untersuchungsauftrag im Zusammenhang stehen, würden erst recht geladen, um sie eines strafbaren Verhaltens bezichtigen zu können. Viele Politiker werden den politischen Sieg, die Bloßstellung des Erzfeindes auf dem Höhepunkt eines Skandals vorziehen, als auf eine etwaige und zudem weit spätere Verurteilung durch die Strafgerichte warten zu müssen.[837]

Demgegenüber würde das Interesse an einer effektiven Durchsetzung des Strafanspruches geopfert. Es bestünde die ernsthafte Sorge, daß die Untersuchungsausschußmitglieder die Interessen der Rechtsgemeinschaft an einer effektiven Strafrechtspflege vernachlässigen würden.

Demnach wird bereits aus Vorstehendem deutlich, welchen beträchtlichen Schaden die Strafrechtspflege bei einem Immunitätsgesetz gewärtigen müßte. Dabei beziehen sich die bisher dargelegten Gefahren nahezu ausschließlich le-

---

[836] *Meyer* S. 166.

[837] Ganz erhebliche Mißbrauchsgefahr bestünde aber nicht allein durch die zielgerichtete Benennung von Auskunftspersonen *durch den politischen Gegner*. Zum einen könnte es sein, daß eine Partei bzw. Fraktion ihre eigenen Leute, Dissidenten und sonstige Abweichler aus Parteiräson sozial ächten möchte. In diesem Zusammenhang sei nur an den „Fall Orgaß" erinnert. Auch wenn die CDU sich damals entschied, gegen Kohl keine zivilrechtliche Auskunftsklage erheben zu wollen, wäre die Benennung durch die CDU nicht völlig ausgeschlossen gewesen. Sicherlich hätte die SPD im Kölner Parteispendenskandal im Frühjahr 2002 ihr mißliebig gewordene Parteiangehörige geladen. Zum anderen aber ist es mindestens genauso wahrscheinlich, daß die Auskunftsperson „im gegenseitigen Einvernehmen" durch den Beweisantrag ihrer Fraktion zum Ausschuß „zitiert" wird; sei es auf Betreiben der Auskunftsperson selbst oder ihrer Fraktion. In diesem Fall ist die Gefahr nicht von der Hand zu weisen, daß die Auskunftsperson sich selbst und noch auf überaus redselige Weise de facto „freispricht"; und dies unter Umständen noch mit Hilfe netter, cleverer Fragen ihrer eigenen Fraktion.

diglich auf den konkreten, nicht durchsetzbaren staatlichen Strafanspruch gegen die jeweilige Auskunftsperson. Indes ist, wie nachstehend gezeigt wird, auch der nun aufzuzeigende *mittelbare* Schaden für die Strafrechtspflege nicht zu unterschätzen; im Gegenteil: Im Ergebnis ließe sich dieser sicherlich als mindestens genauso hoch wie der bereits dargelegte *unmittelbare* Schaden bemessen.

So besteht die begründete tiefe Besorgnis, die Strafrechtspflege könnte bei einem speziellen Straffreiheitsgesetz für das parlamentarische Untersuchungsverfahren ihre generalpräventiven Ziele nicht mehr oder zumindest nur noch eingeschränkt auf effektive Weise verfolgen.[838] Denn das Rechts- und Normbewußtsein der Bevölkerung sowie ihre Rechtstreue würden sicherlich in ihren Grundfesten in erheblichem Maße erschüttert. Im wesentlichen sprechen zwei Aspekte für eine derartige Prognose; zum einen würde der Bürger die Freistellung der Auskunftsperson von Strafe nur schwer nachvollziehen können, weil sie an keinerlei spezialpräventiven Zweck, wie etwa innere Umkehr, gekoppelt ist. Erschwerend kommt zum anderen hinzu, daß die Bevölkerung die Straffreiheit der Auskunftsperson als ungerechtfertigten Sondervorteil der politischen Klasse, als Freikauf empfinden und den Untersuchungsausschuß quasi als „Selbstbedienungsladen“ ansehen würde.

Die möglichen zu befürchtenden Konsequenzen, insbesondere die Reaktionen der Rechtsgemeinschaft liegen auf der Hand. Deren Bereitschaft zur Normbefolgung wiederum würde sicherlich (weiter) abnehmen, namentlich was die vermeintlichen Kavaliersdelikte wie etwa Steuerhinterziehung, Schwarzarbeit, Leistungsmißbrauch und Versicherungsbetrug anbelangt. Dementsprechend könnte die Strafe in weiten Teilen ihre Aufgabe, „die Unverbrüchlichkeit der Rechtsordnung vor der Rechtsgemeinschaft zu erweisen und so die Rechtstreue der Bevölkerung zu stärken[839]“, wohl nur noch vermindert erfüllen. Denn bekannterweise korreliert die Effizienz der Strafrechtspflege namentlich mit dessen Akzeptanz durch die Normadressaten.[840] Letztlich bestünde auch die nicht zu unterschätzende Gefahr, daß der Staat seine Schutzpflicht, mit Hilfe des Strafrechts subsidiären Rechtsgüterschutz zu gewährleisten[841], nur noch unter erschwerten Bedingungen nachkommen könnte; und dies angesichts des allgemeinen Grundkonsenses, daß die effektive Strafverfolgung im Streben nach materieller Gerechtigkeit und Rechtsfrieden für einen erfolgreichen Rechts- und Werteschutz unabdingbar ist[842].

---

[838] Neuerdings formuliert *Wiefelspütz* (S. 261): „Es wäre ein Systembruch mit möglicherweise verheerenden Folgen für die Rechtskultur, würde der Strafanspruch des Staates der politischen Disposition einer Mehrheitsentscheidung in einem Parlamentsausschuss anheimfallen.“

[839] *Roxin* AT § 3 Rn. 26 = S. 50.

[840] *Jung* ZRP 1986, 38 (40); *Görtz-Leible* S. 72 ff.

[841] Instruktiv hierzu *Görtz-Leible* S. 72 ff.

[842] *Görtz-Leible* S. 73.

Auch wenn sich gerade die mittelbaren „Kosten“ eines Immunitätsgesetzes nur schwer beziffern lassen, ist doch deutlich geworden, daß die zu erwartenden Nachteile für die Durchsetzung der konkreten Strafe, für die Funktionstüchtigkeit der Strafrechtspflege sowie für die Befriedungsfunktion des Strafprozesses insgesamt bei einer etwaigen Immunitätslösung derart erheblich wären, daß schon äußerst gewichtige Argumente für das parlamentarische Aufklärungsinteresse und die Notwendigkeit einer Immunitätsregelung streiten müssen, um auf der Waagschale dieser Abwägung ein annäherndes Gleichgewicht erzeugen zu können. So müßte angesichts der gravierenden Einschnitte in die Strafrechtspflege die Implementierung eines speziellen Straffreiheitsgesetzes für den Untersuchungsausschuß von außerordentlich hohem Nutzen sein.

Dies ist die zwangsläufige Konsequenz der soeben dargelegten Gefahren für die Strafrechtspflege und deckt sich zugleich mit den einleitenden Vorgaben zu Beginn der Verhältnismäßigkeitsprüfung.

Allerdings wurde in dieser Untersuchung bereits herausgearbeitet, daß die durch die Aussage(n) der Auskunftsperson(en) gezogenen Vorteile für den Untersuchungsausschuß nicht nur hinsichtlich der Beeinträchtigungsintensität der Sachaufklärung völlig einzelfallabhängig, sondern vor allem aufgrund der Unsicherheit des Zeugenbeweises sowie der Instrumentalisierungsgefahr des Ausschusses eher als „fragwürdig“ und „zweifelhaft“ einzustufen sind. Demzufolge braucht an dieser Stelle nicht noch einmal auf die verschiedenen Imponderabilien dezidiert eingegangen zu werden.

Folglich übersteigen die mit einem Immunitätsgesetz verbundenen Gefahren für die Strafrechtspflege *bei weitem* den zu erwartenden (überaus fraglichen) Nutzen für das parlamentarische Aufklärungsinteresse. Da prinzipiell auf Kosten der Funktionstüchtigkeit der Strafrechtspflege ein überaus hoher Preis für die Beseitigung eines (behaupteten) Aufklärungsdefizits gezahlt werden müßte und dieser nicht durch kompensatorische Vorteile aufgewogen werden könnte, griffe ein Immunitätsgesetz *übermäßig* in die Strafrechtspflege ein.

Mithin bleibt nichts anderes übrig, als eine Immunitätsregelung *grundsätzlich* als *unangemessen* im Sinne des Verhältnismäßigkeitsgrundsatzes und damit als verfassungswidrig zu bezeichnen.

5. Ermittlungsnotstand

Gleichwohl könnte *ausnahmsweise* einmal unter bestimmten strengen Voraussetzungen eine Immunitätsregelung als angemessen – bzw. „nicht unangemessen“ – angesehen werden, wenn der Rechtsstaat aufgrund mangelnder Aufklärungsmöglichkeiten des Untersuchungsausschusses in seinem Bestand gefährdet erscheint. Nur in einer derartigen Notsituation käme es überhaupt erst in Frage, das parlamentarische Aufklärungsinteresse als ein dem Strafverfolgungsinteresse mindestens gleichstehenden Fundamentalwert zu betrachten.

Als recht plastische Umschreibung für die angesprochene Situation hat sich mittlerweile in der wissenschaftlichen Literatur und im Politikjargon der Begriff des sog. „Ermittlungsnotstandes“ eingebürgert. Dieser Begriff wird bzw. wurde häufig seitens der Politik[843] ins Feld geführt, um die jeweiligen Kronzeugenregelungen auf eine argumentative Grundlage zu stellen. So soll die jeweils in Rede stehende Kronzeugenregelung zur Beseitigung des „Ermittlungsnotstandes“ im jeweiligen Deliktsbereich trotz Einschnittes in die Funktionstüchtigkeit der Strafrechtspflege ausnahmsweise angemessen sein.[844]

Bevor auf eine konkrete Umschreibung dessen, was allgemein unter einem „Ermittlungsnotstand“ zu verstehen ist und vor allem, wann er hier anzunehmen wäre, eingegangen wird, sei folgende Vorgabe erlaubt, die sich mit derjenigen zu Beginn dieser Verhältnismäßigkeitsprüfung deckt: Wenn schon bei den bisherigen Kronzeugenregelungen ein Ermittlungsnotstand vorausgesetzt wird, ist dies *erst recht* und unter noch strengeren Maßstäben bei einer Immunitätslösung zu fordern. Denn zum einen verlaufen die Argumentationslinien bei den „klassischen“ Kronzeugenregelungen im Gegensatz zum hiesigen Interessenkonflikt „strafrechtsintern“ und zum anderen würde eine Immunitätsregelung keine Strafmilderungsmöglichkeit beinhalten können. Dementsprechend muß die Bejahung eines „Ermittlungsnotstandes“ im parlamentarischen Untersuchungswesen äußerst restriktiv gehandhabt werden, um den absoluten Ausnahmecharakter einer derartigen Lösung nicht zu unterlaufen.

Was die allgemeine Begriffsbestimmung des weit verbreiteten Schlagwortes „Ermittlungsnotstand“ anbelangt, überrascht es, daß auch heute immer noch die Feststellung von *Jeßberger* zutrifft, nach der „eine konkrete Umschreibung dessen, was unter einem „Ermittlungsnotstand“ zu verstehen“ und „vor allem wann ein solcher anzunehmen“ sei, immer noch nicht gesichert ist. Lediglich *Jeßberger* vermochte es bisher, dem Terminus „Ermittlungsnotstand“, den ja auch *Ströbele* im Gesetzgebungsverfahren vehement ins Feld führte, mittels zweier konkreter Merkmale Konturen zu verleihen.

So ließen sich nach seiner Untersuchung zwei konstitutive Merkmale formulieren; und zwar (1) das „Bestehen eines Aufklärungsdefizits“ und (2) ein „nicht mehr hinnehmbarer Kriminalitätsdruck, der einen Verzicht auf staatliche Reaktion ausschließt“.[845] Kern des „Ermittlungsnotstandes“ sei das Bestehen eines Aufklärungsdefizits. Voraussetzung hierfür sei, daß die „staatlichen Ermittlungs- und Aufklärungsbemühungen ohne den Kronzeugen weitgehend fruchtlos“ geblieben seien. Dabei hätten die „besonderen Ermittlungsschwierigkeiten“ ihre Ursache regelmäßig „in der besonderen Konspirativität, mit der die Täter“

---

843 Vornehmlich von konservativ-liberaler Seite; *Gesetzesentwurf des Bundesrates* BT-Drs. 7/3734, S. 4; sinngemäß *Gesetzesentwurf SPD/FDP* BT-Drs. 7/3729, S. 5 f.; *Gesetzesentwurf der Bundesregierung* BT-Drs. 7/4005, S. 8.

844 Siehe auch *Meyer* ZRP 1976, 25 (27).

845 *Jeßberger* S. 103.

vorgingen oder „in dem Fehlen anzeige- und aufklärungsbereiter Tatopfer". Häufig hätten sich die Täter „erfolgreich nach außen abgeschottet" und seien damit „gegen staatliche Infiltrationsversuche nach traditionellem Muster weitgehend immun". Der Stillstand der Strafverfolgungsbemühungen könne „auch vom Fehlen anzeige- und aufklärungsbereiter Opfer herrühren, beispielsweise, weil diese sich im Zusammenhang mit der Tat selbst strafbar gemacht" hätten.[846] Freilich könne das Merkmal des „Aufklärungsdefizits" nicht bedeuten, daß „die Strafjustiz immer dann, wenn die Ermittlungen wegen einer Straftat kompliziert" seien, „legitimerweise auf einen Kronzeugen zurückgreifen dürfte". Nach *Jeßberger* sei vielmehr notwendig, daß „ohne die Unterstützung interner Informanten die Strafverfolgung in den betreffenden Deliktsbereichen *völlig*[847] zum Erliegen käme".[848]

Des weiterem wird von ihm besonders hervorgehoben, daß die „Feststellung eines Aufklärungsdefizits allein ... aber für die Annahme eines Ermittlungsnotstandes nicht genügen" könnte. „Wenn fast 90% aller bekannt gewordenen Fälle eines bestimmten Delikts" (z.B. Diebstahl) nicht aufgeklärt werden können, ließe sich zwar ein „erhebliches Aufklärungsdefizit" diagnostizieren. Gleichwohl sei die Einführung einer Kronzeugenregelung für den Diebstahl wohl kaum zu rechtfertigen.[849] Man müsse „nämlich zusätzlich verlangen, daß wegen der Art oder Intensität der Rechtsverletzung das Aufklärungsdefizit und der damit zwangsläufig verbundene Verzicht auf staatliche Reaktion in dem betreffenden Bereich nicht mehr hinnehmbar" sei.[850] Ein derartiger Kriminalitätsdruck könne jedenfalls bei besonders schweren Straftaten angenommen werden und fehle bei Bagatelldelikten. Noch schärfer formuliert *Behrendt* in diesem Zusammenhang, daß „eine Kronzeugenregelung mit Rücksicht auf die Legitimierbarkeit der Strafrechtspflege einen gewissen Ausnahmecharakter insoweit besitzen" müsse, „als die aufzuklärenden Delikte eine Bedrohung für die Rechtsordnung als Ganzes darstellen" müßten[851]; ähnlich auch *Schlüchter*, nach der „Einbrüche in einen so hohen Wert [scil. „effiziente und funktionstüchtige Strafrechtspflege"] sich nur dann hinnehmen ließen, sofern „der Rechtsstaat in seinem Fortbestand gefährdet" erscheine.[852]

---

846 *Jeßberger* S. 103.
847 Hervorhebung des Verfassers.
848 *Jeßberger* S. 104.
849 *Jeßberger* S. 104.
850 *Jeßberger* S. 104; *Jung* S. 67; *Jung* ZRP 1986, 38 (40).
851 *Behrendt* GA 1991, 337 (341).
852 *Schlüchter* ZRP 1997, 65 (69); sinngemäß ebenso *Jung* ZRP 1986, 38 (40).

Folglich könnte man vorliegend ein Immunitätsmodell im Untersuchungsausschuß nur dann ausnahmsweise als „angemessen" im Sinne des Verhältnismäßigkeitsgrundsatzes bewerten, sofern sich das parlamentarische Untersuchungswesen einem generell-strukturellem Aufklärungsdefizit gegenübersieht, welches überdies die Bestandsfähigkeit des deutschen Rechtsstaates in erheblichem Maße substantiell erschüttert.

Parlamentarische Untersuchungsausschüsse dienen vornehmlich der effektiven Regierungskontrolle. Sicherlich kann man durchaus mit Fug und Recht behaupten, daß der aktuelle Parteispenden-Untersuchungsausschuß aufgrund des Schweigens vieler Schlüsselzeugen keinen durchschlagenden Aufklärungserfolg verzeichnen konnte. Allerdings stellt dieser Ausschuß eher ein singuläres Problem in der Geschichte der deutschen Untersuchungsausschüsse dar. Untersuchungsaufträge sind zudem so vielfältig und unvorhersehbar, daß man in keiner Weise von einem *generellen* Aufklärungsdefizit sprechen kann. Auch wenn einmal etwaige Korruptionsdelikte aufzuklären sind, kann man in Deutschland doch nicht, salopp formuliert, von „italienischen Verhältnissen" sprechen. Wo sind die verflochtenen inneren Strukturen, die es aufzubrechen gilt? Wo gibt es Anreize, um aus der Szene auszusteigen? Aus welcher „Szene" überhaupt? Allein diese rhetorischen Fragen verdeutlichen, daß ein generelles Aufklärungsdefizit derzeit nicht besteht. Zwar ist nicht völlig auszuschließen, daß auch auf der Regierungsebene einmal bestimmte Bereiche mit Korruption durchsetzt sind. Indes kann man davon ausgehen, daß der absolute Großteil der Bediensteten auf Regierungsebene loyal arbeitet. Aber selbst, wenn sich die Zeiten einmal wider Erwarten ändern sollten, müßte überdies ja noch der Aufklärungs„druck" (analog zum oben geforderten Untersuchungsdruck) für die parlamentarischen Untersuchungsausschüsse derart hoch sein, daß der deutsche Rechtsstaat gerade *aufgrunddessen* gefährdet wäre. Er müßte kurz vor dem Kollaps stehen; ein wirklich ziemlich unwahrscheinlicher Fall. Mithin liegt derzeit und höchstwahrscheinlich auch in der Zukunft kein „Ermittlungsnotstand" vor.

Somit wäre ein Immunitätsgesetz in *jedem* Falle (und nicht nur grundsätzlich) *unangemessen* und damit verfassungswidrig.

Demnach vermag es auch eine Immunitätsregelung nicht, praktische Konkordanz zwischen den drei beteiligten Rechtsgütern, parlamentarischem Aufklärungsinteresse, individueller Selbstbelastungsfreiheit und der funktionstüchtigen Strafrechtspflege herzustellen; und dies, obwohl sie die Aussagefreiheit lückenlos schützen würde.

II. Kronzeugenlösung

Doch auch die Implementierung einer Kronzeugenregelung als mögliches Konfliktlösungsinstrument vermag nicht zu überzeugen.

Zwar ergeben sich angesichts der Tatsache, daß ein solcher Vorschlag die *freiwillige* Mitarbeit der Auskunftsperson ins Zentrum rückt, mit deren Hilfe der zentrale Handlungs- und Entscheidungsträger der Affäre überführt werden soll, immerhin im Hinblick auf den nemo-tenetur-Grundsatz keine Komplikationen, da diese sich aus freien Stücken ihrer Rechte begibt. Namentlich weil eine derartige Kronzeugenregelung nach ihren Protagonisten die *vollständige* Straffreiheit der Auskunftsperson garantieren soll, ergeben sich freilich, ähnlich wie oben, gravierende rechtliche Bedenken dahingehend, daß ein etwaiger Strafverzicht übermäßig und damit in verfassungswidriger Weise in die Erfüllung der staatlichen Strafpflicht zur Sicherung des Rechtsfriedens eingreifen würde.

1. Geeignetheit

So bestehen bereits erhebliche Zweifel an der Zwecktauglichkeit eines solchen Vorschlages. Zunächst stellt sich die Frage, ob denn eine Auskunftsperson überhaupt für eine freiwillige Aussage gewonnen werden kann. Denn häufig müßte sie dazu zwischenmenschliches Vertrauen brechen und ihren Politfreund, häufig ihren Ziehvater und damit zwangsläufig auch ihre eigene Partei bzw. Fraktion denunzieren. Trotz der verlockenden Möglichkeit, sich „frei" zu reden, wäre der Untersuchungsausschuß letzten Endes immer auf die kooperative Mitarbeit der Auskunftsperson angewiesen.

Doch auch wenn sich eine Auskunftsperson einmal als Hauptbelastungszeuge zur Verfügung stellt, wäre der sachliche Aufklärungswert ihrer Aussage häufig zweifelhaft, vornehmlich weil sie dazu neigen könnte, „ihre Sicht der Dinge" darzulegen, bis hin zur Lüge. Hierzu hätte die Auskunftsperson allen Grund, da ihr angestrebter Vorteil, die völlige Straflosigkeit, wohl kaum zu übertreffen wäre. Denunziationen und Verrat würde sich lohnen, schon um „die eigene Haut" zu retten, in strafrechtlicher wie in gesellschaftlich-sozialer Hinsicht. Tatbeiträge würden oft geschönt, heruntergespielt oder umverteilt und damit die Schuld auf andere geschoben. Freilich wäre die Motivlage zur Lüge im Vergleich zur Immunitätslösung, die eine Aussage ja *erzwingen* würde, häufig eine etwas andere. Gleichwohl wäre die Mißbrauchsgefahr einer Kronzeugenreglung durch die Auskunftsperson nicht minder gering. Dafür spricht auch die Tatsache, daß anerkanntermaßen der Kronzeuge als „ein besonders guter Lügner angesehen" wird, da seine besondere Nähe zum Tatgeschehen sowie sein Detailreichtum die

Glaubhaftigkeit seiner Aussage indiziert.[853] Nur äußerst schwer läßt sich, häufig aufgrund mangelnder alternativer Beweismittel, der Wahrheitsgehalt seiner Aussage verifizieren.[854]

Die damit verbundenen, ohnehin schon erheblichen Gefahren für die Wahrheitsermittlung potenzieren sich überdies. Denn selbst wenn sich die Untersuchungsausschußmitglieder bei der Beurteilung der Glaubhaftigkeit und Verläßlichkeit der Kronzeugenaussage um Redlichkeit bemühen, ist doch klar zu sehen, daß sie in dieser allgemeinen forensischen Problematik keine Professionals sind. Es ist keineswegs „das tägliche Brot" der Politiker, die jeweilige Motivation zur Falschbelastung zu entlarven. Hinzu kommt, daß die Ausschussmitglieder eine zutreffende Glaubwürdigkeitsbeurteilung aufgrund ihrer strukturellen Befangenheit schon aus rein psychologischen Gründen nur äußerst schwer leisten können.

Gegen die Geeignetheit einer Kronzeugenregelung spricht vornehmlich die naheliegende Vermutung, daß viele Ausschußmitglieder vom politischen Effizienzdenken derart bestimmt sein werden, daß sie „ihre" Einschätzung von der Glaubhaftigkeit der Auskunftsperson auf Partei- und Fraktionslinie bringen werden resp. müssen. Ein solches Szenario mündet dann zwangsläufig in Streitereien um die richtige Beurteilung der Kronzeugenaussage, die die Sachaufklärung erheblich erschweren und verzögern.

2. Erforderlichkeit

Bezüglich der Erforderlichkeitsprüfung wird auf die obigen Ausführungen zur Immunitätslösung verwiesen.

3. Verhältnismäßigkeit im engeren Sinne

Wäre mithin die vorgeschlagene Kronzeugenregelung mit solchen Nachteilen (fragwürdiger Beweiswert einer durch Zusicherung erkauften Aussage, schier endlose Verfahrensstreitigkeiten) verbunden, sind auch die Bedenken hinsichtlich ihrer Angemessenheit nachvollziehbar. Denn dementsprechend dürfte auch der Schaden auf Seiten der Funktionstüchtigkeit der Strafrechtspflege nur minimal sein, um die notwendige Proportionalität von "Nutzen- und Kostenseite" wahren zu können.

Sicherlich wäre regelmäßig der durch eine so verstandene Kronzeugenregelung verursachte Schaden zumindest geringer einzustufen als bei einer umfassenden Immunitätslösung, die *jeder* Auskunftsperson vollständige Straffreiheit garantieren würde und nicht wie bei einer Kronzeugenregelung nur einer ausge-

---

[853] *Denny* ZStW 103 (1991), 269 (303 f.); *Schlüchter* ZRP 1997, 65 (68); zum Detailreichtum als Wahrheitsindikator etwa *Arntzen*, Vernehmungspsychologie, 2. Auflage, 1989.

[854] *Denny* ZStW 103 (1991), 269 (271 f.).

wählten Person. Gleichwohl ist der Schaden keineswegs gering. So würde die konkrete Durchsetzung des staatlichen Strafanspruches gegen den Kronzeugen in Gänze beeinträchtigt. Unter Umständen blieben schwerste Straftaten „ungesühnt". Dies wiegt noch umso schwerer, sofern mehrere Kronzeugen in den Genuß absoluter Straffreiheit kämen. Zudem wäre nicht ausgeschlossen, daß politische Seilschaften gar zu einer inflationären Anwendung der Kronzeugenregelung führen könnten. In jedem Falle wäre auch der mittelbare Schaden auf Seiten der Strafrechtspflege in erheblichem Maße spürbar – geschweige denn wie für die Proportionalität erforderlich minimal. Wenn zuweilen schwerste Straftaten nicht verfolgt sowie solche Straftäter bevorteilt würden, deren Delikte sich politisieren bzw. sich „in Szene setzen" ließen, läge die Annahme einer generell hohen Gefährdung des Rechtsbewußtseins und der Rechtstreue in der Bevölkerung nicht fern. Auf die denkbar verheerenden Folgen für die rechtsstaatlichen Sollanforderungen an die Strafrechtspflege läßt sich an dieser Stelle auf die obigen Ausführungen verweisen.

Keineswegs bewegen sich damit der Schaden für die Strafrechtspflege auf der einen Seite und der fragwürdige Nutzen für die materielle Wahrheitsgewinnung des Untersuchungsausschusses auf der anderen Seite auch nur annährend im Gleichgewicht. Da auch kein Ermittlungsnotstand zu diagnostizieren ist, griffe die vorgeschlagene Kronzeugenregelung in jedem Falle mit *unangemessener* Härte in die staatliche Strafpflicht bzw. in die Funktionstüchtigkeit der Strafrechtspflege ein.

Die Positivierung der Kronzeugenlösung wäre *unverhältnismäßig* im engeren Sinne und somit verfassungswidrig.

III. Beweisverbotslösung unter Rekurs auf die Gemeinschuldner-Entscheidung

Im Gegensatz dazu suspendieren Beweisverbotslösungen die staatliche Strafverfolgungspflicht gerade nicht, so daß zu prüfen ist, ob wenigstens derartige Vorschläge in die Funktionstüchtigkeit der Strafrechtspflege verhältnismäßig eingreifen. Ob die Grundsätze der Gemeinschuldner-Entscheidung, auf die vornehmlich *Ströbele*[855] und *Danckert*[856] als dogmatische Vorausbedingung für Beweisverbotsmodelle rekurrierten, übertragbar sind, wird anschließend zu untersuchen sein.

---

[855] Siehe hierzu: 3. Teil § 1 A III 3, S. 73 f.
[856] Siehe hierzu: 3. Teil § 1 A V 2, S. 79 f.

1. Verhältnismäßigkeit

a. Geeignetheit

Ebenso wie bei den obigen Verhältnismäßigkeitsprüfungen wird man ein Beweisverbotsgesetz – nicht zuletzt im Hinblick auf die Einschätzungsprärogative des Gesetzgebers – zumindest als teilgeeignet zu bewerten haben.

b. Erforderlichkeit

Alternativmittel, die *gleich* wirksam, zugleich aber auch im Hinblick auf den Schutz des nemo-tenetur-Grundsatzes der Auskunftsperson rechtlich zulässig sind, sind nicht ersichtlich.

c. Verhältnismäßigkeit im engeren Sinne

Zwar würde in die staatliche Verfolgungspflicht durch eine Beweisverbotslösung eingegriffen. Das konkrete Beweismittel wäre schließlich nicht mehr verwertbar. Indes ist die Strafverfolgungspflicht der Staatsanwaltschaft im Gegensatz zu Immunitäts- und Kronzeugenlösung gerade nicht suspendiert; im Gegenteil: der Staatsanwalt, der häufig bei der Vernehmung durch den Untersuchungsausschuß anwesend ist und „fleißig mitschreibt", wird dem Legalitätsprinzip (§ 152 II StPO) entsprechend – spätestens jetzt – die Ermittlungen aufnehmen und in der Regel auch Wege finden, den nun aufgrund der Aussage der Auskunftsperson bekannt gewordenen Sachverhalt mit anderen Beweismitteln zu erhärten. Eine Beweisverbotslösung *ohne* Fernwirkung würde der Strafrechtspflege regelmäßig weitaus mehr nützen als schaden.

Doch selbst bei der Implementierung einer Verbotsfernwirkung auf die durch die Aussage erlangten mittelbaren Beweise könnte die Staatsanwaltschaft den nun bekannten Sachverhalt immer noch auf völlig andere Weise durch unabhängige Quellen („independent sources") beweisen. Spekulationen über das „ob" und „wie" der strafbaren Handlung erübrigen sich somit völlig. Im Regelfall wird es für die Staatsanwaltschaft leichter sein, das bekannte Ziel mit anderen Mitteln zu beweisen, als einen Sachverhalt von Grund auf erst ermitteln zu müssen; erst recht wenn die maßgeblichen Schlüsselpersonen mit „Täterwissen" als Beweismittel gerade nicht zur Verfügung stehen.

Denn ist der Sachverhalt erst einmal bekannt und die Staatsanwaltschaft im Idealfall zwar die „objektivste Behörde der Welt", so ist nicht von der Hand zu weisen, daß sie ihre personellen und finanziellen Ressourcen optimal fokussieren kann. Auch und vornehmlich in kriminaltaktischer Sicht ergeben sich viele Vorteile. Allein die sachgerechte Auswertung und Selektion der umfassenden Ermittlungsakten fällt wesentlich leichter. Andere und neue Beweismittel, namentlich der fragwürdige Zeugenbeweis, lassen sich richtig einordnen und bewerten, weil man das Ergebnis kennt. Ermittlungspannen, Irrwege und Fehlschlüsse lassen sich leichter vermeiden bzw. ganz. Nicht zu unterschätzen ist, daß der Stein auch in der Öffentlichkeit ins Rollen gekommen ist. Politische Gegner erstatten politisch motivierte Anzeigen. Wird der Sachverhalt erst einmal von den Medien „ausgeschlachtet", treten nicht selten neue Zeugen auf. Andere, die ebenfalls in den Skandal verwickelt werden, sehen sich nun genötigt, „Lebensbeichten" abzulegen, wodurch auch häufig die Auskunftsperson weiter belastet wird. Auch lassen sich die häufig anzutreffenden Erinnerungslücken der nun hervortretenden Zeugen durch die Aussage der Auskunftsperson entscheidend auffrischen.[857]

Demzufolge bleibt zu konstatieren, daß eine Beweisverbotslösung jedenfalls nicht *unangemessen* in die Funktionstüchtigkeit der Strafrechtspflege eingreift.

2. Dogmatische Übertragbarkeit der Gemeinschuldner-Entscheidung

Ob indes bei Beweisverbotsmodellen ein Rekurs auf die Grundsätze der Gemeinschuldner-Entscheidung des *Bundesverfassungsgerichts* als dogmatische Vorbedingung de lege artis zutreffend ist, scheint überaus fraglich.

Um sich der Beantwortung dieser Frage zu nähern, bedarf es keiner langatmigen und weitläufigen Analyse des Gemeinschuldner-Judikates, ihrer Folgeentscheidungen sowie der gesetzgeberischen Wertentscheidung in § 97 I InsO. Vielmehr lassen sich die im *2. Teil* der Untersuchung gewonnenen Erkenntnisse fruchtbar machen. Dabei bietet es sich an bzw. ist es geboten, genau dort anzusetzen, wo es das *Bundesverfassungsgericht* in dieser Entscheidung getan hat.

Dieses führte zunächst grundlegend aus, daß die Konfliktsituation der Auskunftsperson bei kompromittierenden Sachverhalten zwar stets bedacht werden müsse. Grundsätzlich dürfe diese schweigen, um sich nicht einer Straftat zu bezichtigen. Indes gelte dieser Grundsatz nicht ausnahmslos. So hätte sich die jeweils in Rede stehende gesetzliche Wertentscheidung stets an der *Rolle der Auskunftsperson* und der *Zweckbestimmung der Auskunft* zu orientieren. Schutzvorkehrungen seien namentlich dort zu entwickeln, wo die Aussage speziell strafrechtlichen oder ähnlichen Zwecken diene.[858]

Demnach müßte – um *Ströbele und Danckert* zustimmen zu können – die Zweckbestimmung der gemeinschuldnerischen Auskunft zumindest „in etwa" mit derjenigen der Auskunftsperson im Untersuchungsausschuß sinngemäß

---

[857] Es ist wohl eher unwahrscheinlich, daß der Staatsanwalt einen mutmaßlichen Zeugen dahingehend belehrt, daß die Aussage der Auskunftsperson „als nicht existent" betrachtet werden müsse.

[858] *BVerfGE* 56, 37 (41-43).

übereinstimmen. Doch schon an diesem Punkt werden gravierende Unterschiede sichtbar.

Denn der Gemeinschuldner ist im Insolvenzverfahren stets *der* zentrale Informationsträger überhaupt. Ohne dessen Auskunft ist die Ermittlung der vollständigen Insolvenzmasse nahezu unmöglich, so daß die Vermögensinteressen der Gläubiger aufs höchste Maß beeinträchtigt würden. Demnach dient die Auskunft des Gemeinschuldners ganz elementar dem Rechtsschutz der Gläubiger. Demgegenüber ist die Auskunftsperson im Untersuchungsausschuß nicht in jedem Falle, eher nur ausnahmsweise, ein vergleichbar wichtiger Informationsträger.[859] Zum einen hängt die Notwendigkeit ihrer Aussage entscheidend davon ab, inwieweit die Auskunftsperson in den Skandal verwickelt ist[860]; also letztlich von deren mutmaßlicher Kenntnis. Zum anderen ist der Untersuchungsausschuß nicht in einem derartig hohen Maße auf die Information der Auskunftsperson angewiesen, da er, wie einleitend gezeigt[861], effektive Beweiserhebungsrechte hat und staatliche Zwangsmittel einsetzen kann. Sicherlich kann die Information der Auskunftsperson für die Effektivität der Untersuchung im Einzelfall erheblich sein. Indes wird die Untersuchung schon rein tatsächlich, wie zu sehen war, durch vielfältige Ermittlungsbemühungen des Ausschusses selbst, ihrer Mitarbeiter, durch Politikfreunde, Staatsanwaltschaften und nicht zuletzt durch den investigativen Journalismus begleitet und unterstützt. Im Vergleich dazu stehen die Gläubiger im Insolvenzverfahren, ohne die Auskunft des Gemeinschuldners eher „auf verlorenem Posten". Von diesem Standpunkt aus ist offensichtlich, daß die „Wichtigkeit" der Aussagen des Gemeinschuldners einerseits und der der Auskunftsperson anderseits auf ihren jeweiligen Kontext bezogen prinzipiell stark divergiert.

Ferner spricht ein weiterer Umstand, der oben im Rahmen der „Verwirkung der Schutzwürdigkeit des parlamentarischen Aufklärungsinteresses unter dem Aspekt des Rechtsmißbrauches" gewonnen wurde, entschieden gegen eine Übertragbarkeit der Gemeinschuldner-Entscheidung auf die dieser Untersuchung zugrunde liegenden Konfliktlage. So konnte herausgearbeitet werden[862], daß der parlamentarische Untersuchungsausschuß nicht selten als politisches Kampf- und Diffamierungsinstrument von den Politikern instrumentalisiert wird und demzufolge die Schutzwürdigkeit seines Aufklärungsinteresses erheblich in Zweifel gezogen werden kann. Ganz anders ist die Situation jedoch bei den Gläubigern im Insolvenzverfahren sowie bei den jeweiligen Prozeßgegnern im Erkenntnisverfahren. Deren Vermögensinteressen sind stets uneingeschränkt schutzwürdig und müssen in einer Marktwirtschaft so wirksam wie möglich geschützt werden. Demzufolge ist es nur richtig, wenn der Gemeinschuldner im

---

[859] In diesem Sinne neuerdings auch *Wiefelspütz* (S. 260).
[860] Siehe oben: 3. Teil § 2 C II 2 b aa = S. 120 ff.
[861] Siehe oben: 1. Teil § 1 C = S. 12 ff.
[862] Siehe oben: 3. Teil § 2 C II 4 b = S. 155 ff.

Erkenntnisprozeß nicht aus seiner Darlegungs- und Beweislast entlassen wird und konsequenterweise im Vollstreckungsverfahren aufgegeben wird, uneingeschränkt Auskunft zu erteilen. Indes kann diese Argumentation in keiner Weise auf die Auskunftsperson im parlamentarischen Untersuchungsverfahren übertragen werden. Denn hier wird ein Interesse – das Aufklärungsinteresse – in die Waagschale geworfen, das nicht immer schutzwürdig ist.

Analysiert und vergleicht man weiter die divergierenden Interessen, die den jeweiligen Kollisionslagen im Insolvenz- und Untersuchungsverfahren zugrunde liegen, wird besonders augenscheinlich, daß die Grundsätze der Gemeinschuldner-Entscheidung entgegen *Ströbele* und *Danckert* gerade nicht übertragbar sind, weil die jeweilige Interessenstruktur grundverschieden ist. Denn verkannt wird offensichtlich, daß es im Untersuchungsverfahren allein um ein staatlich-öffentliches Interesse geht, während im zivilprozessualem Erkenntnis- wie im Insolvenzverfahren primär unmittelbare, materielle Interessen Privater, also Grundrechtsdritter, in Rede stehen. Im Untersuchungsverfahren manifestiert sich das klassische Staat-Bürger-Verhältnis, so daß aus der Sicht der jeweiligen Auskunftsperson als Grundrechtsträger Abwehrrechte gegen staatliche Eingriffe im Vordergrund stehen. Im Unterschied dazu geht es im Insolvenzverfahren um einen Interessenkonflikt im Bürger-Bürger-Verhältnis, um die „Rechte anderer" im Sinne der Gemeinschuldner-Entscheidung und des Grundgesetzes (Art. 2 I GG).

Demnach ist die Interessenstruktur schon vom Ansatz her in beiden Verfahren völlig unterschiedlich. Es leuchtet ein, daß das, was im Bürger-Bürger-Verhältnis auf praktisch rein privater Ebene als interessengerecht angesehen wird, nicht ohne weiteres auf die klassische, starke Schutzrichtung der Grundrechte als Abwehrrechte von Grundrechtsträgern im allgemeinen und der hiesigen Auskunftsperson im besonderen transformiert werden kann.[863]

Betrachtet man schließlich – wie das *Bundesverfassungsgericht* – die *Rolle der Auskunftsperson* als ein maßgebliches Kriterium genauer, sprechen die Argumente nicht nur gegen eine Übertragbarkeit der Gemeinschuldner-Entscheidung im Sinne einer Beweisverbotslösung, sondern vielmehr eher für eine Orientierung an der strafprozessualen Wertentscheidung. So sei die Auskunftsperson nach dieser höchstrichterlichen Judikatur besonders schutzwürdig, wenn deren Aussage speziellen strafrechtlichen oder *ähnlichen* Zwecken diene.

Und in dieser Untersuchung ist mehr als deutlich geworden, daß es nicht selten Ziel der einzelnen Ausschußmitglieder ist, „auf dem Rücken der Auskunftsperson" Politik zu betreiben und diese gegebenenfalls in der heutigen Medienöffentlichkeit mit ihren Auswirkungen an den Pranger zu stellen. Damit soll *an dieser Stelle* nicht behauptet werden, daß die Auskunftsperson de facto eine beschuldigtenähnliche Stellung wie im Strafprozeß einnimmt. Gleichwohl soll die-

[863] In diese Richtung auch andeutungsweise *Bachmaier* ZParl 2000, 197 (199).

ser Hinweis nicht verschwiegen werden, um zu zeigen, daß die Gemeinschuldner-Entscheidung, wie vornehmlich auch Art. 44 II GG, eher Hinweise bietet, die Strafprozeßordnung sinngemäß anzuwenden. Jedenfalls sind die jeweiligen Interessenlagen im Insolvenz- bzw. Untersuchungsverfahren allzu unterschiedlich, um mit *Ströbele* und *Danckert* eine Übertragbarkeit der Gemeinschuldner-Entscheidung annehmen zu wollen. Im Gegenteil: Diese ist ausdrücklich abzulehnen.

Dies bedeutet jedoch keineswegs, daß auch eine Beweisverbotslösung ohne Rückgriff auf dieses Judikat a limine ausscheidet. Denn es ist nicht zwingend, die Gemeinschuldner-Entscheidung als dogmatischen Ausgangspunkt zu wählen. Dahingehende rechtsmethodische Zwänge sind nicht ersichtlich. Demzufolge werden diesbezüglich die verschiedenen vorgeschlagenen Beweisverbotslösungen im folgenden unvoreingenommen, also ergebnisoffen zu prüfen sein.

IV. Beweisverbotslösung ohne Verbotsfernwirkung

Wie im vorherigen Abschnitt dargelegt, würde ein spezielles Beweisverbotsgesetz die staatliche Strafverfolgungspflicht des Staates nicht suspendieren, sondern zuungunsten der Auskunftsperson de facto häufig sogar erleichtern, so daß jedenfalls ein Eingriff in die *Funktionstüchtigkeit der Strafrechtspflege* nicht unverhältnismäßig wäre. Indes bestehen ernsthafte Bedenken, daß ein derartiges Kollisionsschlichtungsmodell wiederum unangemessen bzw. unverhältnismäßig in die *Selbstbelastungsfreiheit* eingreifen könnte.

Dies wäre, wie oben als Grundprämisse herausgestellt wurde, dann der Fall, wenn ein Beweisverbotsgesetz zum Nachteil der Auskunftsperson Schutzlücken hinterlassen würde.

Wenn gleichwohl namentlich von *Hofmann*[864] und *Schneider*[865] lediglich pauschal eine Beweisverbotslösung de lege ferenda vorgeschlagen wird, ohne diese näher zu konkretisieren, ist trotzdem davon auszugehen, daß nur die Aussage der Auskunftsperson als unmittelbares Beweisergebnis vom Verwertungsverbot umfaßt sein soll, nicht dagegen weitere mittelbare Beweismittel, die erst *aufgrund* der Aussage vor dem Untersuchungsausschuß erlangt werden konnten. Denn auch wenn man heute die Feststellung wagen könnte, daß eine derartige Verbotsfernwirkung angesichts der neuen Regelung des § 97 I InsO im deutschen Rechtssystem keinen Fremdkörper mehr darstellt, so hat die Fernwirkung von Beweisverwertungsverboten hierzulande immer noch absoluten Ausnahmecharakter.

---

864 *Hofmann* siehe bei: *Scharf* Berliner Morgenpost vom 13.04.2000; http://212.172.17.10/archiv2000/000413/politik/story51457.html.

865 *Schneider* NJW 2000, 3332 (3334) und bei: *Irion*, Berliner Morgenpost vom 14.07.2000; http://212.172.17.10/archiv2000/000714/politik/story79605.html.

So hat die Rechtsprechung[866] und allen voran der *Bundesgerichtshof*[867] eine Fernwirkung entgegen großer Teile des wissenschaftlichen Schrifttums[868] aus primär rein kriminalpolitischen Gründen im Grundsatz entschieden zurückgewiesen. Ein Verfahrensfehler – so der *Bundesgerichtshof* – , der ein Verwertungsverbot herbeiführe, dürfe nicht ohne weiteres dazu führen, daß das „gesamte Strafverfahren lahmgelegt[869]" werde; eine Begrenzung der Auswirkung eines Verfahrensfehlers sei zu einer „wirksamen Verbrechensbekämpfung erforderlich[870]". Selbst ein Verstoß gegen § 136a StPO macht nach bisheriger Rechtsprechung[871] nur das unmittelbare Beweismittel, also die mit verbotenen Mitteln erlangte Aussage unverwertbar. Lediglich dem Verwertungsverbot nach § 7 III G 10 wurde vom *Bundesgerichtshof*[872] eine Fernwirkung zugebilligt. Auch die Strafrechtspraxis, also namentlich die Strafverfolgungsbehörden haben aus der Gemeinschuldner-Entscheidung jahrelang – überraschenderweise, soweit ersichtlich, unbeanstandet – gerade keine Fernwirkung abgeleitet.[873] Dies führte u.a. dazu, daß ein Anfangsverdacht strafbarer Handlungen unter „Verwendung" der Angaben des Gemeinschuldners geschöpft wurde und im Rahmen hierauf eingeleiteter Ermittlungsverfahren strafprozessual verwertbare Beweise zur Begründung des Anfangsverdachts erhoben wurden.[874] Zudem wurde auch der (dringende) Tatverdacht strafprozessualer Maßnahmen (Durchsuchungs-, Be-

[866] *OLG Düsseldorf* StV 1998, 170 (171); *OLG Stuttgart* NJW 1973, 1941 (1942); dagegen für eine Fernwirkung: *LG Hannover* StV 1986, 521 f.

[867] *BGHSt* 27, 355 (358); 32, 68 (71); 34, 362 (364 f.); 35, 32 (34); dem folgend: *Kleinknecht/Meyer-Goßner* Einl. Rn. 57; KMR-*Lesch* § 136a Rn. 52; siehe auch *Ranft* FS Spendel 719 (734 ff.); *Kleinknecht* NJW 1966, 1537 (1544); *Baumann* GA 1959, 33 (42).

[868] SK-*Rogall* § 136a Rn. 94; *Rogall* JZ 1996, 944 (948 f.); *Beulke* Rn. 482; *Fezer* Anm. zu BGH JZ 1987, 936 = BGHSt 34, 362 in: JZ 1987, 937 ff.; *Grünwald* S. 158 f. u. JZ 1966, 500; *Grünwald* Anm. zu BGH StV 1987, 283 = BGHSt 34, 362 in: StV 1987, 470 (471); *Seebode* Anm. zu BGH JR 1988, 425 = BGHSt 34, 362 in: JR 1988, 427 (430 f.); *Neuhaus* NJW 1990, 1221 (1221 f.); *Dencker* S. 79 f.; *Reichert-Hammer* JuS 1989, 446 (449 f.); *Schroth* JuS 1998, 969 (970); *Kohlhaas* JR 1960, 246 (248); *Bosch* S. 347; *Nüse* JR 1966, 281 (284 f.); *Joerden* JuS 1993, 927 (931); *Eisenberg* Rn. 405 f. u. 718; *Peters* Gutachten S. 159 f.; *Haffke* GA 1973, 65 (80); *Sendler* S. 42 ff.; *Füllkrug* MDR 1989, 119 (122); *Spendel* JuS 1964, 465 (471); *Kühne* Rn. 911; schon sehr früh erlangte der folgende Ausspruch von *Spendel* (NJW 1966, 1102 (1105)) einen hohen Bekanntheitsgrad: „Es ist geradezu rabulistisch, zwischen der angeblich zulässigen Benutzung des (durch die Aussage erlangten) Wissens und der zweifelsfrei unzulässigen Verwertung der (das Wissen vermittelnden) Aussage einen Unterschied zu konstruieren.".

[869] *BGHSt* 27, 355 (358); 32, 68 (71); 34, 362 (364).

[870] *BGHSt* 34, 362 (364).

[871] *BGHSt* 34, 362 (364).

[872] *BGHSt* 29, 244 (247).

[873] *Richter* wistra 2000, 1 (2).

[874] *Richter* wistra 2000, 1 (2).

schlagnahmebeschlüsse und Haftbefehle) regelmäßig auf Beweisindizien außerhalb der (unverwertbaren) Aussage des Gemeinschuldners gestützt.[875]

Demnach leuchtet ein, daß die Verfechter einer recht global formulierten Beweisverwertungslösung diese näher hätten präzisieren müssen, um aus ihren Vorschlägen die eindringliche und unzweideutige Forderung nach einer zusätzlichen Verbotsfernwirkung ableiten zu können.

Doch gerade im Absehen einer Fernwirkung liegt im allgemeinen und für die Auskunftsperson vor dem Untersuchungsausschuß im ganz besonderen das außerordentlich hohe Schutzproblem. Zu deren Schutz reicht es gerade nicht aus, wenn lediglich ihre Aussage vor dem Untersuchungsausschuß als solche von den Strafverfolgungsbehörden nicht als Beweismittel verwertet werden dürfte. Auch reicht es nicht aus, wenn man – wie im allgemeinen für das Strafverfahren anerkannt ist[876] – die mittelbare Verwertung ihrer Aussage durch Einvernahme der Personen, die bei der Vernehmung anwesend waren, untersagt (Untersuchungsausschußmitglieder, Mitarbeiter, Journalisten, Zuschauer; also ca. 100-150 Anwesende). Ebenso nützt es wenig, wenn auch die Verwertung ihrer Aussage durch Verlesung oder durch Vorhalte aus den Vernehmungsniederschriften und den Wortlautprotokollen verboten ist.

Denn daß ein solcher Schutz völlig unzureichend ist, liegt vornehmlich daran, daß bei einer solchen Lösung die Strafverfolgungspflicht der Staatsanwaltschaft gerade nicht suspendiert ist. So wird der Staatsanwalt – spätestens jetzt – die Ermittlungen aufnehmen und in der Regel auch Wege finden, den nun aufgrund der Aussage der Auskunftsperson bekannt gewordenen strafbaren Sachverhalt mit anderen (mittelbaren) Beweismitteln zu erhärten. Besonders eindrucksvoll hat *Nack* in der Sachverständigen-Anhörung zum neuen Untersuchungsausschussgesetz die Schutzlücken „auf leidenschaftliche Weise“ in seinen beiden Statements aufgezeigt.

> „Ich will ... verdeutlichen, was für mich der entscheidende Punkt ist, es ist das Problem der Fernwirkung. Ich will das an einem Beispiel deutlich machen. Nehmen wir mal einen Amtsträger, es geht um Zuwendungen bei irgendeiner Auftragsvergabe und dem Amtsträger. Es wird vielleicht nicht direkt, aber indirekt der Vorwurf gemacht, er habe Zuwendungen entgegengenommen, also Richtung Bestechungsdelikte. Wäre er vor dem Untersuchungsausschuss verpflichtet, Angaben zu machen, und würde man gleichzeitig sagen, dass, was er hier beim Untersuchungsausschuss sagt, darf im Strafverfahren nicht verwertet werden, wäre es einerseits vielleicht im Leben ein bisschen lebensfremd.
>
> Aber viel praktischer wäre ja folgendes: es ist ja ein leichtes, ihn zu fragen, gibt es über diesen Vorgang Unterlagen. Wissen noch andere Personen etwas darüber, wo sind die Unterlagen? Kaum hat der Zeuge gesagt, wo die Unterlagen sind, wird der Staatsan-

---

[875] *Richter* wistra 2000, 1 (2).

[876] SK-*Rogall* § 136a Rn. 88; *Sendler* S. 37; *Füllkrug* MDR 1989, 119 (122).

walt womöglich noch mit Gefahr im Verzug losmarschieren, wird die Unterlagen beschlagnahmen und braucht dann die Aussage des Zeugen, die er vor dem Untersuchungsausschuss macht, in der Regel nicht, weil schriftliche Urkunden das Beste sind. Ich war ja lange Zeit Staatsanwalt in Wirtschaftsstrafsachen, das Erste, was man macht, ist durchsuchen, und das Beste immer – noch so wichtig und so schön der Zeugenbeweis auch ist – noch der Urkundenbeweis, d.h., man wird also die Urkunden finden, man braucht die Zeugenaussage nicht.[877]"

Und später in der obligatorischen Fragerunde:

„Da müsste ja jeder Vernehmer im Untersuchungsausschuss, der die Sache aufklären will, wirklich nicht über die elementarsten Grundkenntnisse der Vernehmungstechnik verfügen, wenn der nicht so viel Anhaltspunkte erfragen könnte, dass die tauglicher Ansatz für die Ermittlungstätigkeit der Staatsanwaltschaft sind. Der kann ja soviel fragen, der braucht ja bloß zu fragen, wo waren Sie da, mit wem sind Sie da zusammengetroffen, haben Sie sich darüber Aufzeichnungen gemacht, hat irgendjemand anderes Aufzeichnungen gemacht, hat es Telefonate gegeben, gibt es darüber Unterlagen. D.h. hier bin ich in einer ganz anderen Situation, um Unterlagen zu bekommen, um die Fernwirkung zu umgehen.[878]"

Schon von diesem Standpunkt aus erhellt sich, daß eine Beweisverbotslösung ohne Verbotsfernwirkung als Schutzinstrument ineffizient wäre. Die Selbstbelastungsfreiheit würde als „Tafelsilber des Rechtsstaates[879]" dem parlamentarischen Aufklärungsinteresse geopfert. Letztlich würde die Auskunftsperson doch „Opfer ihres eigenen Ermittlungsbeitrages" und sich selbst „ans Messer liefern". Insbesondere die Partei- resp. die Fraktionsgegner, die nicht selten rein politisch motivierte Strafanzeigen stellen, werden im Untersuchungsausschuß schon „clevere Fragen" stellen, um über Umwege an neue Beweismittel zu kommen.

Demnach bliebe bei einer derartigen Konstellation dem Anwalt der selbstkompromittierenden Auskunftsperson regelmäßig nichts anderes übrig, als seinem Mandanten im anschließenden Strafverfahren zu raten, ein Geständnis abzulegen. Denn: „Es kommt ja doch raus" bzw. „Es wird auch auf andere Weise bewiesen werden können"; zumal – wie umfassend dargelegt wurde – nicht nur Untersuchungsausschuß und Staatsanwaltschaft, sondern vor allem auch die investigativen Medien ermitteln. Auch wird der Druck der eigenen Partei, der Öffentlichkeit sowie namentlich der Medien so stark sein, daß die Auskunftsperson spätestens im anschließenden Strafverfahren faktisch „gezwungen" wird, sich

---

[877] *Nack* Sachverständigenanhörung S. 36.
[878] *Nack* Sachverständigenanhörung S. 75.
[879] So *Nack* Sachverständigenanhörung S. 93.

selbst zu belasten. Sie kann lediglich hoffen, aufgrund ihres Geständnisses Strafmilderung zu bekommen.[880]

Festzuhalten bleibt, daß eine Beweisverwertungsverbotslösung *ohne* Verbotsfernwirkung lediglich der Auskunftsperson formellen Schutz bieten würde. Umfassender materieller Rechtsschutz, den eine Beweisverbotslösung in der hier in Rede stehenden Konfliktlage als kompensatorisches Schutzinstrument gewährleisten müßte, würde nicht erreicht.

Somit griffe eine Beweisverbotslösung ohne Verbotsfernwirkung *unangemessen* und damit *unverhältnismäßig* in die Selbstbelastungsfreiheit ein. Auch ein Beweisverbotsgesetz ohne Verbotsfernwirkung wäre mithin verfassungswidrig. Den Ansichten von *Hofmann* und *Schneider* ist nicht zu folgen.

Bestätigung findet dieses Ergebnis auch durch einen Rechtsvergleich mit den Vereinigten Staaten. Deren Bundesgesetzgeber kodifizierte bereits 1857 die Erzwingung auch von selbstbelastenden Aussagen in Untersuchungsverfahren der Kongressausschüsse.[881] Als Ausgleich wurde der jeweiligen Auskunftsperson allumfassende[882] Verfolgungs- und Straffreiheit – sog. transactional immunity [883]– gewährt, um nicht das 5. Amendment-Privileg, das dem nemo-tenetur-Grundsatz entspricht, zu unterlaufen.[884] Schon damals war es im anglo-amerikanischen Rechtskreis – und auch heute in den Vereinigten Staaten – eine Selbstverständlichkeit, eine politische Entscheidung dahingehend zu treffen, daß häufig „die Beschaffung von sonst unzugänglicher Information für den Staat wichtiger sei als die Verfolgung und Bestrafung irgendwelcher Gesetzesverletzungen des Zeugen[885]".

Nachdem sich allerdings „viele Gesetzesbrecher in den damals untersuchten Gebieten, besonders Bestechung und Korruption unter den Kongressmitgliedern, freiwillig als Zeuge meldeten, um so der drohenden Strafe entgehen zu können, ... wurde die Situation so unbefriedigend, daß das im Jahre 1957 fast einmütig angenommene Immunitätsgesetz im Jahre 1862 einstimmig widerrufen wurde[886]". Als Ersatz wurde ein Gesetz erlassen, welches lediglich die unmittelbare

---

[880] Nimmt man beispielsweise den gegenwärtigen Untersuchungsausschuß, so wäre es wohl ziemlich unrealistisch, wenn Kohl sich in einem etwaigen Strafverfahren immer noch weigern würde, die sog. „Spendernahmen" zu nennen, nachdem er im Untersuchungsausschuß bereits hierzu erfolgreich(!) gezwungen wurde. Dasselbe dürfte höchstwahrscheinlich auch für Terlinden, Weyrauch und andere gelten.

[881] Zum geschichtlichen Ablauf hiesiger Konfliktlage in den USA siehe: *Meyer* S. 165; http://caselaw.lp.findlaw.com/data/constitution/amendment05/08.html#2; allgemein auf das US-Strafrecht bezogen: *Oehler* ZRP 1987, 41 ff.

[882] Lediglich die Bestrafung wegen Falschaussage wurde vorbehalten.

[883] Von ihren Gegner spöttisch als „immunity bath" bezeichnet (*Meyer* S. 166).

[884] *Meyer* S. 165.

[885] *Meyer* S. 166.

[886] *Meyer* S. 166.

Verwertung der Aussage aus parlamentarischen Untersuchungen als Beweismaterial in Strafverfahren verbot, indes die Verwendung von Zeugenaussagen als Wegweiser zur Beschaffung weiterer Beweismittel und die spätere Strafverfolgung und Bestrafung gerade nicht ausschloß; also gerade eine solche Bestimmung, die hier in Rede steht.[887]

Der *Supreme Court* nahm hierzu 1892 in der berühmten *Counselman v.Hitchcock-Entscheidung*[888] Stellung und führte eher lapidar aus, daß ein immunity-Gesetz, um gültig zu sein, „absolute Immunität" gegen künftige Verfolgung wegen der Straftat, auf die sich die Frage bezieht, gewährleisten müsse.[889] Erst der Compulsory Testimony Act von 1893, der die Wiedereinführung der „transactional-immunity" vorsah, wurde vom *Supreme Court* 1896 als mit dem 5. Amendment vereinbar angesehen.[890] Weitere Entscheidungen haben bis in die heutige Zeit hinein stets betont, daß *jedenfalls* Beweisverbotslösungen ohne Fernwirkung (lediglich „direct use") nicht mit dem 5. Amendment im Einklang stehen.[891] Hiermit korrespondiert auch die Grundsatzentscheidung des *Supreme Courts* 1920, in der die Fernwirkungsdoktrin – fruit-of-the-poisonous-tree-doctrine – mit dem Hinweis anerkannt wurde, daß eine reine Beweisverbotslösung, eine „exclusionary rule" ohne Fernwirkung das 4. Amendment zu einer „form of words" reduziere.[892]

V. Beweisverbotslösung mit Verbotsfernwirkung

Demnach bleibt schließlich zu prüfen, ob wenigstens eine solche Beweisverbotslösung als kompensatorisches Schutzinstrument rechtmäßig ist, deren Verbotsfernwirkung auch solche mittelbaren Beweismittel umfaßt, die erst *aufgrund*

---

[887] *Meyer* S. 166.

[888] Counselman v. Hitchcock, 142 U.S. 547 (1892).

[889] Counselman v. Hitchcock, 142 U.S. 547, 585 (1892): „We are clearly of opinion that no statute which leaves the party or witness subject to prosecution after he answers the criminating question put to him can have the effect of supplanting the privilege conferred by the constitution of the United States. Section 860 of the Revised Statutes does not supply a complete protection from all the perils against which the constitutional prohibition was designed to guard, and is not a full substitute for that prohibition. In view of the constitutional provision, a statutory enactment, to be valid, must afford absolute immunity against future prosecution for the offense to which the question relates.".

[890] Brown v. Walker, 161 U.S. 591 (1896).

[891] Kastigar v. United States, 406 U.S. 441 (1972); United States v. Hubbell, 530 U.S. 27 (2000).

[892] Silverthorne Lumber Co. v. United States, 251 U.S. 385 (1920); vgl. ferner Nardone v. United States, 308 U.S. 338 (1939). In dieser Entscheidung wurde die poisonous-tree-Doktrin entwickelt. Siehe hierzu *Schmid* S. 118 ff.

der erzwungenen Aussage erlangt werden konnten. Können derartige Verbesserungsvorschläge, namentlich die von *Ströbele*[893] und *Danckert*[894] die Selbstbelastungsfreiheit ausreichend schützen?

Bei der Suche nach den Antworten wäre es verfrüht zu glauben, daß das Ergebnis gerade schon aufgrund der *Counselman v. Hitchcock-Entscheidung* aus dem Jahre 1892 auch für das deutsche Rechtssystem leicht zu prognostizieren sei. Schließlich hat dieses Judikat hervorgehoben, daß die Gewährung „absoluter Immunität" notwendig sei, um dem 5. Amendment zu genügen. Und so weit geht ja schließlich eine Beweisverbotslösung *mit* Verbotsfernwirkung offensichtlich nicht; sie stellt demgegenüber kein Verfahrenshindernis dar. Zwar ist ein Rechtsvergleich mit den Vereinigten Staaten trotz vielfältiger struktureller Unterschiede[895] zum einen aufgrund der Tatsache, daß in beiden Rechtssystemen der nemo-tenetur-Grundsatz verfassungsrechtlich anerkannt ist und zum anderen aufgrund des immensen Einflusses des Verfassungsrechtes auf das Strafverfahren in beiden Staaten lohnenswert[896], jedoch muß in diesem Zusammenhang gesehen werden, daß das Recht der Kongress-Ausschüsse und vor allem die Rechtsprechung des *Supreme Court* nicht im Jahre 1892 stehen geblieben sind.

Nachdem die *Counselman v.Hitchcock-Entscheidung* den Compulsory Testimony Act (1893) mit der Wiedereinführung der „transactional-immunity" hervorrief, dieser in nahezu allen Bundesstaaten umgesetzt wurde und der Ausspruch "The 1893 statute has become part of our constitutional fabric[897]" von *Justice Frankfurter* Berühmtheit erlangte, konnte die konservative Nixon-Administration den „Compulsory Testimony Act of 1970" im Kongreß durchsetzen. Dieser ersetzte nunmehr in seinem prozessualem Abschnitt die bisherige „transactional immunity" durch eine Beweisverbotslösung mit Verbotsfernwirkung („use immunity"), also ziemlich genau einer solchen Regelung, die hier in Rede steht. Gerade diese Regelung wurde zudem 1972, also zur Zeit der eher konservativen Burger-Ära[898], in der für das amerikanischen Untersuchungswesen[899] bahnbrechenden *Kastigar v. United States- Entscheidung*[900] des

[893] „Ergänzungsvorschlag zum Entwurf für ein Untersuchungsausschußgesetz", S. 2.
[894] *Danckert* ZRP 2000, 476 (479).
[895] Sehr instruktiv hierzu: *Blau* Jura 1993, 513 (514 ff.).
[896] Rechtsvergleichende Überlegungen mit den Vereinigten Staaten haben gerade bei den Beweisverboten stets eine große Rolle gespielt; vgl. namentlich *BGHSt* 38, 214 ff.; *Rogall* in: Beweisverbote in Ländern der EU und vergleichbaren Rechtsordnungen, S. 117; *Blau* Jura 1993, 513 (515 ff.); *Salditt* GA 1992, 51 ff.; *Herrmann* FS Jescheck 1291 ff.; *Harris* StV 1991, 313 ff.; *Bradley* GA 1985, 99 ff.
[897] Ullmann v. United States, 350 U.S. 422, 438 (1956).
[898] Zur Verfassungsgerichtspolitik der USA siehe: *Brugger* ZRP 1987, 52 ff.
[899] Diese Entscheidung war für das gesamte Rechtswesen der USA richtungsweisend; siehe *Oehler* ZRP 1987, 41 (42).
[900] Kastigar v. United States, 406 U.S. 441 (1972).

Supreme Court aufrecht gehalten und zwar bis zum heutigen Tage, sowohl vom Bundesgesetzgeber als auch vom *Supreme Court.*[901]

Im deutschen Rechtskreis allerdings wäre die Gewährung von „use immunity“ nur dann als verhältnismäßiger Eingriff in die Selbstbelastungsfreiheit verfassungsgemäß, wenn die Auskunftsperson *vollends* geschützt würde.

Doch auch hier ist wieder zu sehen, daß durch die Aussage der Auskunftsperson unter Wahrheitspflicht und Zwangsmittelandrohung der inkriminierte Sachverhalt häufig erst einmal bekannt wird und die Staatsanwaltschaft dadurch in der Lage ist, die Ermittlungen erfolgreich aufzunehmen. Zwar stehen die Strafverfolgungsbehörden immer noch vor der Herausforderung, den nun bekannten Sachverhalt durch unabhängige Quellen beweisen zu müssen, indes ist – wie bereits erwähnt – nicht zu unterschätzen, daß das Aufklärungsziel unzweideutig feststeht. Regelmäßig wird es für die Staatsanwaltschaft wesentlich leichter sein (optimale Fokussierung der personellen und finanziellen Ressourcen, erhebliche kriminaltaktische Vorteile), das delinquente Verhalten mit anderen Mitteln zu beweisen, als einen Sachverhalt von Grund auf ermitteln zu müssen.

Zudem sind indes viele oder zumindest einige Akteure (z.B. Parteigegner, Journalisten) am Werk, die alles daran setzen, eine neue, völlig unabhängige Beweiskette zu (er)finden und/oder ggf. manipulativ zu konstruieren. Es ist ohnehin schon äußerst schwierig und häufig unmöglich, retrospektiv Beweisketten nachzuvollziehen und vor allem zu klären, ob Beweismittel gerade *aufgrund* einer Aussage erlangt wurden.[902] Dies gilt um so mehr in vorliegender Konfliktlage, weil gerade hier die Zahl der Ermittler groß und völlig unübersichtlich ist. Es nützt wenig, wenn der konkret ermittelnde Staatsanwalt integer ist, er indes neues Beweismaterial erhält, von dem er gar nicht sicher wissen kann, ob dieses unter Ausnutzung der Aussage, die vielleicht noch im Fernsehen (wie bei Oliver

---

[901] Damit ist klar, daß die vermeintliche „Immunitätslösung“, auf die viele Politiker verwiesen haben, in Wirklichkeit eine „Beweisverbotslösung mit Verbotsfernwirkung“ ist. Wenn von *Ströbele*, *Rogall* und vielen weiteren wegen „rechtsstaatlicher Lücken“ eine Beweisverbotslösung (in welcher Form auch immer) abgelehnt und stattdessen vehement gefordert wurde, Immunitäts- bzw. Kronzeugenlösungen müßten speziell in Anlehnung an das amerikanische Untersuchungswesen kodifiziert werden, so unterliegen sie damit einem folgenschweren Irrtum, weil sie – unbewußt – genaugenommen gerade das Gegenteil vom dem Erwünschten verlangen. So wird heute nur noch in absoluten Ausnahmefällen (Monika Lewinsky) von den „congressional committees“ und den „independent councils“ absolute Immunität, sog. „transactional immunity“ gewährt. Auch der klassische Kronzeuge erhält im anglo-amerikanischen Rechtskreis, namentlich im Strafverfahren im Regelfall, wie häufig verkannt wird, nur Schutz im Wege der „use immunity“, also durch die oben bezeichnete Beweisverbotslösung inklusive Verbotsfernwirkung.

[902] So schon bekanntlich der Bundesgerichtshof in seiner Grundsatzentscheidung *BGHSt* 34, 362 (364/365): „Eine ... Begrenzung der Auswirkung eines Verfahrensfehlers ist ... auch deshalb erforderlich, weil sich kaum jemals feststellen läßt, ob die Polizei den Zeugen ohne den Verstoß nicht auch gefunden hätte.“.

North im Iran-Contra-Skandal) übertragen wurde, produziert wurde. Legt beispielsweise jemand eine Lebensbeichte ab („auch ich war dabei/habe davon gewußt"), wird dieser glaubhaft versichern wollen, sich aus völlig freien Stücken an die Staatsanwaltschaft, an die Öffentlichkeit gewendet zu haben, um zumindest ein wenig im „guten Licht" zu erscheinen. Auch kann kein Staatsanwalt garantieren, daß sich seine Behörde in toto bzw. „seine" Hilfsbeamten an die Verbotsfernwirkung gehalten haben. *Marshall* hat hierzu in seinem „dissenting" zur *Kastigar v. United States-Entscheidung* zutreffend ausgeführt:

> „...for the paths of information through the investigative bureaucracy may well be long and winding, and even a prosecutor acting in the best of faith cannot be certain that somewhere in the depths of his investigative apparatus, often including hundreds of employees, there was not some prohibited use of the compelled testimony.[903]"

Die ohnehin schon beträchtlichen Gefahren werden dann weiter gesteigert, wenn der konkret ermittelnde Staatsanwalt primär an seinem eigenen Arbeitserfolg interessiert ist und demzufolge Beweisketten – ob bewußt oder unbewußt sei dahingestellt – konstruiert. Da in der Regel Beweismittel, Beweisketten und Gedankengänge nicht lückenlos protokolliert werden, sind damit großen Manipulationsmöglichkeiten Tür und Tor geöffnet.[904]

Ferner wird die Selbstbelastungsfreiheit dadurch ausgehöhlt, daß die Medien natürlich weiter recherchieren, weil sie ja nicht Adressat der Verbotsfernwirkung sind. So greifen sie – im Gegensatz zur Staatsanwaltschaft – „ganz unbefangen" die von der Auskunftsperson genannten mittelbaren Beweise auf und machen beispielsweise neue Sachbeweise, neue Zeugen, neue Verdächtige ausfindig. Durch ihre „mediale Macht" sehen sich diese wiederum nicht selten „gezwungen", vor die Öffentlichkeit zu treten und ein „Geständnis" abzulegen.

---

[903] Kastigar v. United States, 406 U.S. 441, 469 (1972).

[904] In Piccirillo v. New York, 400 U.S. 548 (1971) heißt es sinnfällig: "Men working in the same office or department exchange information without recording carefully how they obtained certain information; it is often impossible to remember in retrospect how or when or from whom information was obtained." Auch ist nicht völlig ausgeschlossen, daß es „ausnahmsweise" einmal zu einer Zusammenarbeit mit den investigativen Medien kommt. Journalisten, namentlich Hofberichterstatter verfolgen häufig die gleichen politischen Ziele wie die nicht selten „politisierte" Staatsanwaltschaft. So könnten Enthüllungsjournalisten direkt oder über Mittelsmänner Beweismittel anbieten, die sie zwar *aufgrund* der medial in Szene gesetzten Aussage erhalten haben, die sich jedoch ohne weiteres in eine neue, unabhängige Beweiskette erfolgreich implementieren lassen. Handelt der Staatsanwalt dabei nicht direkt persönlich, kann die Information, das Beweismittel auch einem seiner Mitarbeiter „zugesteckt" werden; natürlich auch ohne positive Kenntnis des Staatsanwaltes von der konkreten Herkunft.

Doch auch für den Untersuchungsausschuss gilt das Fernwirkungsverbot offensichtlich nicht. So vernimmt dieser die Auskunftsperson und erlangt dadurch weitere, mittelbare Beweismittel. Das können Sachbeweise oder auch neue Zeugen sein. Wird beispielsweise ein völlig neuer Zeuge vernommen, ist es zwar der Staatsanwaltschaft – rein theoretisch – verboten, diesen nun selbst vorzuladen. Im politischen Kampf ist jedoch davon auszugehen, daß nicht selten wenigstens ein Untersuchungsausschußmitglied behauptet, er selbst, seine Fraktion, habe die Vernehmung des Zeugen schon weit vor der Vernehmung der Auskunftsperson geplant. Die Aussage der Auskunftsperson sei daher für eine etwaige neue Zeugenvernehmung überhaupt nicht kausal. Dies kann dann von seinen Mitarbeitern ohne weiteres und in der Regel ohne die Möglichkeit eines effektiven Gegenbeweises durch die Auskunftsperson bestätigt werden. Daher sei der Zeuge gerade nicht „verbrannt" und dürfe von der Staatsanwaltschaft gehört werden.[905]

Selbst wenn man der Staatsanwaltschaft die Beweislast dahingehend aufbürden würde, daß sie darlegen und beweisen müßte, daß das konkret in Rede stehende Beweismittel völlig unabhängig („wholy independent") von der Aussage der Auskunftsperson im Untersuchungsausschuß erlangt worden sei, wäre damit der Auskunftsperson in praxi wenig geholfen. Hierzu führt *Marshall* in seinem *dissenting* zutreffend aus:

> „I do not see how it can suffice merely to put the burden of proof on the government. First, contrary to the Court's assertion, the Court's rule does leave the witness "dependent for the preservation of his rights upon the integrity and good faith of the prosecuting authorities." ... For the information relevant to the question of taint is uniquely within the knowledge of the prosecuting authorities. They alone are in a position to trace the chains of information and investigation that lead to the evidence to be used in a criminal prosecution. A witness who suspects that his compelled testimony was used to develop a lead will be hard pressed indeed to ferret out the evidence necessary to prove it. And of course it is no answer to say he need not prove it, for though the Court puts the burden of proof on the government, the government will have no difficulty in meeting its burden by mere assertion if the witness produces no contrary evidence.[906]"

---

[905] Wenn man bedenkt, daß ein Untersuchungsausschuß mit seinem überaus weiten Untersuchungsauftrag häufig über mehrere Jahre tätig ist, in denen sehr viele (50-100) Zeugen – zum Teil „ins Blaue hinein" – gehört werden, ist auch eine derartige Perspektive nicht unrealistisch. Zudem gibt es eine stattliche Anzahl „potentieller" Zeugen, die letztlich nicht gehört wurden. Dies zeigt schon der alltägliche Blick in die überregionalen Tageszeitungen. Dabei verliert man schnell die Übersicht, „wer nicht alles" schon vor den Untersuchungsausschuß zitiert werden sollte. Aufschlußreich hierzu zB der Ausschußbericht des Parteispenden-Untersuchungsausschusses. So wurde die Vernehmung von 308 Zeugen beschlossen, allerdings letztlich nur 117 vernommen; BT-Drs. 14/9300, S. 79.

[906] Kastigar v. United States, 406 U.S. 441, 469 (1972).

Hinzu kommt ein sich für die Auskunftsperson im anschließenden Strafverfahren häufig negativ auswirkender Aspekt; und zwar eine psychologische Komponente, die in der Beweisverbotslehre sehr stiefmütterlich behandelt wird. So sieht sich der Strafrichter einem „psychologischen Kraftakt[907]" ausgesetzt. *Arzt* fragt danach, wie „die Isolierung und Ausblendung des unter das Verwertungsverbot fallende Wissen von sonstigem Wissen gelingen[908]" solle. Daher gehe nach seiner Auffassung auch der Streit um die Fernwirkung von Beweisverwertungsverboten am Kern der Problematik vorbei.[909] Denn gravierend seien nicht die Wirkungen des einen Beweismittels auf andere Beweismittel, sondern die direkte oder über Umwege bewirkte Beeinflussung des Richters.[910] Es gehe tatsächlich mehr um die Ansteckung des Richters, die Vergiftung der Beweiswürdigung schlechthin.[911] Seine Ausführungen dürften noch angesichts der Öffentlichkeitswirkung des konkreten Strafverfahrens, der undurchsichtigen und zahlreichen Beweisketten, noch umso mehr für die vorliegende Konfliktsituation gelten. Wenn das Gesamtergebnis der Beweisaufnahme zweifelhaft sein sollte, könnte der Richter – unbewußt (!) – dazu neigen, die nicht „verbrannten" Beweismittel zu Lasten der Auskunftsperson höher zu bewerten. Auch diese psychologische, rein tatsächliche Gefahr zum Nachteil der Auskunftsperson muß gesehen werden.

Letztlich würde ein derartiger Vorschlag – vornehmlich angesichts der psychologischen Komponente auch für die Auskunftsperson nachteilige Reflexwirkungen zeitigen. Da sie sich im Regelfall im anschließenden Strafverfahren in einer derart schlechten Position befindet, wird sie sich „gezwungen" sehen, von ihrem Einlassungsverweigerungsrecht Abstand zu nehmen; aus beweis- und verteidigungstaktischen Gründen wie auch aufgrund des hohen öffentlichen Drucks. Auch ist nicht zu unterschätzen, daß die bloße Existenz einer derartigen gesetzlichen Lösung dazu führen könnte, daß sich die Auskunftsperson schon *vor* ihrer anvisierten Aussage „genötigt" sieht, an die Öffentlichkeit zu treten; und zwar um in der Öffentlichkeit den Schaden so gering wie möglich zu halten.

---

907 *Sarstedt* 46. DJT Bd. II, F 14.

908 *Arzt* FS Peters 223 (231); ihm folgend *Pfeiffer* Rn. 121; *Eisenberg* Rn. 331; *Peters* Gutachten S. 160; *Sendler* S. 42; *Füllkrug* MDR 1989, 119 (122); *Peters* § 41 II = S. 338; das *RG* (RGSt 72, 268 (273)) hat das für eine „Selbstverständlichkeit" gehalten: „In allen diesen Fällen muß sich der Richter von Einflüssen, die tatsächlich auf ihn eingewirkt haben, freimachen, und es wird das Vertrauen in ihn gesetzt, daß er sich freizumachen weiß.".

909 *Arzt* FS Peters 223 (231); ihm folgend *Pfeiffer* Rn. 121.

910 *Arzt* FS Peters 223 (231); ihm folgend *Pfeiffer* Rn. 121.

911 *Arzt* FS Peters 223 (231); ihm folgend *Pfeiffer* Rn. 121.

Schließlich könnte es auch zu „Wettrennen und Kettenreaktionen von Geständnissen“ kommen. Wird beispielsweise in der Öffentlichkeit bekannt, daß höchstwahrscheinlich der Zeuge XY vor dem Untersuchungsausschuß Korruptionsvergehen offenbaren wird, wird sich wahrscheinlich schon vorher der eine oder andere „freiwillig“ bei den Strafverfolgungsbehörden melden.

Blickt man auf die vielfältigen Gefahren und Schutzlücken zurück, wird deutlich, daß die Auskunftsperson durch eine erzwungene Aussage vor dem Untersuchungsausschuß im Regelfall trotz Verbotsfernwirkung[912] dann doch im anschließenden Strafverfahren „Opfer ihres eigenen Ermittlungsbeitrages“ würde. Ihr Schutz wäre gering.

Mithin würde angesichts der gravierenden Schutzlücken auch eine Beweisverbotslösung mit Verbotsfernwirkung auf *unangemessene* und damit *unverhältnismäßige* Weise in die Selbstbelastungsfreiheit eingreifen. Demnach kann schließlich auch dieser Ansicht, namentlich der von *Ströbele* und *Danckert*, nicht gefolgt werden.

VI. Zwischenergebnis

Alle bisher vorgeschlagenen Kollisionsschlichtungsinstrumente hinsichtlich einer Einschränkung der Selbstbelastungsfreiheit sind *verfassungswidrig*. Immunitäts- und Kronzeugenlösungen greifen *unangemessen* in die Funktionstüchtigkeit der Strafrechtspflege ein, Beweisverbotslösungen wiederum in *unangemessener* Weise in die Selbstbelastungsfreiheit der Auskunftsperson.

---

912 Für diesen Befund sprechen zudem empirische Untersuchungen der amerikanischen Forschung zur Lahmlegung des amerikanischen Strafverfahrens durch die „exclusionary rule“, die ja bekanntlich eine Verbotsfernwirkung (fruit-of-the-poisonous-tree-doctrine) umfaßt. So zeigen alle Statistiken, daß nur in einer wirklich äußerst geringen Prozentzahl (0,4 bis 5%) der Fälle das Fernwirkungsverbot zu einer Lahmlegung des Strafverfahrens, also zu einer Nicht-Verurteilung führt. Im Regelfall bietet im amerikanischen Recht damit selbst die Fernwirkungsdoktrin keinen lückenlosen Schutz. *Davies*, A Hard Look at What We Know (and Still Need to Learn) About the "Costs" of the Exclusionary Rule: The NIJ Study and Other Studies of "Lost" Arrests, 1983 A. B. F. Res. J. 611, 635; Davies ermittelte, daß je nach Delikt lediglich zu 0,6% bis 2,35% die Exclusionary Rule zu einer Lahmlegung führte; nach *Nardulli* (The Societal Cost of the Exclusionary Rule: An Empirical Assessment, 1983 AM. B. FOUND, RES. J. 585, 596) lediglich in 0,7 % der Fälle. Beide Untersuchungen zitiert nach *Standen* S. 1452; http://www.law2.byu.edu/lawreview/archives/2000/4sta.pdf; ebenso zitiert nach dem Dissenting Vote von *Brennan* in: United States v. Leon, 468 U.S. 897, 950; siehe zu diesen Untersuchungen auch folgende Sekundärliteratur: *Harris* StV 1991, 313 (314); *Reamey* in: Beweisverbote in den Ländern der EU und vergleichbaren Rechtsordnungen, 191 (196); *Herrmann* JZ 1985, 602 (608 f.); *Mueller* 46. DJT Bd. I Teil 3, S. 51 f.

B. Einschränkung des parlamentarischen Aufklärungsinteresses

Wechselt man die Perspektive und diskutiert die beiden oben dargestellten Lösungsmodelle hinsichtlich einer Einschränkung des parlamentarischen Aufklärungsinteresses (§ 55 oder § 136 StPO analog), kann zur Beantwortung dieser seit Jahrzehnten kontrovers diskutierten Rechtsfrage auf die umfangreichen Vorarbeiten dieser Untersuchung rekurriert werden. So reicht es – vornehmlich im Hinblick auf den umfassenden Abwägungsvorgang – völlig aus, die in dieser Untersuchung gewonnenen Erkenntnisse fruchtbar zu machen:

Denn die Ausarbeitung hat vor allem herausgestellt, daß die Selbstbelastungsfreiheit der Auskunftsperson erheblich schutzbedürftiger ist als das Aufklärungsinteresse des Untersuchungsausschusses; nicht zuletzt weil der Untersuchungsausschuß häufig als Kampfinstrument genutzt wird, so daß dessen Schutzwürdigkeit schon per se erheblich in Zweifel steht. Folgt hieraus zwingend, daß in dieser Untersuchung ein Kollisionslösungsmodell gefunden werden muß, das der betroffenen Auskunftsperson in tatsächlicher Hinsicht umfassenden materiell-rechtlichen Rechtsschutz gewährt, ist – jedenfalls unter dem Blickwinkel eines Einschränkung des parlamentarischen Aufklärungsinteresses – die vom Untersuchungsgegenstand des Untersuchungsausschusses in strafrechtlich relevanter Weise betroffene Auskunftsperson dem Beschuldigten im Strafprozeß gleichzustellen. Ihr muß ein umfassendes Aussageverweigerungsrecht in analoger Anwendung von § 136 StPO eingeräumt werden.

Demgegenüber ist das Auskunftsverweigerungsrecht des Zeugen analog § 55 StPO vor allem in Anbetracht der in der Praxis fragwürdigen Darlegungspflicht lediglich ein unvertretbares Minus, auch wenn es im Einzelfall einmal zu einem umfassenden Aussageverweigerungsrecht (Mosaiktheorie[913]) erstarken kann. Die Auskunftsperson stünde bei analoger Anwendung von § 55 StPO erst einmal unter dem öffentlichen Druck, sich prinzipiell und unter Wahrheitspflicht verteidigen zu müssen. Häufig wüßte sie auch gar nicht, wogegen sie sich überhaupt verteidigen soll. Gerade hier lauern mangels bestimmten Untersuchungsauftrages und dessen möglicher Ausdehnung die Gefahren, die nur durch einen Rechtsbeistand ein wenig gemindert werden könnten. Im Untersuchungsverfahren gibt es ja keine Anklageschrift, auf die sich die betroffene Auskunftsperson einstellen kann. Ferner stünde sie, quasi als „Zeuge in eigener Sache" unter umfassender Aussage- und Wahrheitspflicht, die zudem prozessual durch die Erzwingung der Aussage durch Beugehaft (Lappas) oder Ordnungsgeld (Terlinden) gemäß § 70 I, II StPO und materiellrechtlich durch die §§ 153 ff StGB abgesichert wird. De facto macht sich die Auskunftsperson damit – wenn auch durch ihr partielles Auskunftsverweigerungsrecht begrenzt – zum „Beweismittel gegen sich selbst".

---

[913] *BGH* StV 1987, 328; LR-*Meyer* § 55 Rn. 4; *Kleinknecht-Meyer-Großner* § 55 Rn. 7.

Wenn dagegen behauptet wird, der Untersuchungsausschuß selbst dürfe keine Strafen verhängen und § 136 StPO könnte schon aus rein formalen Gründen keine Anwendung finden, muß diese formalistisch-normative Sichtweise in der Tat als „gar zu glatt[914]" entschieden abgelehnt werden. Wirksamer materieller Rechtsschutz würde, wie dargelegt und gefordert, gerade nicht erreicht.

Wenn gemahnt wird, daß die Gewährung eines umfassenden Schweigerechts die Effektivität der parlamentarischen Untersuchung behindere, muß auch dieser Einwand ebenso ganz deutlich zurückgewiesen werden. Denn die Probleme im parlamentarischen Untersuchungsausschuß sind, wie gezeigt, zum größten Teil hausgemacht. Daß die Sachaufklärung häufig auf der Strecke bleibt, liegt zum großen Teil allein an dessen Selbstverständnis. Wenn der Untersuchungsausschuß als Kampfinstrument von allen Seiten häufig pervertiert wird, wäre es geradezu fatal, auch noch bei der Auskunftsperson ansetzen zu wollen. Sicherlich ist ihr Schweigen für die Aufklärung mißlich. Indes muß gesehen werden, daß deren Rechte, vornehmlich ihre Schweigerechte, ganz einfach der Preis unseres Rechtsstaates sind, den die öffentliche Gewalt den Grundrechten schuldet. Wer wirklich die Effizienz von Untersuchungsausschüssen steigern wollte, der sollte die langjährigen Forderungen der Wissenschaft beherzigen und beispielsweise ein Zurückhaltungsgebot der Ausschußmitglieder implementieren oder auch dem Ausschußvorsitzenden mit einer neutralen Person besetzen oder ihm zumindest das Stimmrecht entziehen. Auf diese Weise würde, was die Sachaufklärung anbelangt, jedenfalls wesentlich mehr erreicht. Hausgemachte Probleme dürften keineswegs auf dem Rücken der Auskunftsperson ausgetragen werden.

Gleiches gilt für den Einwand, daß es sich nicht selten nur schwer feststellen ließe, wer denn überhaupt von der Untersuchung „betroffen" sei. Sicherlich ist dieser Einwand im Einzelfall nicht von der Hand zu weisen. Doch ist dieses Argument wirklich so stark, daß es die wesentlichen Ergebnisse dieser Untersuchung außer Kraft setzen kann? Wohl kaum. Die Untersuchungspraxis der Länder, die einen Betroffenenstatus samt umfassendem Schweigerecht de lege lata anerkennen (und dies schon dann, wenn sich die Untersuchung *zumindest* auch ganz allgemein gegen sie richtet), hat gezeigt, daß die Untersuchungsausschüsse auch in diesen Ländern ihren Verfassungsauftrag nicht schlechter erfüllen als Untersuchungsausschüsse des Bundes.[915] Überdies erscheint es immer noch angemessener, lieber zu vielen Auskunftspersonen umfassende Schweigerechte zu geben als zu wenigen; jedenfalls so lange, wie der Mißbrauchsgefahr nicht wirksam entgegengetreten wird.

---

[914] *Schenke* JZ 1988, 805 (814).

[915] So auch die Einschätzung von *Gollwitzer* FS Dünnebier 327 (335).

Ferner unterliegen die Gegner einer Betroffenenstellung einem Fehlschluß, wenn sie zwar zugeben, daß Auskunftspersonen vor dem Untersuchungsausschuß häufig schlechter stünden als vor Gericht, indes daraus fatalerweise folgern, man wolle demzufolge(?) diese Tatsache nicht durch die Übernahme einer Beschuldigtenstellung noch weiter verstärken. Ein Fehlschluß: Denn *gerade weil* sie – zumindest zuweilen – schlechter stehen, muß man ihr doch Schutzrechte gewähren und nicht noch weitere entziehen.

Mithin ist den Befürwortern einer Sonderstellung (§ 136 StPO analog) zu folgen.

§ 4 Neue Optimierungsansätze

Die Untersuchung abschließend werden sowohl aus der Perspektive der Einschränkung des parlamentarischen Aufklärungsinteresses als auch der entgegengesetzten Perspektive der Einschränkung der individuellen Selbstbelastungsfreiheit neue Optimierungsansätze vorgestellt.

A. Aus der Perspektive der Einschränkung des parlamentarischen Aufklärungsinteresses

Die Untersuchung hat insbesondere herausgestellt, daß die betroffene Auskunftsperson im Untersuchungsausschuß faktisch eher eine „Beschuldigten“-Rolle einnimmt als die eines „unbeteiligten“ Zeugen. Des weiteren würde der – ohnehin nicht selten fragwürdige – Sinn und Zweck parlamentarischer Untersuchungsausschüsse bei Anerkennung eines Betroffenenstatus in keiner Weise ausgehöhlt.
Demnach ist es – jedenfalls *aus der Perspektive der Einschränkung des parlamentarischen Aufklärungsinteresses* – geboten, zumindest[916] der in strafrechtsrelevanter Weise vom Untersuchungsgegenstand betroffenen Auskunftsperson ein umfassendes Aussageverweigerungsrecht zu geben. Mithin wird folgender Gesetzesvorschlag unterbereitet:

> „Der Ausschußvorsitzende hat die Auskunftsperson bei Beginn der Vernehmung darauf hinzuweisen, daß es ihr freistehe, zur Sache auszusagen, sofern die Vermutung besteht, daß sie sich strafbar gemacht hat und eine derartige Verhaltensweise mit dem Untersuchungsgegenstand des Ausschusses im Zusammenhang stehen könnte.“

---

[916] Die weitergehende Frage, ob allen Personen, bei denen sich aus dem Sinn des Untersuchungsauftrages oder aus dem Verlauf der Untersuchung ergibt, daß die Untersuchung sich ausschließlich oder ganz überwiegend gegen sie richtet, ein umfassendes Schweigerecht analog § 136 StPO zu gewähren ist, entzieht sich hiesigem Erkenntnisinteresse.

B. Aus der Perspektive der Einschränkung der individuellen Selbstbelastungsfreiheit

Um gleichwohl den Versuch zu unternehmen, *aus der Perspektive der Einschränkung der individuellen Selbstbelastungsfreiheit* ein neues und rechtlich tragfähiges Optimierungsmodell zu entwickeln, muß dabei konsequenter- und zweckmäßigerweise der bisherige Befund in einem neuen Kollisionslösungsmechanismus verarbeitet werden. So kann offensichtlich nur ein solches Modell einen rechtmäßigen und interessengerechten Ausgleich zwischen Selbstbelastungsfreiheit, effektiver Strafrechtspflege und parlamentarischem Aufklärungsinteresse schaffen, das die in dieser Untersuchung aufgedeckten Schwachstellen und Schutzlücken der bisherigen Vorschläge in Gänze beseitigt.

I. Mußanforderungen für einen neues Optimierungsansatz

Faßt man diese zusammen, ergeben sich damit für ein neues Optimierungsmodell folgende zwingende Mußanforderungen: Im Ergebnis war kein Lösungsvorschlag auch nur annähernd in der Lage, praktische Konkordanz zwischen den widerstreitenden verfassungsrechtlich verbürgten Interessen zu stiften. Beweisverbotslösungen, in welcher Form auch immer, würden auf breiter Front den nemo-tenetur-Grundsatz durchbrechen. Die Selbstbelastungsfreiheit der Auskunftsperson würde vollends ausgehebelt; und das, obwohl ein neues Kollisionsschlichtungsinstrument angesichts der weitaus höheren Schutzwürdigkeit des nemo-tenetur-Grundsatzes die Freiheit der Auskunftsperson, sich nicht selbst bezichtigen zu müssen, völlig lückenlos schützen müßte. Mithin scheidet jede Beweisverbotslösung als neuer Optimierungsansatz aus. Da alternative Lösungsmodelle, die die Aussage der Auskunftsperson erzwingbar machen, gleichwohl eine strafrechtliche Verfolgung weiter ermöglichen und noch dazu die Selbstbezichtigungsfreiheit angemessen schützen würden, nicht ersichtlich sind, kommen also nur noch spezielle Straffreiheitsgesetze zugunsten der Auskunftsperson in Betracht.

Dabei gilt zu beachten, daß aber auch ein etwaiges Immunitätsgesetz, das auf finalem Zwang basiert, als neues Optimierungsmodell a limine nicht in Frage kommt. Denn es griffe übermäßig und damit auf rechtswidrige Weise in die Funktionstüchtigkeit der Strafrechtspflege ein, wenn eine bzw. jede Auskunftsperson in den Genuß der Straffreiheit käme.

Daraus folgt wiederum, daß nur noch ein solches Konfliktlösungsmodell als neuer Ansatz denkbar ist, das sich zum einen lediglich auf *einzelne* Auskunftspersonen erstreckt und zum anderen deren *freiwillige* Mitwirkung unersetzlich macht. Aber auch ein derartiges Modell würde dann, wie gezeigt, die effektive Strafrechtspflege unverhältnismäßig beeinträchtigen, wenn es der jeweiligen Auskunftsperson *völlige Straffreiheit* garantieren würde.

Dementsprechend bleibt lediglich nur noch ein solcher Ansatz als – zumindest theoretisch denkbares – Ausgleichsinstrument übrig, der sich (1) auf *eine ausgewählte* Auskunftsperson bezieht, (2) ihre *Freiwilligkeit* konstituiert und (3) vor allem lediglich einen Straf*nachlaß* gewährt und gerade nicht die vollständige Straffreiheit. Mindestens(!) diese drei restriktiven Bedingungen müßte ein neuer Vorschlag erfüllen.

II. Neuer Optimierungsansatz

Ausgehend von den soeben dargestellten zentralen Prämissen ist damit im folgenden ein Lösungsvorschlag unter Berücksichtigung der bisherigen Erkenntnisse zu erarbeiten, der namentlich in der Lage ist, zwischen dem parlamentarischen Informationsinteresse und dem Interesse der Allgemeinheit an der Aufrechterhaltung einer funktionstüchtigen Strafrechtspflege einen optimalen Ausgleich zu schaffen. Den Belangen der Auskunftsperson würde man durch die zwingende Notwendigkeit ihrer freiwilligen Mitwirkung ausreichend Rechnung tragen. Wie gezeigt, bestünde bei einer Kronzeugenregelung, die *völlige Straffreiheit* garantiert, ein krasses Mißverhältnis zwischen den Vor- bzw. Nachteilen zu Lasten der Effektivität der Strafrechtspflege.

Man würde es sich nun allerdings allzu leicht machen, hierauf lediglich mit der Gewährung von Straf*rabatt* zu reagieren. Auch damit wäre für sich allein ein Gleichwicht auf der Waagschale noch lange nicht erzeugt. Denn nicht zuletzt im Hinblick darauf, daß derzeit und höchstwahrscheinlich auch in der Zukunft ein Ermittlungsnotstand nicht vorliegt resp. vorliegen wird, ist es notwendig, weitere restriktive Vorgaben zu statuieren, um die Funktionstüchtigkeit der Strafrechtspflege in hiesiger Konfliktlage gebührend zu schützen.

Zum einen sollte sichergestellt werden, daß lediglich in Ausnahmefällen einer Auskunftsperson der Kronzeugenstatus „verliehen“ werden könnte. Besser wäre es noch, wenn maximal drei Auskunftspersonen eines jeweiligen Untersuchungsverfahrens in den Genuß von Strafrabatt kommen könnten, um auf diese Weise eine inflationäre mißbräuchliche Anwendung eines solchen Sondergesetzes zu verhindern. Zum anderen sollte die Strafrechtspflege dadurch geschützt werden, daß bestimmte schwerwiegende Straftaten – etwa solche nach § 138 StGB – im Sinne der materiellen Gerechtigkeit von der Anwendung von vornherein auszuschließen sind; ähnlich der absoluten Unerträglichkeitsgrenze bei den bekannten Kronzeugenregelungen. Auch dürfte eine Kronzeugenregelung dann nicht angewendet werden, wenn die Auskunftsperson im Untersuchungsausschuß auf ihr Schweigerecht verzichtet und damit freiwillig die nötigen Informationen liefert. In diesem Falle entstünde erst gar kein Bedürfnis, die staatliche Strafverfolgungspflicht zu tangieren.

In jedem Falle müßte des weiteren der Mißbrauchsgefahr durch den Untersuchungsausschuß – etwa durch die Zusicherung von Strafrabatt an politische

Freunde – so weit wie möglich vorgebeugt werden. Dazu könnte man die Anwendung der Kronzeugenregelung davon abhängig machen, daß eine Zweidrittelmehrheit im Untersuchungsausschuß erforderlich wäre. Damit würde verhindert, daß beispielsweise die Regierungskoalition mit ihrer Mehrheit „ihre“ Leute bevorzugt. Aber auch damit würde der Mißbrauchsgefahr nicht lückenlos wirksam begegnet. Es bietet sich daher an, die Gewährung von Strafrabatt überdies von der Genehmigung durch eine Kontrollinstanz abhängig zu machen. Als Kontrollinstanzen könnten das für die Eröffnung des Hauptverfahrens zuständige Gericht sowie die jeweilige Staatsanwaltschaft fungieren; auf diese Weise ließen sich auch Komplikationen mit dem Gewaltenteilungsgrundsatz vermeiden.

Mit Hilfe dieser vorgenannten Anforderungen an ein etwaiges Alternativmodell würden die Nachteile für die Strafrechtspflege immerhin wesentlich reduziert.

Zusätzlich müßte indes aber auch so weit wie möglich garantiert werden, daß der Untersuchungsausschuß auch ganz erhebliche Vorteile aus der Kronzeugenaussage zieht. Denn nur auf diese Weise ließe sich, wie die vorhergehenden Ausführungen verdeutlicht haben, in etwa Proportionalität der divergierenden Interessen herstellen. Zum einen müßte der Untersuchungsausschuß immanent wichtige Staatsinteressen verfolgen und zum anderen der zu erwartende Aufklärungsbeitrag des Kronzeugen von erheblicher Bedeutung sein. Erstens wäre hierzu eine ultima-ratio-Regelung, also die Notwendigkeit eines *konkreten* Ermittlungsnotstandes einzuführen, nach der ausnahmsweise nur dann auf den Kronzeugen zurückgegriffen werden dürfte, wenn alle anderen verfügbaren Beweismittel bereits ausgeschöpft wurden und keine wesentlichen Erkenntnisse liefern konnten. Zweitens dürfte die Glaubwürdigkeit der als Kronzeugen in Betracht kommenden Auskunftsperson nicht im Zweifel stehen.

Auch hierüber sollte das Gericht als Kontrollinstrument aus den oben genannten Gründen wachen. Es hat – drittens – über die jeweiligen Vor- und Nachteile für den Untersuchungsausschuß bzw. für die Strafverfolgung zu befinden und eine umfassende Einzelfallabwägung vorzunehmen. Als Entscheidungsgrundlage sollte es namentlich die Stellungnahmen des Untersuchungsausschusses und der jeweiligen Staatsanwaltschaft hinzuziehen.

III. Formulierungsvorschlag

Faßt man diese Vorgaben in einem etwaigen Gesetz zusammen, ergibt sich folgender Formulierungsvorschlag.

(1) Offenbart die Auskunftsperson vor einem parlamentarischen Untersuchungsausschuß ihr Wissen über Tatsachen, deren Kenntnis geeignet ist, die Aufklärung des Ausschusses in einer außerordentlich wichtigen Staatsangelegenheit in erheblichem Maße zu fördern, so kann das Gericht die Strafe nach seinem Ermessen mildern, wenn der Ausschuß mit Zweidrittelmehrheit einen Antrag auf Milderung gestellt hat.

(2) Der Antrag des Ausschusses ist schriftlich zu begründen, dem Gericht und der Auskunftsperson zuzustellen, der Staatsanwaltschaft zuzuleiten und der Öffentlichkeit zugänglich zu machen. Die Staatsanwaltschaft hat eine Stellungnahme abzugeben und diese der Öffentlichkeit bekanntzugeben. Sie ist vom Gericht bei dessen Entscheidung zu berücksichtigen.

(3) Der Ausschuß ist nur zu einem Antrag auf Strafmilderung berechtigt, wenn

1. sich die Auskunftsperson in sinngemäßer Anwendung von § 136 StPO auf ihr Recht, sich nicht äußern zu müssen, berufen hat und

2. der Ausschuß außerordentlich wichtige Staatsinteressen verfolgt und

3. das Interesse an der Aufklärung des Untersuchungsauftrages unter Berücksichtigung des zu erwartenden Aufklärungsbeitrages der Auskunftsperson das Interesse an der vollständigen Durchsetzung des staatlichen Strafanspruches deutlich überwiegt. Dabei ist namentlich zu berücksichtigen, ob die Erforschung des Sachverhalts ohne die Aussage der Auskunftsperson aussichtslos oder ganz wesentlich erschwert wäre.

(4) Die Auskunftsperson hat weder einen Anspruch auf einen Antrag des Ausschusses noch ist sie trotz eines entsprechenden Antrages verpflichtet, sich selbst bezichtigen.

(5) Dieses Gesetz ist auf Straftaten nach § 138 des Strafgesetzbuches nicht anzuwenden.

(6) Das Gericht darf höchstens bei drei Auskunftspersonen eines parlamentarischen Untersuchungsverfahrens von dieser Regelung Gebrauch machen. Die Anzahl der zulässigen Anträge des Untersuchungsausschusses ist unbegrenzt.

IV. Rechtliche Bewertung

Nur ein derartiger Gesetzesvorschlag ist – von gewissen regelungstechnischen Modifizierungen einmal abgesehen – in der Lage, die oben aufgeführten Schwachstellen und Schutzlücken zu vermeiden und die widerstreitenden Rechtsgüter zur angemessenen Geltung zu bringen. Dem Nemo-tenetur-Grundsatz der Auskunftsperson würde durch die Notwendigkeit ihrer freiwilligen Mitwirkung gebührend Rechnung getragen und auch das parlamentarische Informationsinteresse wäre befriedigt. Vor allem aber würde aufgrund der überaus strengen Voraussetzungen eines solchen Modells in die Funktionstüchtigkeit der Strafrechtspflege „nicht unangemessen" eingegriffen. Sicherlich stünde auf Seiten der Strafrechtspflege immer noch ein Minus. Ihr status quo wäre verschlechtert, weil das Gericht die Strafe der Auskunftsperson in einem anschließenden Strafverfahren mildern könnte. Andererseits darf aber nicht übersehen werden, daß sich die Schlechterstellung der Strafrechtspflege in Grenzen hält. Denn: Die Auskunftsperson gesteht im Untersuchungsausschuß; und ein solches Geständnis, ihr Nachtatverhalten wird auch heute im Regelfall von den Strafgerichten strafmildernd berücksichtigt. Auch wenn gleichwohl Nachteile auf Seiten der Strafrechtspflege einzuräumen sind, würden diese durch die immensen Vorteile, die das verfassungsrechtlich garantierte Beweiserhebungsinteresse des Untersuchungsausschusses aus der Befragung des Kronzeugen ziehen würde, in etwa egalisiert. Das überaus strenge Verfahren mit der Beteiligung der Staatsanwaltschaft, der Öffentlichkeit, namentlich der Medien und vor allem mit der Letztentscheidungskompetenz des Gerichts stellt dabei im Regelfall die Proportionalität zwischen der Bedeutung der Aussage und der strafrechtlichen Privilegierung sicher. Einem Mißbrauch durch den Kronzeugen würde dabei durch dessen Vorleistungspflicht entgegengewirkt.

Jedenfalls kommt man nicht umhin, diesen Vorschlag als „nicht unangemessen" zu bezeichnen; ob er bei positiver Prüfung angemessen ist, steht hier nicht zur Debatte.

Folglich bestünde ein solches Kollisionsschlichtungsmodell die Verhältnismäßigkeitsprüfung. Damit ist ein Lösungsmodell gefunden, das rechtsstaatlich in jeder Hinsicht kompatibel ist.

V. Rechtspolitische Bewertung

Allerdings ist auch dieser Vorschlag bei weitem nicht der Weisheit letzter Schluß. Im Gegenteil: So wird dessen *praktischer* Nutzen für die parlamentarischen Aufklärungsbemühungen bedauerlicherweise wohl als äußerst gering zu veranschlagen sein. Vieles spricht dafür, daß sich etwaige Anwendungen dieses

Modells pro Dekade an einer Hand abzählen ließen. Denn zum einen werden Untersuchungsausschüsse relativ selten eingesetzt; zum anderen wären die äußerst restriktiven Voraussetzungen dieses Kronzeugenmodells die Ursache hierfür.

Selbst wenn einmal ein Untersuchungsausschuß eingesetzt würde, der sich wirklich mit einer äußerst wichtigen Staatsangelegenheit beschäftigen würde, bei der zudem die Auskunftsperson als einziges Beweismittel unter zusätzlicher Berücksichtigung ihrer Glaubwürdigkeit sowie ihres zu erwartenden Aufklärungsbeitrages die absolute Schlüsselrolle einnehmen würde, müßte immer noch eine qualifizierte 2/3 Mehrheit im Untersuchungsausschuß vorhanden sein, die Auskunftsperson freiwillig zur Verfügung stehen und das Gericht schließlich auch noch „mitmachen". Vor allem ist daran zu zweifeln, wann überhaupt einmal eine Zweidrittelmehrheit im Untersuchungsausschuß zustande kommen wird. Eher ist davon auszugehen, daß der politische Kampf im Untersuchungsausschuß forciert würde und sich die Fraktionen gegenseitig bezichtigten, die erforderliche Mehrheit aus politischen Gründen zu verweigern.

Und warum sollte die Auskunftsperson sich freiwillig offenbaren? Wo liegt der genaue Anreiz? Will sie eine Lebensbeichte etc. abgeben, kann sie ohnehin mit Milde durch den Strafrichter rechnen. Für sie macht es, gerade was das gesellschaftliche Ansehen anbelangt, einen gravierenden Unterschied, ob sie zur Selbstverteidigung ein Geständnis ablegt oder um der Strafmilderung wegen im Untersuchungsausschuß denunziert. Auch wird sie die enorme Vorleistungspflicht abschrecken, da sie sich nie sicher sein kann, wie das Strafgericht letztlich ihren Aufklärungsbeitrag wertet. Nicht zu übersehen sind auch die generellen Vorbehalte der Richterschaft gegenüber dem Nutzen parlamentarischer Untersuchungsausschüsse. So scheinen viele der Auffassung zu sein, parlamentarische Untersuchungsausschüsse seien, was die Sachaufklärung anbelangt, entbehrlich. Nicht zuletzt angesichts dessen darf bezweifelt werden, ob der konkrete Strafrichter überhaupt einmal von der fakultativen Strafmilderungsmöglichkeit Gebrauch machen wird.

Demgegenüber liegt die Vermutung ziemlich nahe, daß die Anzahl der Anträge des Untersuchungsausschusses an das Gericht auf Einräumung eines Kronzeugenstatus im Verhältnis zur Zahl der wirklich zu erwartenden Anwendungsfälle eines solchen Sondergesetzes sehr hoch ist; dies gilt erst recht für die anstehenden politischen Kämpfe im Untersuchungsausschuß über das „ob" und „wie" derartiger Anträge. Auch wenn den einzelnen Politkern im Ausschuß eigentlich klar sein sollte, daß nur unter ganz erschwerten Bedingungen ein Antrag auf Einräumung rechtlich und rein tatsächlich überhaupt erst ernsthaft in Betracht kommt, geschweige denn Erfolg verspricht, wird sich der Fokus augenfällig (noch weiter) auf den Kronzeugen der Affäre verschieben. Die Suche nach ihm und der Druck auf ihn werden in das Zentrum der politischen Auseinandersetzung rücken. Andere persönliche Beweismittel sowie namentlich die Sachbeweise werden zu Lasten der materiellen Wahrheitsgewinnung dagegen weiter in den Hintergrund treten. Und vor allem: Der Tendenz zur Diffamierung des politischen Gegners, zur Brüskierung der Auskunftsperson sowie allgemein zur Außerachtlassung der reinen Sachfragen würde weiter und dazu noch in dynamischer Weise Vorschub geleistet. Hinter den Kulissen würden die ohnehin schon berüchtigten Absprachen geführt, weil mit dem potentiellen Kronzeugen umfassende Sondierungsgespräche geführt werden müßten. Indiskretionen werden an der Tagesordnung sein und das politische Klima vergiften. Das Vertrauen der Bürger in die Integrität ihrer Sachwalter würde weiter erschüttert. Aber auch innerhalb der politischen Kreise käme zwangsläufig Mißtrauen gegenüber jedermann auf, weil jeder Politiker damit rechnen müßte, irgendwann einmal von einem engen Mitarbeiter oder einem Politfreund denunziert werden zu können.

Allein schon diese kursorisch dargestellten negativen Folgewirkungen machen neben dem zu erwartenden geringen praktischen Nutzen deutlich, daß eine derartige Kronzeugenregelung, mag sie in rechtlich-theoretischer Sicht auch unbefleckt sein, aus rechtspolitischen Gründen wohl in keiner Weise ernsthaft zu empfehlen ist.

Auch wenn der hier vorgetragene Optimierungsansatz rechtmäßig wäre, muß somit dringend von seiner tatsächlichen Implementierung in unser Rechtssystem abgeraten werden.

VI. Fazit

Damit bleibt nichts anderes übrig, als den Bestrebungen, die Selbstbelastungsfreiheit zugunsten des parlamentarischen Aufklärungsinteresses einzuschränken, aus rechtspolitischen Gründen eine ganz klare Absage zu erteilen. Vielmehr sollte von allen Seiten der nemo-tenetur-Grundsatz gerade im parlamentarischen Untersuchungsverfahren als „überaus wertvolles Tafelsilber des Rechtsstaates" angesehen werden, das uneingeschränkten Schutzes bedarf. Nicht einmal im Strafverfahren hat die Wahrheitsermittlung absoluten Wertcharakter. Folglich muß dies erst recht für das parlamentarische Untersuchungswesen gelten, das im Regelfall durch gnadenlosen politischen Kampf geprägt wird und der Sachaufklärung häufig eher hinderlich ist.

Politikern, die anderer Auffassung sind, ist ebenso entgegenzuhalten, daß auch ein Skandal, der nur lückenhaft oder auch gar nicht aufgeklärt werden konnte, ganz einfach zur Demokratie gehört, quasi so – wie *Bresser* formuliert – „wie die Sünde zum Christenmenschen[917]". Die „nützliche Funktion politischer Skandale[918]", worauf allgemeinhin vermehrt hingewiesen wird, darf keineswegs unterschätzt werden. So führte der aktuelle Finanzierungsskandal beispielsweise dazu, daß Normen des Parteiengesetzes, die bislang überhaupt nicht oder höchst selten angeschaut wurden und die zahlreiche offene Fragen aufwerfen, jetzt beachtliche Zuwendung von allen Seiten erfahren. Die Normen werden interpretiert, Auslegungsvarianten aufgezeigt und Gründe für die eine oder andere Lesart mobilisiert. Unabhängig davon, ob man nun die vieldiskutierten Spendernamen Kohls kennt, ist vom Skandal, wie *Morlok*[919] zu Recht ausführt, Rechtsklärung, Rechtsentwicklung und vor allem letztlich die Stärkung des Normbewußtseins zu erwarten. Sinnfällig ist demgegenüber die Tatsache, daß in der Diktatur Skandale erst gar nicht aufkommen bzw. „von oben" unterdrückt werden.

Es bleibt damit festzuhalten:

Die „Heilsamkeit politischer Skandale[920]" würde auch ohne Einschränkung des Auskunftsverweigerungsrechts und ohne des zu erwartenden Aufklärungsbeitrages der Schlüsselperson erreicht. Zur Steigerung der Effektivität parlamentarischer Aufklärungsbemühungen ist eine Beschneidung der Selbstbelastungsfreiheit der Auskunftsperson aus rechtsstaatlichen Gründen nicht vertretbar resp. gerade nicht geboten. Im Gegenteil: Die Untersuchung hat gezeigt, daß die Selbstbelastungsfreiheit der Auskunftsperson in unserem Rechtssystem in ihrer Wertigkeit im beträchtlichen Maße höher als das parlamentarische Aufklärungsinteresse zu veranschlagen ist und der demokratische Gesetzgeber diesem Befund uneingeschränkt Rechnung zu tragen hat.

Mit diesem Untersuchungsergebnis ist mithin das primäre Erkenntnisziel dieser Arbeit, die einzelnen Auffassungen, die die Selbstbelastungsfreiheit einschränken wollen, auf ihre Rechtskonformität hin zu überprüfen, erreicht. Keine Auffassung vermag aus rechtlichen Gründen zu überzeugen. Ein neuer Optimierungsversuch wäre zwar rechtmäßig, rechtspolitisch indes verfehlt.

---

[917] http://www.djv.de/Montepulciano/redebresser.pdf.
[918] *Morlok* MIP 1999, S. 49 (Sonderbeilage).
[919] *Morlok* MIP 1999, S. 49 (Sonderbeilage).
[920] *Morlok* MIP 1999, S. 49 (Sonderbeilage).

4. Teil

Thesenförmige Zusammenfassung der wesentlichen Forschungsergebnisse:

1. Bei der sachgerechten und rechtmäßigen Auflösung des dem Erkenntnisinteresse dieser Untersuchung zugrundeliegenden Zielkonflikts zwischen individueller Selbstbelastungsfreiheit der Auskunftsperson und dem parlamentarischen Aufklärungsinteresse gilt vorrangig zu berücksichtigen, daß beide konfligierenden Interessen verfassungsrechtlich geschützt werden und *demzufolge* eine Kollisionslösung unter verfassungsrechtlichen Gesichtspunkten anzustreben ist (1. Teil = S. 9 ff. u. 3. Teil § 2 A = S. 96 f.).

2. *Demzufolge* muß Zielsetzung hiesiger Kollisionslösung sein, die „Einheit der Verfassung" zu gewährleisten und „praktische Konkordanz" zwischen Schweige- und Aufklärungsinteressen herzustellen (3. Teil § 2 A = S. 98 f.).

3. *Demzufolge* müssen Schweige- und Aufklärungsinteressen nach Möglichkeit durch wechselseitige, schonende Abschwächung optimal harmonisiert werden; beide Güter sind nach Möglichkeit in ein derartiges Verhältnis zu bringen, daß ihre Wirkkraft, relativ gesehen, jeweils optimal zur Geltung bringt (3. Teil § 2 A = S. 98 f.).

4. Aufgrund der allgemeinen Denkregeln und der juristischen Methodik ist als Konfliktlösungsmechanismus eine umfassende Abwägung beider Rechtsgüter erforderlich (3. Teil § 2 A = S. 98 ff.).

5. Der Verfassungsgesetzgeber hat dabei in keiner Weise bereits eine Güter- und Interessenabwägung zur Auflösung der Kollisionslage mittels einer normativen Schlichtungsentscheidung vorgenommen. Namentlich Art. 44 II GG läßt keine entscheidende verfassungsrechtliche Vorgabe erkennen (3. Teil § 2 B = S. 101 ff.).

6. Um den Abwägungsvorgang und das Abwägungsergebnis zu rationalisieren und verifizierbar zu machen, ist die Entwicklung operationaler und nachvollziehbarer Abwägungsfaktoren oberstes Gebot. Dabei ist als gemeinsamer übergeordneter Parameter („tertium comparationis") und vornehmlich als oberstes Hauptkriterium die *Schutzwürdigkeit* der diametralen Schweige- und Aufklärungsinteressen herauszuarbeiten und mit Inhalt zu füllen. Als abwägungsdeterminierende Faktoren sind solche zu wählen, die die Schutzwürdigkeit des jeweiligen Interesses als Ausgangs-

punkt bestimmen, diese erhöhen, verringern und sogar verwirken (3. Teil § 2 C = S. 107 ff.).

7. Die damit namentlich zu wählenden Abwägungsfaktoren (Grad der Beeinträchtigung, Kernbereich, Interessenhäufung, Folgerisiken, Investigativer Journalismus, Veranlasserprinzip, Ausweichprinzip, Selbstverständnis des Untersuchungsausschusses) ergeben folgendes Abwägungsergebnis: Die Schutzwürdigkeit der Selbstbelastungsfreiheit ist in einem ganz beträchtlichen Maße höher als die des parlamentarischen Informationsinteresses (3. Teil § 2 C III = S. 161 ff.).

8. Will man gleichwohl an der Einschränkung des Auskunftsverweigerungsrechts festhalten, kommen namentlich angesichts der weitaus höheren Schutzwürdigkeit der Selbstbelastungsfreiheit von vornherein nur solche Konfliktlösungsmechanismen in Betracht, die das individuelle Schweigeinteresse der Auskunftsperson lückenlos bzw. umfassend schützen. Anderenfalls würde die Selbstbelastungsfreiheit auf *unangemessene* und damit auf *unverhältnismäßige Weise* ausgehebelt (3. Teil § 3 = S. 163 f.).

9. Immunitäts- resp. Kronzeugenlösungen vermögen diesen umfassenden materiellen Rechtsschutz zugunsten der Auskunftsperson zwar gewährleisten. Allerdings sind diese abzulehnen, weil sie übermäßig und damit auf verfassungswidrige Weise in die staatliche Strafverfolgungspflicht bzw. in die Funktionstüchtigkeit der Strafrechtspflege eingreifen (3. Teil § 3 A I u. II = S. 164 ff.).

10. Ebenso scheiden jegliche(!) Beweisverbotslösungen aufgrund ihrer Schutzlücken zum Nachteil der Auskunftsperson aus (3. Teil § 3 A IiI-V = S. 183 ff.). Auch sind die Grundsätze der Gemeinschuldner-Entscheidung auf das parlamentarische Untersuchungsverfahren gerade nicht übertragbar (3. Teil § 3 A III 2 = S. 185 ff.).

11. Lediglich der hier formulierte neue Optimierungsansatz ist rechtsstaatlich kompatibel, weil er einerseits zugunsten der Auskunftsperson lückenlosen Rechtsschutz zu gewährleisten vermag, als auch andererseits parlamentarisches Aufklärungsinteresse und staatliches Strafverfolgungsinteresse in ein angemessenes Verhältnis bringt (3. Teil § 4 B I-IV = S. 203 ff.). Indes ist auch dieses Lösungsmodell aus rechtspolitischen sowie praktischen Gründen nicht zu empfehlen (3. Teil § 4 B V = S. 207 ff.).

12. *Demzufolge* ist die Selbstbelastungsfreiheit der Auskunftsperson im parlamentarischen Untersuchungsverfahren in keiner Weise einzuschränken (3. Teil § 4 B VI = 209 ff.).

13. Schließlich hat die Untersuchung, namentlich deren umfassender Abwägungsprozeß, deutlich gemacht, daß es geboten ist, der Auskunftsperson über ihr bisheriges Schutzrecht aus § 22 II PUAG hinaus *umfassende Einlassungsfreiheit* in analoger Anwendung des § 136 StPO einzuräumen (3. Teil § 4 A = S. 202).

-- Ende der Bearbeitung --

MIX
Papier | Fördert gute Waldnutzung
FSC® C083411

Kolibri 360 GmbH
Ferdinand-Jühlke-Straße 7
99095 Erfurt, Deutschland
produktsicherheit@kolibri360.de

Druck:
CPI Druckdienstleistungen GmbH
im Auftrag der
Kolibri 360 GmbH
Ferdinand-Jühlke-Str. 7
99095 Erfurt